本论文集得到江苏警官学院出版基金的资助。

警察法学教育研究

周　寅◎主　编
任　涛◎副主编

中国法制出版社
CHINA LEGAL PUBLISHING HOUSE

前　言

当前经济社会和执法环境发生了深刻变化，法学教育在警察执法活动中发挥着重要的指导作用。深化公安执法规范化建设，在整个公安工作中居于全局性、基础性地位，对全面推进依法治国具有十分重要的作用。公安机关作为国家重要的行政执法和刑事司法力量，是全面推进依法治国的践行者、推动者、保障者，公安工作法治化水平直接关系到公安机关职责任务的依法履行和国家法律的有效实施，事关社会大局稳定和人民群众切身利益，事关宪法法律权威和社会公平正义，事关政府法治形象和执法公信力。深化执法规范化建设、全面建设法治公安的目的，就是要更好地发挥公安机关在全面推进依法治国中的生力军作用，切实履行好党和人民赋予的职责使命。

新形势新任务新要求迫切需要着力建设与之相适应的法治公安，不断增强公安机关依法履职能力。为此，必须把深化公安执法规范化建设摆上更加突出的位置，在更高层次、更高水平上建设法治公安，不断提升公安机关的依法履职能力和执法公信力。

近年来，全国公安院校教育教学工作向职业化教育转型，也促使警察法学教育必须适应公安工作需要。要切实加强警察法学的基础理论研究和创新，进一步促进警察法学理论与公安执法实践相结合，在理论贴近实战方面狠下功夫。在课程设置、教学内容、教育训练的形式、内容和方法等方面进行改革创新，按照公安教育训练实战化的要求开展教学。

自2011年首届全国公安院校警察法学教育论坛在江西井冈山举行以来，迄今已经举办了六届。全国35所公安院校中从事法学教育以及警察法学学科建设研究的代表定期齐聚一堂，根据当前警察职业化教育的特点每年确定不同主题，围绕如何更好地加强和完善警察法学教育，培养高素质的公安专门人才进行探讨与交流。建立论坛的意义在于：一是依托中国警察法学研究会这一平台，将全国公安院校的法律系（部）主任聚集一堂，共同研讨与交流各自开展警察法学教育的现状、特色，面临的困惑与问题，探讨警察法学教育在公安应用型人才培养模式中的地位与作用，并寻求解决的途径与措施；二是开启了全国公安院校法律系（部）主任论坛这一形式，搭建了一个公安院校进行沟通与交流的平台，给公安院校法律系（部）教师提供了一个学习、借鉴兄弟公安院校开展法学教育成功的经验与做法的机会，通过面对面的交流，拓宽视野，开阔眼界。

本论文集收录的论文来自于参加第三届、第四届、第五届全国公安院校警察法学教育论坛的全国公安院校的专家学者及部分公安一线的业务人才，共计48篇，近36万字。从入选论文来看，作者们不仅对警察法学学科、专业建设进行了探讨，也展望其发展动向与趋势；并且紧密联系公安工作实际，对于法治公安进行了深入广泛的研究；同时充分展示了在警察法学实践教学体系、模式方面的研究成果。所有这些都呈现出公安院校警察法学研究人员的工作热情与投入，同时也展示出全国公安院校作为未来人民警察培育摇篮的历史使命。

特别需要指出的是，此次集结出版的研究成果是阶段性的、开放性的，还有待进一步地拓展和深化，书中恐有诸多谬误和不足之处，还请各位同仁批评指正、不吝赐教。

本论文集由江苏警官学院科研处处长周寅担任主编，江苏警官学院法律系副主任任涛担任副主编。

编者

2018年12月3日

目　录

Contents

第一部分　警察法学学科与专业建设研究

第二部分　警察法学实践教学研究

第三部分　警察法学教育展望研究

第四部分 法治公安研究

第一部分　警察法学学科与专业建设研究

公安本科院校增设“公安法制”专业之构想

阮国平[1]

当下，我国高等院校“三位一体”招录体制改革已全面实施，学生选择专业的自主权进一步扩大。并且，国家对高等学校的资金拨款也逐渐与各高校的招生数量挂钩。因此，对各高等院校而言，专业设置是否合理，是否适应社会的需求和学生欢迎，已成为学校建设和发展的关键性问题。本文试就公安本科院校增设“公安法制”（本科，下同）专业作一探讨，与广大同行交流。

一、高等院校专业设置解读

专业（major），是高等学校和中等专业学校学生的修习重点。那么，高等院校和中等专业学校应如何设置专业呢？根据《中国大百科全书（教育卷）》的解释：“高等学校和中等专业学校按学科分类或职业分工而设置各种专业。”[2] 从中可以看出，设置专业，即确定学生修习的重点内容，可从二个维度考察：一是已形成的学科分类情况，按不同的学科或交叉学科设置专业；二是已形成的社会职业分工情况，按不同的社会职业分工设置专业。按学科分类情况设置的专业，更多地适合于研究型人才的培养，按社会职业分工设置的专业，更多地适合于应用型人才的培养。而创新性人才的培养，更多地需要学科分类和职业分工的结合，学科知识为创新能力培养奠定基础，职业分工（即社会应用）为创新项目的发现

---

① 阮国平，男，浙江警察学院法律系主任、教授。

② 《中国大百科全书（教育卷）》，中国大百科全书出版社1985年版，第568页。

和创新设想的实验提供条件。以往，高等本科院校的专业设置，从精英教育、培养研究型人才出发，考虑比较多的是按学科分类设置；高职高专和中等专业学校的专业设置，则从培养应用型人才出发，考虑比较多的是按学科分类和社会职业分工而设置。目前，我国的高等本科教育已从精英化走向了大众化和普及化，高等本科院校特别是2000年以后新升格的本科院校，许多专业是为培养高素质的应用型（兼顾创新能力培养）人才而设立的。“高素质应用型人才，就是既有足够的理论基础和专业素养，又能够理论联系实际将知识应用于实际的人才。”①因此，目前高等本科院校的专业设置中，应从按学科（包括交叉学科）分类或社会职业分工二个维度考虑，不能只考察学科的成熟情况而不考虑交叉学科或社会职业分工的情况，否则，就不能很好地满足培养高素质应用型人才的需要。

二、公安院校增设“公安法制”专业之必要性

1. 增设“公安法制”专业是落实国家高等教育发展战略的需要。《国家中长期教育改革和发展纲要（2010—2020年）》中指出：“优化结构办出特色。适应国家和区域经济社会发展需要，建立动态调整机制，不断优化高等教育结构。优化学科专业、类型、层次结构，促进多学科交叉和融合。重点扩大应用型、复合型、技能型人才培养规模。”还提出：“促进高校办出特色。建立高校分类体系，实行分类管理。发挥政策指导和资源配置的作用，引导高校合理定位，克服同质化倾向，形成各自的办学理念和风格，在不同层次、不同领域办出特色，争创一流。”增设“公安法制”专业，正是公安院校优化专业结构、扩大应用型人才培养规模、克服法学同质化倾向，促进法学与公安学、公安技术学融合的重要举措，是贯彻落实国家高等教育发展战略的具体行动。从供给侧改革的要求看，“科学合理设置专业，健全专业随产业发展动态调整的机制，重点提升面向现代农业、先进制造业、现代服务业、战略性新兴产业和社会管理、生态文明建设等领域的人才培养能力是部分本科院校实施教育改革的时代要求。”②

2. 增设“公安法制”专业是实现培养应用型人才的办学定位需要。一所高校的办学定位主要由该学校的专业设置来体现，办学定位是培养应用型人才的，

① 孙静、王旭东：《地方本科高校要科学定位分类转型》，载《中国高等教育》2016年第6期。

② 张有声：《从供给侧改革本科专业人才培养思路》，载《中国高等教育》2016年第1期。

该学校设置的专业绝大多数应是培养应用型人才的专业。《国务院关于加快发展现代职业教育的决定》中指出："引导一批普通本科高等学校向应用技术类型高等学校转型，重点举办本科职业教育。"① 其中的"一批普通本科高等学校"，主要是2000年以后新升格为本科的高校。我国公安本科院校特别是地方公安本科院校，都是2000年以后新升格的本科高校，其办学定位以培养高素质应用型公安执法人才为主，以更好地为公安队伍建设和公安执法办案质量的提高服务。并且，随着全面依法治国的不断推进，大力培养法治建设所需要的高素质应用型法治人才，更是各应用型本科高校的职责所在。教育部高等教育司司长张大良指出："普通本科高校向应用型转变，前提是应用性本科专业建设。高校要根据区域经济社会发展需要，紧密对接产业和行业需求设置应用本科专业。"② "普通本科高校向应用型转变，建设应用型高校，成为'十三五'乃至更长时期我国高等教育发展的两大重点任务之一。"③ 因此，公安本科院校特别是新升本科高校，增设"公安法制"专业，大力培养高素质应用型公安法制人才，是更好地实现自身办学定位的需要。

3. 增设"公安法制"专业是满足培养公安法制专门人才的需要。在公安执法队伍中，"公安法制"岗位担负着综合研究公安执法问题，协助规划、推动本辖区公安法治建设，审核公安执法案件，协助起草、审核有关公安执法的规范性文件，办理听证、行政复议、国家赔偿案件，协助、代理行政诉讼案件，组织开展执法质量考核评议、执法检查、执法过错责任认定，参与研究处理重大、疑难案（事）件并提出法律意见，组织、开展民警法律学习培训，组织、开展法律服务和法制宣传等职能。这些职能，与公安机关各警种的执法业务密切相关，但各警种又不能代替，它需要的知识和技能，具有独立性和专门性，是整个公安执法和公安法治建设中不可或缺又无法代替的职能。从知识结构来说，"公安法制"岗位既要有比较扎实的法律知识（侧重于公安执法所要应用的法律，并兼顾整个法律体系），又要有比较全面的公安业务知识和一定的警务技能（兼职法制员要参与实际办案工作）。因此，普通高校的法学专业不能代替，公安院校的各公安专业也不能代替，需要单独设置"公安法制"专业，进行专门性培养。

4. 增设"公安法制"专业是全面推进依法治国、提高公安执法质量的需要。

① 《国务院关于加快发展现代职业教育的决定》（国发〔2014〕19号）。
② 张大良：《普通本科高校向应用型转变聚焦四大重点》，载《中国高等教育》2016年第8期。
③ 张传燧、弼成：《普通本科高校："转型"还是"回归"?》，载《大学教育科学》2016年第2期。

"需求是高等教育改革和发展的根本支撑点。"① 党的十八大及十八届四中全会以来，举国上下全面推进依法治国的步伐大大加快，对公安执法也提出了新的更高的要求。当前，公安机关的法治建设和执法质量总体上是好的，党和人民是满意的。但党的十八届四中全会也指出："有法不依、执法不严、违法不究现象比较严重，执法体制权责脱节、多头执法、选择性执法现象仍然存在，执法司法不规范、不严格、不透明、不文明现象较为突出，群众对执法司法不公和腐败问题反映强烈。"② 这些问题的解决，对公安机关来说，有赖于公安法治建设的推进和公安执法质量的提高，而这，需要有高素质的"公安法制"方面的专门人才来协助实施。特别是对公安执法质量的审核把关，如果没有一支高素质的、数量充足的"公安法制"专门队伍来执行，质量把关就难以真正落到实处，就难以全面提升公安执法质量，全面推进依法治国的要求也就难以真正落实。

5. 增设"公安法制"专业是"服务需求，就业导向"的选择。《国务院关于加快发展现代职业教育的决定》中指出："服务需求、就业导向。服务经济社会发展和人的全面发展，推动专业设置与产业需求对接，课程内容与职业标准对接，教学过程与生产过程对接"。③ 还指出："探索发展本科层次职业教育。建立以职业需求为导向、以实践能力培养为重点、以产学结合为途径的专业学位研究生培养模式。"④ 据我们调查，某省目前在省、市、县（区）三级公安法制部门工作的专职法制人员达1100多人，加上各科、所、队工作的兼职法制人员，共有4000多人。比现有专业的禁毒、警犬管理、经济犯罪侦查、涉外警务、国内安全保卫、警务指挥与战术等部门人数要多，工作任务要重。并且，随着公安执法质量要求的不断提高，公安法制队伍还需进一步加强，需要有大批"公安法制"专业人才。一是为了更好地对公安执法质量把关，需要不断增加专、兼职公安法制人员数量，以满足精细化审核案件的要求。按照每年各县（市、区）增加1名专、兼职公安法制人员计算，某省现有110个左右县（市、区），每年需增加110名，10年需增加1100名，总数达到5000人左右；二是现有专、兼职公安法制人员以每年百分之一自然减员（包括退休、辞职、职务提升等）计算，全省每年自然减员40人，需要及时补充。因此，"公安法制"专业人才需求旺盛，并

---

① 张有声：《从供给侧改革本科专业人才培养思路》，载《中国高等教育》2016年第1期。

② 《中共中央关于全面推进依法治国若干重大问题的决定》，2014年10月23日。

③ 《国务院关于加快发展现代职业教育的决定》（国发〔2014〕19号）。

④ 《国务院关于加快发展现代职业教育的决定》（国发〔2014〕19号）。

具有持续性。增设“公安法制”专业，正是服务公安执法实践，满足公安法制岗位需求，以实践能力培养为重点的专业选择。同时，为以后向专业学位研究生培养模式发展奠定基础。

三、公安院校增设“公安法制”专业之可行性

1. 增设“公安法制”专业符合公安院校本科专业发展规划。公安院校特别是新升公安本科院校，由于升本时间较短，专业数量相对较少，需要逐步充入、调整。在现阶段，新升公安本科院校定位在应用型公安人才培养，其专业设置、专业建设和专业发展规划，也主要以应用型人才培养为主，并立足于为公安队伍建设和提升公安执法质量服务。在现有本科专业的基础上，逐步增设公安执法所急需的、直接为提升公安执法质量服务的相关专业（包括“公安法制”专业），是各公安本科院校专业发展规划的应有之义，以更好地适应办学规模的需要，促进公安高校服务社会经济、服务公安执法功能的发挥。

2. “公安法制”专业以法学、公安学、公安技术学等相关学科为依托，学科知识已比较成熟，并具有鲜明的公安法制岗位特色。“公安法制”专业是法学、公安学、公安技术学多学科交叉和融合的专业，本专业的建设，以公安院校现有的法学、公安学、公安技术学等相关学科为依托，充分利用公安院校现有学科和相关专业资源进行建设，既可以节约建设成本，也可以加快建设速度，提高建设质量。

3. 公安院校已有比较成熟的本科法学和相关公安专业的办学经验，为增设“公安法制”专业提供了良好基础。从全国来看，许多公安本科院校开设有法学专业，有的还开设了法学专业（公安法制方向）、治安学专业（公安法制方向），治安、侦查、刑事科学技术、交通工程管理、网络安全与执法等相关公安专业更是公安院校的主体专业，这些专业的建设经验和建设成果，都可为“公安法制”专业建设提供借鉴和硬件、软件支撑，是增设“公安法制”专业的良好基础，也是普通高校的法学院（系）所没有的。

4. 公安院校具有培养本科“公安法制”专业人才所需要的教师队伍和一定的实验实训设施。“学校的发展主要应是学生的发展，以及为学生发展创设合适条件的教师发展，其他发展都是次要的，不能喧宾夺主。”[①] “公安法制”专业应

① 姜继为：《教育的常识——关于教育价值与方法的思考》，中央编译出版社2014年版，第207页。

隶属于公安本科院校的法学院（系）。综观我国公安本科院校的情况，由于法学课程是各公安专业的专业基础课，课程量大，教学任务重。因此，均成立有法学院（系、部），且成立时间较早，师资队伍建设时间较长，均具备了良好的培养“公安法制”专业人才所需要的教师队伍，并且随着“公安法制”专业的设立，教师队伍的建设还会进一步加强。

“公安法制”专业学生的实验实训教学，一般有三个环节：各课程单项的实验实训教学，一门课程的综合性实验实训教学，多门课程的综合性实验实训教学。实验实训教学的主要内容有：一是与侦查、刑技、交通等专业共通的采痕取证方面的实验实训项目；二是法学专业方面的实验实训项目，如模拟法庭、法庭旁听（法律思维训练）、法律辩论、读书报告会（辨别法律观点方面的法律思维训练）、案例分析、案卷审核、情景教学、民事调解、法律诊所、司法文书撰写等。完成这些实验实训内容所需要的实验实训室有：一是采痕取证实验室、民事调解实验室等，与各公安专业共用；二是模拟法庭实验室；三是法律辩论、法律演讲实验室；四是公安执法案卷审核室等。这些实验实训室许多公安本科院校都具备，完全能满足“公安法制”专业人才培养的需要。同时，各公安本科院校具有较长的高等院校办学历史，积累了比较丰富的纸质和电子的图书资料，与各公安机关联系也比较紧密，收集公安执法一线的教学材料比较方便，这些也可以满足培养“公安法制”专业人才的需要。

四、“公安法制”专业之人才培养理念和培养方案

（一）“公安法制”专业人才培养理念

当下，“高校创新创业教育的定位应回归高等教育的基本使命”①，已形成共识。结合公安法制岗位的职业特点和知识、能力、素质要求，“公安法制”专业人才培养理念是：培养具有创新性的适应“公安法制”岗位需求的高素质应用型人才，突出岗位需求的应用性、针对性和创新性。注重创新意识、创新能力和应用能力的培养，合理设置相关课程，并注重课内实验实训、认知实习、专业实习等实践学习和创新锻炼。在具体课程设置上既强调法律知识、能力的学习，也注

① 《2015中国教育研究前沿与热点问题年度报告》，载《教育研究》2016年第2期。

重相关公安业务知识、能力的学习，还注重法治理念、法治素养的培养，以使学生在今后的工作中，通过对公安执法案件的审核把关，来促进公安机关严格、公正、规范、文明执法水平的提高。同时，“公安法制”专业培养方案还应体现多学科交叉、融合的特点，融法学、公安学、公安技术学等相关学科以一体，为培养应用型、复合型、创新性人才服务。

（二）“公安法制”专业人才培养目标

“在高等教育的历史演变过程中，人才培养的理念、目标和方式都随社会需要和高等教育自身的变化而不断发生深刻的变化。”① 根据当今时代对大学生提出的要求，以及公安法制岗位的职业特点和知识、能力、素质要求，“公安法制”的培养目标是：旨在培养具有社会主义法治理念和全面依法治国思想，系统掌握公安法制工作所必需的法学基础理论、基本知识、基本技能、基本方法，以及相关公安业务知识，具有应用公安法律知识和从事公安法制实务的核心能力和创新精神，适应基层公安机关法制岗位需要的德、智、体、美全面发展，政治立场坚定、职业品质优良、专业基础扎实、警务技能过硬、具有初步研究能力的高素质的应用型、创新性的专门人才。

（三）“公安法制”专业人才培养的主干学科和核心课程

主干学科为法学、公安学。核心课程为：法理学、宪法、行政法与行政诉讼法、刑法、刑事诉讼法、民法、商法、经济法、国际法、国际经济法、环境法与资源保护法、公安学、刑事侦查学、刑事技术学、治安管理学、网络安全执法。学制四年，总学分 170 学分左右（其中选修课学分占课堂教学学分的 40% 左右），毕业授予法学士学位。

（四）“公安法制”专业人才培养的实践教学环节

“建构主义教学的两大关键特点是复杂的、真实生活的学习环境以及社会互动。”② 也就是，在真实生活的学习环境中学习以及与社会互动中学习，是学生学习的重要途径。因此，从培养应用型、创新性人才的要求出发，在培养过程中

---

① 登云、齐恬雨：《论高等教育普及化阶段的人才培养》，载《中国高教研究》2016 年第 4 期。

② ［美］韦恩·K. 霍伊、塞西尔·G. 米斯克尔：《教育管理学：理论·研究·实践（第 7 版）》，范国睿主译，教育科学出版社 2007 年版，第 73 页。

应适度强化实践教育环节，包括课堂教学中的实践教学，毕业前的综合实践教学，寒暑假到公安机关认知实习，在校期间到公安实际部门参加各种安保警务实践，参加各种创新创业训练，毕业前的毕业实习等，实践教学学分占总学分的30%左右。

综上所述，在大力倡导培养应用型人才和全面推进依法治国的今天，公安本科高校增设“公安法制”专业，既是职责和使命所在，也有条件和能力开展对“公安法制”高素质专门人才的培养，应当尽快增设，以更好地为公安队伍建设和公安执法质量的提高，为全面推进我国法治建设，作出应有的贡献。

公安高等院校设置“公安法制”专业之我见

邓国良[①]

高等院校承载着人才培养、科学研究、服务社会、文化创新与传承的基本任务，其根本职能是培养人才，目标是培养具有创新精神和实践能力并适应或满足社会需求的高素质专门人才，而培养具有创新精神和实践能力并适应或满足社会需求的高素质专门人才是以专业建设为载体，即通过设置相应的专业这一途径来实现的；可以说，专业建设是人才培养的平台或表现形式，它与人才培养之间具有紧密的关联性，或者说人才培养依赖于专业建设，离开了专业建设，人才培养则难以落到实处。目前，公安高等院校在专业建设中面临的瓶颈是已设置的法学专业因纳入普通专业，即非公安类专业，无法享受国家对公安类专业进行制度设计的政策优惠待遇，同在公安高等院校沐浴警务化管理约束的法学专业毕业生由于不能参加招警考试，其满怀憧憬的“警察梦”因制度设计而断然破灭，致使就业前景十分茫然，历年来的就业统计始终处于低迷状态。对法学专业来说，选择司法考试或报考研究生虽不失为提升或解决就业的途径，但因其门槛高或难度大，司法考试通过率或考上研究生的人数或比例无法与公安类专业毕业生的录警比例相均衡，这种竞争的不公平性使法学专业在就业环节始终处于“弱势”状态。公安高等院校如何化解这一瓶颈，设置“公安法制”专业不失为一条光明大道。下面就公安高等院校设置“公安法制”专业发表一点粗浅的意见，以求教于同仁。

一、公安高等院校专业设置的现状评析

公安教育历经了一个从无到有、从小到大、从弱到强、从培训教育到学历教

---

① 邓国良，男，江西警察学院首席教授。

育和培训教育与学历教育并重的漫长发展过程，在学科建设、专业建设、师资队伍建设等方面的规模、层次都有了一个质的飞跃，公安学、公安技术作为一级学科的确立是标志性的进步，它终结了公安高等教育没有一级学科的历史。专业建设发展迅速，教育部印发的《普通高等学校本科专业目录（2012 年）》中，公安学所属专业是法学门类下设的一个专业类别，归入公安学类专业目录的只有治安学、侦查学和边防管理 3 个专业；经过近几年的发展，公安学类现有 15 个本科专业：

0306	公安学类
030601K	治安学
030602K	侦查学
030603K	边防管理
030604TK	禁毒学
030605TK	警犬技术
030606TK	经济犯罪侦查
030607TK	边防指挥
030608TK	消防指挥
030609TK	警卫学
030610TK	公安情报学
030611TK	犯罪学
030612TK	公安管理学
030613TK	涉外警务
030614TK	国内安全保卫
030615TK	警务指挥与战术

13 个专科专业：治安管理、交通管理、信息网络安全监察、特警、警察管理、公共安全管理、警察指挥与战术、刑事科学技术、警犬技术、刑事侦查、国内安全保卫、经济犯罪侦查、禁毒。可以说，从行业教育的视角来看，公安机关正处于公安高等教育迅速崛起的大好时机，呈现出良好的发展态势，令人可喜可赞。纵观公安学专业设置的现状来看，面临以下几个问题：一是专业设置发展势头迅猛，由最初设置的 3 个专业（本科）扩展为 15 个专业，形成了一个学科的专业群，并留有发展空间。这里值得思考的问题是，公安学专业群设置多少个专

业为适度，换言之，公安学专业群设置的范围有没有一个边界，倘若有边界，那么，其边界在哪里，应当如何划定其边界。现有的专业设置是否能够满足公安职业岗位的需求，有无增设新专业的可行性。二是专业名称的用语与设置没有学科的用语与定位严谨、规范。在专业名称的用语与设置中，有的专业名称采用学科的名称，如治安学、侦查学、公安管理学、禁毒学、犯罪学、公安情报学等；有的专业名称则与警种的分工和岗位对接，如涉外警务、警务指挥与战术、消防指挥等。三是教育部印发的《普通高等学校本科专业目录（2012 年）》中，将专业划分为基本专业、特设专业（在专业代码后加“T”表示）和国家控制布点专业（涉及国家安全、特殊行业等专业由国家控制布点，称为国家控制布点专业，专业代码后加“K”表示）。公安学所属专业已列入国家控制布点专业，其面临的疑惑是列入国家控制布点的专业稳定性程度如何令人担忧，国家控制布点专业是应急性的临时设置的专业，还是持续设置的专业；从学理上讲，不论列入哪一类专业类型都是一个动态的变化过程，随着国家和区域经济社会发展的需要，对原设置的专业进行相应地调整，包括取消或者增设都是必要的。即使是列入国家控制布点专业的公安学所属专业，也将随着公安职业岗位的变化与需求而进行适度调整。

二、公安高等院校设置“公安法制”专业的价值意义

（一）专业建设是公安高等院校持续发展的内在动力

任何一所高等院校要持续发展都不会忽视专业建设，这是因为学科和专业设置的取向都是为人才培养服务的，“人才培养是专业建设的出发点和归宿，”[①] 专业建设在高等院校始终居于基础地位。

1. 专业建设是公安高等院校生存与发展的基础性要素

作为共生共存关系的学科和专业是高等院校生存与发展的支撑力量，学科和专业是“源”与“流”的关系，学科建设的水平制约着专业建设的发展水平和人才培养的质量，专业建设是依托学科建设的发展而不断发展；同时，专业建设可以吸收和展示学科建设的成果，学科和专业须臾不可分离。对公安高等院校而

---

① 唐纪良、曾冬梅、武波：《论学科建设与专业建设的互动关系》，载《改革与战略》2007 年第 11 期。

言，在学科建设方面不具有明显的优势，专业建设都是依托于其他学科（如法学、工科等）而求得生存，即使是公安学、公安技术确立为一级学科仍属于“后进学科”或建设中的学科。但也必须看到，公安高等院校作为行业办学的性质与特点，经过多年的努力与积累在专业建设方面具有明显的优势，如侦查学、治安学、刑事科学技术等专业有自己的鲜明特色，成为品牌专业。倘若增设“公安法制”专业，可以彰显自身的优势，打造特色专业。因此，公安高等院校应当将主要力量用于加强专业建设，促进专业建设的制度创新，专业建设始终是公安高等院校生存与发展的基础性要素。

2. 人才需求是公安高等院校专业设置的动力性要素

任何新专业的开设都不是盲目的、随意的，它总应当具备相应的生存环境与办学条件，包括是否有相应学科的支撑或依托、学校的办学定位与承受能力、人才培养的目标是否清晰、师资配置是否能满足专业设置的要求、课程与教材建设是否到位以及相匹配的实训场所等。在专业建设上，要防止无视办学条件而盲目地增设专业，导致低水平的重复；从专业设置的规律来思考，人才需求始终是高等院校专业设置的原动力，没有人才需求，专业设置就没有意义。“社会对人才的需求直接就体现为用人单位对人才的需求。用人单位在选择人才时会对人才这种特殊资源提出特定的录用标准，”① 而高等院校要以用人单位对人才的需求信息为依据选择是否增设相应专业，用人单位对人才的需求是高等院校增设专业的重要选项。对公安高等院校而言，增设“公安法制”专业需要一个论证的过程，一是应当对公安机关法律人才的现状与需求进行相应调研，了解公安机关对法律人才的知识、能力与素质的要求，为专业设置和确立人才培养目标与定位、制定人才培养方案、构建课程结构体系和优化师资结构奠定基础。二是大力开展校局合作，强化专业教师与相关职业岗位的交流与协作，落实“双千计划”，聘请与专业建设相匹配的资深警官担任教官，实现身份互认，角色转换；也可以通过开门办学、联合办学等形式促进专业建设的发展。

3. 开设新专业是公安高等院校增强活力的发展性要素

公安学作为一级学科确定以后，公安高等院校应当抓住机遇，着力打造以公安学为依托的专业群建设，而开设新专业是公安高等院校增强活力的发展性要素。公安高等院校作为教学型的院校，应当根据学校的办学定位与办学条件，梳

① 李明、熊晓熙：《人才需求与高校专业建设的研究文献述评》，载《中国电力教育》2012 年第 1 期。

理与整合教育资源，不断拓展专业建设的思路，要在打造以公安学为依托的专业群建设中有所作为，这就要求公安高等院校要在顶层设计中明确提出以打造公安类专业为己任，只有不断彰显自身的优势与特色才是生存之本，发展之基。设置“公安法制”专业既是对公安高等院校打造公安类专业群建设的回应，又是展示公安高等院校专业建设充满活力和持续发展的重要体现。

（二）设置“公安法制”专业的价值意义

1. 促进公安学的学科建设

“公安法制”专业是一个跨学科的专业，它涉及法学、公安学、警察法学等学科领域；但从规范专业的设置来看，“公安法制”专业只能以公安学对接，并以公安学为依托，归入公安学的专业群。2011 年公安部向教育部提交的《公安学一级学科调整建议书》中，将公安学的学科内涵表述为：“公安学是研究维护国家安全与社会公共安全的公安警务活动及其规律的科学，是具有多学科交叉融合特点的新兴学科。”① 既然公安学是以研究公安警务活动为其核心内容，而“公安法制”工作本身就是公安警务活动的组成部分，“公安法制”工作在保障警务活动的合法性、规范性等方面起到了重要的作用。公安学与“公安法制”专业是一个相互依存的共生关系，公安学的学科建设注重科学研究，产出学术成果，为培养高素质的专门人才提供支撑力量，学科建设的发展水平制约人才培养的质量；“公安法制”专业建设承载着人才培养的功能，注重人才培养的目标与规格、培养方案与课程体系、师资队伍、实验实训场所等教学条件保障，目标是培养高素质的法律专门人才，人才培养的质量又有利于促进学科建设的发展，提升学科建设的水平，实行学科与专业的一体化建设，实现共存共赢。设置“公安法制”专业可以丰富公安学的专业群建设，拓宽公安学的研究视野，提升公安学的学术影响力。

2. 加强公安法治人才队伍正规化、专业化、职业化建设

党的第十八届四中全会《关于全面推进依法治国若干重大问题的决定》中明确提出：要积极“推进法治专门队伍正规化、专业化、职业化，提高职业素养和专业水平。”这是对法治专门队伍建设提出的新目标、新任务与新要求，对公安机关而言，要加强公安法治人才队伍正规化、专业化、职业化建设就必须重视法

---

① 转引自张超：《公安学二级学科体系基本构架探究》，载《公安教育》2014 年第 7 期。

治人才的培养，提高法治人才的素质，这是摆在我们面前的现实课题。客观地说，加强公安法治人才队伍正规化、专业化、职业化建设，提高其职业素养和专业水平的途径与措施是多方面的，但也给公安高等院校的专业建设提供了一个极好的机遇，开设“公安法制”专业，有针对性地培养高素质的专门法治人才，可以为公安法治人才队伍正规化、专业化、职业化建设输送新鲜血液，补充后备力量，提升公安法治人才队伍的素质与能力。

3. 强化专业设置与公安法制岗位相对接

高等院校的人才培养是按照专业来划分的，不同的专业培养不同的人才；专业是与社会的职业岗位紧密联系，它体现了社会职业的特殊性。公安高等院校设置“公安法制”专业的取向是要与公安法制岗位相对接，培养服务于公安法制岗位的专业化人才，其要求：一是“公安法制”专业的设置要适合公安法制工作发展的需要，贴近公安执法实战，满足公安执法实战部门对法制人才的需求；二是“公安法制”专业是培养具有良好政治、道德素质，谙熟法律法规，熟悉公安业务和办案流程的专门人才，突出法律、业务与技能并重，能够胜任公安法制岗位履职的素质和能力；三是推进校局合作机制，有条件地实行公安高等院校与公安法制部门共同办学体制，公安法制部门参与“公安法制”专业人才培养的过程，使公安法制部门的资源融入公安高等院校的专业建设。同时，建立校局合作二级院系管理体制，使“公安法制”专业人才培养与公安法制岗位融为一体，提高公安高等院校的“公安法制”专业建设与公安法制部门的适应度，实现双方互利共赢。

4. 拓展警察法学教育的发展空间

“公安法制”专业是警察法学教育的载体，具有浓厚的警察法学教育的色彩，设置“公安法制”专业强化了公安高等院校与公安执法岗位的对接，教师的眼光和注意力会更多地投入到关注公安执法实践问题，并致力于探索与研究，提升课堂教学的针对性与实效性，丰富警察法学教育的内容与形式，进一步拓展警察法学教育的发展空间。同时，由于设置“公安法制”专业，使警察法学教育从依赖走向独立。以往在尚未设置“公安法制”专业时，有的公安高等院校又不主张设置普通专业——法学专业（法学专业是教育部规定的国家控制布点专业），不得已在治安管理专业中设置“公安法制”方向，以替代法学专业的设置，这种办学形式只是权宜之计；倘若单独设置“公安法制”专业，就可以摆脱依赖而走向独立。

5. 彰显就业公平，提升毕业生就业率

倘若设置“公安法制”专业就自然进入公安类专业的行列，享受制度设计的招警考试和录用的优惠待遇，这不仅提升了毕业生就业率，消除了区别对待，而且彰显就业公平。由于毕业生就业率高，社会公众对公安类专业的认同感不断攀升，公安高等院校可以吸引优质生源录入公安类专业，录入公安类专业的学生分数高，起点高，素质相对也会好一些，这是十分可喜的现象。吸引优质生源录入公安类专业，是公安高等院校专业建设良性运行的基本保障。

三、制约或影响“公安法制”专业设置的因素

（一）制约“公安法制”专业设置的因素

“公安法制”能否成为一个公安类专业还有很长的路要走，究其原因就在于公安高等院校设置“公安法制”专业还面临着诸多的困难和急待克服的障碍，其显性的困惑主要是：

1. “公安法制”专业尚未纳入教育部公布的公安学类专业目录

按照专业设置的程序设计，公安高等院校要设置“公安法制”专业，须由相关公安高等院校进行专业申报，并论证、说明增设该专业的理由，包括必要性与可行性、人才需求、人才培养的定位、目标与培养方案、课程体系、师资队伍、办学条件等。然后由本学科教学指导委员会审定，是否同意开设该专业。最后由教育部审批，并正式列入某学科的专业目录。是否纳入教育部公布的公安学类专业目录是考量“公安法制”专业的正当性和合法性的标准，未纳入教育部公布的专业目录则意味着“公安法制”还不能成为一个正式专业，这就基本上堵塞了公安高等院校设置“公安法制”专业的路径。尽管教育部颁布的《普通高等学校本科专业设置管理规定》第13条明确规定，高校设置尚未列入《专业目录》的新专业也可以按程序报批，但审批难度更大、更严，成功率很低。

2. 公安机关对公安法律人才的需求并不凸显

长期以来，各级公安机关及其领导在思想观念上对法律人才的需求缺乏足够的认识，不够重视法制部门及相关业务部门法律人才的培养与补充，仍然钟情于侦查、刑事技术、治安、交管等公安类专业的人才培养与补充，法律人才被边缘化，这种现状不仅具有普遍性，而且始终主导公安队伍人才建设的走向。公安机

关及其领导要从思想观念上真正转变为重视法律人才建设是一个十分艰难的过程，

3. 公安高等院校设置“公安法制”专业的办学条件有待完善

从公安高等院校的现状来看，“升本”较早且设置了法学专业的院校相对来说办学条件较好，不仅积累了专业建设的经验，而且在专业定位与目标、人才培养方案、课程建设、师资队伍及实训设施等方面具有良好的基础，这类院校基本上已具备了设置“公安法制”专业的办学条件；而对于哪些“升本”较晚且没有设置法学专业的院校来说办学条件则有待于完善。客观地说，专科专业建设的经历与本科专业建设是不同的，有开办法学专业建设的经历与没有开办法学专业建设的经历是存在一定的差异的，没有开办法学专业建设经历的院校在专业建设的理念、定位、人才培养目标与方案、师资队伍建设等方面都有一个探索、积累与完善的转变过程。

4. 公务员招录中设置法律人才的岗位数量少

公安高等院校法学专业的毕业生之所以就业率低与历年来公务员招录中设置法律人才的岗位数量少有直接的关系，即使设置了“公安法制”专业，毕业生的就业问题仍然心中无底。这是因为，公安高等院校设置了“公安法制”专业，其毕业生的就业能否与公安机关的法制岗位对接是一个疑虑，这取决于在警察岗位招录中能否设置法制岗位，另外即使设置法制岗位但如招录人数少，“公安法制”专业的毕业生也只能竞争其他的公安类岗位，这与设置“公安法制”专业的初衷也是相悖的，一定程度上会造成专业人才的浪费或难以凸显专业人才的优势。上述制约因素不能得到有效地化解，设置“公安法制”专业的价值及其意义则难以实现。

（二）影响“公安法制”专业设置的因素

1. 区域性

高等教育的使命是培养社会需求的高级专门人才，其专业设置主要是满足于地方的人才建设需求，服务于地方经济发展，立足本省，辐射全国。设置“公安法制”专业应当考虑：一是本区域是否需要该专业人才，譬如从维护国家安全和社会稳定的角度以及公安机关因担负的任务或职责的要求是否急需法律人才；二是现有的高校是否能够满足公安机关急需培养公安法律人才的需要；三是高校是否具备了设置“公安法制”专业的教学环境与相应的教学条件，是否能够满足

"公安法制"专业建设发展的要求。

2. 职业性

"高等学校的专业是依据特定社会职业分工的需要以相关学科为依托进行人才培养的基本单位。"[①] 换言之，专业设置的着眼点在于为社会培养所需人才，这就意味着专业要对应社会某一个行业的职业，是针对社会某一个行业的职业岗位设计的，专业设置的职业性是其鲜明的特征。譬如设置"公安法制"专业就必须对应公安机关的法律人才岗位，除法制部门所设岗位外，还包括各警种所需的法制员岗位及相关执法岗位；那种认为"公安法制"专业只能对应公安机关的法制部门所设岗位的认识是不准确的。事实上，各警种也需要专门的法律人才，"公安法制"专业培养的是复合型人才，其毕业生可以适用于公安机关执法部门中所需的专门法律人才岗位。

3. 动态性

专业设置与调整是高等院校的一项常态性工作，高等院校应当顺应社会发展变化的要求，尤其是根据职业岗位人才需求适时进行专业调整，包括专业的淘汰与专业的增设，要"完善专业准入、调整和退出机制，构建科学的学科专业体系，"[②] 以体现专业建设的动态性。对公安高等院校而言，在人才培养的结构中面临着两种显性的变化，一是公安机关因履行职责的变化，越来越重视职业化、专业化建设，新警种不断出现，内部岗位分工越来越细，这就为公安高等院校适时设置与调整专业带来了契机，注入了活力。二是随着社会治安形势的变化，治安案件和刑事案件的总量不断攀升，作为承担法律审核把关的法制部门或各警种负责法律审核把关的任务越来越重，现有的人员捉襟见肘，不堪重负，对专业人才的需求日益凸显，这就为公安高等院校设置"公安法制"专业提供了良机。设置"公安法制"专业不仅可以满足公安机关对法律专业人才的需求，也体现了专业建设的与时俱进，使专业建设真正具有旺盛的生命力和活力。

四、公安高等院校设置"公安法制"专业的构想

开设新专业是公安高等院校进行规模发展的重要举措，也是提升办学竞争力

---

① 王瑛、喻道安：《地方普通高等院校新专业建设的困境及对策》，载《中国大学教学》2010年第9期。

② 钟秉林、李志河：《试析本科院校学科建设与专业建设》，载《中国高等教育》2015年第22期。

的重要途径，开设新专业对“进一步拓展办学思路，优化学科专业结构，增强办学活力，满足经济社会及个人对高等教育需求发挥了积极作用。”① 换言之，公安高等院校只有重视专业建设，并根据人才需求而开设相应的新专业，才能不断促进专业建设的持续发展，增强办学活力。设置“公安法制”专业的思路与设想可以从以下几个方面加以探究。

（一）积极探索专业建设的规律和发展机制

任何事物都有其自身发生、发展的规律，专业建设也有规律可循，譬如专业建设的核心是培养各种类型的专门人才，那么，培养什么样的人才，怎样培养人才，培养人才的目的是什么等诸多问题都是专业建设必须面对的。高等院校在人才培养中要根据社会发展和行业对人才的现实需求与潜在需求进行深入调研，并依据调研信息予以分析、研判，把握社会发展和行业对人才需求的整体发展趋势，作为是否增设相关专业的顶层设计。高等院校要建立以大学生就业为导向的高校专业设置预测系统，对专业的供需数进行预测，包括职业岗位的人才需求数和高等院校人才培养的供给数，做到均衡、协调发展，实行“职业预测先行，专业预测随后跟进”的战略思路。② 因此，公安高等院校要设置“公安法制”专业就必须根据公安法治队伍建设的整体发展思路与趋势，对公安法治人才的现实需求与潜在需求进行调研、分析，进而确定是否需要设置“公安法制”专业以及招收的人数或规模，公安法治人才的需求状况制约或决定了“公安法制”专业是否设置的走向。

（二）梳理、整合与优化教育资源

专业建设不仅要依托学科建设的发展，而且需要配置相应的教育资源和办学条件的保障。公安高等院校要设置“公安法制”专业就必须对现有的教育资源进行梳理、整合与优化，包括办学理念与定位、学科建设现状、科研实力、专业建设布局、课程建设、师资队伍、实验实训设施、人才培养质量等专业建设的办学条件。通过梳理、整合可以摸清已有的教育资源和教学能力，既可以看到自身的优势与特色，也可以发现自身的劣势与不足，对优势与特色发扬光大，对劣势与

① 张炳生、王树立：《学科、专业一体化建设研究》，载《中国高等教育》2012 年第 12 期。
② 曹洪军：《建立高校专业设置预测系统的理性思考》，载《辽宁教育研究》2008 年第 3 期。

不足要采取相应地措施补足短板，消除或缓解劣势与不足，不断完善办学条件，以满足增设新专业的需求。

（三）优化师资队伍结构

师资队伍建设是专业建设的核心要素，没有相应的师资队伍，专业建设就失去了依托，加强和优化师资队伍建设始终是专业建设关注的重要因素。公安高等院校现有的师资队伍尽管在学历层次已有飞跃的发展，但普遍缺乏公安工作的实践经历，这是开设新专业所面临的短板，公安教育的职业性、实践性决定了公安高等院校优化师资队伍建设的走向。公安高等院校设置“公安法制”专业在优化师资队伍建设方面应当考虑以下几个方面：一是成立相应的专业教研室，如“公安法制”教研室，科学、合理地配齐、配强教师队伍，建立专职教师到职业岗位挂职锻炼、调研、项目合作等制度，使其常态化；二是建立和完善兼职教官制度，利用外部人力资源来弥补专任教师的不足；三是着力打造学科带头人、名师、骨干教师、教学科研新秀等优秀教学团队和科研团队，尤其是要鼓励和培育“双师型”的教师队伍以及引进高层次人才，不断优化教师队伍结构，提升教师队伍的素质与能力，以满足和适应开设新专业的软件要求。

总之，公安高等院校应当加强学科与专业的一体化建设，根据自身的优势与特色找准专业定位，确定专业方向，而设置“公安法制”专业则不失为一个明智的选择，它适应了公安队伍正规化、专业化和职业化建设的迫切需求，期盼“公安法制”专业的设置梦想成真。

公安院校青年教师培养研究

——以福建省高校青年教师教学竞赛为视角

陈颖　胡宝珍[1]

名校是因为有名师。教师培养一直以来是学校工作的重要内容，无论是专业建设还是团队建设，都离不开优质的教师资源。作为新生力量的青年教师，是教学力量的后备，是学校发展的未来，对青年教师的培养要强化整体素质的提升，其中课堂教学是最直接的展示。

课堂教学是学校课程实施的主要平台，是教师传授知识和技能的重要途径，优质的课堂不仅会培养出优秀的学生，更会促进教师的成长和进步。笔者胡宝珍作为评委，陈颖作为参赛选手参与了福建省第二届高校教师教学竞赛，现以教学竞赛评分标准为视角，对课堂教学的教学法进行探讨，以期抛砖引玉，对课堂教学质量的提高有所裨益，对青年教师的培养助力。

一、课堂教学的主要环节

世界上一切事物和过程都有自己的结构。课堂教学当然也有自身的结构。课的结构，就是指一节课的各个要素联系的内部形式，它反映了一定教学单元体系中一节课的教学过程及其组织。对我国产生深远影响的课堂教学的结构模式是苏联教育家凯洛夫的“五环法”。凯洛夫用教师的施教程序“组织教学—复习旧课—课授新课—总结巩固—布置作业”五个环节作为课堂教学的结构模式。[2] 从福建省第二届高校青年教师教学竞赛决赛（以下简称教学竞赛）参赛课程教学设计

---

① 陈颖，女，福建福清人，汉族，福建警察学院法律系讲师；胡宝珍，女，福建顺昌人，汉族，福建警察学院法律系主任、教授。

② 陈志刚、张紫屏：《课程改革的难题：凯洛夫教学模式的遗留》，载《全球教育展望》2013 年第 6 期。

（见表1）的内容来看，此次竞赛亦是以“五环法”为基础，结合大学生的学习认识规律，将课堂教学确定为“导入主题—展开阐述—深入研讨—巩固加深—总结提高”五个环节。这五个环节实际上体现了课堂教学的三大阶段，即导入新课、讲授新课和教终总结。其中讲授新课包括了教学设计中的展开阐述、深入研讨和巩固加深三个环节，是课堂教学的重点，笔者将在文章第二部分加以论述。

福建省第二届高校青年教师教学竞赛决赛参赛课程教学设计（表1）

参赛主题		
教学主要目标	（包括理解、掌握、领会、应用、综合、分析等要求）	
教学重点与难点		
解决重点与难点的方法		
采用主要教学手段		
课堂主要教学环节		
教学环节	教学内容	时间分配
导入主题		
展开阐述		
深入研讨		
巩固加深		
总结提高		

（一）导入新课

导入新课是教师在某个单位教学活动开始时，引导学生迅速进入学习状态的行为方法。一般而言，新课导入的基本方法有课题导入法、目的导入法、温故导入法、设疑导入法和案例导入法等。结合笔者自身的教学经验，笔者在平时的教学中多采取目的导入法和温故导入法。所谓“目的导入法”是在讲新课前先把本次课程要完成的教学目标说清楚，以求得学生的配合，使后续的教学工作更加顺畅的展开。所谓“温故导入法”是在讲授新知识之前，先温习已学过的知识。通过回顾、复习学过的旧知识，并以此作为铺垫，然后过渡到所授知识的讲解上。可以说导入的类型是在深入钻研教学内容、明确教学目标和分析学生认知特点的基础上而确定的，不同的学科、不同的课型导入方式的选择会有所差别。但无论怎样，运用正确的方法导入新课，能集中学生的注意力，明确思维方向，激发学习兴趣，引起内在的求知欲望，使学生在学习新课的一开始就有一个良好的学习境界，为整个教学过程创造了良好的开端。

需要注意的是，导入新课时所选用的材料必须紧扣后面要讲述的课题，不能离题万里，更不能与正课有矛盾或冲突。在导入阶段的讲授，切忌教师洋洋万言、夸夸其谈，占用大量的时间，以致冲击了正课的讲述。因为新课引入只能起到“引子”的作用，所以在引入时一定要合理取材，控制时间，恰到好处，适可而止。以45分钟为一个教学单元计，导入新课时间一般在5分钟左右，最多不宜超过10分钟。

（二）教终总结

教终总结是在每节课即将结束时，教师一般用3~5分钟时间，对本节所学内容进行梳理、归纳、总结，理清知识脉络，构建知识框架结构，使学生对当堂所学的新内容加强理解、深度消化和巩固升华的过程。一般而言，最常见的小结形式是“点睛式小结”。这种小结要求教师用准确、精练的语言，归纳本节课的主要内容，强调重点和难点知识，把散落在学生头脑中的知识点精准地勾勒出来，使知识得到明晰，错误得到矫正，重点得到突出，教学目标得以实现。良好的总结设计可以清晰学生的学习思路，产生画龙点睛、余味无穷、启迪智慧的效果。

作为课堂教学的最后一个环节，教终总结用时不多，决定了它不可能成为课堂教学的高潮，部分教师在教学设计的过程中往往会重视导入新课、讲授新课、优化教学效果等环节的创新求变，却对结尾部分的小结很少讲究，这使得它必然成为课堂教学各环节中的“弱势群体”。但事实上，教终总结不应成为教师可有可无的选择，而应该是在教师的引导下，教师和学生一起对本堂教学内容的回顾与反思、归纳与抽象、概括与升华的学习活动。只有不断地总结才能有所提高，故教终总结的作用应当得到教师的关注和重视。

二、影响教学质量的因素

在导入新课环节之后，就进入了对新课的讲授阶段，这一阶段是课堂教学的核心部分。课堂讲授作为一种传统的教学方法，在各国的教育教学中都是一个非常重要的组成部分，有着悠久的历史。从教学竞赛的“课堂教学演示参考评分表”（见表2）来看，本次比赛对课堂教学的评测主要从教学内容、教学组织、语言教态和教学特色四个方面加以考量。从其中的分值分布来看，教学内容和教学组织是评测的重点，笔者将着重加以论述。

福建省第二届高校青年教师教学竞赛决赛课堂教学演示参考评分表（表2）

<table>
<tr><th>项目</th><th colspan="2">评测要求</th><th>分值</th><th>得分</th></tr>
<tr><td rowspan="15">课堂教学
80分</td><td rowspan="5">教学内容
35分</td><td>教学内容符合教学目标要求，有一定广度和深度。</td><td>7</td><td rowspan="5"></td></tr>
<tr><td>教学内容精炼充实，基本概念准确，科学性强。</td><td>7</td></tr>
<tr><td>理论联系实际紧密，反映学科发展新思想、新概念、新成果。</td><td>7</td></tr>
<tr><td>教学信息量大，课堂教学饱满。</td><td>7</td></tr>
<tr><td>重点突出，条理清楚，内容承前启后，循序渐进。</td><td>7</td></tr>
<tr><td rowspan="5">教学组织
25分</td><td>教学设计方案体现完整，内容安排合理，教学时间利用有效。</td><td>5</td><td rowspan="5"></td></tr>
<tr><td>注意启发性、研究性教学，培养学生独立思考和解决问题能力。</td><td>5</td></tr>
<tr><td>有效调动学生积极思维，师生互动效果明显。</td><td>5</td></tr>
<tr><td>方法运用灵活、恰当，有效地运用多媒体等现代教学手段，增强课堂教学效果。</td><td>5</td></tr>
<tr><td>板书设计与教学内容紧密联系、结构合理，板书与多媒体相配合，简洁、工整、美观、大小适当。</td><td>5</td></tr>
<tr><td rowspan="3">语言教态
15分</td><td>普通话讲课，声音清晰、语言准确，语速节奏恰当。</td><td>5</td><td rowspan="3"></td></tr>
<tr><td>教态自然大方，精神饱满，上课感染力强。</td><td>5</td></tr>
<tr><td>结合课堂教学教书育人。</td><td>5</td></tr>
<tr><td>教学特色
5分</td><td>教学理念先进、风格突出、感染力强、教学效果好。</td><td>5</td><td></td></tr>
<tr><td colspan="2">评委签名</td><td></td><td>合计</td><td></td></tr>
</table>

（一）教学内容

在教学主题确定之后，教学内容的筛选决定了课堂教学的成败与精彩与否。具体教学内容的选择应遵循的原则是：教学内容符合教学目标要求，能体现本次课程的重点和难点，并且能够为学生对重点的理解和对难点的突破服务。所谓重点，是指本次教学目标中所要完成的最基本、最主要内容；所谓难点，是指教学中难于理解或领会的内容，可以是情感、态度、价值观，或较抽象，或较复杂，或较深奥。这就要求教师在组织教学内容时，一方面要准确精练，科学性强，所选用的内容在一定程度上能反映本学科最新的研究成果；另一方面要充实饱满，信息量大，所选用的内容要具备一定的广度和深度，且对素材能运用自如、循序渐进。

以第一作者的参赛主题——宪法规范为例，此次授课的重点和难点在于如何使学生正确理解和领会宪法规范不同于其他部门法的特点①。因此在教学过程中不可避免地会较多的运用比较教学法，并辅以图片和典型事例、案例，从而突出重点、化解难点。例如，通过对宪法规范自身以及宪法规范和其他法律规范的比较，来突出宪法规范的最高权威性、原则性与概括性。而在讲解宪法规范的政治性、适应性与相对稳定性时，引用了英国的几部重要的宪法性文献和美国制宪会议、联邦宪法，配以图片加以展示。因为这些文献或事件年代久远，但又不失为世界宪法史上的经典文献和典型事例，是在教授宪法规范相关特点时的必讲素材，通过图片的方式展现在学生面前，可以让学生有更加直观、形象的认识。最后，在讲解宪法的无具体惩罚性时辅以1990年的山东齐玉苓案件②，让学生探讨这一延伸案例。由于最高人民法院针对这一案件的司法解释已被废止，使得这一案件更具可探讨性，它可以引发了学生对如何维护宪法的尊严、贯彻宪法精神、落实宪法内容问题的思考。以此案作为深入研讨的素材，意在巩固加深已授内容并启发学生独立思考的能力。

（二）教学组织

在有限的教学时间内，教师必须注重教学的效果。而有效的教学组织有助于提高课堂的教学效益。从此次教学竞赛的评分标准来看，在“教学组织”的项目

---

① 宪法规范的具体特征：（1）最高权威性；（2）原则性与概括性；（3）政治性；（4）适应性与相对稳定性；（5）无具体惩罚性。

② 齐玉苓案案情概要：1990年，就读山东省滕州市第八中学的应届生齐玉苓，原顺利考取山东省济宁商业学校，但被同班同学好友陈晓琪，因父亲陈克政在地方具有势力，买通学校行政人员，冒名顶替成为该校学生，并以齐玉苓的名义学习工作长达八年的时间。1998年齐玉苓不堪身份地位的损失以及家人遭到陈克政的暴力威胁，愤而向山东省枣庄市中级人民法院提出民事诉讼。1999年齐玉苓不服一审判决后，再向山东省高级人民法院提出上诉。山东省高级人民法院经过最高法院的批复后，2001年最终判决，引用宪法第46条，判令被告陈晓琪停止对齐玉苓的姓名权侵犯，以及相关被告需赔偿齐玉苓总共人民币十万元。齐玉苓案，是我国首次引用宪法法条进行判决的案件，故被称为“中国宪法司法化第一案”。但最高人民法院针对该案作出的批复已于2008年被废止。

中尤其重视启发性教学的开展和有效教学方法的运用。

就有效调动学生的思维，增强师生间的互动而言，案例教学是最直观也最具吸引力的方法。为了追求最好的教学效果，在讲授相关知识时引入案例的时间值得推敲。笔者建议多采用事前案例和事后案例①相结合的方法来授课。因为事前案例是让学生带着悬念或渴望知道结果的心情听教师讲授相关的知识，通过这种类似于“试错”的方式，使学生更加容易识记相关的知识，并体会理论知识与日常生活知识之间的异同。事后案例则是以老师的讲解为铺垫，侧重锻炼学生对已授知识的运用，使学生对于法律问题的理解更为具体而真切。这两种案例分析法的穿插使用既能够激发学生的学习兴趣，又有助于学生在理解的基础上记忆知识点，并培养他们分析、解决问题的能力。

就教学方法的运用而言，此次的评分除了要求使用多媒体等现代教学手段来增强课堂教学效果外，还强调了板书的重要性，明确要求参赛选手必须有一定数量的板书。板书被形象地称为反映教学内容的“镜子”、教学中引人入胜的“导游图”、开启学生思路的“钥匙”、每堂课的“眼睛”。② 教师通过课堂板书将教学内容、知识之间的联系等以主要信息凸现在学生面前，有助于建立知识框架，理清教学思路，使学生对所学内容一目了然，形成连贯性的思维，掌握本节课的重点和难点。因此，在书写板书时要做到内容凝练，重点突出，条理清楚，层次分明，这样才能体现教学意图，反映主要教学内容，真正起到提纲挈领、画龙点睛的作用。在内容实用的前提下，还必须有“中看”的形式。这就要求板书的设计要结构合理，布局匀称得体，给人以美感；在书写的时候，要根据黑板的大小、板书的内容，对黑板的利用有一个合理的安排。同时，还要求教师要讲书同步，富于变化。什么时候书写，写在什么地方，决不能随心所欲，要根据讲课的具体情况而定，尽量使板书和授课融为一体，保证教学活动的完整性和连续性。

（三）语言与教态

教师通过语言与教态完成课堂教学。教学不同于其他职位的特点，对教师的形象、语言、肢体动作等都有着更高的要求。从教师的普通话考试来看，要成为

---

① 柯湘：《试析非法学专业法学基础教育课程之教学》，载《河北广播电视大学学报》2008 年第 6 期。

② 王松泉：《板书学》，上海交通大学出版社 1995 年版，第 18 页。

一名教师，首先普通话要标准。由于方言的影响，各地均有当地的口音，但如果普通话考试不合格，自然与教师无缘。语速与语调在课堂教学中也非常重要，心理学研究表明，人的注意力是很难长时间集中的，“走神”其实是正常的心理现象。人的注意力会受外界环境的干扰而走神，会因为内心的情绪波动而被干扰，这都是普通人的心理。如何抓住学生的注意力，教师通过变换语速和语调不断引起学生新的关注，甚至于肢体动作的辅助作用。教学虽然不是表演，但有时成功的应用教态、语言也给学生美的感受，起到事半功倍的效果。

三、在教师培养过程中突显公安素质

《公安院校警务化管理规定》指出：“公安院校是培养训练公安民警的重要基地，必须坚持从严治警、从严治校的方针，严格教育、严格管理、严格训练、严格纪律，实行警务化管理。”因此，公安院校的教师不同于其他普通高校的教师，尤其是对青年教师的培养应当加强思想教育，强化政治信念，以警务化管理的标准严格要求，同时深化教师对公安实践能力的认识，才能锻造出一只高质量的教师队伍。

（一）提升政治素养

政治素质是教师的首要素质，它直接影响到学生的政治思想教育。公安院校培养的是人民警察，是承担维护社会稳定和良好秩序、保护人民生命财产安全的执法者。这种执法者，需要有忠于党、忠于祖国、忠于人民、忠于法律的良好政治素质。作为培养人民警察的教师，就必须有良好的政治素质，坚定“道路自信、理论自信、制度自信”① 的政治立场。在经济全球化和文化多元化的背景下，作为教师要在政治思想上与党中央保持一致，并用自身良好的政治素质和坚定的理想信念，去教育学生、影响学生。所谓“学术研究无边界，课堂讲台有纪律”，就是政治素质的要求之一，因为，课堂上的声音承载着“教书育人”的重任，学生的世界观还没有完全定型，教师的一言一行对学生具有潜移默化的影响。②

---

① 胡锦涛在中国共产党第十八次全国代表大会上的报告：《坚定不移沿着中国特色社会主义道路前进 为全面建成小康社会而奋斗》。

② 阮国平：《论我国当代警察院校教师的核心素质及其培养——以新教师的素质培养为基点》，载《公安教育》2014 年第 1 期。

（二）强化警察意识

现在的青年教师大多出生于20世纪70～80年代，他们自我意识强烈，追求个性和自由，不喜欢被拘束，缺乏集体意识和协作精神，喜欢我行我素。而且主要来源于非公安院校毕业生和从其他高校调入，很多教师没有接受过专门而系统的警务专业教育，导致这部分教师的警察身份意识不强。虽然穿上了警服，授了警衔，但缺乏警察职业认同感，工作作风、纪律作风与警察的职业要求还有一定差距。因此，有必要特别强调树立公安院校青年教师的警察意识，坚持以警务化方式加强管理。引导青年教师认真遵守《人民警察法》《公安机关人民警察纪律条例》等法律法规，培养严整的警容、严明的纪律、团结协作的精神和雷厉风行的作风。俗话说“正人先正己”，打铁还需自身硬，只有教师自己做到了、做好了，才能去要求和规范学生。

（三）了解公安实战

公安教育既是学历教育，也是职业教育。如果一个公安院校的教师对公安实践工作一知半解，如何能培养出适应公安业务工作需要的人民警察。因此对青年教师的培养还必须以“贴近公安实战”理念为指导，通过多渠道安排专任教师参加公安实践，深入公安一线。只有不断接触公安业务实践活动，发掘经验、发现问题，提出解决问题的方案，才能将课堂教学与公安实战紧密衔接，提高学生对公安实践的了解和对公安工作的思考，以便培养更多的公安应用型人才，适应公安工作形势变化的需要。同时通过公安一线实践锻炼可以使教师及时了解最新的工作动态，掌握实战的具体状态，保持专业知识的及时更新与灵敏的专业理论嗅觉，并强化教师的政治素养和工作作风，提高业务素质和实战能力。

公安院校卓越法律人才培养若干问题研究①

化国宇　管清亮②

2011 年教育部和中央政法委联合下发了《关于实施卓越法律人才教育培养计划的若干意见》，提出了卓越法律人才教育培养计划实施方案。主要目的在于提高法律人才的培养质量，造就一批应用型和复合型的法律人才，为建设社会主义法治国家提供人才保障和智力支持。党的十八届四中全会把依法治国作为主题，开启了全面推进依法治国的政治引擎，使得进一步加强和推进卓越法律人才培养计划显得更加现实而且紧迫。担负着共和国警官教育和培训重大使命的公安院校，更应当重视卓越法律人才的培养工作，为共和国的公安法制事业贡献力量。

一、公安院校培养卓越法律人才的必要性

党的十八届四中全会《关于全面推进依法治国若干重大问题的决定》指出，我国改革进入攻坚期和深水区，国际形势复杂多变，面对前所未有的改革发展稳定任务和矛盾风险挑战，依法治国的作用和地位对于党和国家工作的全局日益重大。在依法治国的大背景之下，公安队伍作为共和国执法的主力军，必然要将依法治国贯彻到执法活动的每一个环节当中。在经济、刑事、毒品侦查，治安、交通、边防管理等各个业务领域，都需要相应的部门法作为指导，尤其是公安的法制部门，必须吸收、培养和造就一批精通法理、熟悉业务的卓越法律人群体，这样才能为公安机关的行政和刑事执法活动提供咨询、指导、决策和培训，并更好地对公安执法的合法合规性进行监督。因而对公安队伍来讲，法律人才须臾不可或缺。

---

① 本文章基金项目：中国人民公安大学中央高校基本科研业务费专项资金（2015JKF01419）。

② 化国宇，男，山东临沂人，汉族，中国人民公安大学法学院讲师，法学博士；管清亮，男，中国人民公安大学法学院研究生。

其次，从现实来看，公安执法队伍学历层次偏低，法律素养单薄，确实是当前公安教育面临的问题。相较于法官和检察官队伍而言，公安队伍在学历层次上偏低是不争的事实。截止到2008年，法官和检察官本科以上学历的人员已超过65%，成为法、检队伍组成的主体。[①] 而同一时期公安系统本科以上学历的人员仅占40%，大专及大专以下学历的人员是主体。有人认为公安执法是重复性行政工作，属于“熟练工”，与法官、检察官所从事的司法业务相比其实并没有太高的法律技术含量，因此不需要高学历和精通法律知识。这种认识是比较片面的。执法与司法一样，是法律运行的必要一环，也是纸面上的法转化为现实中的法的关键步骤。应当说，警察作为直接执法者，比起“居庙堂之高远”的法官和检察官来说，与公民及其权利的联系更为密切和频繁，在很大程度上，公民对于一个社会的法治状况好坏、法律执行公正与否的感性认识更经常的来自于执法者——警察。公安执法的好坏，直接关系到国家法治的尊严。而且，公安干警在执法第一线，面临的不仅是法律问题，往往还要牵涉当地风俗、乡规民约、人情世故，处理起来并不比法、检系统面临的纯粹法律问题简单。而且，刑侦、法制等公安部门业务对法律技能的要求是非常高的。同时，即便从普通公务员招录的学历标准来说，本科已经是一个基本门槛，而在直接行使执法权的公安队伍中，专科学历人员仍然是主体，这与当前国家对公务员的学历要求并不相符。因此，提高公安人员的学识水平和法律素养具有相当的现实意义，应当将其作为一项重要目标。

进一步讲，公安虽然是执法者，但是以往由于“重实体轻程序”的执法误区，侵犯公民合法权利的情形时有发生，使得公民心目中的公安形象截然两端。公民在遇到危险时既信赖公安，但对公安又存在畏惧心理。这与公安法律素养的缺乏不无关系。同时，尽管公安与法官、检察官同属国家的政法机关人员，但是至今未被法律职业群体所接纳。在提到法律职业群体这个范畴时，学者们的标准和主张不一，从法官、检察官、立法者、法学家、律师甚至于公证员[②]，可是极

---

① 根据全国政协社会和法制委员会的调查，截至2007年底，全国共有法官189413人，其中本科以上学历占65.1%，研究生以上学历占3.29%；全国共有检察官139132人，其中本科以上学历占65.1%，研究生以上学历占4.24%。参见甄贞：《对法官检察官应实行不同于公务员的管理制度》，载人民网，http：//lianghui2009.people.com.cn/GB/145749/8931699.html，最后访问时间：2015年5月6日。

② 参见李学尧：《法律职业主义》，载《法学研究》2005年第6期；霍宪丹：《法律职业与法律人才培养》，载《法学研究》2003年第4期；张志铭：《法律职业道德教育的基本认知》，载《国家检察官学院学报》2011年第3期；陈瑞华：《法律职业共同体形成了吗（下）——以辩护律师调查权为切入的分析》，载《人民司法》2008年第3期。

少会提及警察。法律职业群体的一项重要品质在于掌握专门的法律知识和技能，而公安被排除在法律职业群体之外的主要原因在于社会对于公安法律专业技能水平的评价不高。为了弥合法律素养方面来自社会、学者的低评价与公安职业的高要求之间的矛盾，公安院校培养卓越法律人才势在必行。

二、公安院校卓越法律人才培养应突出“公安”特色

公安院校在办学理念上注重突出“公安”特色和优势，这也在卓越法律人培养过程中必须考虑的关键因素。一般综合性大学中的法律教育基本上都是通识教育，法学院的学生需要全面学习和掌握法学基本理论和各个部门法。而千篇一律的通识教育会使得毕业生的同质化严重，很难培养出拔尖的卓越法律人才。因此，公安院校的卓越法律人才培养必须重视特色教育。

那么，何为法律人教育的“公安特色”?

首先，以培养公安职业人才为目标的法律教育定位。与国内普通高校相比，公安院校在法律人才培养目标方面的定位更加清晰。公安院校隶属于行业大学的范畴。行业大学主要是从苏联借鉴而来[①]，而我国公安院校在建立和发展初期也受到苏联的影响较为深刻。行业大学是以培养专门的行业技术人才为目标的，公安院校所培养法律人才也将是为公安事业服务的。同时，我国公安院校与英美法系国家警察院校仅负责职业培训，由普通大学负责学历教育的培养模式不同，中国警察的学历教育主要是在公安院校内部展开的，而普通大学的学历教育只是起到补充和辅助作用。[②] 因此，公安行业所需的专门法律人才主要来源于公安院校。

其次，以法律、人权课程作为公安群体在职理论培训的主要内容。根据《中华人民共和国人民警察警衔条例》第十七条的规定，警司晋升警督，警督晋升警监，经相应的人民警察院校培训合格后，方可晋升。除法律规定的培训任务，还有针对特定地区或特定主题的短期培训课程。因此，警察院校在学历教育以外，还承担着对公安队伍进行在职培训的任务。其中，法律、人权类课程应当是培训的重点。卓越法律人培养计划的主体对象虽然是在校学生，但并不局限于此。通过培训，有利于进一步增强执法者的法律意识和法律素养，强化有法必依、执法

① 刘云:《行业大学“去行业化”倾向令人忧》，载《光明日报》2014 年 11 月 11 日。

② 王大伟:《中国公安教育的特色与定位——从中西比较的角度考察》，载《中国人民公安大学学报》2003 年第 2 期。

必严、违法必究的严格执法观念，充实和提高执法所需的法律知识和水平，逐步形成和培育一批已在职在岗的卓越法律人群体。

第三，强调培养忠诚警魂的政治本色及从警职业素养。对公安队伍来说，铸就忠诚警魂，锻就服务人民的职业素养，这也是警校在培养中不同于其他普通院校的特色。在当代中国，忠诚是卓越公安法律人才第一位的政治品格。忠诚就是要忠于党、忠于国家、忠于人民、忠于法律。① 公安队伍作为党的“刀把子”，起到维护社会治安，保障社会有条不紊的作用，只有做到忠诚于党和人民，才能兢兢业业地履行好自己的职责，不折不扣地执行法律。与法官、检察官等法律群体不同，公安作为维护社会和谐稳定的一线力量，承担着保卫人民的人身财产安全的重担，随时需要面临人身危险与体能较量。必须通过警体、队列、仪态的训练培养从警职业素养。因而卓越的公安法律人除了具有相当的法律理论素养之外，还必须有良好的从警职业素养，这才能使人民群众获得社会安全感。

第四，面向公安职业需要设置学历教育的法律理论课程及法律实践教学。我国当前的法学教育仍然是通识性质的，教育部规定了16门法学核心课程②，其中包含了各个部门法。就普通高校法学教育而言，学习16门核心课已完全可以满足本科法学学生的就业需要。③ 而在公安院校，其法学学历教育的对象具有双重身份，既是在校大学生，又是预备警官，这就意味着所有的毕业生在将来都有可能成为人民警察，因而无论其专业方向为何，其本质上都是未来的国家执法者。这一点与一般高校学生存在根本性差异。因而，法律课程必须围绕公安职业需要来开设。

下面，笔者将就公安院校卓越法律人才培养的两个关键问题——理论课程的设置和法律实践教学的形式展开论述。

---

① 公丕祥：《变革时代的司法需求与卓越法律人才教育培养计划》，载《法学教育研究》第8卷，第45～59页。

② 16门法学核心课程为：法理学、中国法制史、宪法、行政法与行政诉讼法、刑法、刑事诉讼法、民法、民事诉讼法、经济法、商法、知识产权法、国际法、国际私法、国际经济法、环境资源法、劳动与社会保障法。

③ 这是就本科就业需要的法律知识的广度来说的。但是我国普通高校的法学教育也存在法学教育与法律职业脱节的问题。

三、公安院校法学课程应如何设置

教学是高等院校核心任务。设置合理的法学课程体系是公安院校培养卓越法律人才的关键。从目前公安院校法学课程设置来看，存在课时量少，授课内容浅显，部门法教学重刑、行，轻民、商，重国内法轻国际法的问题。作为政法类院校，培养出的预备警官作为未来的执法者，懂法、守法、知法、用法，将法律贯穿于保障社会秩序和执行公务的过程中十分必要，优化课程结构，这有利于提高预备警官的法学素养，对自身执法，乃至未来国家警察队伍素质的提高意义重大。

目前全国绝大部分公安院校都开设法学课程，但是侧重程度有所不同。很多公安院校设置有专门的法学院或法律系，招收法学专业本科生和研究生。对于法学专业学生而言，核心法学课程的设置应与普通高等院校一致，严格按照教育部规定的16门核心课来设置。但是很多警察院校很难像普通高等院校的法学院那样，做到16门课程开设齐全。基本情况是，以“应急性”为目的①，即简单针对预备警官未来执法过程中可能出现的法律问题设置相关法学专业，但这些专业又不能涵盖执法过程中所有法律问题。法理学、行政法与行政诉讼法、刑法、刑事诉讼法等课程基本能够开设，而其他十几门课程尤其是民法、民事诉讼法、经济法、商法、知识产权法、国际法、环境资源法、劳动与社会保障法等缺被忽视了。这就使得政法序列的公安院校的法学毕业生在知识结构上反而较普通高校法科生有了天然的劣势。特别是对民法学习的重要性认识还不够，重刑轻民的现象还仍旧存在。警察在处理民事纠纷的过程中，缺乏民法理论知识的学习，解决当事人之间的纠纷就很难做到双方当事人信服。除了16门核心课程以外，还应当进一步开设人权法学、司法鉴定学、司法精神病学、证据法学等有利于将来开展公安执法活动的法律课程。

对于公安院校中非法科学生而言，仅仅像普通高校一样开设法律基础课程是远远不够的。像情报、侦查、刑事科学技术等专业的学生，多以技术、经验和实际操作为主，容易忽视法学教育。法学课程设置存在课时量少和部门法学课程不

---

① 程华、孟昭阳：《公安高等院校法学教育改革研讨会综述》，载《中国人民公安大学学报》2003年第6期。

全，造成了学生对于法律学习，只懂“皮毛”而难以应用。这样不仅不利于未公安专业卓越法律人才的培养，也不利于转变以往警察在办案过程中轻程序重实体、轻证据而重口供等现象。应当强化其法律思维，有针对性地设置法律课程，比如将法理、宪法、行政法、行政诉讼法、刑法、刑事诉讼法等塑造法律人思维以及与公安执法极为密切的法律课程作为必修课，有条件有选择地将民法、国际法作为选修课。

与此同时，还需要进一步深化法学特色教育。卓越法律人教育与普通的法学教育的重要差别之一就是突出人才技能的“复合”性。而突出公安特色，将法学教育与警察实践相结合，培养复合型人才是公安大学相比于其他政法院校存在的优势。公安院校培养的公安学人才应当精通法律，而法律人才又应当充分了解公安学科。应将法学教育与警察职业相结合，针对各个公安专业的不同特点优化法学课程结构。例如经济侦查专业对经济法、民法、商法应设置必修课基础上增加课时，对经济民商法律法规的制定执行了解，并在案件侦查中予以运用。对于涉外警务专业，除了对外语和公安专业的学习外，国际法、国际经济法、国际私法应该加入必修课程，对国际公约、国际贸易规则了解运用才能更恰当准确的处理涉外事件。在侦查学专业应增强对刑事诉讼法、刑法的学习，掌握我国对于如何合法侦查、逮捕，如何合法有效进行案件调查和证据采集，进而在未来执法过程中改变以往的程序不合理不合法的问题。公安院校中的法科生，应结合公安专业的特色，加强对于宪法、警察法学、行政法和行政诉讼法的学习，培养保护人权、依法行政、公正司法、非法证据排除、重证据轻口供、禁止刑讯逼供等法律精神和理念，促进公正、文明执法。同时也以选修课的形式学习公安管理、侦察学、治安学、户籍学等公安学课程。

需要补充的是，由于法律课程注重法律思维和法治观念的训练和形成，而不侧重知识记忆。笔者主张核心课程应主要集中于前两年开设，以利于在大学生价值观确立的早期就使其树立法律意识，才能对未来的执法活动产生更为深刻的影响。

四、如何打造面向公安职业的实践教学

卓越法律人才教育培养计划明确要求加大实践教学比重。而当前中国高校的

法学教育普遍存在与法律实践和法律职业需求脱节的情况。[①] 由于公安职业的特殊性，经常面临的是执法一线的具体问题，实践性强。因此，公安教育中如何将法学培养与公安职业相结合，打造面向公安职业的实践教学是我们急需解决的问题。

（一）案例教学法。案例教学法是从美国引进，近年来在法学教育领域中逐步得到认可的一种模拟实践的教学方法。通过教师设定某种案例情境，让学生分析和讨论，在脑中对已掌握的法学知识或理论进行检索，对问题作出判断或提出方案，从而理解和掌握法律规范或理论适用的具体情境，达到活学活用，将理论运用于实际。[②] 教师在案例讨论中起着诱导讨论、开发智力的作用。虽然很多高校已经尝试使用案例教学法进行教学，但是对于这种面向实践的教学仍然不够重视。最突出的表现是在法学教材方面，一方面，国内高质量的案例教材凤毛麟角，另一方面，在教学过程中也极少有教师会选择"案例教程"作为教科书。而在公安法学教育体系内，甚至没有专门的"案例教程"教材。因而，编写公安类的法学案例教程在当前十分必要。在课堂教学上，教师针对同一案例不同学生考虑问题的不同角度进行分析探讨，并对案例中所涉及的全部法律问题采取抽丝剥茧式逐层分析。指引学生在了解案件所涉及全部法律问题的基础之上，从辩护人、当事人、证人、庭审法官等多主体角度出发，形成自己的看法。而且，在选择案例的过程中，尤其应当根据公安执法的需要，突出侦查、逮捕、讯问、羁押等环节的案例，使预备警官们能够对其中的法律程序、人权保障、武力使用合法性等法律问题有清晰的认识。

（二）实战训练与模拟法庭。很多公安院校都设置了实战训练课程。从卓越法律人培养的角度来看，实战训练课程的着力点除了实战体能、执法技巧等问题，还应当关注实际执法中程序的合法性问题。例如在模拟搜查、模拟人质解救等实战科目中，能否获取证据和解救人质等实战结果问题往往是评价的标准。而从法学角度审视，恰恰是程序问题更为重要。在搜查中是否出示搜查令、现场是否有见证人、如遇反抗应采取何种程度的武力、开枪是否正当合法都应符合相关法律的规定。教师应当在"案件"中全程指导，对学生在实地证据搜查过程中存在的问题进行指正。从而使学生熟悉对法律知识的实践运用。模拟法庭与公安院

① 韩大元：《全球化背景下中国法学教育面临的挑战》，载《人民法院报》2010年9月10日。

② 袁钢：《法学案例教学法的本土化演进》，载《中国法学教育研究》2009年第3期。

校的实战训练类似，即模拟庭审现场，通过学生扮演法官、公诉人、辩护人、被告人、法警等角色进行演练，使学生熟悉庭审程序和法律适用。许多知名政法类院校早已经开始采用。公安类院校可以借鉴这一做法，将模拟法庭投入具体教学，但在案例选择方面应当突出公安特色。案例应以刑事为主，并且强化法庭调查中7种法定证据的各种举证和质证方法的训练。[①] 并且适当强化警察角色的作用，比如要求警察角色出庭作证等。起诉书、辩护书及其送达，法庭上举证、质证，辩护人陈述，审判长庭审，合议庭宣判均由学生完全承担，教师在实际操作中仅仅起指导和帮助作用。在每次模拟对抗过程中，同一学生会担任不同角色，在控、辩、审之间转换。使学生从全角度了解庭审过程，从而加深对法律问题的认识。

（三）假期见习和毕业实习。假期实习和毕业实习是公安院校学生介入真实案件、真实场景，能够直接面对案件受害人、犯罪嫌疑人并获得直观感受的机会。实习的目的是将学到的理论知识付诸实践进行检验，但实习过程中实习时间短、实习走形式、走过场的现象非常普遍。一方面由于时间短，学生还未看到司法人员完整处理完一个案件就已经实习期满返回学校，另一方面，诚如某些学者的调查，“发现80%的学生在实习过程中基本上属于跑腿打杂”[②]。这就需要学校在安排实习过程中有效安排实习时间，并加强与实习单位的交流，定期掌握学生的实习情况。比如中国人民公安大学，在很多省份的基层派出所建立了实习基地，并建立了良好关系。每次安排学生集中实习，实习期间一般都保证在半年左右，并且整个实习期间安排专门老师带队。这样，能够保证及时与实习单位沟通，并且保证学生能够接触实质性工作。实习之后，需要学生对其接触的案件形成完整的案件分析，作为实习报告上交。

此外，聘请一线的实务人员担任教师或者教官，也是打造实践教学的重要举措。

---

① 樊学勇：《模拟法庭审判讲义及案例脚本》，中国人民公安大学出版社2007年版。
② 程开源、孙妍妍：《法学案例教学新思考》，载《中国石油大学胜利学院学报》2013年第4期。

江苏警官学院警察法学学科研究探索[①]

周　寅[②]

2010年9月，江苏警官学院成功申报江苏高校优势学科建设一期工程立项学科“公安学”，公安学学科确立警察法学为四个研究方向之一。警察法学学科方向立项建设以来，江苏警官学院围绕优质资源、创新团队、人才培养、科研创新等方面建设任务，坚持“抓重点，带一般，分级管理，层次推进”的学科建设思路，整合学科队伍，组建创新团队，取得了长足的建设成果。

一、警察法学学科建设的顶层设计与实践探索

（一）明确学科发展的主攻方向，着力推进警察法学学科研究

1. 积极开展警察法学学科建设的调查研究工作。江苏省优势学科建设工程建设标准和要求很高，总体上必须达到国内一流水平，为此，通过认真的调查研究工作，先后走访了中国人民大学、中国人民公安大学、西南政法大学、南京师范大学等有关高校或研究所，全面了解了国内警察法学学科发展态势，准确把握了国内警察法学发展水平，客观定位我院警察法学在国内所处地位，切实找准了我院警察法学学科发展的主攻方向。通过强有力的建设措施抢占学术研究制高点，形成明显的江苏警官学院警察法学学科特色。开展警察法学学科建设需要具备良好的研究条件。主要包括以下四个方面：一是需要尽可能全面地占有国内外相关研究成果，建设资料较为齐备警察法学情报资料库，为开展研究奠定基础；二是需要加大领军人物的培养与引进力度，以领军人物为中心组建多个研究团

① 基金项目：江苏高校品牌专业建设工程资助项目成果（TAPP）。
② 周寅，男，江苏警官学院科研处处长。

队，形成浓厚的警察法学研究氛围；三是需要组建必要的组织机构，及时了解和发布警察法学最新动态，充分发挥其在警察法学研究中的引领作用；四是需要建设一批研究基地，以便及时跟踪最新实践动态，为警察法学研究提供第一手素材。为此，警察法学研究方向团队制定了《公安学学科警察法学研究方向建设规划》和《公安学学科警察法学研究方向建设规划实施细则》并对建设工作与任务进行分解，建设落实到事，责任落实到人。

2. 确定警察法学学科发展的目标，努力打造警察法学学科特色。警察法学学科建设，依托公安学优势学科这个平台，紧跟学科前沿动态和发展趋势，坚持交叉学科研究的路径，探寻法学与公安学共同关注的研究领域，切实找准警察法学学科发展的目标，努力形成学科品牌优势。从创建警察法学二级学科的目标出发，我们确定四个主攻方向：一是警察法学概论，主要研究警察法学的基本理论。二是警察法学本体论，主要研究警察法的基本理论。三是警察法学运行论，主要研究警察法学方面的立法、执法、守法、警察职业、警务监督等方面的基本理论问题。四是警察法学实践论，主要研究警察刑事执法实践、警务安全管理实践、综合警务问题等。警察法学研究方向团队将警察法学学科研究作为今后五年内学科科研的重点目标，科研项目、学术专著与论文等围绕警察法学学科研究展开，并在治安学专业警察法学方向本科人才培养方案中设置“警察法学”专业课程，着手编写“警察法学”教材，出版相关的学术著作。

3. 瞄准“顶天立地”目标，努力推动警察法学理论创新和服务实战。所谓“顶天”，就是学术水平要高，抢占学术制高点，树立学术旗帜和学术标杆；所谓“立地”，就是要服务经济社会发展，包括区域发展、行业发展。警察法学作为交叉性、实证性强的学科，也理应服务于警察法治建设，也更有条件与实践相结合、为实战服务。一方面，努力创建具有江苏特色的警察法学理论，充分发挥学科理论对实践的指导和引领作用；另一方面，研究探索解决警察刑事执法、行政执法、警务安全管理等方面的现实问题，取得了一批具有实际应用价值的应用研究或决策咨询成果，在服务公安、司法实践中发挥重要作用。这是警察法学学科建设的最终价值所在。

（二）整合优质资源，努力提升警察法学学科建设水平和影响力

1. 建立警察法学研究所，努力把警察法学研究所建设成为警察法学学科研究的理论与实践平台。通过论证调研，成立警察法学研究所，致力于警察法学学

科研究、公安法治研究，服务于公安法制建设、执法规范化建设的理论指导和教育培训。争取通过五年的努力，使警察法学学科研究方向力争在全国同类院校中排名有较大幅度前移，学科优势更加突出，建设成为警察法学学科研究的理论与实践平台。

2. 加强专业资料库和实验实训区建设。依托法律系图书分馆，建立警察法学情报资料库，目前警察法学情报资料库已正式挂牌，安排专人和开辟专门的区域集中进行情报资料建设工作，除在图书采购中注重警察法学图书资料建设外，还从我国台湾地区图书馆复印台湾地区警察法学研究资料 99 本，购买台湾地区相关出版社出版的最新警察法学著作 30 多部。建设的目标是：建设好警察法学情报资料库（总额投入 100 万元），使警察法学学科领域的仪器设备装备水平和图书文献、信息保障能力明显提升；筹建警察法学专题网站，内容包括成果展示、信息发布、相关案例等；设计警察法学研究实验实训区，努力建设功能齐全的警察法律专业教学实验实训区，包括模拟法庭（建设经费 140 万元）、法庭科学实验室（新增建设经费 30 万元）、法律诊所（诊所教育专业委员会投入 6 万元，学院匹配 6 万元）等；开展警察法学卓越人才培养计划，建立校局联合的警察法学教学与科研基地；继省级特色专业建设点法学专业（建设经费 22 万元）以优秀的成绩通过省教育厅的验收后，又成功申报省级法学实践教育中心培育点（建设经费 120 万元）。

3. 营造积极的学术科研氛围，准确定位学术科研研究方向。一是每学年召开一次警察法学教学科研表彰大会，对在警察法学学科研究与教学中作出突出贡献的学科带头人与骨干教师进行表彰奖励；二是开展“法务热点观察”学术论坛与青年教师“学术沙龙”活动，每学期开展两次“法务热点观察”学术论坛，邀请著名专家教授和实务部门的专家出席论坛；每月开展一次青年教师“学术沙龙”活动，交流学术研究信息，探讨学术前沿理论。

4. 加强交流合作，主办警察法学学术研讨会议。2012 年 11 月，我院主办了“警察法学与警察法治全国学术研讨会”，来自 17 个省、自治区、直辖市的公安院校、地方院校，包括来自我国台湾地区的省内外科研机构、公安机关、检察机关等有关单位 80 多位专家、学者参加会议。会议共收到来自全国高校、科研院所、政法实务部门等 36 家单位近 70 篇论文。会议形成了广泛共识，取得了诸多成果。这次会议的成功召开，对于繁荣警察法学研究，进一步推进公安学学科建设产生重要影响。2014～2015 年，又继续主办了全国性警察法学学科研究与警察法学教育论坛等相关学术研讨活动。

5. 鼓励教师外出进修和学习，支持教师参加学术研究活动。学院出台了优势学科建设、科研管理、教师进修学习和教师科研考核等政策措施，极大地调动了教师的积极性。警察法学创新团队先后选派3名团队成员赴加拿大、美国考察研修，选派10多位团队成员和团队后备培养对象到基层公安政法部门调研，全力支持团队成员和团队后备培养对象参加学术交流活动，所有的团队成员和团队后备培养对象先后都参加过国内外各类高层次学术交流活动。通过参加一系列学术会议和学术活动，提高了团队成员和团队后备培养对象对警察法学学科研究的认知度与凝聚力，增强了学科研究意识。团队成员中，先后获江苏省哲学社会科学界第六届学术大会优秀论文二、三等奖，获江苏省法学会经济法学研究会2012年年会论文三等奖，获江苏省哲学社会科学界第七届学术大会教育学论坛和法学论坛优秀论文一等奖、二等奖，获第二届江苏警务发展论坛暨民生警务研讨会优秀论文奖，获第十届高等教育科学研究优秀成果奖，获第一届警务理论和警务实战研究优秀成果二、三等奖。

（三）围绕学科建设需要，凝聚优秀人才，组建创新团队，深入开展科研创新研究

围绕学科建设需要，凝聚优秀人才，组建创新团队，着力提高学术水平和科研创新能力，努力推出一批高质量、系列化的标志性研究成果，承担更多的省部级研究课题，扩大警察法学学科的影响力。

1. 加大学科创新团队建设与培养，提升学科团队的教学科研能力和创新能力。充分发挥现有学科带头人的学科引领作用，围绕学科带头人，形成科研方向相对集中的优势研究团队，促进学科整体实力的提升。目前，警察法学学科创新团队中教授职称的5名，副教授职称的7名，博士学位的5名，省“333”工程第三层次培养对象2名，省“青蓝工程”培养对象4名，公安部教学名师1名，学院教学名师2名，系部教学能手3名。此外，有8名学科创新团队成员分别在省级法学专门法学研究会中担任副会长和理事等重要职务，3名团队成员担任南京师范大学兼职专业学位硕士指导教师，使警察法学创新团队的创新能力及在本领域的竞争力明显提高。

2. 加强教学改革，提高人才培养质量。在法律诊所实践教学团队被确定为院级教学团队的基础上，重点开展精品课程建设。今年，《法律诊所教育》和

《宪法学》两门课程被评为院级精品课程。法律诊所先后得到中国法学会诊所教育专业委员会两次“诊所教育课程”的资助。

3. 围绕警察法学学科建设需要，深入开展科研创新研究工作。警察法学创新团队目前承担教育部、公安部项目 3 项，省教育厅重点与一般项目 8 项，省公安厅项目 3 项，学院科研项目 10 项。已出版《私法视野下的现代警务行为研究》《法的自由与平等动态平衡研究》学术专著两部，目前有 8 部学术专著被列入公安学优势学科建设项目第二批学术丛书资助出版。2010 年以来，警察法学创新团队成员以第一作者发表学术论文 110 篇，其中核心期刊 42 篇，公安研究 20 篇。2013 年，获省优势学科建设工程奖励 20 万元。目前，警察法学创新团队在研科研项目经费与配套资助经费总额达 100 万元。

二、警察法学学科研究的发展展望

一期工程建设过程中，我们发现警察法学学科研究建设也存在许多问题与不足。如：优质资源建设中，警察法学图文信息特色资料库、警察法学研究所的财力与人力投入还不足，建设进度有所迟缓；引进学科领军人才需要有更大气魄与特殊政策，培养创新团队还需要建立学科特区与激励机制；人才培养的实践教学环节，如模拟法庭、法庭科学实验室、法律诊所等需要进一步加大投入力度；科研创新的保障机制与扶持措施需要进一步落实；创新团队的国际学术交流需要进一步拓展等。

围绕警察法学学科二期建设目标，警察法学学科研究的发展展望是：

（一）完善顶层设计，拓展警察法学研究领域

确立公安工作与警察法治在警察法学学科研究与科研创新中的主导地位与研究基础。研究完善警察法学学科发展规划，明确发展理念与发展目标，科研创新应向前瞻性、引领性和高层次发展。整合优质资源，培育跨学科、跨领域的科研与教学相结合的创新团队，促进科研与教学互动、与创新人才培养相结合；充分发挥警察法学创新团队在江苏公安法治创新体系中的智库作用，努力在警察法学理论与科技创新中有所作为；调整科研项目研究方向与重点，加强应用研究，以警察法学和警察法治重大现实问题为主攻方向，着力在创建“平安中国示范区”的新理念、新举措中开展科研创新。改革科研成果评价导向和转化机制，推进产

学研用相结合，着力拓展科技成果转化为本科教学、在职民警培训和应用于领导决策及公安实战。

（二）深入开展调研与学术交流活动

组织警察法学创新团队到警察法学研究起步较早的中国人民公安大学、河南警察学院等有关高校或研究所进一步考察调研，学习交流；在二期建设两年内安排团队成员赴新加坡、我国港澳台地区开展考察调研与学术交流，选派团队成员出国访学、调研或学术交流。积极参加国际国内高层次的警察法学与相关学科的学术交流活动，按照优势学科工程立项任务书，通过公安部、教育部和江苏省外聘专家计划，聘请相关国家知名高校的专家教授和警务部门专家来讲学交流。

（三）加强警察法学图书情报资料库建设

利用法律系图书分馆10万册法律书籍，选定图书分馆四楼为警察法学图书情报资料库，加大投入，强化警察法学图书情报资料库建设，并与学院图书情报资料库联网，实现电子、纸质、网络平台的资源共享。专设公安网网络接口。积极与省高院、省高检、省司法厅、省监狱管理局、南京海关等部门协调，实现网络连接，为警察法学学科研究提供信息平台。

（四）培育警察法学学术创新团队

在充分挖掘现有师资潜力的同时，围绕警察法学学科建设需要，采取特殊政策和绿色通道，引进1名国内知名的领军人才，引进1～2名正高职称或博士学位教师，力争抢占警察法学学科研究1～2个领域的制高点；继续选派教师担任南师大研究生兼职导师，根据南师大法学院安排，今年在南师大研究生中选择1～2学生从研一年级开始就将其研究方向确定为警察法学，由警察法学创新团队兼职导师进行指导；积极做好省专业硕士建设点建设工作，力争在优势学科二期工程建设期内实现我院独立举办研究生教育。

（五）发挥警察法学研究所研究平台功能

警察法学研究所是从事警察法学研究的学术机构和进行警察法学研究的组织、协调、管理的职能部门，具有警察法学研究、参谋、咨询及情报资料服务等职能，专职从事警察法学研究，由学科带头人任所长，成员由警察法学创新团队组成，每年按规定投入研究经费，完成下达的研究任务，实行任务管理。组织团队申报国家社科基金、省部级人文社科类和软科学计划研究项目；与其他高校、公安部门开展警察法学理论与实践协同创新合作研究。依托警察法学研究所平台，建成包括成果展示、信息发布、相关案例等内容的警察法学专门网站。

（六）建设研究基地，开展合作研究

加强与省内公安法制部门之间的联系，选择性地建设5家警察法学研究基地，一方面为研究团队开展调研提供条件，另一方面可以吸纳研究基地的专家学者参与警察法学合作研究。高度重视国家级法学教育实践基地和法学省级实践教育中心建设工作，努力创建国家级法学教育实践基地和法学省级实践教育中心的优势与特色。

（七）编写警察法学教材，出版警察法学研究系列学术专著

编写警察法学教材，出版警察法学研究系列学术专著，将警察法学纳入专业培养方案，既是对警察法学开展系统研究的过程，也是警察法学学科建设的重要成果。立项编写警察法学教材和出版警察法学研究系列学术专著，承担高层次的科研项目研究，既可以提升警察法学研究层次与水平，又可以为警察法学二级学科的创建奠定基础。

警察法学体系的整合与警察院校法学课程设置的变革

王立波[①]

一、警察教育的性质定位与警察院校的法学课程设置

（一）警察教育的性质定位

在我国，人们习惯上把公安机关、检察机关和人民法院并列，称为“公检法”机关。人民警察，特别是基层公安机关的人民警察与检察机关的检察人员和人民法院的审判人员相比，素质较低是一个不争的事实。这里所说的“素质较低”主要表现为基本技能较差，“追不上、打不赢、说不过”的现象在部分人民警察身上突出存在，有的人民警察甚至不能完成一些诸如调查取证、制作卷宗之类的基本工作，只知道一味地采取强制措施，拘留、罚款。改革开放以前人民警察的来源以部队转业为多，专业素质比较低情有可原；改革开放以后，人民警察大量来源于公安院校的毕业生。反思一部分人民警察素质低下的原因，与警察教育多年来的定位缺失有着密切的关系。新中国成立以来，我国的警察教育有了长足的进步，然而究其实质始终未能脱离“系统办学校，学校行政化，教育理论化”的制度藩篱。真正把警察教育定位为“职业教育”是近十年来的事情。新世纪以来全国各地大力推进警察教育改革，很多警察院校转制为职业学院，特别是近几年以上海模式为蓝本开始的“政法干警招录体制改革班”试点，为警察教育的变革开辟了一条新路。我们开始逐渐清晰地认识到：“警察教育必须紧密结合公安工作的实际需要，按需施教；警察院校在课程设置上必须十分注重知识的实用性，以培养学员的实际工作技能为教学的基本目标”。

---

① 王立波，黑龙江公安警官职业学院法律系主任、副教授。

（二）警察院校的法学课程设置

长期以来，法学课程在警察院校课程体系中只是作为基础学科公共课程存在。近几年随着各地警察院校纷纷改制，在国家计划体制范围内的招生逐渐减少或者停止，以基本技能培训为主的“体改班”的出现，逐渐成为警察教育培训的一大亮点。考察各警察院校法学课程设置情况，大都沿袭旧有模式，存在如下明显弊端：

一是警察院校法学课程没有完整的学科体系。各警察院校在法学课程的设置方面没有统一的标准，多数做法是以综合大学法学院的法学课程设置为蓝本，将与公安工作联系不大的法学课程进行删减而成，各门法学课程内容之间缺少必要的逻辑联系，课程设置显得零乱无序，不能尊重实际按照公安工作的需要设置课程，使得课程设置既缺乏综合大学法学专业课程设置的完整性又没有警察院校的专业特色。

二是各门具体法学课程过分注重学科体系的完整性，在内容上大而全。许多与公安工作联系不多，关系不大的内容讲的很多、很深、很细，同时许多与公安工作密切联系的内容又讲得很少、很浅、很粗，这种忽视公安法学课程专业性、实用性、操作性特点的做法直接导致学员实际执法能力的缺失。

三是法学课程教学内容在结构上偏重于理论教学，忽视了学员实际工作技能的培养，教学内容与公安工作实践脱节的现象十分严重。

二、树立“广义警察法学观”，整合警察法学体系

（一）狭义警察法学观的弊端

分析警察院校法学课程设置不能适应公安工作实际需要的原因，首要的是狭义的警察法学观束缚了人们的头脑。

狭义的警察法学观是警察院校内部教学职能分工的必然结果，现在我国警察院校内部承担法学课程教学任务的机构，一般分为法律系、治安系、侦查系等，分别承担相应的法学课程。

狭义的警察法学观认为，警察法学的范围仅限于法律系所讲授的刑法、刑事诉讼法、行政法、行政诉讼法等很少的几门法学课程，忽视了其他教学部门讲授

的相关法学课程，这是造成法学课程设置简单化的主要原因。

狭义的警察法学观还认为，公安法学的内容仅限于法学理论，忽视了公安法学的实用性和对学员实际技能的培养，这是造成警察法学理论化趋向的主要原因。

狭义的警察法学观还认为，公安法学的内容仅限于国家立法机关制定的基本法律的具体条文，忽视了国务院、公安机关在执行法律的过程中所作的规范性文件的规定和审判机关、检察机关对法律条文所作的司法解释，这是造成法学课程内容粗浅的主要原因。

（二）广义警察法学观的建立和基本内容

为顺应警察教育培训改革的需要，黑龙江公安警官职业学院从2010年开始进行法学课程设置和内容的改革，以人民警察执法流程为主线，以执法过程中涉及的相关法学知识为分支，确立一个人民警察需要掌握的树形法学知识结构体系，以此为基础贴近警察工作的实际设置警察法学课程，从而彻底摒弃了狭义的警察法学观，建立了新的警察院校课程设置模式。

笔者深受黑龙江公安警官职业学院教学改革实践的启发，认为应该撇开警察院校各个教学部门之间的门户之见，树立“广义的警察法学观”，以公安机关人民警察实际工作的需要整合警察法学的体系，理清警察法学的内在逻辑联系，这是警察院校法学课程设置的思想基础。

“广义的警察法学观”首先需要明确界定法学的概念和范围。法学是以法律为研究对象的社会学科，这里的“法律”是广义的法律，不但指全国人大及其常委会制定的基本法律，还包括国务院制定的行政法规，地方人民代表大会制定的地方性法规，国务院各部委、省级人民政府、省会所在城市的人民政府和国务院批准的较大的市的人民政府制定的行政规章，以及有权部门（如最高人民法院、最高人民检察院）制定的司法解释，还包括公安机关为贯彻执行法律制定的规范性文件等，凡是以这些法律规范为研究对象的都属于法学的范畴。

“广义的警察法学观”还需要明确警察法学的概念和范围。警察法学是与人民警察的执法工作密切相关，调整警察机关的组织、运作和监督的法律规范的总称，是以警察执法工作有关的法律规范为研究对象的一系列法学门类组成的学科体系，警察法学是法学大系统中的一个小系统，是法学大家庭中的一个小家庭。

分析警察法学的内部逻辑结构，可以把警察法学分为三个有机组成部分，一是警察组织法学，研究警察机关权力的来源、警察系统的组成和权力分工 、警察机关与其他国家机关的关系、人民警察的权利和义务等，具体包括政府组织法（国务院组织法、地方各级人民政府组织法）、公务员法、人民警察法及相关配套法规等。二是警察行为法学，研究警察执法行为和警察司法行为需要遵循的基本法律规则，分为行政执法和刑事司法两部分；规范行政执法的法律总的方面包括行政处罚法、治安管理处罚法、人民警察使用武器警械条例等，具体的有消防法、枪支管理法、出入境管理法、集会游行示威法等多种门类，涉及警察职权的各个方面；规范刑事司法行为的法律有刑法（包括八个修正案）、刑事诉讼法以及最高人民检察院和最高人民法院的相关司法解释等。三是警察监督法学，研究对警察执法行为进行监督的制度，包括内部监督和外部监督，内部监督涉及的法律有行政复议法、行政监察法、公安机关人民警察纪律条令等，外部监督涉及的法律有行政诉讼法、国家赔偿法等。

三、警察院校法学课程设置的变革

通过对警察法学的定义和整合，我们明确了警察法学的内在逻辑结构，为我们科学地设置警察法学课程指明了方向。

要科学地解决课程设置问题，首先要改变警察院校课程设置决定权。由于警察院校长期以来形成的“行政化”的管理模式的影响，警察院校法学课程设置的决定权一般掌握在教务部门手里，这在一定程度上影响了课程设置的质量。笔者认为解决这个问题的方法就是提高教学部门的地位，设立专门的教学委员会，由教务部门和教学部门共同组成，主要职责就是确定法学课程的设置、教学内容的确定和教学内容的变更等。

警察院校是职业院校，警察教育是职业教育，这一特点直接决定了警察院校法学课程的设置必须紧密结合警察执法工作的实际需要，注重学员工作技能的培养，反映在法学课程设置上：(1) 法学概论与重点学科相结合。根据公安工作的实际需要，将人民警察法、刑法、刑事诉讼法、治安管理处罚条例、行政处罚法、行政诉讼法等与公安工作密切相关的法学门类列为重点法学课程，保证课时量和教学质量；将与公安工作联系不大的但对于构成完整的法学知识体系不可或缺的法学门类编成独立的《法学概论》课程进行讲座式的学习，这样既保证了学员具备完整的法学知识体系，又能够确保学员对重点学科的理解和掌握。(2) 法学通论与公安专论相结合。大部分法学课程在内容上既涉及公安机关，也涉及其他国家机关，如刑事诉讼法，既涉及公安机关的立案、侦查、预审、拘留，又涉及检察机关的批捕、起诉和人民法院的审判、执行以及公安机关、监狱管理机关的执行。据此，可以把一门法律课程的内容分为法学通论和公安专论两部分，把涉及公安机关的内容列入公安专论，保证课时量和教学质量，重点学习。(3) 法律条文和司法解释、规范性文件相结合。本着由浅入深、服务实际的原则，深入理解和掌握法律的精神实质。警察院校应当以法学课程设置变革为契机，在建立重点突出、体系完整的法学课程体系的同时，加快警察教学内容的改革。贴近实际，在开设理论课的同时，开设行政程序模拟和诉讼程序模拟课程，以培养学生的实际操作能力。

整合警察法学体系、变革警察院校法学课程设置、完善法学课程的内容是作为人民警察摇篮的警察院校的一项基本工作，直接关系着警察院校的办学水平，关系着人民警察素质的提高，对于警察教育培训工作无疑有着深刻而长远的意义。

论警察法学及其学科角色定位[①]

缪文升[②]

2011 年 3 月国务院学位委员会第 28 次会议审议批准《学位授予和人才培养学科目录（2011 年）》，目录中增加了公安学为法学学科门类下的一级学科。但如何架构公安学的二级学科体系，成为摆在所有公安院校和从事公安理论研究者的迫切任务。无法回避的是，我国警察法学研究起步较晚，还没有能够对之进行全方位、多视角、多层次和多方面的论证，警察法学在公安学学科体系中的定位没有形成统一意见。当务之急，“我们要进一步研究警察法学的概念、性质、对象、研究方法、学科体系等等。”[③] 在此，我们试图从警察法学的内涵与研究对象、警察法学的学科定位、学科体系等方面对其进行基础理论的探讨，以期为警察法学的二级学科定位提供理论支撑。

一、警察法学及其学科地位

（一）警察法学及其研究对象

对于警察法学的内涵界定存在诸多见解。“警察法学是以警察法律、法规和公安工作实践为研究对象的一门独立的法律科学。”[④] “警察法学即以警察法为研究对象的一门学科，属于法学的分支学科，是一门刑事法学、行政法学和组织法学相交叉的综合性法学学科。”[⑤] 警察法学是专门研究警察法律现象及其发展规

---

① 基金项目：江苏高校品牌专业建设工程资助项目成果（TAPP）。
② 缪文升，男，江苏南通人，法学博士，江苏警官学院法律系副教授。
③ 王景荣：《关于加强警察法学理论研究的几个问题》，载《公安大学学报》1991 年第 5 期。
④ 邓国良：《试论警察法学的研究对象和范围》，载《公安大学学报》1989 年第 4 期。
⑤ 周云：《警察法学的学科定位》，载《云南公安高等专科学校学报》1999 年第 4 期。

律的法学学科。[①]“所谓警察法学，就是立足于警务活动实践，以警察权力的设定、运行、保障、监督、救济为研究核心，以警察法律规范为研究对象的一门法学学科。”[②]“警察法学是关于警察法律制度和警察法治实践活动的科学，是以警察职能为标准而产生的一门新兴的综合性的学科。”[③]“警察法学是近年来兴起的一门交叉学科，是法学和警察学的有机结合，旨在研究和解决警察法治建设中的理论与实践问题。”[④]从这些学者给警察法学下的定义，我们能够发现，警察法学的界定是一个从混沌、模糊、依附的概念用语到逐步上升到科学化的学科高度；是从“静态”角度研究警察法到“动态”角度研究警察活动规律及其现象的过程，并逐步实现“静态”与“动态”的有机统一。

为此，我们认为，警察法学不仅仅是研究警察法律制度或以警察法为研究对象的学科，警察法学作为公安学的二级学科更应该关注运用法学的方法、原理研究警察权力的运行机理，是警察法律制度设定与运行的辩证统一。基于这样的内涵设定，2011 年 8 月，中国警察法学研究会上众多学者认为，“警察法学应该以警察法治实践为逻辑起点，在探索警察法律现象及其发展规律的基础上，以法学基础理论和公安学基础理论研究成果为依托展开研究，警察法学应当属于法学和公安学（警察学）下属的二级交叉学科。”[⑤]具体概述，警察法学所研究的警察法律制度包括警察专门法，即明确以警察为主体及执法主体的法律规范；警察相关法，即没有特别规定警察为执法主体及其职责，但依据警察职权，警察也必须一体适用的法律规范。因此，警察法学的研究对象应该包括警察法律制度及其实践、与警察法律制度密切相关的法律制度、警察法治活动中法律适用所涉及的相关问题等方面。

（二）警察法学的核心和基础性地位

“警察权是一种国家权力，作为国家权力的警察权，具有广义和狭义两方面的含义。在广义上，警察权应指在国家设立、训练、调配、指挥以及监督警察机关（构）、警察力量和警务工作的权力；从狭义上，警察权则是指一定的警察机

---

① 高文英、孟昭阳：《警察法学的研究现状及其发展完善》，载《公安教育》2002 年第 5 期。

② 王运生：《论警察法学在公安法学教育中的地位》，载《河南教育学院学报（哲学社会科学版）》2012 年第 4 期。

③ 程琳：《加强警察法学研究 推进警察法治建设》，载《公安教育》2011 年第 2 期。

④ 程琳：《科学认识警察法学的内涵》，载《人民日报》2012 年 6 月 11 日。

⑤ 孙振雷：《学科增定背景下的警察法学解构与重构》，载《河南警察学院学报》2011 年第 6 期。

关（构）和警察人员依法从事警务工作的能力。”① “警察权的产生和形成，不仅有其事实基础和理论基础，而且还有一个法治基础，这个基础就是国家权力机构和组织形式的形成以及警察法体系的建立。”② 因此，警察权力的法治化与警察权力的立法、执法、守法、法律监督等方面息息相关。所以，从警察权力的运行过程及运行机制来看，警察法学的研究构成了公安学的核心和基础。

正因为警察执法是国家行政权力实现的重要体现，而法律“设置行政机构的权力，规范这些权力行使的原则，以及为那些受行政行为侵害者提供法律补救。”③ 就规制警察权力而言，警察机关及其警务人员的警务活动被纳入法制的轨道，警务关系通过警察法来加以调整已经成为现代法治社会的准则。因此，突出警察立法的重点，提高警察制度建设的质量，加强对警察法律、法规、规章等规范性文件的清理和修改，完善规范性文件制定程序，都需要从警察法学理论上加以深入研究。就警察执法而言，严格公正规范执法是警察法治关于警察执法的基本要求，主要表现为执法的方法、方式、步骤以及时间的延续性的总和。警察执法程序最重要的特征是行政相对人参与，即参与立法、参与决策、参与管理、参与执法，特别是参与其自身利益有利害关系的各种具体行政行为。④ 因此，警察权力的行使必须遵循法定原则、有限原则、程序原则和责任原则。就警察执法过程的守法而言，警察在执法活动中必须尊崇法律至高无上的权威，服从法律的统治，这是法治警察的核心价值之所在。而强调警察法治和执法者必须守法，需要在理论上认真研究警察公共理念、平衡理念、程序理念，以及法律优先、职权法定和法律保留等法治理念。再就警察权力的监督机制而言，是指对警察机关及其工作人员行使职权的情况进行监察和督促，以保证其依法准确行使，防止滥用职权或玩忽职守行为的发生。⑤ 为此，必须进一步健全和完善对警察权的监督机制，构建一个在完善法律制度基础上的警察权监督体系。因此，无论从警察权力的产生、还是其运行（执法、守法和法律监督）方面而言，警察权力的法治化是分析所有问题的逻辑起点，而这些问题也是警察法学的基础和核心要义。

---

① 李健和：《我国警察权力配置的现状、问题与原因》，载《中国人民公安大学学报（社会科学版）》2007 年第 5 期。

② 惠生武：《论警察权产生与形成的基础》，载《中国人民公安大学学报（社会科学版）》2009 年第 1 期。

③ ［美］B. 施瓦茨：《行政法》，徐炳译，群众出版社 1986 年版，第 1 页。

④ 姜明安：《行政程序研究》，北京大学出版社 2006 年版，第 6 页。

⑤ 谢生华：《论警察权的监督机制》，载《甘肃政法学院学报》2004 年第 5 期。

二、警察法学的学科角色定位

（一）研究警察法学的必要性

首先，警察法学的研究是规范权力与保障公民权利动态平衡的前提。“警察执法的实质，是用权力保障权利，权力服务于权利。当权力与权利发生冲突的时候，权力应当服从权利。这是警察法治的根本精神，一切警察职权和职能，都必须在法治的轨道下运行和实现。”然而，现代法律面临的一个核心问题是如何将警察权的行使保持在适度、必要的限度之内，特别是在法律不得不给执法者留有相当的自由空间之时，如何才能保证裁量是适度的。权力必须受到控制理论最早可以上溯至1215年英国的“自由大宪章”中关于犯罪与处罚应具有衡平性之规定。[①] 这一理论的核心是当警察行使公权力而与基本权利发生冲突时，就必须凭借某种审查标准来判断上述公权力的行使是否为宪法所允许，警察权力对公民权利侵害是否适度、合比例，在其间便要有比例原则来发挥决定性作用，作为保护基本权利而“加诸国家之上的分寸要求”。[②] 质言之，警察权力行使的比例原则是指警察实施行政行为应兼顾行政目标的实现和保护相对人的权益，如果行政目标的实现可能对相对人的权益造成不利影响，则这种不利影响应被限制在尽可能小的范围和限度之内，二者有适当的比例对该原则的最著名的、也是最通常的阐述为“三阶理论”，即手段的妥当性、必要性和法益相称性原则。具体而言，就是要求以公权力对人权的“干涉分量”来断定该行为的合法与否，要求在宪法的价值秩序内，对上述行为的实际利益与人民付出的相应损害之间进行“利益衡量”，使人民因此受到的损害，或者说作出的特别牺牲比起公权力由此获得的利益来讲，要小得多，要合算得多，是人民可以合理忍受的程度，否则，公权力的行使就有违法、违宪之虞。因此，在历史上，比例原则最初就孕育萌芽于警察法之中，是警察法上最重要的原则之一。[③]

其次，警察法学的研究是警察权力行使规范化的理论基础。公正的法治秩序是正义的基本要求，而法治取决于一定形式的正当过程，正当过程又主要通过程

---

① 蔡宗珍：《公法上之比例原则初论——以德国法的发展为中心》，载《政大法学评论》第62期。

② 蔡宗珍：《公法上之比例原则初论——以德国法的发展为中心》，载《政大法学评论》第62期。

③ 蔡震荣：《论比例原则与基本人权之保障》，载《警政学报》1990年第17期。

序来体现。”① 公安机关执法规范化就正如习近平指出的，要加强对权力运行的制约和监督，把权力关进制度的笼子里。“如果一种法律秩序较完善地实行着法治的准则，那么，这个法律秩序就比其他法律秩序更为正义。”② 德沃金曾指出：无论在任何情况下，强大的自由裁量都是对法律本身的漠视和对法治的践踏。也即弱意义的自由裁量权的有限存在有其必要性。因此，公安执法规范化是法治中国的一种必然的民主政治选择，更是现代法治国家的一种必然的法律主张。当前，我们要深刻认识公安机关加强执法规范化建设的重要性、紧迫性，要将执法理念人本化、执法主体精英化、执法装备信息化、执法流程标准化、执法场所功能化、执法动作创新化“六化”要素融入到执法规范化建设中去。③ 因此，在当代法治国家，警务活动就是法务活动，法律是一切警务工作的标准。为解决执法流程和标准不全面的问题，公安机关内部对执法有很多相关的制度规范，有《公安机关办理刑事案件程序规定》《公安机关办理行政案件程序规定》《公安机关执法细则》等等，对公安机关执法做出了规范。

再次，警察法学的研究是警察权力行使与责任承担统一的必然要求。近现代政治理论和实践的主题就是围绕如何解决公共权力的矛盾而展开的，其中心思想是对公共权力进行限制与约束。而对公共权力的设置课以相应的责任规定和设计，以建立权责统一的公共行政体系，是对公共权力的一种最基础性的控制，也是公共行政合理的理论逻辑。责任规定应该包括两方面的含义：一是政府及其行政人员的行为对社会大众负责，即积极意义上的行政责任；二是政府及其行政人员对自己的行为负责，对自身的失职、失误承担相应的责任，即消极意义上的行政责任。警察权力的法治化目的之一就是要确保责任与权力的对等，并建立权力与责任统一的原则。权力与责任统一的原则正体现了对警察权力的规定与控制。一方面，对公共权力课以相应的责任规定体现了责任对权力的明示作用，即责任包含对权力的性质、行使范围的明确规定，这是责任对权力的确认和保护；另一方面，在权力行使的每一过程中，都必须有相应责任的具体规定，也就是说任何权力都被责任所制约和控制，从而可以有效地抵制警察权力的非法扩张，通过对警察权力的这种约束与控制，以确保公共权力行使更加正当和合法。这种权力与责任的统一原则，必然是公共行政的理论逻辑，其最基本的理念就是：任何

---

① ［美］罗尔斯：《正义论》，何怀宏译，中国社会科学出版社 1988 年版，第 225 页。

② ［美］罗尔斯：《正义论》，何怀宏译，中国社会科学出版社 1988 年版，第 226 页。

③ 俞亮：《浅论执法规范化建设的“六化”要素》，载《公安研究》2012 年第 2 期。

公共权力都应当处于责任状态，任何公共权力的行使者都应当是责任的承担者，从而让任何公共权力的行使在道义上必须以责任实现“自律”，在心理上以责任实现“他律”。①

（二）警察法学二级学科设置的可能性

警察法学能够成为公安学下的二级学科必须具备的条件要符合相关规定要求。在公安学一级学科建设中，作为其支撑的二级学科都是从不同的角度研究公安执法现象及其处置对策，以及某一方面工作的历史、现状和未来发展规律为重点，以探求这一方面工作的科学方法和手段为目标的。因此，警察法学与这些二级学科有相近的理论基础，研究方法也基本相同，它们是作为一级学科的法学研究的不同方面。

警察法学具有二级学科相对独立的专业知识体系，已形成若干明确的研究方向。警察法学有自己特定的研究对象和研究内容，具有相对独立的专业知识体系，已形成若干明确的研究方向。警察法学是一门以警察职能为标准而产生的公安学二级学科。经过近年来的发展，在警察法学研究领域已经凝练形成了警察法学概论、警察法学本体论、警察法学运行论和警察法学实践论等多个研究方向。

社会对警察法学二级学科有一定规模的人才需求。目前社会急需大量接受过系统的警察法学专业教育训练的专门人才。无论是公安机关、国家安全机关、监狱机关的人民警察，还是人民法院、人民检察院的司法警察，虽然不必成为法学的专门人才，但是都必须熟练掌握系统的警察法学专业知识。各类各级警察机关内部都设有专门的法制工作部门，这些部门的重要性决定了我们需要培养大量的警察法学的专业人才。

构建警察法学二级学科已经基本相对成熟的理论根基。就警察权力的法治化与规范化，比较有代表性的观点有平衡论、控权论等几种。控权论“是一种源于英美国家传统的政府法治理论，主张法应是以权利为本位，对权力进行控制的法”。② 平衡论强调法律的本质在于平衡警察权力和相对方权利义务关系，平衡是法律的最优化状态和基本价值导向。③“总的来说，人民主权论、基本权利论、

---

① 沈荣华、侯焕春：《论行政强制执行中的行政责任》，载《江海学刊》2000年第6期。

② 罗豪才：《现代行政法的平衡理论》，北京大学出版社1997年版，第20页。

③ 罗豪才等：《行政法的平衡论范畴》，载《中国法学》1996年第4期。

社会管理论、法治政府论、服务政府论以及权力控制论共同作为法的理论基础而存在和发挥作用。”① 这些理论共同成为警察法学二级学科的法律渊源。

三、警察法学二级学科体系架构

20 世纪 90 年代之前，国内有关警察法的研究甚少，学术界起初是站在行政法学、刑事法学等学科研究的角度，来审视警察法律制度和警务实践活动的，试图用对这些传统部门法学的研究替代警察法学。② 20 世纪 90 年代以后，随着我国警察法治建设的发展，《中华人民共和国人民警察法》的颁布实施，以及一大批警察法律、法规、规章的出台，警察执法和警务活动实践在社会生活中的重要作用日益显现，促使着警察法学的教学和研究逐步走向深入，学术界已经认识到警察法作为独立部门法存在的意义和价值。③

目前，学术界关于警察法学的学科体系内涵的界定仍处于“百花争鸣”状态。惠生武认为，警察法学学科体系大致可以划分为警察法学基本理论、警察法史与警察制度史、域外警察法与警察制度比较、警察组织法、警察刑事执行法、警察公共安全管理法、警务保障法和警务监督救济法等部分。④ 袁周斌认为，在警察法学研究领域已经凝练形成了警察组织法学、警察行政法学、警察刑事法学、警察监督法学、警察比较法学等多个研究方向。⑤ 王运生认为，警察法学的学科内容主要包括：第一部分，能说明其是一独立学科的内容；第二部分，作为学科的独特性论证；第三部分，归纳全部现有法律规范；第四部分，警察法学的比较研究。⑥ 孙振雷认为，警察法学学科体系应当包括警察法学的基础理论、警察组织法、警察行为法、警务保障法、警务监督（救济）法、其他法域警察法或比较警察法、警务合作法。⑦ 诸多学者从警察组织法、行政法、刑事法、救济法及监督法等方面试图对警察学科体系进行架构，但目前仍然没有一种相对权威和

---

① 江必新：《行政法基本理论的反思与重构》，载《行政管理改革》2010 年第 4 期。
② 惠生武：《警察法学的研究对象与学科体系构建》，载《山东警察学院学报》2011 年第 6 期。
③ 惠生武、李亚利：《论警察法的法律地位》，载《中央政法管理干部学院学报》1996 年第 3 期。
④ 惠生武：《警察法学的研究对象与学科体系构建》，载《山东警察学院学报》2011 年第 6 期。
⑤ 袁周斌：《警察法学学科的基本问题》，载《天津市经理学院学报》2012 年第 5 期。
⑥ 王运生：《论警察法学在公安法学教育中的地位》，载《河南教育学院学报（哲学社会科学版）》2012 年第 4 期。
⑦ 孙振雷：《学科增定背景下的警察法学解构与重构》，载《河南警察学院学报》2011 年第 6 期。

系统化的理论体系，更多的是从警察法的层面进行分析和研究，而没有上升到警察法学学科体系高度。

因此，我们试图从法哲学方法论视角对警察法学学科体系进行梳理，并认为，警察法学学科体系至少包括警察法学概论、警察法学本体论、警察法学运行论和警察法学实践论四方面：

就警察法学概论而言，主要研究警察法学的基本理论，包括警察法学的概念、特征，警察法学的研究对象，警察法学的研究方法，基本范畴、警察法史，警察法学的学科地位等一系列基本理论问题。

就警察法学本体论而言，主要研究警察法的基本理论，包括警察法的概念、渊源、体系、作用和产生、发展情况，警察权、警察法律关系，警察法律行为，警察法治理念，中外警察法比较研究等一系列基本理论问题。

就警察法学运行论而言，主要研究警察法学方面的立法、执法、守法、警察职业等方面的基本理论问题。就警察执法所需要的基本法律体系而言，包括警察组织法、警察行为法、警务保障法、警务监督法等方面。在实践的运行中，包括警察立法行为、警察许可行为、警察处罚行为、警察强制行为、警察侦查行为、警察执行行为、警察调解行为、警察服务行为等具体内容。警察执法监督的法治化也是这一部分的重要内容。从实践层面上，警务监督包括警务督察、法制监督、警务公开、警务信访、警察法律责任等方面。因此，需要研究如何监督、控制警察权，明确监督控制的主体、内容、类型、方式、措施、程序，如何有效发挥内部督察和社会监督的作用，防止不当警务行为和警察权的滥用。

就警察法学实践论而言，主要研究警察刑事执法实践、警务安全管理实践、综合警务问题研究等方面。在警察刑事执法实践方面，探索警察刑事执法中的规律，发现在警察刑事调查、刑事侦查以及刑罚执行过程中出现的新问题，分析原因，研究各种刑事执行方法、手段、措施的应用，以及执法程序的运用，针对实践中存在的问题，提出相应的对策和措施。在综合警务问题研究方面，从法学的视角，探索警务体制、机制改革的思路；研究国家警务与社会警务的关系，以及社会各阶层安全指数，社会不同阶层对警务安全的不同需求；研究分析各种公共安全事件、事故的成因与防范对策，以及警务应急、救援、处置等。

论我国当代警察院校法学教师的核心素质及其培养

——以新教师的素质培养为基点

阮国平①

进入二十一世纪以来，随着我国高等教育事业的飞速发展，各省（市）及相关行业的公安高等专科学校纷纷升格为本科高校。截至目前，我国的警察（官）本科院校已达二十多所。学校层次提升了，作为学校法学教育教学活动的主导力量——教师，其素质和能力也应得到相应的提升，以适应警（官）本科高等法学教育的要求。这种素质和能力的提升，既有老师素质和能力“转型升级”的问题，也有新教师素质培养的问题。本文主要就法学新教师的核心素质培养谈些看法，与同行们交流。

一、我国当代的时代特征和国家对高校教师的素质要求

（一）我国当今时代的特征

我国当今时代的特征可以从不同的角度去概括和提炼。在此主要从与高等教育紧密相关的角度来考察和认识，主要有以下一些：一是人们对高等教育的需求大大提高。改革开放以来，随着我国经济社会的迅速发展，人们物质生活水平快速提高，对高等教育的需求喷涌而出。这种需求不仅是数量上的，也是质量上的，同学们在希望走进大学校门的同时，也希望获得内涵丰富、质量较高的教育培养。二是知识更新加快。当今时代知识爆炸，科学技术迅猛发展，新知识、新观点不断涌现，国际交往、交流频繁，带来了知识和技术的快速传递和更新。三是信息技术以前所未有的速度影响和改变着人们的生活，也必然影响和改变着

① 阮国平，浙江警察学院法律系主任，教授。

高校的教育教学活动。四是开放、互动、互相影响的国际化浪潮席卷全球，经济一体化、思想多元化的格局将影响着人们的思想和社会变革方向，各种观念的交锋、碰撞日趋频繁和激烈。五是当代青年人成长在比较优越的家庭环境（独生子女）和物质丰富的现代社会，对我国过去的国情缺乏感性认识和较为深入的了解，实现国家富强、民族振兴、人民富裕的中国梦的紧迫感、自豪感很需要培养。

（二）国家对当代高校教师的素质要求

《中华人民共和国教师法》第三条规定："教师是履行教育教学职责的专业人员，承担教书育人，培养社会主义事业建设者和接班人、提高民族素质的使命。教师应当忠诚于人民的教育事业。"第八条规定：教师应当"遵守宪法、法律和职业道德，为人师表"，"不断提高思想政治觉悟和教育教学业务水平。"①《中华人民共和国高等教育法》第四十六条规定："中国公民凡遵守宪法和法律，热爱教育事业，具有良好的思想品德，具备研究生或者大学本科毕业学历，有相应的教育教学能力，经认定合格，可以取得高等学校教师资格。"第五十二条规定："高等学校教师、管理人员和教学辅助人员及其他专业技术人员，应当以教学和培养人才为中心做好本职工作。"②《高等学校教师职业道德规范》将"爱国守法、敬业爱生、教书育人、严谨治学、服务社会、为人师表"③ 作为高校教师的基本职业道德准则。《国家中长期教育改革和发展规划纲要（2010—2020年）》第五十一条指出："建设高素质教师队伍。教育大计，教师为本。有好的教师，才有好的教育……严格教师资质，提升教师素质，努力造就一支师德高尚、业务精湛、结构合理、充满活力的高素质专业化教师队伍。"第五十二条指出："加强师德建设。加强教师职业理想和职业道德教育，增强广大教师教书育人的责任感和使命感……将师德表现作为教师考核、聘任（聘用）和评价的首要内容。采取综合措施，建立长效机制，形成良好学术道德和学术风气，克服学术浮躁，查处学术不端行为。"第六十条指出："提高教师应用信息技术水平，更新教学观念，改进教学方法，提高教学效果。"④《教育部关于全面提高高等教育质量的若干意

---

① 《中华人民共和国教师法》，1993年10月31日发布，2009年修改。

② 《中华人民共和国高等教育法》，1998年8月29日发布，2015年修改。

③ 《高等学校教师职业道德规范》，2011年12月23日发布。

④ 《国家中长期教育改革和发展规划纲要（2010—2020年）》，2010年7月29日发布。

见》（简称高教30条）第二十六条指出："加强师德师风建设……健全师德考评制度，将师德表现作为教师绩效考核、聘用和奖惩的首要内容，实行师德一票否决制。"①

胡锦涛在庆祝清华大学建校100周年大会上的讲话中强调："广大高校教师要切实肩负起立德树人、教书育人的光荣职责，关爱学生。严谨笃学。淡泊名利，自尊自律，加强师德建设，弘扬优良教风，提高业务水平，以高尚师德、人格魅力、学识风范教育感染学生，做学生健康成长的指导者和引路人。"② 国务委员刘延东指出："现在教师学历层次明显改善，来源日益多样化，但仍然存在师资结构不尽合理、专业素质和师德水平有待提高的问题。"③

以上法律法规规定和党、国家领导人对高校教师提出的素质方面的要求，是学校培养教师素质和当代高校教师提高自身素质的努力方向。

二、我国当代警察院校法学教师的核心素质

我国当代警察院校教师的主要职责是：教学、科研、服务社会（主要是公安工作和公安队伍建设）和文化传承。教师素质是为完成职责任务所应当具备的素养和能力。与教师的职责相联系，当代警察院校教师的素质要求是广泛而多方面的，并且所从事专业的不同，其素质又会有所不同，本文只阐述当代警察院校法学教师的核心（即基本）素质要求。

（一）良好的政治素质

教师的政治素质将直接影响到学生的政治思想教育。邓小平同志曾经语重心长地指出："十年来我们的最大失误是在教育方面，对青年的政治思想教育抓得不够，教育发展不够。"④ 警察院校培养的是人民警察，是承担维护社会稳定和良好秩序、保护人民生命财产安全的执法者。这种执法者，需要有忠于党、忠于祖国、忠于人民、忠于法律的良好政治素质。"打铁还须自身硬"，作为培养人民

---

① 《教育部关于全面提高高等教育质量的若干意见》（教高〔2012〕4号），2012年3月16日发布。

② 胡锦涛：《在庆祝清华大学建校100周年大会上的讲话》。

③ 刘延东在全面提高高等教育质量工作会议上的讲话：《深化高等教育改革 走以提高质量为核心的内涵式发展道路》。

④ 《邓小平文献》（第三卷），人民出版社1993年版，第287页。

警察的法学教师，就必须有良好的政治素质，坚定“道路自信、理论自信、制度自信”① 的政治立场，在政治思想上与党中央保持一致。并用自身良好的政治素质和坚定的理想信念，去教育学生、影响学生。所谓“学术研究无边界，课堂讲台有纪律”，就是政治素质的要求之一。因为，课堂上的声音承载着“教书育人”的重任，学生的世界观还没有完全定型，教师的一言一行对学生具有潜移默化的影响。

（二）优良的师德师风

师德师风是教师在“传道、授业、解惑”过程中的所表现出来个人品德和作风。这种品德和作风，世界范围内的教师一般都需要具备的，包括严谨治学、关爱学生、公正公平、积极向上、严以律已、讲求公德、勇于探索、求实创新、乐于奉献、热爱祖国等，是教师的立身之本。“教师不仅是知识的传播者、智慧的启迪者、人格的影响者，也是道德的实践者和示范者。”② 优良的师德师风是教师以身作则、为人师表、对学生进行道德教育的基础，没有好的师德师风，就不可能对学生有好的道德教育，就不可能成为一名合格的教师。著名教育家张伯苓说过：“教育为改造个人之工具。但教育范围，绝不可限于书本教育，知识教育，而应特别注重于人格教育，道德教育。”③ “师德最核心的是以身作则精神…… 教师则不仅运用知识，而且运用自己的全部素养特别是道德素养向学生提供专业服务。”④

（三）扎实、宽泛的知识基础和一定的实践技能

陶行知先生有句名言：“行是知之始，知是行之成”。改革开放以来，随着我国高等教育事业的飞速发展，一方面培养出了大量的高学历人才，另一方面也要求高等学校的教师更要有扎实、宽泛的知识基础，法学教师也不例外。二十世纪八十年代初，我国高校教师中本、专科学历是主体，硕士毕业的很少，博士毕业的更少。现在很多高校引进教师时，一般都要求博士。警察院校教师引进时，不

① 胡锦涛在中国共产党第十八次全国代表大会上的报告：《坚定不移沿着中国特色社会主义道路前进 为全面建成小康社会而奋斗》。

② 赵培举：《加强师德师风建设，培养高素质教师队伍》，载《中国高等教育》2013 年第 13、14 期。

③ 杨东平主编：《大学精神》，文汇出版社 2003 年版，第 252 页。

④ 陈爱必主编：《师德与教师职业生成》，首都师范大学出版社 2005 年版，第 5 页。

少专业也要求博士毕业生。不仅如此，晋升高级职称还需要有国内外访学的经历，以更新知识，拓宽视野，适应知识爆炸时代高等教学工作的需要。同时，警察院校作为新升格的本科院校，以培养应用型执法人才为主体，这就要求教师包括法学教师要有一定的、与所从教学科（课程）相对应的公安执法实践技能。只有具备了扎实、宽泛的知识基础和一定的公安执法实践技能，才有可能成为一名优秀的高校教师。

（四）过硬的教学技能

教学技能是教师运用教学手段、方法实现学生培养目标的技术和能力。既包括培养学生政治素质和人文素养的技能，也包括向学生传授理论知识的技能，还包括训练学生实践能力的技能。教学技能因专业不同而有所不同。从法学教学来看，当代警察院校法学教师的教学技能包括课堂组织能力、与学生沟通的能力、提炼归纳教学内容的能力，口头表达能力（条理性、逻辑性、普通话等）、文字表达能力、板书能力、多媒体应用技能等。如果没有过硬的教学技能，有最扎实、宽泛的知识和技能，也难以传授给学生。众所周知，陈景润（哥德巴赫猜想的突破者）数学知识很丰富，却成不了一位中学的数学教师。

（五）强烈的使命感和敬业精神

强烈的振兴公安教育事业的使命感是高层次的忠实履行警察院校教师职责的内心动力。“两弹一星”科学家们当年就是靠振兴祖国、保卫祖国的强烈使命感驱动的，他们的条件十分艰苦，与家人分离，加班加点，根本不计得失，一干就是几十年。作为警察院校法学教师的硕士、博士，也是较高层次的知识分子，也应有为事业献身、报效祖国的强烈使命感。敬业精神是强烈使命感的具体体现，它要求具有敬业爱岗、潜心工作、不见异思迁的精神，有时需要有耐得住寂寞、坐得住冷板凳、敢于清贫的意志和毅力。因此，投身警察院校的法学教师们，要把工作作为公安教育事业来做，而不仅仅是找到工作，更不是找到临时性的过渡工作。要有为公安教育事业奋斗一辈子的思想准备和敬业精神，要学习陶行知“捧着一颗心来，不带半根草去”的精神品质。只有这样，才有可能成为一名优秀的警察院校法学教师。比如，别人炒股、炒房赚钱了，本来就觉得做好教学工作的时间不够用的教师，是否也分心去加入炒股、炒房的行列，这时考验的就是敬业精神。

（六）良好的团队合作和创新精神

现时代的高等教学已进入网络课程、微课堂、微课程时代，团队合作、集体备课、勇于创新，显得更为重要。“构建主义的教学模式将更为普及，它内在地要求老师有真诚、开放的人格特点，善于交流，富于合作精神，熟练掌握协同工作的技巧和分析问题的能力，否则课堂气氛无法活跃起来。”[①] 同时，警察院校作为高等教育，有别于短期培训，教师既要搞好教学，又要搞好一定的科学研究和学科建设，而科研活动和学科建设均需要团队合作、集体攻关和不断创新。否则，就难以取得好的成效。

（七）坚韧的意志品质

具有强烈的使命感和献身公安教育事业的敬业精神，是警察院校法学教师的内在素质要求。然而，社会和周围环境的变化有时是难以预测的，人生一辈子，警察院校法学教师的从教事业可能会一帆风顺，也可能会遭到一些干扰，甚至遭遇一些曲折。这时，教师就需要有坚守事业的坚韧不拔的意志品质，即便被迫离开教育事业岗位，也不要轻言放弃，力争不使自己的事业半途而废。

三、警察院校法学教师核心素质的培养

针对上述警察院校法学教师的核心素质，学校、系（部）或二级学院、教研室、指导教师，要“四级”合力，通过各种途经加以精心培养，教师特别是青年教师也应通过自身的努力，不断提升和完善上述核心素质。从培养角度看，其途径和方法主要有以下一些：

（一）营造良好的事业环境

事业环境对教师素质的培养具有潜移默化的影响。环境不好，不可培养出优秀的教师素质。教师天天生活在周围环境中，其思想和素质必然会受到周围环境的影响。这种影响对刚走向社会的新教师来说，有时甚至是很大的。包括社会大环境、学校中环境、部门小环境。一个好的环境，对新教师会产生积极向上、奋

① 万新恒主编：《信息化校园：大学的革命》，北京大学出版社2000年版，第121页。

发进取的正面影响。反之，不良的环境，也会对新教师产生得过且过、混日子的负面影响。因此，在大环境确定的情况下，学校、法学系（部）要通过政策导向，制度、机制设置，舆论氛围的创设等措施，营造良好的事业环境，

（二）积极配合教育主管部门开展新教师岗前培训

自教师法颁布以来，各地教育主管部门纷纷开展了新教师岗前培训活动，实施近二十年来，培训内容不断丰富，培训针对性日益增强，对新教师相关知识的弥补和教师素质的提高，具有一定的作用，已成为高校教师素质培养的一种制度。因此，积极配合教育主管部门做好岗前培训工作，督促、鼓励新教师积极参加教育主管部门的岗前培训，认真学好每一门课程和每一个培训项目，为从事教学岗位打下一个初步基础。“在当今知识爆炸、变化迅速的社会中，教师如果不能积极接受在职培训，满足职业生涯发展的需要，则势必会被淘汰。”①

（三）充分发挥学校教师发展中心的作用，进行接力培训

学校教师发展中心是近几年刚成立的机构，其职能是在教育主管部门岗前培训的基础上，进行接力式培训，以进一步提升教师特别是年轻教师的教师素质。教师发展中心通过校内外老教师、教学专家的传授，课堂实景教学观摩，优秀青年教师心得介绍，国内外典型教学材料推荐，与培养对象——学生的交流，组织相关考察学习等途径，使教师们的教师素质不断得到完善和提升，更好地为教书育人服务。

需要指出，学校教师发展中心的培训中，除了教学业务素质培训外，不应忽视或轻视政治素质和师德师风的培训。随着开放办学的不断推进，国际交流的日益增多，各种思想、各种观点交汇、并存，碰撞、交锋也时常发生，“从很多重要方面看，大学是知识交融的‘地球村’”。② 高校法学教师如果在意识形态上缺乏政治鉴别力，就有可能会人云亦云，迷失方向，进而影响学生的政治思想教育，就难以完成培养社会主义事业建设者和接班人的重任。美国著名的高等教育批评家和改革者，现代大学观的创始人亚伯拉罕·弗莱克斯纳（Abrahan Flex-

---

① 杨德广主编：《高等教育管理学》，上海教育出版社2006年版，第276~277页。

② ［英］安东尼·史密斯、弗兰克·韦伯斯特主编：《后现代大学来临?》，侯定凯、赵叶珠译，北京大学出版社2010年版，第190页。

ner）也认为“训练青年学人成为将来继起的工作者。”[①] 是大学学者和科学家应关注的四大任务之一。同样，师德师风的优劣，也直接影响到育人的效果和质量。而“教师师德的形成，是多渠道培养和躬身实践的结果，具有历史继承性，也有新时代号召性。教师师德的培养需要学校和社会的教育，也需要个体在实践中的体验来不断地内省及完善。”[②] 因此，学校教师发展中心的培训中，要加强对教师政治素质和师德师风的培养。

（四）法学系（部）、教研室开展具体的精细化培养

教师岗前培训、教师发展中心培训与法学系（部）、教研室培养及后面阐述的老教师“传、帮、带”培养，四者互相补充、共同促进教师素质的完善和提高，前二者是宏观性的培训，后二者是微观性的具体培养和指导，宏观培训和微观培养、指导二者缺一不可。并且法学系（部）、教研室的培养、指导应当是具体的、精细化的，主要围绕本系的学科、专业特点和教师承担的具体教学任务而展开。包括组织开展公安执法一线情况的调研，集体备课，共同制作课件，跟班听课，参与教学课题研究，进行开课前试讲，随堂听课后个别指导，参加系、室观摩教学和教学经验交流，安排国内外访学、读博和下基层锻炼等，帮助提升新教师的教学能力和教师素质。其中，公安部对当代警察院校教师下基层锻炼非常重视，提出要“落实公安院校教师定期参加警务实践和选聘专兼职教官制度，着力建设一支既有较高理论素养又有丰富实战经验的教师队伍。”[③] 美国教育家杜威（John Dewey）也认为：“只有当他亲身考虑问题的种种条件，寻求解决问题的方法时，才算真正的思维。”[④]

法学系（部）、教研室开展具体的精细化培养中，还须注重教师实际教学活动中优良教风的养成，因为“教风是教师的德与才的统一表现，是教师核心素质的外在表象，是其精神面貌、职业操守、专业知识水平与专业技能等要素的综合体现。”[⑤] 因此，在新师走上讲台的教学活动中，要培养其优良教风的养成。

---

① 郝艳萍：《弗莱克斯纳的现代大学观探析》，载《高等教育研究》2003 年第 1 期。

② 梁耀明、刘妙玲：《以身立教：论教师师德的规范与建设》，载《大学教育》2013 年第 13 期。

③ 《关于加强和改进公安教育训练工作的意见》（公委通字〔2009〕17 号），2009 年 10 月 14 日发布。

④ 杜威：《民主主义与教育》，人民教育出版社 1990 年版，第 170 页。

⑤ 金文斌：《加强教风学风建设，提高人才培养质量》，载《中国高等教育》2013 年第 11 期。

（五）法学系（部）选派指导教师进行“传、帮、带”

“传、帮、带”的微观指导，也是具体的和精细化的。主要从如何因材施教，如何取舍教学内容，如何设计教学方法，如何编写教案、讲稿和制作多媒体课件，如何组织管理课堂，如何对学生进行教书育人等，起到“领进门”的作用，帮助新教师尽快“站稳讲台”。法学系（部）在选派指导教师时，要考虑学科、性别、教龄、教学质量、职称等因素（科研因素可以少考虑或不考虑，现在的新教师在读硕、博期间科研方面得到的指导已比较多）。指导教师要按照学校总体要求、本系（部）学科特色和所要担任的具体课程，及时地有针对性地对新教师进行“传、帮、带”。

应当注意，绝大部分新教师包括法学教师刚投身高等教育事业，工作积极性都很高，系（部）、教研室和老教师们安排的工作都会加班加点地去完成。然而，系（部）安排指导教师，主要是对新教师进行“传、帮、带”培养，“传、帮、带”过程中固然也可以让新教师适当做些协助指导教师的工作，但指导教师和其他老教师千万不能把新教师当作“劳动力”使用——也就是说指导教师和其他老教师原本应当自己动手完成的工作，却交给新教师去完成，把新教师当作“劳动力”使用。这对新教师不但起不到“培养”作用，反而会对新教师造心理上的伤害。因此，系（部）一旦发现有这种苗头，要及时指出、纠正，必要时应作适当调整。

（六）组织严格的开课前试讲和教案讲稿检查

新教师开课前试讲和对其教案讲稿进行检查，是培养教师规范课堂教学内容和方法的必要环节，也是教学管理的一重要个方面。通过试讲和教案讲稿检查，既可以使新教师在走上讲台前得到讲课锻炼和编写教案讲稿的进一步指导，更重要的是要发现新教师在编写教案、讲稿和讲课方面的优点和不足，发挥全系教师的集体智慧，进行有针对性的帮助、指导。在检查教案讲稿和试讲时要严格要求，实事求是地指出不足，并提出改进意见，不能只讲好话。试讲中，一次不行的，第二次再试讲，第二次还是不满意的，第三次再试讲。这样做，指导教师可能会有些意见，新教师可能也会一时想不通，但对新教师的成长是大有裨益的。实践证明，经过严格要求试讲的新教师，成长的情况更为良好。

（七）校、系（部）教学督导组进行随堂听课和跟踪帮助

校、系（部）教学督导人员对教师（包括新教师）的课堂教学情况进行随堂听课，既是校、系（部）教学质量监控的一个重环节，也是跟踪帮助教师提高教学质量和教师素质的一项不可或缺的措施。督导人员通过听课，可以对教师本次课的教学目的定位，备大纲、备学生、备教材“三备”工作的准备情况，教学内容取舍（含深度、广度）与培养目标的吻合度，教学中重点、难点的确定与解决方法，教案、讲稿、课件的规范、完整情况，教学基本环节的把握情况，教学中启发、互动情况，理论联系实际的情况，教书育人情况，课堂秩序、课堂纪律的管理情况，教学任务完成情况，学生所获知识、技能的收效情况等，进行评价和提出改进意见，以达到跟踪帮助教师不断提高教学质量和素质的目的。

（八）差异化培养，个性化发展

警察院校法学教师作为一个群体，既有共性，又有一定的个体差异性。经过几年的教学实践，教师特别是青年教师的个体差异性就会逐渐显露出来。这种个体差异性不一定是能力和素质孰高孰低的反映，而是其擅长某一方面、适合从事某方面工作的反映。因此，学校、系（部）要从公安教育事业要求和教师个人特点出发，进行有一定侧重的差异化培养。对科研潜质较好、教学上相对薄弱的青年教师，引导其发挥长处，鼓励其向省部级项目进发，以后争取冲击国家级项目。对教学潜质好的青年教师，积极引导其争取成为学校的教学骨干和省（部）级教坛新秀、教学名师。据报道，2012 年教师节，浙江大学对一名教学业绩突出的教师奖励了 100 万人民币，对这位教师出色的教学工作给予了充分肯定。

（九）战略眼光，长远培养

俗话说：“十年树木，百年树人”。优良的教师素质达到了极致，就是真正的名师、大师。被誉为清华“终身校长”的梅贻琦先生有句名言：“所谓大学者，非谓有大楼之谓也，有大师之谓也。”[①] 这种名师、大师，至少要能享受省政府津贴、国务院津贴，甚至成为“国家杰出青年科学基金”人才、长江学者、两院院士。一所学校如能培养出一名或几名真正的名师、大师，既是其个人的光荣，

① 梅贻琦：《中国的大学》，北京理工大学出版社 2012 年版，第 17 页。

也是学校声誉和层次提升的一个重要方面。“名师是一面旗帜，有了名师，一方面可以提高学校的学术水平、科研水平和教学质量，另一方面可以广聚贤能。从这样的意义上说，名师无价！”① 有的人潜质较优秀，自身也很努力，工作时间不长就“显山露水”。这时，系（部）和教研室就要及时加以肯定和鼓励，并在评优、评先中切实得以体现，使其脱颖而出。不能认为大家都很辛苦，又各有各的优点和不足，在评优、评先中搞“和稀泥”“轮流制”。这样，相对较好的苗子就得不到显露，学校就发现不了进行重点培养的苗子。然而，相对优秀的青年教师脱颖而出之际，羡慕和嫉妒也会随之而来。事实上，培养优秀教师的过程中，也确实或多或少地会加重其他教师的教学任务和事务性工作，同时，优秀的青年教师也不是什么都优秀，十全十美，也会存在某些不足。这时，学校、系（部）如果没有战略眼光和培养高层次教师的定律，就有可能会对优秀教师放松扶持，忽视培养，而优秀教师也会因努力得不到应有的重视和肯定，如果意志力差些，久而久之，慢慢地就会“随大流”，失去努力的动力。因此，学校、系（部）既要用心去发现具有较好培养潜质的青年教师，更要用宽广的胸怀和战略眼光，排除干扰，进行持之以恒的长远培养。新教师时要关心、培养，晋升了副教授、教授的优秀教师，仍要进行关心、扶持和培养。只有这样，学校才有可能培养出真正的名师、大师，培养出能与普通高校和兄弟警察院校同台竞争的、在某一领域能领衔的领军人物。

实践表明，良好教师素质的培养，是教师自身努力、各级组织积极培养所共同作用的结果。没有教师自身努力不行，离开了组织的培养和扶持也不行。只有学校、系（部）、教研室与教师自身持之以恒地共同努力，才有可能培养出成批优秀的法学教师和出类拔萃的大师、名师。

① 逄锦聚：《大学教育教学论》，高等教育出版社2005年版，第285页。

略论中国海警教育与培训体系的构建

阮智刚[①]

21 世纪被国际社会公认为“海洋世纪”。我国是一个海洋大国，自从 2012 年党的十八大报告提出“坚决维护国家海洋权益、建设海洋强国”，我国就已将“海洋强国”战略提升至国家战略层次。2013 年中国海警局的成立，使得原来的四支海上执法队伍——中国海监、中国渔政、边防海警和海关海上缉私警察合而为一，成为一个全新的海上综合执法队伍，实现了海上执法体制改革的重大飞跃。为了适应我国海洋维权与执法新形势的需要，使中国海警跻身“世界前列”，助推中国向“海洋强国”挺进，在原有四支队伍的教育与培训体系基础上重构海警教育与培训体系，即是当前一项紧迫的课题。

一、海警教育与培训体系构建的必要性

（一）海洋维权与执法形势需要完善海警教育与培训体系

当前，我国海上形势极为严峻，海洋权益受到海洋邻国的严重挑战。在美国以及日本、越南、菲律宾等周边国家的频频挑衅和步步紧逼下，我国海洋权益屡遭侵犯，海上安全受到威胁，热点、敏感问题突出，海上维权形势严峻、任务艰巨。同时，随着我国海洋经济、海洋产业和海上贸易的迅速发展，海上治安问题越来越突出。因渔船越界捕捞作业、渔事纠纷引发的涉外事件、群体性事件频繁发生；非法炸鱼、海洋污染、海上抢劫、故意伤害、走私、偷渡、贩毒等违法犯罪活动不断增多；以“海洋调查”等名义出现的外籍船舶对我情报搜集活动形势

① 阮智刚，男，湖北武穴人，汉族，公安海警学院船艇指挥系海上执法教研室讲师，主要从事法理学与海上执法教学和研究。

严峻；破坏海上生产作业以及海上武装抢劫案件时有发生；海事纠纷、海难事故日益增多，海上处突、救助任务艰巨。

在此严峻形势下，中国海警这支队伍从成立之日起即被寄予了厚望，人们希望这支队伍将来既能有效维护我国的海洋权益，恰当应对海上各类争端事件，又能提高海上执法效率，实现海洋管理的科学化。能否完成这样的使命，就要看中国海警队伍具不具备相应的实力、能力和素质。要提高海警队伍的实力水平，除了装备、技术等外在的硬件条件的准备要充足外，还要重视海警人员能力素质的提高，而这正是教育与培训工作的任务所在。只有建立完善的海警教育与培训体系，海警才会源源不断获得优质的人才资源，海警在职人员的素质与能力也才有望得到不断提高。

（二）海警机构与职责变化要求海警教育与培训体系配套调整

中国海警局的成立庄严宣告，过去“各自为战”的执法队伍将逐步实现机构与职责的整合。被整合的四支海上执法队伍原有的教育与培训体系必然也面临着重大调整。

首先，中国海警的教育与培训工作必须结束以前的分散状态。由于所属的行政系统的不同，原有四支队伍的教育与培训工作包含于农业部渔业局、国家海洋局、公安部边防管理局、海关总署四大行政系统的教育与培训体系当中，与本行政系统其他队伍的教育与培训合并进行，缺乏独立性。中国海警局成立之后，本着高效、便利的原则，这四支队伍的教育与培训工作势将从原有的行政系统中独立出来。

其次，中国海警的教育与培训内容必须实现综合化。中国海警局成立后，中国海警的职责范围发生了重大变化。先前公安边防海警的职责范围仅限于公安机关的职能，统一后的中国海警执法人员不仅要维护海上治安，履行公安机关职能，而且要承担海上缉私以及海监、渔政部门的海上执法工作，其任务职责范围大大拓展。海警执法人员应具备的知识结构和能力素质必然要从单一执法向综合执法转型。四支队伍原有教育与培训体系仅仅着眼于本行业执法工作的需要，培养的是单一型海上执法人才，培训的内容也只能满足海上执法某一方面的工作需要，不能满足海上综合执法的需要。因此，必须建立全新的、统一的海警教育与培训体系。

二、海警教育与培训体系的构建目标

（一）满足海上维权与执法需要

海警教育与培训作为一项人力资源或人才培养工作，最终是为了满足海警的工作需要。“海上维权与执法”是当前和今后一段时期中国海警工作的总任务。中国海警教育与培训体系的构建，首先应当紧贴当前我国海上维权与执法工作的需要，以确定教育与培训工作的目标方向。海警执法是个内涵丰富的概念，包括对内行政执法和对外维权执法。

在对外维权方面，最大的任务挑战来自两个方向。一是东海海域，主要任务是对钓鱼岛领土主权的维护，对钓鱼岛海域进行常态化巡航，巩固目前在主权宣示与控制方面取得的战果，并随时防范日本方面可能采取的新的挑衅措施。二是南海海域，主要任务是针对菲律宾和越南进行岛礁归属与海洋资源方面的维权，以及针对美国进行海洋管辖权方面的维权。

在对内执法方面，从近年发生的海上热点事件来看，海警今后在北海、东海、南海也各有其重点任务。在北海重点是应对外国非法抓扣我渔船渔民事件，并针对“越界捕捞”行为进行执法；在东海重点是处理越界捕捞行为；在南海重点是应对北部湾海域越南船只对我渔船民的抢劫，以及处理渔船越界捕捞行为。除这些具有外交敏感性的涉外执法任务外，更为常规性的任务就是海上搜救以及涵盖海上治安、海上缉私、海上渔业管理、海洋环境与资源管理四大领域的综合执法工作。

构建中国海警教育与培训体系，要注意将海警在执行上述任务过程中可能涉及的知识、能力、素质需求贯穿到教育与培训各环节的设计中去，如教育与培训对象分类、学科专业、课程设计等。

（二）海警教育与培训工作的人才结构

海警教育与培训体系，需要全面覆盖海警所需的各种层次的人员，既要产出能胜任海警一线维权与执法工作的应用型人才，又要产出能服务于我国海洋发展战略决策工作与解决海上维权与执法前沿性问题的研究型人才，或称智囊队伍。

就应用型人才的培养而言，应同时做好两类工作：一是开展面向海警职业的高等学历教育，培养应用型高级人才；二是面向不同级别、不同岗位、不同身份人员，开展全面的职业培训，不断提高海警队伍的业务素质。从原中国海监、中国渔政、边防海警、海关总署海上缉私警的教育与培训情况来看，其教育与培训对象大致呈现为三类：领导干部、业务骨干、辅助人员。在领导干部的任职或晋职培训中，不同级别领导干部的任职培训内容的深度与高度必定有所不同。领导干部又有“政工领导”与“业务领导”之分，不同类别领导干部的培训，其内容的侧重点也必定不一样。在业务骨干的岗位培训方面，岗位分工不同，培训的内容也不相同。如中国海监、边防海警、中国渔政的岗位培训都主要分为“执法人员业务培训”与“船员专业技能培训”两大类。在辅助人员培训方面，边防海警一直有针对士兵的“海警专业兵培训”，涉及航海、机电、雷达、信号、报务、枪帆6类舰艇岗位。海警专业兵相对海警军官，属于辅助性人员。从目前中国海警局的机构设置模式来看，今后中国海警的管理体制也很可能采取现役制模式，届时仍然需要这样的辅助人员。

就研究型人才的培养而言，中国海警所执行的任务的艰巨性、复杂性，决定了海警事务的规划与决策还需要强有力的智力支持。因此，很有必要培养一支长期、持续研究国际海洋法、国际警务、国际政治的智囊队伍，为提高海警战斗力提供理论指导 、为海警训练创新提供理论支持、为海警以及国家海洋发展战略制定等提供建设性意见建议、为上级机关和首长的决策提供参考性的依据。这类智囊人员，不妨称之为研究型海警人员。

（三）海警干部应具备的知识、能力和素质

中国海警是为应对日益严峻的海洋维权形势，适应我国海洋强国战略而产生的一个特殊警种，是具有警察属性的海上维权与综合执法力量。海警教育与培训的目的是培养合格的海警人才、提高海警人员的业务能力，养成一支满足我国海上维权和执法工作需要的队伍。因此，将来构建中国海警教育与培训体系，必须结合海上维权与执法工作的需要，细致辩明海警职业所需要的知识、能力和素质，开展有针对性的教育与培训。从当前我国海上维权与执法的任务来看，海警职业所需的知识、能力和素质可做如下解析。

第一，海警工作具有技术性。海警人员应当懂海、适应海，即具备基本的海洋科学知识，如海洋环境（气象、水文）、海洋资源方面的知识，掌握海上生活所需的游泳、潜水、救生等技能，具备过硬的身体素质等等。海警工作使用交通

工具以船艇为主，以飞机为辅。这要求所有海警人员都应掌握一定的航海知识、船舶知识（包括船舶设备使用、安全急救方面的知识），最好还能掌握小型船艇驾驶技能。[①] 当然，为了保证海警执法执勤的交通安全，以及在维权与执法过程中有效组织对抗、缉捕或驱离，还需要能够熟练操纵大型船舶、组织指挥船艇战术、操纵飞机的专职海警人员。海警船艇正常工作与相互联络，则需要专门的掌握轮机维修保养技能和通信设备使用技能人员。

第二，海警工作具有涉外性。这要求所有海警人员必须掌握有关的国际法、海洋法知识、国际政治知识以及外语对话能力。与我国海上维权执法有关的国际法、海洋法知识，至少要包括《联合国海洋法公约》、我国与周边国家签订的条约、协定。外语对话能力，将可能涉及英语、韩语、日语、马来语、越语等语种。

第三，海警工作具有综合执法性。这要求所有海警人员必须掌握我国海洋行政管理、海洋渔业管理、海上治安管理、海上缉私方面的法律法规知识和相关执法技能。

第四，海警工作具有环境特殊性。海警人员长期生活在海上，风大浪高，艰苦枯燥，要求所有海警人员必须具备忠于职守、甘于奉献的政治素质。海警在维权执法过程中经常面临撞船、暴力抗法甚至武装袭击等不测事件，其危险性较大，制止违法行为难度高，这要求所有海警人员必须学会武器、警械使用、擒拿逮捕等执法执勤技能。

三、海警教育与培训体系构建设想

中国海警教育与培训体系的构建，应以设立怎样的一套教育与培训机构为基本线索，而其前提是我们对海警未来的人员构成及人才来源渠道作何判断。从目前的多种信息[②]来看，我们认为：首先，中国海警将来很可难采取全部现役制的

---

① 日本海上保安大学设立的航海、机电、通信三个专业都要求必修“小型船舶基础”这门实验课程，而且作为职业培训学校的海上保安学校也要船舶航运、航空、海洋科学、通信系统四个专业共修“小型船舶操纵”这门课程。参见李明：《日本海上保安大学的课程设置与启示》，载《海洋信息》2013 年第 4 期。

② 这种信息主要包括三类：第一类是中国海警局顶层机构的设置，仍是司、政、后的现役模式；第二类是中国海警局目前面向地方大学生的招聘简章中的“接收方式”以及“工作生活待遇”仍是武警现役制模式；第三类是可行性信息，即原中国海监、海关缉私人员的初任培训都是采取军事化或准军事化的培训方式，四家队伍整合后采取现役制的管理模式有一定的历史基础。参见《2015 年度中国海警接收普通高等学校应届毕业生简章》，载中国海警接收普通高等学校毕业生网，http://www.chinahjzs.net/Zcshow.asp? id =2，最后访问时间：2015 年 5 月 23 日访问。

管理模式，因此中国海警的人员身份仍将延续原公安边防海警的“现役军官+海警专业兵/士官”的结构。其次，中国海警的干部人才来源仍然需要采用多样化渠道，即除了利用自身的资源培养一部分人才外，再借助地方高校、军事院校优质的教育与培训资源直接引进一些自己难以培养的人才。基于这种判断，我们对中国海警教育与培训体系的构建路径有如下设想：

（一）筹建一所现役制海警高等教育院校

筹建现役制海警高等教育院校，即采用现役制院校管理模式，开展全日制的本科职业学历教育，并且开展培养研究型海警人才的研究生教育。

1. 职业学历教育的必要性

面向海警开展职业学历教育似乎有悖于我国当前公安院校招录培体制改革的思路①，但我们认为这样做，仍不失为可行而且必要的选择。因为，海警人才的培养比普通警察人才的培养更为复杂，普通警察人才的培养主要是掌握治安、侦查、刑事科学技术等这些公安学、公安技术知识与技能，而海警人才除公安学、公安技术知识外，还需要同时掌握航海知识、船艇知识、船艇操纵技能、法学知识、国际关系、海洋科学、海洋行政管理和渔业管理等等知识，知识结构面可谓多元复杂。将任何单一专业背景的人员招录进来，都需要弥补其他诸多领域的知识和技能，进行短短2年的培训无疑会遭遇比普通警察院校培训更大的压力，效果更是难以保证。因此，在这方面我们可办一所类似于美国海岸警卫队大学、日本海上保安大学这样的海警高等院校，开展本科层次、应用型的职业学历教育。

2. 现役制的选择

将海警高等教育院校定位于“现役制”，是为了顺应中国海警将来的现役制管理模式。现役制的中国海警，对海警人员的政治素质、身体素质、纪律作风等都有很高要求，通过四年的现役制生活，可以直接铸就牢固的军人气质。此外，在海警人员来源多元化的格局中，尽管地方入伍大学生经过军事化训练，也能习得一定的军人作风，但易受先在的思维和行为习惯的影响而打折扣。因此，若始终有一批训练有素的军校毕业生注入海警队伍，能够对队伍纪律作风的保持的起

---

① 这种改革思路是：放弃以往的四年全日制本科学历教育，改为进行更加贴近警察职业需要的培训式学历教育，即招录高中、大专、本科学历人员，然后进行专科、专科升本科、本科获第二学位的专科和本科2个学历层次的教育，学制2年。参见李明：《日本海上保安官的培养模型研究》，载《海洋信息》2014年第1期。

到中流砥柱的作用。

3. 海警高等教育的若干要素界定

规划海警高等学历教育，最重要的四件事是：定位人才培养目标、设置专业结构、设置课程结构、注重动手能力。

第一，人才培养目标的定位，应主要着眼于培养能胜任海警一线维权执法工作的应用型人才，同时培养和储备海警研究型人才。在本科学历教育层次，政治忠诚、知识扎实、技能过硬、体魄强健的应用型、复合型人才应是人才培养目标的基本内容。

第二，专业结构方面，应兼顾工学、法学两类专业。从原中国海监、中国渔政、公安边防海警的教育与培训经验来看，船艇操纵、轮机维护与保养、通信等船艇技术人员是海上执法队伍的中坚力，“大型船艇的操纵与维护保养人才”是中国海警目前较为紧缺的人才。因此，设置专业结构时，应将航海技术、轮机工程、通信工程这三个专业列为必要专业，在此基础上再考虑是否需要配置其他专业。那么，除了这三个专业之外，还应设置哪些专业？我们认为至少应当设立“海警执法”专业和国际政治专业。

首先，中国海警局成立后，中国海警的职责范围发生了重大变化。先前公安边防海警的职责范围仅限于公安机关的职能，统一后的中国海警执法人员不仅要维护海上治安，履行公安机关职能，而且要承担海上缉私以及海监、渔政部门的海上执法工作，其任务职责范围大大拓展。海警执法人员应具备的知识结构和能力素质必然要从单一执法向综合执法转型。海警执法人员不仅要具备公安学、军事学知识素养，而且要具备海洋、渔业、海关等法律知识。因此在海警高等院校中应当设置一个培养海上综合执法人才的“海警执法”专业十分迫切和必要。但目前普通高等学校本科专业门类中没有这一专业，下一步应该尽快在公安学一级学科下申请设置一个“海警执法”特设专业。其次，当前我国海洋维权与执法面临着严峻的形势，个别国家近年频频做出的挑衅动作，使得我国海洋政治环境愈加复杂，今后在解决与周边国家的海洋争端、进行海警维权执法乃至推进我国的海洋强国战略方面，将会产生许多带有浓厚国际政治色彩的海洋战略决策和海警法制建设类的课题。因此，作为海警高等教育院校，要坚决承担起为未来中国海洋发展战略、海警发展战略的决策和立法提供智力支持的重任，开设国际政治专业并开办研究生教育，致力于培养能从事海洋战略研究、海洋政策与法律研究方面的高层次人才。

第三，课程设置方面，无论是工学类专业，还是法学类专业，都应注意保持海洋科学知识、船艇知识、国际政治知识、法律/执法知识合理搭配，外语能力、船艇技能、执法技能、救生技能和军事技能兼顾，并且加大实验、实训课程的比例，提高学员的动手操作能力①。当然，不同专业的课程设置应有其侧重点。此外，更要打破专业设置时“理工类课程与法律/执法课程不可交融”的思维定式。在这方面，美国、日本海警院校的专业设置与课程设置②都表明，不论何种专业都要掌握航海知识和船舶驾驶技能③，而且船艇技术类专业都要学习法律/执法课程。尤其是日本海上保安大学的三个船艇类专业的课程设置中，都将行政法、国际法、民事法、刑法、刑事诉讼法、海上保安制度论、海上犯罪搜查论、环境防灾论等等法律/执法类课程作为其必修科目。④“海警执法”专业的课程设置，应注意满足海洋综合执法的业务需要，围绕海洋环境保护、海域使用、海岛保护、海上治安管理、海上刑事案件侦查、海上渔业执法、海上缉私等业务，充分开设相关专业课程。

第四，学员实践能力培养方面，为保证海警职业学历教育与海警岗位工作的对接，海警高等教育还可以借鉴美国、日本海警院校的大吨位船艇的航行实习训练和岗位综合训练。如美国海岸警卫学院每年夏季都要进行航行实习，第四个夏季，四年级学员利用5周的时间进行远洋航行，还利用5周时间熟悉海岸警卫队岸上的各种装置，在现场操演海岸警队的实战动作。⑤ 日本海上保安大学学员在第4学年结束后，还要进行6个月的专攻科训练，进行为期约15周的世界远洋航海实习训练，学习海上保安官在执勤、执法时所必要的基本法令、法规，⑥ 这近乎是一种用专业技能或岗位技能培训。

---

① 参见李明：《日本海上保安大学的课程设置与启示》，载《海洋信息》2013年第4期。

② 美国海岸警卫大学“船舶制造与海洋工程专业”“海洋环境科学专业”的核心课程中都有“罪犯审判”“海洋执法”2门法律、执法课程。参见郑中：《美国海岸警卫学院课程设置研究》，湖南师范大学2010年硕士学位论文。

③ 在美国海岸警卫学院，航海学原理、航海计划、船舶驾驶原理与科学、美国海岸警卫队指挥是所有专业学员都必须学习的课程。在日本海上保安大学，“小型船舶基础”是其三个专业的必修实验课程。参见郑中：《美国海岸警卫学院课程设置研究》，湖南师范大学2010年硕士学位论文。李明：《日本海上保安大学的课程设置与启示》，载《海洋信息》2013年第4期。

④ 参见李明：《日本海上保安大学的课程设置与启示》，载《海洋信息》2013年第4期。

⑤ 徐建飞、高攀、王长胜、董胜利、韩玉超：《美国海岸警卫队大学教育分析与研究》，载《公安海警高等专科学校学报》2006年第1期。

⑥ 参见徐建飞、张雷涛、胡云琴：《日本海上保安大学教育分析与研究》，载《公安海警高等专科学校学报》2005年第3期。

4. 软硬件资源的配备与研究机构的设立

为实现上述海警职业学历教育的设想，当然还有许多其他配套的规划，如打造“理论与实践”相结合的“双师”型师资队伍、配备大型实习船艇等。师资队伍的学缘结构，要兼顾航海、轮机、通信、法学（国际海洋法）、公安学、国际政治等专业。为满足培养研究型人才的需要，以及为国家海洋战略和海警发展战略提供决策参考的需要，则要注重引进高学历、科研能力强的一流师资人才。

筹建一所现役制的海警高等教育院校，主要是为中国海警培养应用型人才，但同时也应注重发挥海警院校为国家海洋战略和海警发展战略提供理论支持、为国家培养和储备研究型海警人才的功能，并承担实施海警中高级领导干部培训的任务。因此，要注意建设海洋政策与法律研究中心、海洋战略研究中心、海洋维权研究中心、海洋执法研究中心、国际海洋争端研究中心等学术科研机构，以开展深入的海警学术研究。

此外，这样的一所海警高等院校还可以被赋予对外交流与承担海警高层次干部培训、海警维权与执法重大专题培训的功能。因此，今后也可以利用海警高等院校广泛开展涉外学术交流，以收集和了解各国海洋发展、海警执法的政策制度和执法措施方面的信息，并且依托海警高等院校开发和设计面向海警的各类培训项目。

（二）建立一套完整的职业培训机构

1. 筹建海警职业培训学校

一所现役制海警高等院校不可能产出海警所需的全部人才，如专业的法律人才、飞行人才，有时也难以满足海警对某一方面人才的需求，如大型船艇操纵人员，因此未来中国海警有可能在自行培养船艇技术人才（包括大型船艇操纵、轮机、通信）的同时，仍需从地方院校或军事院校招录法律、船舶、飞行等专业的高校毕业生。此外，中国海警将来难免需要“海警专业技术士官”（包括飞行、船艇、执法三类）这样的辅助人员。因此，也有必要考虑这两类人员的培训需要。对于从地方或军校招录的毕业生，应将入职培训与岗位资格培训相结合。对于海警辅助人员，应开辟飞行、船艇、执法三个专业，进行岗位资格培训。

基本的设想是：第一，高校毕业生的“入职与资格培训”为期 1 年，并且根据现有海警人员入职培训的要求，后续还要进行 3 个月的“岗位任职培训”和 3 个月的基层“当兵锻炼”。从地方高校招录的法律专业毕业生，应主要学习航海知识、船艇知识、海上综合执法知识与技能，要求其获得“小型船舶驾驶资格”和“海上综合执法资格”；从地方高校招录的船艇专业毕业生，可以在招录时设定必须获有大型船舶驾驶资格，然后对其主要进行大型船艇操纵训练，同时学习海上执法类知识，要求获得“小型船艇驾驶资格”和“海上综合执法资格”；从地方或军事院校招录的飞行专业毕业生，可以在招录时设定必须获有相关的飞机驾驶资格，然后对其主要进行海上飞行巡逻训练，同时学习航海知识、船艇知识、海上综合执法知识与技能，要求获得“小型船艇驾驶资格”和“海上综合执法资格”。第二，对海警辅助人员的培训，招录对象为表现优秀的海警专业兵，为期2年，要求同时拿到“小型船艇驾驶资格”和各专业的岗位资格，其岗位资格的知识与技能要求应视辅助工作的内容而定，并且标准相对低于军官，培训合格者将成为长期留任的海警士官。

2. 建立各级海警培训基地

建立系统内各层级的培训基地，是原来四支海上执法队伍的共同做法，中国海警未来的教育与培训仍可延续。以原公安边防海警为例，这类培训基地的功能主要是承担两类培训：一是各单位内部海警干部的短期岗位业务培训，以满足适应法律政策变动、解决普遍性业务难题、使用新的办公软件等等需要。二是海警专业兵训练，对新征入伍的士兵进行航海、机电、信号、雷达、报务、枪帆等6项海警技能的培训。这种模式，将来仍然值得中国海警借鉴。今后我们有望看到中国海警整合原有四支队伍继续下来的培训资源，在各海区分局、各总队都能建立自己的培训基地。当然，这种自设培训基地的做法只是一种常规需要，并不排斥海警在必要情况下可以采取委托地方院校或军事院校开展培训的传统做法。

在公安专业中开设民法课程的思考[①]

宋　苗[②]

自从古罗马法学家乌尔比安首次提出如何协调公权与私权的关系，权利与权力的平衡就一直是法治的重点，也是难点。在历史漫长的人治社会中，私权一直备受冷落。随着法治和市场经济的不断完善，私权也越来越多地受到不同程度的重视。但同时，受传统观念的影响，公权与私权相冲突的情况也不容乐观。特别在公安的行政执法工作中，由于其工作性质的特殊性，不可避免地会发生公权侵犯私权的现象。也正是因为对于私权的忽视，目前，大多数公安专业开设的法律类课程主要侧重于公安刑事执法和行政执法，强调其可利用性质，从而开设刑事法律与行政法律课程。而对于民法则往往会被认为其没有可实际利用的价值而得不到相应的重视。实际上，民法作为一门在现实生活中实用性很强的法律，执法人员其执法的观念和执法的水平可以说与人民群众的切身利益有着直接的关系，公安工作虽然在一定程度上不直接使用民事法律，但私法乃众法之基础，对公民而言法不禁止皆自由，在公安与群众的频繁接触与联系中，发挥的是间接，但却是深层次的影响与作用。

一、公安专业开设民法课程的重要性

（一）民法的精神对公安执法理念的形成影响深远

作为一种私法，民法所提倡的是私权的神圣不可侵犯。通过在公安专业中开设民法课程使未来我们的公安民警能够在课程的学习中树立公民的私权神圣的理

① 基金项目：本文为四川警察执法研究中心2015年《警务现代化视野下的公安院校（专业）民法教学体系化研究》（项目编号：JCZFYB1509）之阶段化研究成果。

② 宋苗，女，四川眉山人，法学硕士，四川警察学院助教，研究方向：经济法学、民商法学。

念，有利于他们能够正确的行使职权从而有效的保护人民的权利，进而达到追求社会的公平和正义的目的。反之，若没有民法课程的学习，一味地偏重公法而忽视私法的教育，会使得他们重公安机关的权力而轻视公民的权利，而刑讯逼供的存在则正是警察忽视了对人权所应有的尊重和保护。现今的公安执法工作已经非同往昔，随着公民法律意识的不断增强，权利本位也愈发深入人心，私法自治就要求国家公权力不得随意介入和干涉，也有利于抑制公权力的不当膨胀。当下，对于公安民警的执法工作要求越来越高，这就使得我们的执法人员要对整个的法律法规有相当的了解和掌握，合理把握公权和私权的边界，防止在执法过程中对私权的不当侵害。而社会的正义也需要每一个公民的权利都能得到有效的保护，如果牺牲了公民私权的保护而一味地追求“社会正义”，其后果显然是明显的，且与人民公安为人民的宗旨也是相背离的。

从人性的角度讲，民法是“人法”“仁法”，其相关的理论和条文背后，反映着对人的尊重，对自己、对他人以及对社会应有的责任承担，蕴含的是对人以及人类生活的深刻体会，处处闪耀着人性的光辉以及悲天悯人的人性情怀。如平等原则，要求每一个人都有独立的人格和平等的法律地位，遵从法律权威，反对一切特权。公安民警作为执法者行使着国家的公权力，这种公权力就要求公民的服从，但这种服从是服从法律本身，而非执法者个体。执法者与被执法者都是依照法律的要求来行使权利，履行义务，这并非是说他们法律地位不平等。作为执法者的警察应当意识到每一个人都应当尊重遵守法律，不能超越法律。

作为培育未来警察的公安专业而言，学习民法，可以使民法权利本位、人性观念深入人心，使执法为民、执法为公的执法思想能够在民法课程的学习中能够有所感悟和体验，由此，在其课程体系中进行民法课程的学习也显得十分必要。

（二）公安专业开设民法课程对其知识结构的构建的重要性

民法是调整平等主体间财产关系和人身关系的法律规范，其全面的规定了公民、法人与其他组织所享有的人身和财产权利。而刑法和行政法则是从不同的方面对公民的人身权和财产权进行保护。民法是学习和运用刑法、行政法的基础和前提，只有掌握和了解民法的相关知识和理论，才能够更好地掌握和运用刑法、行政法的相关内容。如在刑法中，侵犯财产罪就涉及对公民、法人的财产的保护；侵犯人身权和民主权这一类罪中，就有杀人、伤害、侮辱诽谤、强奸、拐卖妇女儿童、重婚等一系列的相关罪名，而犯罪行为指向的均为公民的身份权、人格权，涉及的公民生命、健康、名誉、自由等诸多的民事权利；而像正当防卫、紧急避险等则可能会造成对他人合法权益的损害从而引起损害赔偿这样一些属于民法所规范的内容。

在刑事侦查中，需要正确区分罪与非罪以及刑事附带民事的问题，在这样一些过程之中，就会涉及刑法与民法的适用，如何正确地运用与区分其合理的分界，则需要办案人员具有综合的法律素养，从而做到科学界定、正确区分。刑法中的经济犯罪往往也和民法当中的经济纠纷交织在一起，如假冒专利罪、侵犯著作权罪与侵犯知识产权的侵权行为，又如侮辱罪与以侮辱的方式侵犯到他人的名誉权行为。除此以外，还有刑事附带民事诉讼的问题，如何正确地运用，如果没有综合的法律素养做保证，则无法正确判定案件的性质，也无法保证公民的基本权利的维护。

在公安行政调解中，民法也是其经常适用的法律依据。人民有矛盾都喜欢找警察，警察在这样的矛盾纠纷处理过程中也充当了作为公断人的身份。我国法律授权公安机关在进行行政管理的过程中，附带调解与之相关的民事纠纷，而在具体的实践过程中，尤其是交通管理和治安管理，行政调解已是警察的日常性工作之一。据笔者调查，在四川省绵阳市北川县的某基层派出所工作中，其涉及民事的行政调解达到日常处理各类案件的70%以上。而《道路交通安全法实施条例》第89条、第94条、第95条规定了对交通事故损害赔偿的争议，当事人可以请求公安机关交通管理部门调解，《治安管理处罚法》第9条也对一般的情节较轻的违法治安管理的一些民事侵权行为赋予了公安机关调解处理的权利。在行政调解中，主要还是民事的人身损害和财产损害的赔偿，因此民法的适用就成为应有之义。执法人员在调解的过程中，都应当依照民事法律的相关规定，由此可以看出，民法在帮助执法人员正确使用法律，履行行政职能方面显得至关重要。

因此，在公安的执法工作中，不论是侦查、治安、消防，还是交通、警察管理等各个专业，相对于刑法、行政法，民法处于基础性和辅助性的作用，而各种公安业务都或多或少的涉及民事法律的相关内容，学习民法，掌握民法的基本精神，对于人民警察在具体的办案过程中，全面的掌握事件的性质，有助于更好的执法，从而维护社会的正义。尤其是在划分罪与非罪的边界、行政调解、刑事附带民事诉讼、治安案件附带损害赔偿、交通肇事的损害赔偿中，做到能够得心应手、游刃有余的处理各类复杂的法律关系和法律问题。

二、公安专业民法课程的设置安排

公安专业职业教育的基本属性就决定了其民法课程的设置不同于一般普通院校的课程设置，其应该突出为公安专业服务的特点，因此，在课程的设置上，要体现出与日后公安工作相融合的专业特点，而由于公安专业的教学资源分配偏向于公安的专业课程，因此，民法教学的基础条件以及教学实践中警察境域性的局限导致民法教育的应用会受到一定程度的限制。在这样的课程背景之下，合理安排民法教学课程，使课程定位能够达到“社会、知识、专业、学生和谐统一”的结构目标。因此，公安专业民法的教育应体现以下几个特点：

（一）课程的目标定位

课程的目标定位是实现教育目标的蓝图，就公安专业而言，要使目标的定位能够服务其日后的公安工作，其具体应该涵盖以下三个方面的内容：

1. 注重民法理念的理解

法律基础教育不仅仅是传授知识，更为重要的意义在于培养其法律的意识，民法教育概莫能外，教育过程不仅是理论与方法的传授，更是民法理念的养成和培养的过程。民法中所蕴含的私权神圣、意思自治、人格尊严等现代法治理念以及以民事权利为核心的权利法性质，对于培养未来的人民警察养成公平、平等、正义的理念其影响也就毋庸置疑。①

2. 注重知识对于应用能力培养

我们的培养对象是公安专业的学生，更是未来作为人民警察的执法人员。这就要求民法教育不仅仅要注重对于知识的把握，更要与实践相结合，与公安日常工作中经常遇见的案件相结合，注重学以致用，注重其应用能力的培养。学生是否养成规范的思维模式，是否能够准确运用民法知识解决法律问题，对于日后能否高质量地完成职业任务具有重要的推导作用。

3. 注重体现公安特色

民法是一门内容庞杂的学科，与普通院校法律专业相比，公安专业因其专业的特点使得民法与之专业课相比并没有那么多的课时安排，因此，在有限的课时

① 徐亚龙：《警察院校民法课程设计之逻辑思考》，载《江苏警官学院学报》2008 年第 3 期。

中应该立足公安本位精简整合，突出重点，注重运用。对于一些法系背景、学理渊源、历史沿革、学派分歧不宜作过多地投入，避免长于坐而论道，短于起而践履，要融入警察职业教育的特点，体现警察职业角度与立场，形成融合警察教育目标、教学基础条件与教学情景因素有机整体的特定的课程模式，体现“职业性、基础性、应用性相统一”的特点。

（二）课程标准的具体设计

1. 内容层次的划分

由于民法课程的特点是内容庞杂，甚至可以海纳百川，因此在课程的设计上就决定了要承袭经典课程的精华，也要适应警察职业“职业性、基础性和应用性”的要求，鉴于民法在公安专业同普通法学学科的学科地位、课时总量、实践教学等方面存在的差异，因此在教育过程中就应当做到必学、专学和选学的三个层次的有机划分，而层次的划分就要求针对公安教育进行学科内容的调整，包括计划、大纲、教材以及相应的教学模式、教法以及评价体系的调整。从教学大纲以及教材规划上来看，必学内容为课程的主干部分，由具有关联性的知识模块形成这门课程的内容基础，具有稳定性，如民法总论。专学内容是根据专业的倾向性所做出的重点与非重点安排，其体现在课程的计划、教学的大纲以及课程的实施过程中，通过具体的教学行为使其实现，可以根据专业的需要确定是否应当作为课程的重点，如在侦查、治安专业中，侵权责任法就应当是其重点学习内容，在警察管理专业中就可以作为非重点内容来进行讲解。在专学内容中，要注意与警察教育实践的有机结合，最好能够通过案例的学习、学生的讨论等互动性的参与方式进行学习，使得学习的方式更为灵活，知识的吸收也更为有效。选学模块的学习根据课时的安排则包括可以选择和应予放弃两种情况，如继承法中的相关内容就可以纳入“自然人”部分作概念化和非系统化的简要阐述，而债权法中的合同法部分就可以选择放弃，概言之，选学部分就不再作为完整和独立的知识内容列入课程学习，而以分散的形态融合到必学和专学的模块中去，使学生在学习的过程中能够做到有所了解就达到了教学的目标。

2. 教学内容

根据公安专业民法教育的特点，我们培养的是法学领域的警察职业型和警察领域的法律应用型人才，因此其教学内容应该紧扣以上目标，在有限的课时安排中，既为学生搭建好民法的理论框架，又要注重其实践运用。在具体的教学内容的安排中，应以现行的《民法通则》《侵权责任法》《合同法》《担保法》等为依据，重点讲授主体制度、行为制度、责任制度以及各项民事权利等基本内容，紧密联系社会现象以及公安工作的实践，而这些内容往往与行政法律制度和刑事法律制度或多或少存在一些联系，所以尤其要注意与行政法律和刑事法律的课程衔接。比如，在治安管理处罚法中的调解案件，其开始一般都是民事纠纷，如相邻关系之间的纠纷、赡养的纠纷、邻里之间的财产纠纷等，在刑法中关于侵犯著作权、合同诈骗、假冒专利以及诽谤、侮辱等相关罪名的界定，也要厘清其与民事法律制度中的侵犯知识产权的侵权行为、合同纠纷，以侮辱、诽谤的方式侵犯他人的名誉权行为的界限。在侦查工作中刑事附带民事诉讼的问题，在交通事故案件中当事人之间的损害赔偿问题，在治安调解中涉及的民事赔偿问题等都会涉及民事法律制度中关于损害赔偿的相关规定。另外，培养学生的正确的执法理念在课程的讲授中要作重点强调，理念决定工作的方式和方法，也决定了对待行政对象的态度以及处理案件的结果，因此，民法中的权利意识、平等意识等要反复强调并穿插在课程的始终，目的就是要使我们日后的警察在工作中做到保障公民的基本权利，依法办事。①

（三）授课的方式

受传统的思维模式以及大陆法系的影响，一般法学学科的教学往往注重作为完整体系的系统传授，在教学过程中，一般是系统理论知识加相关案例的辅佐。作为非法学专业的公安专业来说，学生的法学基础以及相应的法律素养相比法学学科的学生来说就显得相对较为薄弱，如果采取上边这种授课的方式可能会造成学生理解上的困难，因此，授课应注重授课方式的灵活性、学习内容的实践性以及学生的互动参与性。

在我们的课堂多年实践的经验上来看，针对公安专业来说，笔者认为可以先给出一个案例，最好是与公安工作联系紧密的一些案例，先引导学生对案例中相关的事实进行分析，对不同的观点先不作结论性总结，持超然的态度，对各个观点的可行性与局限进行分析，层层剥离，最后得出具体结论，在这个过程中，主要是以学生的互动参与性为主，培养他们分析法律问题的思维，而在这样一种思考与分析的过程中，最后辅以理论性的讲解，将有助于学生对法律问题的理解。

---

① 李梅：《试论民法在公安院校课程中的地位》，载《北京人民警察学院学报》2003 年第 4 期。

另外，在一个部分内容讲授完毕后，还可以采用综合的案例讨论法，让学生们通过案例的讨论进一步加深对知识的理解和运用，而案例的选择，应注重针对重点内容、学习中的一些模糊地带展开，也可以发挥学生的积极性，让其自行收集案例，并就相关案例进行分析和学习，参与课堂的讨论，在这样一种方式中，学生的思想较为活跃，在相关的讨论中也可以集思广益，而这样一种方法，就要求教师不仅要具有扎实的理论功底，还需要丰富的实践经验才能驾驭。①

另外，为了加深学生对理论的理解，在课堂理论的教学中，可以采用录像、幻灯、图片、图表等方法，增强教学效果的直观性，这种方法可以帮助学生加深对抽象内容的理解。为了增强实践性，可以邀请办案民警就有关治安调解、交通事故赔偿以及刑事附带民事诉讼中的有关问题与学生进行交流，这种方式不仅可以提高学生对于知识的理解与运用能力，更为重要的是使他们对知识本身对于以后工作的帮助产生认识，激发他们学习的热情，在观念上对知识产生渴望。

“一国法律教育的得失，关乎国家法治的前途”，在公安专业中设置民法课程，通过学生对民事法律制度的了解和掌握，对于将作为人民警察的公安专业的学生能否准确运用法律，以及维护群众的切身利益而言就显得尤为重要。在这样一门课程中的学习中，学会思考，学会做人，学会准确的适用法律，培养学生人性的基本理念，让权力尊重权利，树立公平、自由、平等、诚信、尊重权利的价值理念，这也符合“立警为公、执法为民”的宗旨，达到提高法学素养，培养依法办案、执法为民的人民警察的教育目标。

---

① 胡宝珍：《公安院校民商法教学研究》，载《福建公安高等专科学校学报》2006 年第 6 期。

第二部分　警察法学实践教学研究

法治中国背景下的公安行政法教学论纲

陈　杰[①]

十八届四中全会重申了依法治国的重要性并做出了明确的战略部署，为我国全面贯彻落实依法治国方略指明了方向。法治中国要求“建立权责统一、权威高效的依法行政体制”[②]，政府机关依法行政在法治国家的构建中处于关键一环，而在所有的国家机关当中，公安机关居于重要地位。因此，公安机关依法行政对于法治建设以及法治目标的实现具有重要意义。在公安院校开设的所有课程当中，公安行政法承担着培养学生依法行政之观念和技能的任务。

一、公安行政法的课程性质和教学目标

公安行政法是仅在公安院校中开设的课程。在学科划分上，其属于法学的范畴，是部门行政法，但也与公安学有着密切的关系。[③] 一方面，公安行政法的基本概念、原理和理论都来自于行政法学；另一方面，公安行政法的针对性较强，课程范围限定于各种类型的公安行政主体以及公安行政业务领域所涉及的法律、法规和规章。公安机关除却行政职能之外还承担着刑事侦查的司法职能，但其本身是行政机关的事实决定了公安行政法的基础性地位。学生毕业后的工作去向大

---

① 陈杰，博士，浙江警察学院法律系讲师。

② 《中共中央关于全面推进依法治国若干重大问题的决定》，人民出版社2014年版，第15页。

③ 公安学是所有公安学科的总称，其是研究调整有关国家安全与社会治安秩序一般规律的一门社会科学与自然科学相交叉的综合学科。根据2011年3月国务院学位委员会第28次会议审议批准《学位授予和人才培养学科目录（2011年）》，公安学在高等教育专业学科序列中已经被列为一级学科。

多为公安机关，作为未来公安机关执法者的人民警察，学习并掌握公安行政法律知识就显得尤为重要。在法治中国建设的大背景和公安院校人才培养目标的导向下，公安行政法的教学目标应包括以下几个方面：

（一）培养学生依法行政的执法观念

我国自 1997 年党的十五大起就提出了建设社会主义法治国家的宏伟目标，十八届四中全会再次重申了依法治国的重要性。如前所述，公安机关在所有国家机关和行政部门中占据着重要位置。在公安行政法课程的教学中，系统讲授与公安行政业务有关的法律、行政法规、规章和地方性法规，使得将来公安机关的执法者在学生时期就树立起知法、守法和严格执法的意识对于依法治国方针的贯彻具有十分重要的意义。需要注意的是，这里的“法律知识”和“依法行政”中的“法”不单单指涉实体法，还包括了程序法。由于传统法律文化的影响，我国行政机关在执法过程中常常“重实体，轻程序”，公安机关亦存在此类问题。[①]现代行政法治则对程序提出了很高的要求：“正义不仅应得到实现，还要以人们看得见的方式加以实现”。[②] 如果将“实体”简单地描述为“是什么”的话，“程序”则解决的是“怎样做、如何做”的问题。[③] 此外，程序还体现了法律对行政权力的事中控制。正如违反操作流程和工序所生产出来的产品一定是瑕疵品一样，违反法律程序的执法往往会导致错误的结果，所以遵守程序法同遵守实体法一样重要，这是教师在公安行政法教学中应当首先传授给学生的观念。

（二）培养学生合理行政的执法思维

尽管我们强调依法治国，依法行政，但公安机关和人民警察在具体执法过程

---

① 根据笔者的调查，公安机关执法人员特别是基层执法民警在实际工作中轻视程序现象非常普遍。比如，《公安机关办理行政案件程序规定》第四十条明确规定了“在调查取证时，人民警察不得少于二人，并表明执法身份。”但该条款内容在公安基层执法过程中很难得到贯彻。造成忽视行政程序的原因一方面来自于客观条件的制约，基层派出所警力有限，以杭州地区为例，每个派出所平均在编民警往往不到三十人，而一个派出所的警情平均每日就有七十多起，这使派出所很难按照《程序规定》的要求去履行职务。由于每一起案件很难抽调出两名执法民警，往往由一名协辅警和一名在编民警完成，或全部推给协辅警。另一方面则是因为执法过程十分繁琐，任务艰巨。出于自己利益的考虑，具有执法资格的民警往往将自己的案件推交给协辅警去做。这些都是违背程序合法的做法。

② 陈瑞华，《看得见的正义》，中国法制出版社 2000 年版，第 27 页。

③ 梁平、陈焘，《论实体法和程序法的关系——兼谈“重实体轻程序”问题》，载《武汉理工大学学报（社会科学版）》2014 年第 6 期。

中仅做到行为合法往往是不够的。一方面，儒家思想在中国历史上长期占据主导地位，中国社会因此而有着情和理的深层结构。“在儒家思想体系里，主体性与道德人格乃至情理世界联系在一起，与国家秩序是脱节的，甚至是对抗的。”① 情和理在人们的思想中根深蒂固并在很多方面影响着人们的行为，其有时还扮演着化解纠纷的权威的角色。因此，若欲执法取得较好的社会效果，人民警察还必须考虑到合乎情理的问题。对于广大基层公安干警来说，将案件纠纷的解决诉诸情和理往往比法律本身更为有效。另一方面，执法的合理性还能够有效地制约执法主体的自由裁量权。例如，处理一起非法携带管制器具案件既可以对违法行为人处拘留，也可以处罚款或警告。为什么处以拘留而非警告，为什么是拘留五日而不是二日，只有告知处罚理由，处罚行为才因排除了公安机关和人民警察的恣意而获得了正当性。因此，执法的合理性同合法性一样重要，亦应成为公安行政法的教学目标。

（三）培养学生保障公民权利的执法意识

法治的要义不应当仅仅体现为政府遵守法律，而更应当体现在政府对民主、自由和人权的尊重。“在当代中国，法治建设的价值目标是保障权利。”② 因此，公安行政法的教学就不能止步于教会学生公安业务所涉及的法律法规，还应当传授行政法的核心理念和价值目标：保障公民权利。公安机关和人民警察的行政职责是维护社会秩序和公共安全，执法任务的艰巨性和危险性使得公安机关和人民警察具有高权性。警察在执法过程中一般都配备警械，必要时还可以使用武器，强制力远高于其他行政机关。其固然是警察同破坏社会秩序的违法行为人和犯罪分子做斗争的需要，但这也使得警察更容易对公民的权利造成侵害。在实际行政执法过程中，警察滥用行政处罚、行政强制措施、行政许可权甚至滥用武器和警械侵害公民人身和财产权利的行为时有发生，行使警察权和保障公民权之间往往存在着一定的张力：“警察权的扩展，可能会缩减公民权；公民权的张扬，可能会限制警察权。”③ 二者之间理当追求一种平衡，但在建设法治中国的背景之下，应侧重于对公安权力的控制。“在权力和权利面前，警察要充分认识到警察权力的出发点和归宿。公民权利作为警察权力的基础，没有公民权利，警察权力就会

---

① 季卫东：《通往法治的道路——社会的多元化与权威体系》，法律出版社 2014 年版，第 13 页。

② 王立峰：《法治中国》，人民出版社 2014 年版，第 90 页。

③ 从华：《法治视野中的警察权与公民权的平衡关系》，载《犯罪研究》2013 年第 1 期。

成为无米之炊，警察权力的存在毫无价值。”[①] “执法为民” 的社会主义法治理念本身就蕴含了对公民权利的保护。因此，培养学生树立起保障公民权利的执法意识也是公安行政法的教学目标之一。

二、公安行政法教学的难点和问题

（一）公安行政法学知识的零碎化和分散化使学生难以掌握

公安行政法的学科基础是行政法。行政法学在法律学科体系中占重要地位，与民法和刑法并称为三大实体法。然而，在这三大实体法之中，学生们普遍感觉行政法学习起来最为困难，这是因为行政法学学科中主体繁多，法律规范复杂。“行政法无统一行政法典，而多头多级立法导致行政法规范数量多，法规范之间常常存在冲突，下位法违反上位法的现象时有存在。其他规范性文件的违法现象更是常见。”[②] 三十多年的改革开放使市场经济得到了长足发展，新兴行业不断涌现，基于监督和管理的需要，作为行政主体的政府机关、机构和行政法律法规都在不断地趋向复杂化发展。行政主体不仅涉及一级机关的人民政府，还涉及二级机关的政府组成部门；行政法律规范不仅可由中央机关制定还可由地方机关制定，不仅可由立法机关制定还可由行政机关制定。除却法律、行政法规、地方性法规以及行政规章之外还存在着各级行政主体制定和颁布的大量行政规定和规范性文件，而法律和规范性文件之间时有冲突。

即便将行政主体和行政法律规范窄化到公安机关的公安行政法也无法祛除行政法学的这一弊病，公安行政法中的主体和规范理论也和行政法学一样难以厘清。从公安行政主体方面来看，公安机关下设各种机构，但并非所有这些机构都具有行政主体资格，都能以自己的名义行使行政管理权。有的机构在某些类型和幅度的执法中可以成为行政主体，而在其他类型和幅度的执法过程中却不然。在公安实际工作中，一些公安行政主体还会将行政权力委托给其他国家机关或组织和个人去行使进而形成行政委托。可以委托与否须视法律、法规和规章的规定不同而变。此外，鉴于公安机关权力的“高强性”，其他行政机关往往会邀请公安

---

① 吴道霞：《警察执法与公民民事权利保护》，中国人民公安大学出版社2011年版，第32页。

② 张敏：《行政法的独特性与行政法教学改革的应对措施》，载《中州大学学报》2012年第5期。

机关与其共同执法，如基层派出所经常协助乡镇政府参加拆迁工作或受到邀请参加计划生育管理工作等，此便形成了警务协助的公安行政法理论。一般来说，在警务协助过程中，公安机关不是公安行政法的主体，但不能一概而论，在特殊情形下，公安机关也会取得主体资格。在法律、法规学习方面，学生们面对的是凌乱、分散甚至是相互冲突的法条。他们不仅要掌握最高立法机关——全国人大及其常务委员会制定和颁布的法律，还要掌握国务院的行政法规和公安部的规章，而地方政府的规章和地方人大制定的地方性法规中涉及规范公安机关工作业务的，也属于公安行政法学习的范围，这些还仅仅只是法律层面的学习和教学任务。除此之外，不具有立法资格的公安行政主体还会颁布大量的行政规定和规范性文件，它们虽不属于法律的范畴，但时常对警察的执法办案过程产生重大影响。如此繁琐的内容对于公安行政法的教学来说是一个重大挑战，学生在学习过程中也会因此产生畏难情绪而影响学习效果。

（二）公安执法实践的多变性使公安行政法教学无所适从

公安院校的办学目的是培养应用型公安人才，公安行政法课程的设计和教学内容的安排应紧密与公安工作相联系，而实际公安执法工作的多变性会使公安行政法的教学无所适从。公安执法的多变性体现在时间和空间两个维度：时间维度的多变性同当下我国正处于转型时期的大背景有关，国家和社会各方面制度和安排都亟待变革。公安机关的各项制度和规定也处在不断修改和变化之中。这一不间断的更新会使行政法的教学内容滞后，进而导致同实践的脱节。这一问题不仅存在于公安行政法的教学之中，普通院校所开设的行政法乃至整个法学学科的教学在一定程度上都是如此。“法科学生学习的内容是以法学核心主干课程为中心的，但是，这些局限于教材的内容……过于陈旧而亟待更新。”① 从空间维度来看，各地公安机关在办案中的具体规定各不相同，差异较大。尽管公安部自2008年就部署在全国开展执法规范化建设并于2010年颁布了《公安机关执法规范化建设阶段目标和成效标准》且存在着统一的《公安机关办理行政案件程序规定》，但实际情况是，各个地区的区县公安局往往都有着规范本地公安机关办理行政案件程序的规范性文件。这些规范性文件数量庞大，教师无法将其全部搜集

① 陈伟：《从法学通识教育到法学实践教育的转向——兼论法学教学方法的变革》，载《法治研究》2015年第1期。

并在课堂上逐一讲解，这就导致学生们于基层公安机关参加实习或见习时发现，之前学习的课程内容与实践中的做法存在着很大的出入。[①] 如何应对实践中的执法多变性也是公安行政法教学所必须解决的难题。

（三）公安行政法的控权理念与学生的角色认知之间存在着潜在的冲突

公安行政法秉承了一般行政法保障公民权利和控制国家权力的法治理念，但教学对象的角色认知会阻碍他们对这一核心理念的接受。“角色认知是指个体在角色占有后到角色实践之前，个体按照其独特的社会文化类型对与自己所处地位有关的社会角色规范和角色评价信息进行不断加工和处理，在心理上确定相应的社会反应模式的过程。”[②] 学生将来要从事警察工作，其社会角色是公共权力的行使者，这便使得行政法的控权理念与学生的角色认知之间存在着潜在的冲突。在公安行政法教学过程中，学生们会不自觉地将自己代入到行政主体一方，将自己设想成公安机关的人民警察。例如，为了使学生理解并掌握“比例原则”这一重要理论背后所蕴含的保障公民权利之精神，笔者在教学内容中设计引入了“兰州姜云春案”[③]。该案的焦点是兰州警方在当时情形下是否应当开枪。开枪与否关乎对待公安行政法理念的态度。一方面，公安机关需要履行维护社会秩序和公共安全的职责；另一方面，公安机关也负有尊重人权、不得随意侵害行政相对人生命的义务。该案中，兰州警方履行了前一个职责却忽略了后一个义务，以侵害一个没有最终判明是否犯罪的公民生命为代价来实现维护社会公共安全的职责。教学设计的目的是要学生在血的教训面前反思公安机关的执法方式是否适当，进而思考有无其他更好的行政管理手段使警察能够在不侵害行政相对人权利的前提下化解这次危机。而教学实践表明，学生们在讨论过程中的倾向性意见是支持警

① 区县公安局的规定往往是对《公安机关办理行政案件程序规定》的进一步细化，具体明确民警执法考评标准。由于同民警的切身利益相挂钩，这些规定会使得各地在处警方式，立案受理方式，调查程序，强制措施的实施步骤上存在着很大差异。这种差异在实践中很难避免。尽管公安机关一直强调规范化执法的重要性，但是其本身也会带来一定的问题，比如规范化执法也会在一定程度上扼杀各地公安机关的执法创新能力。关于这一论点请参见余湘青：《问题意识与理性思维：论公安执法规范化建设——兼谈执法规范化建设与社会管理创新的关系》，载《公安学刊》2011 年第 3 期。

② 陈卫平：《角色认知的概念与功能初探》，载《社会科学研究》1994 年第 1 期。

③ 2004 年 9 月 26 日上午 7 时许，陕西西安的债权人姜云春到甘肃兰州债务人张凤林家中讨债。张妻向兰州警方报案称姜云春随身携带有炸药包，如果拿不到欠款，将与债务人同归于尽。兰州警方迅速出动并包围现场疏散居民。下午四时许，姜拿到部分欠款离开张家走到院中时，布控的警察两次鸣枪警告，要求对其进行检查。姜继续前行，结果被警察开枪当场击毙。事后查明，警方所怀疑的炸药包系一只热水袋。

方做法、主张应当开枪。主体的身份和所处的社会角色会不自觉地对主体产生心理暗示进而影响到主体的思维方式，这是角色认知影响公安行政法控权理念教学的典型。① 开枪与否的背后隐含着两种不同的价值取向，前者是维护社会秩序和公共安全，后者则是保障公民权利，公安行政法的价值取向是后者。而在价值具有不可共量性（incommensurability）的前提下，如何向已有角色偏见思维的学生证明并说服他们确立起后一种价值是教师在公安行政法教学中所必须思考的问题。

三、公安行政法教学目标实现的应对策略

（一）删繁就简，根据教学对象合理安排教学内容

针对理论繁多、行政主体和法律法规内容复杂的公安行政法教学，教材和教学内容的适切选取就显得尤为重要。目前市面上已出版多本公安行政法的专门教材，但大都以普通高校行政法教材为蓝本编写，在体例上一般都包括公安行政法基本理论、公安行政法主体理论、公安行政过程理论和公安行政救济理论这四块内容，篇幅较大，涉及内容较多。在普通高等院校，行政法学是仅在法律专业才开设的专业课程，相比之下，公安行政法学面向的学生更为广泛。除法学以外，其他如治安学、刑事科学技术、经济犯罪侦查和交通安全工程等公安专业也同样开设。因此，面对这些教学对象，以普通高校行政法学教材为蓝本编写出来的公安行政法教材就会出现问题：一方面，作为基础课的公安行政法学的课时少于专业课的行政法学。另一方面，教学对象的法学基础水平不同。公安院校非法学专业学生的法学水平较为薄弱。再加上行政法本身内容繁多，主体复杂，学生学习起来就会感到更为困难。

其实，公安院校的学生并不需要像普通高校法学专业学生那样详细学习行政法律的背景知识，掌握各类行政主体的情况以及所有的行政法律法规。教师所选取的教学内容应当凸显公安业务的特色性和实践性，即使在理论教学方面亦应如

① 从学生们给出的理由也能看角色认知对于学生思维方式的影响。有的学生认为对于这种潜在危害公共安全的人公安机关就应当从严、从重和从快处理；有的学生认为如果不开枪，一旦引爆炸药，警察自身的生命权便得不到保障；有的同学认为警方已经两次鸣枪，已经给过姜云春两次机会，因此可以开枪击毙。

此。例如在讲授“比例原则”的时候，教师不需要系统地讲解该原则的起源，发展以及对该原则批判的学术观点，也不需要过多地讲解该原则在英国、美国、法国或德国行政法中的具体体现，只需要阐明它的含义及与公安业务的相关性即可。鉴于该理论较为抽象，教师在教学中应当选取一个实际案例更为直观地展现这一概念。在行政主体教学方面，教学内容应当将一般行政法中的行政主体排除在外。教师只需要重点讲解公安业务中的行政主体即可，如公安机关、公安机关的内设机构和派出机构。在行政法律、法规和规章的教学方面，教师要避开一般行政法中各级立法主体、各个立法部门所制定的繁多内容，将教学精力聚集在公安业务范围之内。以上这些做法表明了：其一，只有抛弃对知识的完整性追求，才能将繁多的公安行政法学知识点清晰地呈现在学生面前；其二，在选用教材以及确定授课内容时应根据学生的特点制定教学大纲并重点选取与各自专业所涉及的公安业务紧密相关的章节进行讲解。这种删繁就简且具有针对性的教学模式将有助于公安行政法教学目标的实现。

（二）不仅传要传授给学生法律规范的知识，还要传授超越法律规范的知识

“法律是实践的艺术，法学教育不仅要从过去偏重法律知识传授转向着重现代法律观、法律精神、法律思维方法、法律解释、法律推理、法律论证等法律技术的训练，而且应当提高学生从社会发展、人类进步、人与自然和谐的战略高度理解、把握和应用法律的素质。”① 针对现实公安执法实践具有多变性的情况，教师在公安行政法教学过程中就不能仅仅教会给学生几部法律，还要传授给学生超越法律的知识，即法律背后的法理，并教会学生用简明的法理去驾驭繁多的公安行政法律条文和公安行政规范性文件。“截至2010年，中国已经制定宪法和现行有效法律237件，按照全国人大常委会法工委的分类，包括七个法律部门，即宪法及其相关法、行政法、刑法、民商法、经济法、社会法和程序法。此外，现行有效行政法规690多件，地方性法规8600多件。”② 这样一个庞大的数字使任何法律工作者，包括法官、律师或法学教授都无法穷尽所有的法律。但遇到一个即使是从未经历过的法律难题时，法律职业者还是能比非法律职业者更快、更好地解决它，其中的差别就在于受过系统法学训练的法律职业者对于法律理念的掌

① 胡平仁：《我国法学教育的目标定位与人才培养模式改革》，载王瀚主编：《法学教育研究》2010年第3卷，第110页。

② 朱景文：《中国特色社会主义法律体系：结构、特色和趋势》，载《中国社会科学》2011年第3期。

据，他们能够从理念出发，迅速定位到部门法直至具体的法律条文。

在公安行政法的教学过程中，教师首先要高度重视法律条文的重要性。我国是成文法国家，法律法规是正式的公安行政法律渊源，也是公安机关和人民警察执法的主要依据；其次也要教导学生意识到法律的局限性，法律条文并不能为公安机关和人民警察的执法提供完全的依据，法律条文之外还有法理。如果说公安行政法律条文是一种规范性知识的话，那么法理就是一种超越规范的知识。这两种知识相互关联，法理并不是抽象的哲理而是蕴藏在法律条文背后的哲理，它对于法律条文来说具有依附性，不能脱离法条而单独存在。但这并不意味着法律条文决定法理，反而是法理决定着法律条文。因为一个法律条文仅仅是法理的一种表达，法理有着千千万万种表达方式，但万变不离其宗。对于公安行政法来说，这里的“宗”就是法律条文背后的法理。所以，教会学生掌握好法理能帮助学生在公安行政法的学习过程中以简驭繁。例如，“保障公民权利，控制公安机关和人民警察的行政权力”是公安行政法的核心理念之一，很多公安行政法律规范都是这一理念的具体体现。① 如果学生在教师的帮助下领会了这一法律精神，那么无论执法实践中出现多么复杂的多变性，他们也能很好地加以应对。

（三）移情式教学设计（Empathic Instructional Design）的运用

在公安行政法的教学过程中，教师不仅应当关注纯粹知识的认知因素，更应当关注知识接受主体的情感因素，忽略后一因素往往会导致教学失衡，教学效果不佳。针对学生的角色认知偏差，教师应当通过引导学生进行换位思考的方式来帮助他们突破社会角色所形成的思维藩篱。换位思考也被称之为移情（Empathy），它源自于美学，本意是指审美主体将自己的情感倾注到审美对象上，进而

① 如《治安管理处罚法》第一百一十三条规定，公安机关及其人民警察办理治安案件，禁止对违反治安管理行为人打骂、虐待或者侮辱。第一百一十六条规定，人民警察办理治安案件，有下列行为之一的，依法给予行政处分；构成犯罪的，依法追究刑事责任：（一）刑讯逼供、体罚、虐待、侮辱他人的；（二）超过询问查证的时间限制人身自由的；（三）不执行罚款决定与罚款收缴分离制度或者不按规定将罚没的财物上缴国库或者依法处理的；（四）私分、侵占、挪用、故意损毁收缴、扣押的财物的；（五）违反规定使用或者不及时返还被侵害人财物的；（六）违反规定不及时退还保证金的；（七）利用职务上的便利收受他人财物或者谋取其他利益的；（八）当场收缴罚款不出具罚款收据或者不如实填写罚款数额的；（九）接到要求制止违反治安管理行为的报警后，不及时出警的；（十）在查处违反治安管理活动时，为违法犯罪行为人通风报信的；（十一）有徇私舞弊、滥用职权，不依法履行法定职责的其他情形的。办理治安案件的公安机关有前款所列行为的，对直接负责的主管人员和其他直接责任人员给予相应的行政处分。第一百一十七条规定，公安机关及其人民警察违法行使职权，侵犯公民、法人和其他组织合法权益的，应当赔礼道歉；造成损害的，应当依法承担赔偿责任。

达到主客体之间相互交融的效果。后被心理学家用来指称同理心，即“当一人感知到对方的某种情绪时，他自己也能体验到相应的情绪。”① 这就是通常所说的“将心比心”和“设身处地”。尽管学生们将来的工作岗位大多是公安机关的警察，在学习过程中会不自觉地代入到公安行政主体一方，但他们的第一身份还是社会中的公民。这使教学移情设计在公安行政法的教学中成为可能。教师在教授“保障公民权利，控制政府权力”这一公安行政法核心理念时，应尽可能引导和唤起教学对象的第一身份。例如在兰州姜云春案的教学过程中，教师可以让学生思考和分析一下姜云春当时的心理状态，引导学生体验一个残疾老人在多次讨债无果境况下愤怒和无助的情感。移情是达成理解不可缺少的心理机制，也是解决人际交往矛盾的根本方法。当学生能够将自己的情感体验同他们相对立的一方主体联系起来时，他们也就能开始站在公安行政相对人的立场去思考问题，进而反思自己的执法方式是否合理。教师在运用了移情式教学设计之后，学生原先基于社会角色认知偏差所产生的对立、抵触甚至排斥的情感和心理将会被消解，良好的教学氛围由此形成。这些都为学生增进行政法核心理念的接受奠定了基础，教师因此而能取得较好的教学效果。

四、结语

随着法治中国建设进程的不断推进，法律制度不断完善，公民的法律意识亦随之不断增强，权利意识逐渐觉醒。法治环境的变化客观上对公安机关的执法水平提出了更新和更高的要求，依法行政、合理行政以及保障权利既是公安行政法的教学目标也是新时期下公安机关和广大民警贯彻执法为民方针的具体体现。正如公民法律意识的培养有赖于法律知识的推广和普及，法治公安队伍的打造也离不开对人民警察的法律培训和教育。通过教学目标的确立和教学方法的改进，公安行政法学必定会在培养和造就政治业务素质高、实战能力强的应用型公安专门人才的事业中作出独特的学科贡献。

① 朱智贤：《心理学大词典》，北京师范大学出版社 1989 年版，第 845 页。

警察法学方向《刑法学》课程对接公安刑事司法实践研究[①]

张健一　沈柳兰[②]

根据公安部《关于加强基层和一线民警实战训练工作的通知》，应知应会法律法规知识是公安实战训练的重要内容。[③] 因应公安工作实战化的要求，作为主要培养公安人才的公安院校警察法学方向，必须以服务公安实战作为法学类课程设计的首要目标导向。其中，作为与公安刑事司法实践直接相关的课程，《刑法学》课程必须通过与公安实战的深入互动，凸显出人才培养的职业化特质。较为遗憾的是，或许受制于理论法学逻辑自洽的思维定式，《刑法学》课程与上述要求之间还有一段距离。当前，学界对于公安院校警察法学方向《刑法学》课程、内容体系与公安实战的有效衔接问题，总体上关注较少。无论是法学、公安学之间的协力和交叉研究，还是对现实问题的理论关切，都处于起步阶段，与弥合日趋严重的理论教学与公安实战吁求之间的鸿沟尚存较大落差。因此，本文从必要性、可行性及其思维进路三个层面，对公安院校警察法学方向《刑法学》课程对接公安实战问题展开研究，以期为改变教学与实战之间“相忘于江湖”的窘境略尽绵薄之力。

一、公安院校警察法学方向《刑法学》课程对接公安实战的必要性

实用性与逻辑性（论理性）是公安刑事司法精细化、刑事司法公众认同的基础。公安院校警察法学方向《刑法学》课程是联通公安刑事司法实践与刑法知识

① 基金项目：江苏高校品牌专业建设工程资助项目成果（TAPP）。

② 张健一，男，法学博士，江苏警官学院法律系讲师；沈柳兰，女，江苏警官学院安德门校区管委会副主任、副教授。

③ 《公安部关于加强基层和一线民警实战训练工作的通知》，载《公安教育》2003 年第 8 期。

论的桥梁。作为主要培养公安实战人才的公安院校，其《刑法学》课程应当将立足于服务公安实战，并饱含论理性的刑法知识融入自身的设计中。因应国家治理现代化的要求，公安院校警察法学方向《刑法学》课程内容对接公安实战已成当务之急。

（一）回首过往：矫正《刑法学》课程与公安实战现实需要的“错位”

众所周知，源自苏联的刑法理论长期占据教义学通说的地位。即便在刑法知识转型被倡导十余年后，上述局面仍未发生根本改变。长期以来，刑法教义学通说或者习惯于从法治、人权、平等、罪刑法定等抽象层面宏观叙事，或者钟情于对刑法规范的形式解读。然而，法治等话语既可能是证成也可以证伪某个命题，平等、罪刑法定等命题也不过是“公说公有理、婆说婆有理”的工具，论理上频繁使用抽象话语往往会产生相反的效果。在各国刑事立法日益“活性化”的今天，面对不法行为的新样态，较之于缺乏实践活力的形式主义刑法解释论，实质刑法观才是刑事司法生命力之源。

公安刑事司法活动是国家打击犯罪机制的第一道“过滤网”，应当具备——从各类不法行为中分离出犯罪行为并提供坚实的解释论依据——的能力。然而，受形式主义刑法教义学的影响，缺乏解释力和实践性的《刑法学》课程，根本无法有效满足公安实战的需要。例如，在公开盗窃日益猖獗的当下，《刑法学》课程仍然将“秘密窃取”作为盗窃罪的构成要件，这无疑产生放纵犯罪的疑虑。《刑法学》课程与公安实战现实需要的“错位”，导致刑法理论与公安刑事司法实践的“自说自话”“互不买账”。一言以蔽之，刑法教义学通说无力面向司法实践解决问题，现实的呼声被“屏蔽”了。

（二）驻足当下：舒缓公安实战对刑法理论的“背反情绪”

《刑法学》课程内容与公安实战需要之间的“错位”，导致无法得到智力支持的公安实战不得不严重依赖经验和司法解释。然而，一方面，经验的个体性、地域性特质极易引发公众对刑事司法适正性的怀疑，遭到质疑的司法实践又转身非难刑法理论的“无能”。长此以往，刑事司法实践将会逐渐演变为与刑法理论“并行不悖”的快车道。“你一言我一句”的奇妙景象恐怕会让人哭笑不得！上述预言并非“臆言”：笔者曾经在公安一线部门调研锻炼数月，一些实务人士习惯于将“你们理论如何如何”挂在嘴边。刑法知识被一线实战部门视为没有解释力、单纯“玩物”意义上的“纯理论”并不偶然，如果不能改变无力指导公安实战行为的窘境，实现刑法理论（主要是作为通说的刑法理论）摘掉上述“大帽子”的愿望恐怕遥遥无期。

另一方面，鉴于公安机关对犯罪的认定最终要受法检系统的检验，公安实战尊重司法解释、以司法解释为准则的做法在纯功利的角度上确实无可厚非。然而，这在事实上导致了一线部门对司法解释的过度依赖，有些部门甚至离开司法解释就无力办案。“言必称解释”已然成为一种刑事司法习惯。毋庸置疑，司法解释在给出具体操作规则时，也划定了犯罪圈，新型不法行为往往因不在司法解释划定的犯罪圈内而无法被有效规制。本文认为，之所以会出现严重依赖司法解释而无法有效打击犯罪的困境，是因为《刑法学》课程仅仅传授了“死知识”，而忽略了作为犯罪认定基础的“活方法”。

由此可见，无论是将刑法理论视为任人把玩的器物，还是诉诸司法解释寻求裁判说理的依据，都凸显出公安实战对刑法教义学的“背反情绪”。如何有效缓释这种情绪并实现与公安实战的良性互动，是《刑法学》课程亟待解决的课题。

（三）眺望未来：释放“智库”潜能满足“授人以渔”的期待

当下的《刑法学》课程知识以“社会危害性”理论为理论根基，否认法益概念的构成要件解释论机能，将作为刑法学核心理论的犯罪构成理论解释为数模块的简单“耦合”，直接导致受其浸淫的学生（日后的公安司法人员）退化为流水线上的“熟练工”。“熟练工”的最大缺陷在于将思维固化在封闭空间，不能根据社会需要开放性地解释刑法条文，以完成打击犯罪的任务。正所谓“授人以鱼不如授人以渔”，本应“授人以渔”的《刑法学》课程往往在完成着“授人以鱼”的“使命”，无力完成“授人以渔”的任务着实令刑法教义学汗颜。“授人以鱼”的刑法教义学创造出的“产品”，在实务中面对日益多样化、智能化的不法行为只能“束手无策”，培养可以“自力更生”的公安刑事司法人才成为实务部门对公安院校的期待。

公安“智库”建设不仅应将提出战略性咨询作为目标，还应当将“智库”建设的成果用于培养具有法学思维，并能有效说理的实战人才。在公安刑事司法侧面，要充分释放“智库”潜能，满足实务界“授人以渔”的期待，《刑法学》课程设计就必须立足实践、关注实战正的“真问题”，做到“有的放矢”。

二、公安院校警察法学方向《刑法学》课程内容对接公安实战的可行性

既然“授人以渔”成为公安实战对《刑法学》课程的现实期待，既然刑法教义学应当不忘初心致力于成为公安实战的“理论兵工厂”，那么，现有条件能否有助于《刑法学》课程弥合其与公安实战现实需要之间的裂缝，就成为需要回答的问题。倘若刑法理论在过往的三十年间总是习惯于“新瓶装旧酒”，倘若刑事实务面对新型越轨行为“裹足不前”，警察法学方向《刑法学》课程对接公安实战的想法也不过是“南柯一梦”。

（一）知识厚集：刑法理论转型成果斐然

新千年以来，刑法理论的转型被不断倡导，中生代学者把握国内刑事实务动态，放眼世界刑法理论发展，致力于以德、日刑法理论的最新成果改造沿袭自苏联的刑法理论。刑法理论的转型值得期待，刑法理论丰硕的研究成果为对接公安实战奠定了坚实的知识论基础。

在总论领域，刑法理论的转型肇始于陈兴良教授《社会危害性理论：一个反思性检讨》一文。之后，学界对作为通说理论根基的社会危害性理论进行了深入剖析，作为上述争论的必然结果，刑法理论开始重新审视作为社会危害性理论具体展开的“四要件”刑法理论。现如今，作为规范话语的法益侵害性与非难可能性已经取代了社会危害性，违法和责任为基础重构犯罪论体系也已成为学界共识，刑法理论开启了逐步摆脱“无本之木”糟糕形象的历程。在改造犯罪论体系已然成为学界共识之后，学者们围绕刑法的基本立场展开论辩，在刑法解释立场、违法性的实质、共犯体系等领域求同存异、展开研究。在分论领域，以盗窃罪概念的重构为起点，刑法理论对包括占有概念、侵犯财产犯罪之间的界限、金融诈骗罪的认定、侵犯人身权犯罪的理解与适用等问题的研究成果斐然。

上述刑法理论转型的成果已经通过司法考试在影响法检系统的司法实践。通过司法考试的法官、检察官拥有较为一致的话语体系。在现有的《刑法学》课程不足以完全跟上刑法教义学知识更新步伐的困境中，要保证一线公安干警与公诉人员、审判人员在知识结构、话语体系上的“同频共振”，就必须借由《刑法学》课程对接公安实战的方式实现知识论上的“查缺补漏”。

（二）资料翔实：实务汇集典型、疑难案例

中国是典型的后发外生型现代化国家，其现代化具有快速、动荡的特征，这就要求在发展经济的同时，必须有效解决与之伴生的社会问题，为现代化扫清障碍。作为越轨行为的最高层级，刑事犯罪构成了转型期中国社会和谐稳定的巨大障碍。概览 2001 ~ 2014 年最高人民法院工作报告，盗窃、故意伤害、抢劫、强奸、寻衅滋事、抢夺、毒品、诈骗、交通肇事等案件占到刑事案件的一半以上，其中，金融诈骗、破坏金融管理秩序、侵犯财产、黑社会性质组织犯罪在刑事案件中社会影响较大、疑难问题较多。笔者在公安一线单位的调研也大致支持上述结论。

事实上，诸如盗窃等民众耳熟能详的一些犯罪行为往往并非看起来那么简单，案件中往往蕴含着深刻复杂的法律问题，这些实战中的问题亟待理论有针对性地给出答案。例如，“许霆案”“吴英案”看似是罪刑不均衡的问题，但背后却是如何有效运用刑法总则条文合理解决量刑过重的问题，这就离不开公安实战部门对量刑事实证据的搜集；公众对“邓玉娇案”“药家鑫案”“天价葡萄被盗案”的争论，与其说是定罪问题，不如说是内心的量刑期待对定罪问题的反应，这也对公安一线部门搜集什么证据、如何搜集证据提出了新的要求。在刑事侦查阶段有理有据有节的回答上述疑问、有效过滤非犯罪行为、查清影响量刑的情节，进而解决公众疑惑，是公安刑事司法行为获得公众认同的有效途径，也是提升公安机关执法公信力的有力武器。可见，公安实战部门既非“无病呻吟”似得向刑法理论“求关注”，也不是如同放羊孩子那样动则“狼来了”，而是确实面临着一众疑难案件。这些难题对理论研究而言无疑是“干货”，刑法理论及教学需要拿出解决问题的“真金白银”。

（三）时代助力：“智库”建设平添教研动力

早年间，各类“校局合作”、理论与实务共建“研究基地”着实方便了学界的调研工作，但至少在公安刑事司法领域，科研对实务的反哺仍有较大拓展空间。当下，中国特色新型“智库”建设正如火如荼地进行，公、检、法三机关的新型“智库”建设也在稳步推进。与之前的各类合作相比，新型“智库”建设致力于提升高校科研服务能力，发挥科研成果的社会效果，强调从战略咨询角度开拓理论研究的新局面。在新型“智库”建设的大背景下，公安院校刑法学教师

团队可以在更高的平台上、更全面的利用各类案件资源、社会资源，理论研究的物质保障也不可同日而语，因此，公安院校刑法学教师团队应当以更加“求真务实”的态度，借鉴国内外的最新研究成果，使用更加科学严谨的研究方法，对应公安实战的需要完善研究结论、不断提升科研成果的实践生命力。

三、警察法学方向《刑法学》课程内容对接公安实战的基本进路

方法论是思维路径的精神引领，而思维路径则是方法论的现实展开和具体承载。本文认为，警察法学方向《刑法学》课程内容对接公安实战应当秉持“实务着眼—理论整合—体系建构—绩效观测”这样一条基本思维进路。

（一）实务着眼：源于事实，超越事实

所谓事实，是公安实战中的典型、疑难案例以及《刑法学》课程脱离刑事司法实践需要的素材。公安刑事司法实践中的典型案例可以作为类型化研究的基础。类型化研究需要以典型案例作为标杆，进而将研究结论扩展到不典型事例并寻求边界。例如，通过将主体紧密控制物作为占有的典型形态，就可以将与之相似但主体对物控制迟缓的行为样态也认定为非典型性占有。至于公安实战中的疑难案例，向来是推动理论更新的外部动力。收集《刑法学》课程脱离公安刑事司法实践需要的素材，是为了避免刑法理论做“自说自话”的无用功，避免其将宝贵精力投入到公安司法实践中很少或根本不会出现的“自设案例”中。源自于生活的事实，经过刑法理论的选择，上升为“活灵活现”的教学案例，公安专业学生在课堂上即可直面公安实战中的挑战。为完成事实厚集的任务，公安院校刑法学教师应当与公安实战部门建立动态联系机制，不能仅以专家咨询的方式讨论疑难案例，而应该广泛借助调研、座谈等方式了解犯罪动态、把握实务脉搏。

所谓超越事实，即源于事实而又超越事实本身，建基于事实，运用多种工具对其进行必要的裁剪、提炼，发现问题的实质。这包含两层意思。一方面，剥离不属于《刑法学》课程的问题。例如，在司法实务中，如果犯罪停留在未遂阶段，犯罪嫌疑人往往不会主动供述自己的意图。这时，就需要根据其他证据认定或推定行为人的意图内容。《刑法学》课程的任务是评价行为人的意图是否属于某一犯罪的故意，而非查实证据并进而推定其主观内容。现实中二者往往会被不自觉等而视之，但应当明确，查实证据推定主观内容应属于诉讼法学的任务。另

一方面，清理边缘事实，理清法律关系，明确案件争点。明确案件的问题点对于及时准确的处理案件、提升搜集证据能力、侦查能力至关重要。这是因为，同一行为在被归于不同的知识点时，结论可能是不一样的。例如，甲在自己的妻子落水时不救助，因为他认为二人正在离婚诉讼期间，没有救助妻子的法律义务。本案中的甲显然存在认识错误，然而，将甲的认识错误视为事实错误还是法律错误，决定了其行为是故意犯罪还是过失犯罪。《刑法学》课程要将源自实战、易于混淆的法律问题条分缕析，提升公安专业学生的分析案件的能力。

（二）理论整合：吸收借鉴，去伪存真

有效“消化”实践素材需要刑法教义学理论上的自洽性，毕竟“打铁还需自身硬”。国内《刑法学》课程总论体系多数仍旧采用“四要件”犯罪论体系，该体系沿袭自苏联，在诸如主客观相统一原则的内涵、因果关系、不作为犯义务来源、出罪事由、未遂犯与不能犯界限、共犯本质论等方面均存在不能适应刑事司法追究犯罪现实需要的疑问。例如，形式的作为义务理论无法说明，看到火情不去报警这一违反消防法规的行为，为什么不构成不作为犯；作为通说的犯罪共同说也无力应对多样的共同犯罪现实；必然因果关系、偶然因果关系的说理体系也无力应对司法实践归因、归责判断的需要。国内《刑法学》课程分论体系往往将犯罪客体作为犯罪构成要件，没有充分发挥其对于犯罪要件的解释论机能，这就导致个罪界限的模糊化。大陆法系刑法理论在刑法知识论上几百年的积淀，为构建合理的说理机制打下了坚实的基础。因此，在知识论方面应当以阶层体系及其方法论为基础构建《刑法学》课程体系。

由于现实情况在不断变化，任何社会科学理论都可能因新思想、新理念的提出而被指责有缺陷。避免知识论上先进成果在本土化过程中的“排异”反映，需要在方法论上进行深入调查研究，以期去伪存真。根据公安实战的具体情况，在找到司法实践中“真问题”的基础上，发掘如何以及将哪些国外刑法理论的成果运用于公安实战的路径，对于最大限度的实现刑法理论反哺公安实战的任务至关重要。

（三）体系建构：逻辑清晰，重点突出

司法的权威在于说理，论理精细化有利于真正地实现“定纷止争”，精细合理的说理机制使得刑事司法行为，即便在面对胡搅蛮缠的当事人时，也会得到理

智公众的认同，而这一切的前提，都是作为侦查机关的公安一线部门，能够根据对法律的正确理解全面搜集证据。全面搜集证据，离不开公安院校《刑法学》课程中提供一种逻辑清晰的犯罪认定体系。无论是从公安刑事司法规范化角度，还是基于提高公安刑事司法公信力的立场，都应当将将论理精细严谨、出罪管道畅通、根基坚实稳固的犯罪论体系，植入公安院校《刑法学》课程教学内容中。这里有必要谈谈正当防卫。公安刑事司法实践中之所以不敢、不会用正当防卫等出罪事由终止侦查活动，很大程度上是由于《刑法学》课程将出罪知识放在犯罪认定体系之外讲授所致。《刑法学》课程并没有逻辑清晰的指出正当防卫等行为与犯罪认定知识体系的关系，这就导致了实践中的困惑与蹉跎。

公安刑事司法实践中比例最大、争议最大的类罪是侵犯财产罪，司法实践中饱含争议的侵财案件往往是理论基础不明所致。公安院校《刑法学》课程必须根据这一现实情况，立足实战难点，有重点的对侵犯财产犯罪进行拉网式、全方位的剖析。在《刑法学》课程对接公安实战的过程中，不仅应当从现实发生的重点、典型、疑难案例着手，而且要在知识论上构建科学的应对侵犯财产犯罪理论体系、理清各侵犯财产犯罪的内涵与外延。

（四）绩效观测：互动交流，与时俱进

犯罪是社会经济发展的伴生物，在不同的时代、不同的社会环境下，犯罪类型不同、同一犯罪类型的样态也有差异。例如，非法吸收公众存款这一犯罪类型，就经历了从项目支撑型到“租房融资”为代表的互利互助型的转变。因此，在立足公安实战需要，构建了逻辑清晰、重点突出的《刑法学》课程体系后，公安院校刑法学教师团队还应注重与公安业务部门的动态交流，这既是检验《刑法学》课程是否有效对接公安实战的需要，也是《刑法学》课程不断与时俱进的要求。

通过定期与公安业务部门的研讨、座谈，发现《刑法学》教学不能满足实务需要之处，并相应地在理论教学方面做适当调整。这既可以消除公安实战因刑事立法变革而带来的适用规范上的茫然，还可以规范公安实战部门对新型犯罪的评价机制，既满足了公安刑事司法精细化、规范化的要求，也是提升司法效能的有力保障。

四、结语

公安院校《刑法学》课程与公安实战的对接是实现刑法知识论、法教义学与公安刑事实务“同频共振”的核心步骤，是刑法知识论汲取公安司法经验、反哺公安司法实践的“桥梁”。《刑法学》课程的设计应当在掌握刑法知识论最新成果的同时，以实践精神推动刑法知识论与公安实战的良性互动。在此基础上，《刑法学》实训教学可以通过模拟讯问、分组讨论等方式在更高的层次上提升教学水平、加深对公安实战的认识（诸如模拟讯问等活动必须以《刑法学》课程与公安刑事司法的衔接为基础，否则将会事倍功半），最大限度地减少公安院校学生从理论到实战的“阵痛期”。

警察法方向商法教义学视角下案例教学法的运用[①]

路艳娥[②]

商法是商人以及商事交易实践的产物，实践性是这一学科十分重要的特点。Larry Garvin 教授曾指出："在今天的环境中，商法已不是一个光荣的学术职业。选择从事商法工作的学者，会给其学院派的同事一个很强的信号，他只是渴望成为一个法律技术者而非高端的学术理论家。"[③] 但现实中的商法教学却让人尴尬，尤其是商法总论的教学带有很强的自话自说、脱离现实的感觉。这种"远离规则"的"坐而论道"纵然授课的教师讲得"头头是道"，却让听课的学生感觉索然无味。因此，要改变这种教学状况，探索实践性的商法教学方法显得十分必要，特别是在商法教义学日益被推崇的现实下，讨论与之相呼应的教学模式具有更重要的意义。

一、以规范为中心的商法教义学

（一）商法教学面临的困境

在教学过程中，很多本科生感到商法难以驾驭，不仅庞杂的体系和灵活的制度不易掌握，而且纷繁复杂的商事活动使得理论与实践的难于衔接。虽然商法学是民法学的部门学科，但民法经过数百年的研究积累形成了较为系统的逻辑体系，类型化的法律关系、结构完备的权利体系、传承贯通的研究方法使得民法无论在教学内容还是教学方法上更加成熟。商法学教学的困境在于缺乏逻辑自洽的体系结构，商法的技术性使得许多制度无法靠生活经验推导，商法各部门法的差

---

① 基金项目：江苏高校品牌专业建设工程资助项目（TAPP）。

② 路艳娥，女，湖北钟祥人，江苏警官学院讲师，研究方向：商法学、法理学。

③ Larry Garvin, The Strange Death of Academic Commercial Law , 68 Ohio St. L. J. 2007, p. 403.

异性使得教学不能脱离市场交易规则和惯例只讲授法律关系，更不能避开市场系统单纯分析法律关系。

一方面，商法总论与商事部门法存在差异。围绕着商法的调整对象——商事关系展开的商法总论的教学目的在于引导学生了解商法学的基本理念、基本概念和基本制度。商法学部门法的教授不仅要厘清概念，更要着重于规范制度分析。此外，商事部门法都表现了一种显著的“商事关系从建立到终止过程”的制度脉络。商事关系的构建受法定要件的约束，商事关系的变更和消灭方面任意性的规定更多。这种差异性需要教学过程中结合制度脉络和制度价值、规范特性三者归纳内在的逻辑结论，注重培养学生制度间的内在逻辑关系。

另一方面，商法中主体法与行为法存在差异。商事主体法定是商法的一项基本原则，无论是公司法中的公司、保险法中的保险机构、证券法中的证券机构等商主体的类型、内容都是法定的，强制性规范的立法根据的说明和分析是教学的重点。商事行为法强调风险的分配，对诸如公司发起人的连带责任、票据支付前手连带责任等涉及交易秩序、第三人利益的行为采用强制性规范予以规制；对涉及平等主体之间的交易行为更加尊重意思自治，法律仅基于公平的原则予以矫正；对涉及诸如股东有限责任制度、票据的无因性、保险利益等关乎部门法制度基石的内容以强制性规范为主。故而，对商事行为法的教学应侧重风险分析和风险分配的评价。①

（二）商法教义学对教学的影响

如果说商法教学本身面临的问题促使教师在教学方法上不断探索的话，那么商法教义学的提倡对教学的影响更是不容小觑。作为一种法学方法论，法教义学必定属于一种法律思维方式，它是立足于既存法律规范——以查阅法律规范文本为基本前提，并探求法律规范的解释及其体系化，而规范解释的过程中需要穿插着案件事实（类型化思维），且最终的落脚点在于构建起“通过解释与适用法律规范来分析法律问题”的模式、技能与方法。② 法教义学方法的功能包括：稳定功能，通过法教义学的体系化与解释工作能使实践中的问题具有相对稳定的解决方法；改进功能，法教义学的制度化运作可以促进对相关问题更为细致深入地研

① 王萍：《二元结构的商法学教学》，载《中国法学教育研究》2006 年第 3 辑。
② 陈兴良：《刑法教义学方法论》，载《法学研究》2005 年第 2 期。

（二）案例教学法对商法教义学的呼应

一方面，案例教学法和商法教义学都重视规范主义法律思维。法教义学在发展过程中与解释学密切相关，对法律规范的解释是法教义学的重要功能。商法教义学尽管在理论上有不同的看法，但至少包含了对实证商事规范的解释。商法教义学是以实在法规范为研究客体，以通过该法律语句阐述法律意蕴为使命的一种法律技术方法。商法教义学本质上是实证的，现行有效的法律秩序既是商法教义学的基础和前提，也是其研究的潜在界限，越出了现行实在法的界限，商法教义学就丧失了自己的独特品格。现行有效的实在法体系构成了其论证、推理的唯一有效的大前提，也就是对法院唯一具有规范性拘束力的法律渊源。即使对既存法秩序中的规范或者法院判决采取批判性的立场，其批判的标准并非源自于现行法秩序之外的超越性的道德标准，而是借由对法体系内部之规范及其脉络关联的总结、抽象而获得的统合性原则，得以对于争议条款、规范解释乃至法院判决保持一种反思性评价的可能性。① 而从“个案—规范”出发的规范法学视域下的案例教学法关切实证法的规范效力、规范的意义内容以及法院判决中包含的裁判准则，这些都与商法教义学具有内在的一致性。

另一方面，案例教学法和商法教义学都具有实践品性。商法教学过程中应坚持实践性，法学教育不是单纯地灌输某种既定的、凝固的知识，而是使学生学会如何学习和使用法律。案例教学法通过学生参与案例的分析与评判，有效地培养学生对知识的应有能力和对问题的解决能力。商法教义学也鲜明地体现了其直面法律实践的品性。首先，商法教义学以现行有效的商事法律秩序作为其研究的界限与范围，以实在法作为法律判断与法律适用唯一有效的前提。其次，商法教义学的工作内容是对实在法进行解释并使之体系化，法律语言的局限性与法律规范的有限性决定了法律解释的必要性与重要性，商法教义学在重视事实的基础上以法律解释为核心内容，直接指向法律实践。再次，商法教义学作为构建法秩序的技术性手段发挥着法的简明化、安定化等功能，它不仅为法律实践提供便利的同时，也为法律工作者在进行法律判断时所可能产生的恣意进行了合理的限制。② 综合而言，不论是案例教学法还是商法教义学都具有实践理性。

---

① 白斌：《论法教义学：源流、特征及其功能》，载《环球法律评论》2010年第3期。

② 陈玉山：《论法教义学的实践品性》，载《合肥师范学院学报》2010年第2期。

三、案例教学法在商法中的运用

商法的实践性、技术性决定了注重开放性思维与互动性参与的案例教学法成为重要的教学模式，应在遵循系统性和互动性原则的基础上加以运用。

（一）案例教学法遵循的原则

1. 系统性原则

案例教学法主要运用商事典型案例引导学生学习商事法律，商法的体系特点决定了一个案例本身难以涵盖教材中一章的内容，更难包罗商法的所有的内容。而教学过程的环环相扣、教学内容的前后衔接要求教学方法应具有综合性和系统性。系统性原则要求案例教学法在运用的过程中，注重案例与商法知识的综合化、系统化的联系。在案例的选取上注意各个案例之间的系统关联，在分析和讨论案例时引导学生对所学的商法知识的系统性把握，在归纳总结案例时要求教师对所授商法知识的体系化。如果在向学生讲解或者组织讨论商事案例时，能引导学生从案例中找到疑点深入探讨，则学生不仅迅速地掌握了现行实在法的规范，了解了司法实践中的制度运作，更能够加深对法律条文、法律漏洞、法律发展规律等问题的理解与认识。[①] 同时，如果能从比较法的角度引入与讨论的规范或制度相关的其他国家的案例进行解读，就会扩大学生的知识视野，不仅对相关制度的基本情况有了较为全面的了解，而且或许还会产生对相关问题继续予以关注、研究的兴趣，从而实现创新性学习的目的。

2. 互动性原则

案例教学法与传统的“填鸭式”或“灌输式”中教师唱“独角戏”的教学方法不同，它提倡把学生和教师都看作课堂教学的主体，只是在角色定位上教师侧重于“主导”而学生侧重于“参与”。互动性原则鼓励学生以商法教义学的理念大胆质疑、积极探索，提出自己的看法和见解。[②] 案例教学法中，学生之间甚至学生与教师之间互相讨论、辩论，当然全部的思维判断、法律推理都应围绕案例推进和展开，案例从理论解释辅助工具转变为核心工具，案例教学应当是一种

---

① 李友根：《论基于案例研究的案例教学》，载《中国大学教学》2015 年第 3 期。

② 刘远煦：《在法学课堂教学中实施案例教学法应遵循的原则》，载《教育探索》2010 年第 12 期。

规范主义的解释学训练。互动化的案例教学法打破案例只是“在教学中被应用”、被用来佐证理论判断的局面。如果案例教学法仅仅是围绕实际问题而讨论商法知识，其结果必然忽视学生的自主学习。教师在运用案例时如果根据所教授的知识过度“剪裁”案例，将案件事实都事先作出“适当处理”，其结果反而不利于学生的积极性与参与度。故而，案例教学法的互动化的前提是教师精心准备相对完整的案例、学生课前投入精力认真研读案例，坚持从实践到理论的思维规律，既培养学生自主学习的能力，又通过课堂上的讨论和辩论强化了学生创新思维的发展及其他综合能力的提高。

（二）案例教学法的具体运用

1. 搜集商法案例，建设案例库

案例的搜集应具有真实性、典型性、适当性和实效性，选取的案例既要满足教师对所授知识或法律规范的运用进行充分诠释，又要难易适度能够激发学生参与的积极性。就案件资源而言，中国裁判文书网、北大法宝等商业数据库、《最高人民法院公报》发布的案例、《人民法院案例选》等都提供了丰富的案例。问题的关键是如果在教学中只是随机地获取案例或者选取的案例不具有教学价值，这样的案例可能只是零散的、个别化的，难以真正实现案例教学法的目的。故而，案例教学法需要教师投入相应的精力系统整理经典、重要案例并形成商法案例库。当然，对于内容庞杂的商法课程而言，仅仅单个教师的力量是十分有限的，应该通过团队合作在分工配合的基础上搜集、梳理、遴选案例并形成系统的商法案例库。

2. 教师充分准备、精心设计案例教学

好的案例要实现好的教学效果需要教师充分准备、精心设计案例教学。首先，教师在课前要认真备课。根据教学目标和教学内容从案例库中选择恰当的案例，特别要选择能够体现商法知识之间关联性、融贯行与综合性的案例，在吃透案例的基础上精心设计案例教学的实施方案，案例问题的设计上具有启发性和逻辑性。其次，案例教学的过程中引导学生积极参与。案例应该课前发给学生并要求学生研读，在课堂上可以通过分组进行讨论并对关键问题展开辩论。教师要善于通过提问启发学生多角度、多层次思考，引导学生从具体案例深入把握商法的制度规范和理论知识。最后，教师点评总结注重知识的系统化。案例讨论结束后教师要进行点评与总结，这实质上是对保证商法教学系统化的重要环节。在点评总结时，教师应将案例中涉及的商法概念、原理与案例相结合进行体系化的梳理，对相关知识的重点和难点进一步强化，使学生真正掌握教学的内容。[1]

四、结语

商法在走向商法教义学的过程中，必然要求商法教学方法的跟进或改进，案例教学法无疑是回应商法教义学重要的教学模式。当然，无论案例教学法在实践性教学中的优势多么明显，它的适用范围仍然有限，商法教学不可能只采用单一的案例教学法。故而，商法的教学方法应该是开放的，需要在实践中不断摸索并发展。

① 柴迅：《案例教学法在法学研究中的应用研究》，载《黑龙江高教研究》2015年第12期。

警察法学教育实训教学改革路径

刘　卉[①]

我国当前正面临着包括警察职业教育在内的高等教育创造性转型，这对警察法学教育的进一步发展提出了新的要求。在经济发展全球化和世界经济一体化背景下发展我国的社会主义市场经济，稳定和谐的社会秩序是首要保障，这要求我们加快社会主义法治建设的速度、进一步扩大成效，其中很重要的一环就是警察法学教育质量的提高，以培养出拥有宽知识、高素质、强能力的大批应用型公安人才。在专业和课程设置上，应当以公安业务综合素质培养为基础，以职业精神、基本技能和专业能力教育培养为核心，突出公安实务方面的教学、实训内容。因此，随着警察教育改革的深入开展，公安院校法学课程的改革与建设问题已经成为当前公安教育系统非常关注以及迫切需要解决的问题之一。

公安院校传统的法学课程教学模式一直比较注重法学理论教学而忽视实践教学，而法学本身又是一种专业性、应用性非常强的学科，只有基础理论知识无疑是纸上谈兵，因此，传统教学模式与培养目标之间的矛盾就非常突出。以往公安院校的学生在毕业后一般要经过一个较长时间的理论与实践相结合的过程才能适应一线工作的需要，明显不能达到职业教育的理想效果。在公安招录培养体制改革的新形势下，新的警察培养目标更注重职业化的要求，因此，警察法学教育首先就应当强化学生对法律知识应用能力的提高，这就需要今后的法学课程教学模式应当由理论教学向实训教学进行转化。举例来讲，如刑事诉讼法学课程的应用能力培养重点应着眼于使公安专业学生掌握刑事侦查业务，包括刑事案件的管辖、立案、侦查等诉讼活动。具体到一起刑事案件，要求学生不能局限于掌握现行《刑事诉讼法》对管辖、立案、侦查活动的具体法律规定，还要会审查运用报案材料立案，会讯问犯罪嫌疑人、询问证人、被害人，会勘验、检查、搜查、扣

① 刘卉，铁道警察学院法律系副教授。

押物证、书证，办理证据调查收集、保全等事务以及办理各种强制措施相关手续等基本技能。

目前公安院校法学课程的实训教学主要存在三个方面的问题，一是实训形式单一，主要采取传统的课堂案例分析，教师作用所占比重较大，体现不出学生主体的积极性、创造性和参与性。二是对实训项目内容缺乏深入研究，实训教学方案不规范导致实训教学的开展难以落实到具体环节。三是实训教学的考核评价体系不成熟，往往流于形式，发挥不了较有力的制约作用。这些问题的存在，使实训教学的效果大打折扣，无法真正体现法律知识应用能力、综合能力的培养，笔者认为，应当通过以下措施突出警察法学课程的实训设计。

一、扩展警察法学课程实训教学的方式

（一）案例教学

案例教学是指按照教学目的和要求，由教师指导、组织学生对与专业内容相关的案例开展调查、阅读、思考、分析、讨论和交流等活动，以掌握分析问题和解决问题的方法来提高分析问题和解决问题的能力。① 案例教学是由美国哈佛大学法学院院长兰德尔教授所开创，由于法律学科应用特点上的相通性，我国法学教育也秉承了案例教学的基本理念，目前它已成为我国警察法学课程实训教学中最传统也是最基本的一种方式。案例教学的优点在于成本小、便于开展，它的形式多种多样，如介绍式、提问启发式、讨论式、辩论式等，这些方式既可以单独采用，也可以综合运用。具体操作一般是由教师选择一些具有时间较新、影响力大、代表性强等特点的案例布置给学生，同时提供参考书目并设置具体问题，让学生在课余时间积极准备，在课堂上积极思考、发言和论辩。案例教学以训练学生思维为主，鼓励学生独立思考，大胆发表个人见解，以提高学生学习的主动性和积极性。这种以案例形式介绍法律基本原理、解释具体法律规范的实训方式可以促进教师与学生的交流，做到教学相长，并能积极引导学生在了解基本法律知识的基础上，增强对法律事件的感性认识，强化法律思维的锻炼，自觉培养法学理论学习的兴趣和提高实践操作的能力，以提高其警察职业技能。

---

① 万猛、李晓辉：《问解案例教学法》，载《中国大学教学》2014 年第 3 期。

（二）战学交流

战学交流是指公安司法实战部门与公安院校就警察执法过程中的法律适用具体问题所做的一种相互型的资源开发利用，它能够较好地提高学生对警察法学课程的学习兴趣，并能有意识地把握理论与实践之间的关系，使学生在校门内就能增长实践知识。战学交流主要有两种形式，即“走出去、请进来”。“走出去”是指教师通过前往公安一线参加公安业务实践（主要包括挂职锻炼和非挂职锻炼）的形式，参与公安法律实务工作，增加法律实践经验和技能，只有这样才能更好地、更有针对性地指导学生的实训活动，才能使培养出来的学生毕业之后更快地适应一线公安执法工作。“请进来”是指从公安司法机关一线聘请实践经验丰富、专业理论水平较强的实务人员进校，担任相应法学课程的实训指导教师，通过开设讲座、分组实训、培养兴趣小组等多种形式对学生进行有针对性的实训教学活动。从二者关系来看，“请进来”是“走出去”有益的补充。基于培养应用型公安人才的目标，仅仅依赖校内专职教师进行实训教学远远满足不了正常的教学需要。这是因为校内法学教师的本职工作仍然是开展教学和科研活动，参加公安业务实践只能是辅助性工作，仍然要为其教学和科研工作服务的，实践能力方面的局限性决定了校内专职教师在司法实务经验和操作技巧方面的欠缺，因此必须要由“请进来”这种形式进行弥补，从而达到实训教学的最佳效果。①

（三）实景训练

实景训练是指通过在实训教师的引导下，让学生接触真实的警察执法活动或者扮演角色设置警察执法的环境，训练学生对案件的参与性和创造性，以实现法学理论和司法实践有机结合的教学方法，它对于学生运用相关法律知识解决个案的实践能力培养非常具有针对性。具体来讲，可以通过“观摩”和“模拟”两种形式完成训练项目。对于“观摩”这种形式，可以组织学生前往公安司法实务部门进行如法庭观摩的实训项目，以加深学生对所学法律知识的全面理解，增加学生的感性知识，使其能够更加牢固地掌握所学知识，为未来所从事的工作打下初步的基础。另外，对于“模拟”这种形式，可以通过建设校内专门的实训教室如模拟法庭、模拟讯问室、测谎实验室来设置仿真的警察执法环境，选择一些能

① 周标龙：《法学教学与司法实践的互动》，载《教育探索》2008 年第 5 期。

够体现公安专业特色、符合警察法学课程教授内容需要、能够综合各相关法律知识的案例，以学生为主体，让学生扮演不同的角色，自己动手、亲身参与，由实训教师明确模拟案件中的重点、难点问题及法律依据或理论依据并作出相应的综合评价，从而使学生加深对模拟案例涉及的法律理论知识的了解、掌握和实际应用。①

（四）实习见习

实习见习是指学生在校期间，到一线公安司法机关的具体岗位上参与实践工作的过程，目的是通过参与实际工作获得警察从业经验。这是让学生理论与实践相结合的最直接形式，也是公安院校今后加强实训教学的重点方向。第一，合理安排实习见习时间。传统警察教育模式一般将学生校外实习见习时间与校内学习时间严格区分，并且往往在最后一个学期或利用学期之间的假期安排学生的实习见习活动。这种教学安排的灵活性和针对性较差，往往不能兼顾实务部门与学校双方的实际需要，同时由于学习时间与实习见习时间相隔较远，理论知识不能迅速转化为实践知识，致使实训效果不明显。因此，在时间安排上可以打破传统的一学年两学期模式，因地制宜，将一学年设置成三学期，每学期时间相应缩短，校内学习与校外实习见习结合进行，二者相辅相成，以提高实习见习的针对性和有效性。第二，加大实习见习基地的建设。实习见习基地的建设对于学生实习见习效果的大小有着极其重要的作用，必须对该问题加强重视和资源投入。首先要在规模上求发展，实习见习基地的规模决定了学生专业知识训练的范围，今后的改革思路不应局限于在公安一线建立实习见习基地，还可以适当扩展到检察院、法院、律师事务所等公安专业延伸领域。其次要在质量上求发展，实习见习基地并不能被简单理解为“挂牌基地”，形式要件自然需要具备，但更重要的是挂牌以后的后续建设问题，如实习见习基地管理机制的完善、实习见习指导教师的培养、实习见习项目的拓展等等。

---

① 刘华彦：《公安院校法学实践教学途径探究》，载《湖北警官学院学报》2008 年第 5 期。

二、健全警察法学课程实训教学方案

（一）设置合理可行的实训项目课时分配方案

在传统警察教育模式下，法学课程的实训教学课时在总课时中所占比重不大，基本上只要求达到15%～20%，另外，对实训教学课时一般不单独进行划分，由教师自由把握，时间安排的任意性比较大。因此，这种不合理的课时设置方案往往导致实训教学被理论教学所涵盖，实训教学项目流于形式，无法正常开展。针对这种情况，笔者认为，在法学课程教学课时分配上，首先应当按照本课程的特点和培养目标要求，有针对性地对理论教学内容与实训教学内容的课时进行合理分配，加大实训教学课时的比重。按照公安部《关于印发〈关于制定公安院校招录培养体制改革试点专业培养方案的意见〉及试点专业指导性培养方案的通知》精神，作为各公安专业的专业基础课，警察法学课程的实训课时与理论课时的比例分配基本上是1∶1，即不能低于该课程总课时的50%。其次，在课程总课时中明确单列出实训教学的独立课时，将理论教学与实训教学分化成两套平行的教学体系，同时，还可以根据不同法学课程的自身特点，在规定的课内实训课时完成基础之上，按照实训项目的不同适当地发展课外实训课时作为补充。如一些对实训教学要求程度相对较高的程序法课程，可以利用课内实训课时完成案例教学、战学交流、实景训练等实训项目，同时拓展一定的课外实训课时完成实习见习等实训项目，达到对实训教学时间上的最佳利用率，更大程度地突出课程特色。

（二）编写有针对性的实训教材

由于在课程性质上属于公安专业基础课，因此警察法学课程在较长时期内一直使用的是普通法学教育的相关教材，这些教材往往着眼于“是什么、为什么”的问题，而没有解决“怎么办”的问题，基本上体现不出警察培养新模式所要求的突出公安实践、突出专业特色的警察法学教育理念，教师与学生在教、学过程中缺乏有针对性、实用性较强的教学依据和学习参考。因此，在警察培养模式改革的进程中，警察法学课程教材的自身建设也应当是改革重点之一。第一，优化警察法学课程教材结构，有针对性地单独编写相应法学课程的实训教材，与法律基本理论教材配套使用，一个是侧重法律知识的学习，一个是侧重实践能力的培养，二者相得益彰。第二，随着学科的发展，及时对警察法学课程实训教材的内容作出调整和补充，不能一劳永逸。相比较而言，警察法学课程的实训教材要比基本理论教材更新速度快，只要我国的基本法律规范不做较大范围的修改，法律理论教材调整的幅度就不会太大，但是法律规范小规模地补充更新以及警察实际执法活动的个体性、复杂性也会对实训教材的内容产生较大的影响，在这方面必须突出教材的操作性、应用性、适时性和实用性。

（三）制定完善的实训教学大纲、实训教学教案

在实训教学过程中，应当以学生为主体，但也不能忽视教师的主导作用，否则实训活动就会变成一盘散沙，毫无目标。相比较来说，法律理论教学属于“静态”过程，教师的可操控力较强，而法律实训教学属于“动态过程”，更强调学生的主体地位，培养学生的创造性思维。因此，动态教学对教师的综合素质和教学能力有着更高的要求。面对实训过程中可能出现的种种突发问题，实训教师必须在掌握精湛的专业业务知识基础之上，尽可能地扩展知识面，融汇交叉学科知识，积累公安一线实践经验，提前制定完善的实训教学大纲和实训教学教案。根据各警察法学课程的教学任务，对每一项实训项目的教学目的、教学要求、教学重点、教学难点、教学内容以及如何组织、如何开展等作出详细的设计和论证，做到有的放矢、灵活运用。以刑事诉讼法课程为例，在实训教学大纲、实训教学教案的制作过程中，应当把正确认知刑事诉讼的独立价值，掌握刑事案件办案程序尤其是与公安机关密切联系的立案、侦查程序的具体制度设计和技术规则作为实训的重心，针对立案侦查程序、刑事证据的收集与判断、辩护与代理制度等内容可以开展如实景训练、战学交流等实训项目，针对管辖制度、刑事强制措施、刑事证据的收集与判断等内容开展以案例教学为主的实训项目。

三、完善警察法学课程实训教学的评价体系

警察法学课程实训教学的评价体系是一个动态复杂的现实问题，它是大力发展实训教学的重要保障，否则没有制约很容易使实训教学流于形式，而不经过检验的教学活动也不具有旺盛的生命力。评价体系关系到实训教学的质量控制与质

量保障问题，关系到实训教学秩序的稳定和教学质量的提高问题。[①] 在传统的警察教育模式下，警察法学课程的实训教学在整个教学评价体系中地位不太明显，缺乏详细的评价指标和可行的评价途径，导致对实训教学的评价形式化，不能达到以评价来保障和促进实训教学改革和发展的目的。为此，有学者主张建立法学课程理论教学与实训教学两套独立平行的教学评价体系，具体可分为实训教学管理评估、实训教学内容、质量的评价以及实训教学实效评估三部分。[②] 结合上述观点，笔者认为，警察法学课程实训教学的评价体系应当由三部分组成，即评制体系、评教体系和评学体系，与理论教学评价体系实行分离。

（一）评制体系

评制体系主要针对学校实训教学的管理过程和效果进行评价，它属于宏观领域的评价体系，是评教体系和评学体系的基础。其评价主体是教师和学生，评价点主要涉及在实训教学过程中，实训教学保障机制（如实习见习基地的建设、实训师资力量的培养等）是否完善，实训教学管理规章制度是否健全，是否设置专门的实训教学管理机构以及与相关部门的组织协调能力是否具备等方面。

（二）评教体系

评教体系主要针对实训教师关于实训教学的准备、教学内容的设计、实训项目的设置、课时的分配、教学过程的组织能力以及实训教学效果进行评价，它属于实训教学评价体系的核心之一。其评价主体是学生、同行教师、学校实训教学管理机构，评价点主要涉及实训课程的设置是否合理，教师的实训教学大纲、实训教学教案等教学文件是否齐备、符合教学要求、具有可行性，实训内容与专业课程或公安实务需要结合是否紧密，实训项目的设置是否合理、能否突出公安专业特色和课程重点难点，实训课时的分配能否满足正常的教学需要，实训考核的内容和标准是否全面和合理等方面。

（三）评学体系

评学体系主要针对学生通过一系列实训活动对于专业知识巩固、实践技能训

① 白云：《法学专业实践教学评价体系的构建》，载《黑龙江高教研究》2014 年第 1 期。
② 王婧、赵丽莉：《创新性法学实践教学方案的重构与实施》，载《新疆财经大学学报》2009 年第 2 期。

练、职业道德培养等实训教学质量和综合效果进行评价，它也属于实训教学评价体系的核心之一，是反映实训教学效果高低最直接、最重要的评价方式。[①] 其评价主体是教师和相关实践部门，评价点涉及学生在实训教学过程中是否具有主动获取法学知识的能力，是否具有独立分析、解决实际问题的能力和法律思维创新能力，学生的法律应用能力是否有所提高，学生的法律意识是否得到培养等方面。具体可以按照实训内容、教学方式、实训项目的不同，明确不同的考核标准，采用学分、等级等方式综合评定学生的实训教学成绩。

① 杨德文:《法学本科实践教学质量评价体系探索》，载《四川警察学院学报》2011 年第 4 期。

警察法学教育中实践教学研究

潘素梅①

警察法学教育是警察院校所开展的与法学知识相关的一系列教育、教学活动。② 建设法治国家离不开一支高素质的警察队伍，现代警察职业能力的养成需要严格、正规的教育体系。以法学教育为体，以公安教育为用的警察法学教育在培养公安人才和后备力量中起着举足轻重的作用，通过警察法学本科教育，为我国公安执法部门输送了大量通晓法律规定，善于处理法律事务的警官人才。警察法学本科教育培养的对象是应用型警官人才，不同于普通的本科法学教育，警察法学教育应当以法学理论知识传授为基础，以培养警察法学实务能力为重点。

一、警察法学实践教学的内涵

警察法学实践教学一般是指警察院校针对法学知识运用，警察专业知识和警察职业能力培养而专门设置的法律实践活动。何美欢老师认为，在法学教育中应当注重学生法律技能的培养，但法律所需要的技能并非仅包括实务技能，还包括智能技能。③ 智能技能是指能够理解相关法律概念、条文和其他法律资料并进行运用的能力。实务技能则是指处理业务中的人际关系的能力。也就是说，在法学实践教学中，既要注重学生对于实体法的掌握、理解和运用，也应当培养其在法律实务中与人交流和沟通的能力。鉴于此，笔者认为，警察法学实践教学应指在警察法学通识教育的基础上，为培养学生的警察专业能力和职业能力，而专门设置的警察法学实践环节。

徐显明教授认为，实务能力的培养应当通过校内实践环节来进行，包括案例

① 潘素梅，女，汉族，云南警官学院法学院讲师，经济法硕士，主要从事民商事法律研究。

② 邓国良：《警察法学的现状、困惑及解决途径》，载《江西警官学院学报》2011 年第 5 期。

③ 何美欢：《理想的专业法学教育》，载《清华法学》2006 年第 3 期。

教学、模拟法庭、法律诊所等。[①] 但笔者认为，警察法学实践环节不应当仅包括在老师主导下的案例分析、庭审旁听、模拟法庭、诊所式教育等环节，也包括学生主导的，课外自发的警察法学知识交流活动、辩论性的社团活动，还应当包括在学校主导下的知识讲座、法律见习和实习等多种形式。

二、警察法学实践教学的重要性

近年来，关于法学教育的目标的定位存在精英论、通才论和职业教育论等各种观点。2011 年，教育部、中央政法委员会颁布的《关于实施卓越法律人才教育培养计划的若干意见》认为"高等法学教育还不能完全适应社会主义法治国家建设的需要，社会主义法治理念教育还不够深入，培养模式相对单一，学生实践能力不强，应用型、复合型法律职业人才培养不足。"[②] 从中可以看到官方对于法学本科教育的态度，即法学理论教学与法学实践教学是法学教育的一体两翼。在警察法学教育中，由于其培养对象有较强的针对性，加强实践教学，培养应用型和复合型的公安专业人才显得更加重要。邓国良教授在 2011 年召开的首届全国公安院校警察法学教育论坛研讨会（以下简称"2011 年首届研讨会"）综述中提到，在教育过程中，既要照顾整个法律学科的知识体系，也要突出警察法学的应用性，紧密结合当前公安执法实际，注重现实性和可操作性，唯有如此，警察法学教育能更好地为公安一线服务。[③] 从官方文件和学者的论述可知，实践教学在警察法学教育中的重要性。究其原因，主要是：

首先，警察法学实践教学是公安专业人才培养所必需。由于公安工作与人民的生活息息相关，警察必须与形形色色的人打交道，不但应当具备法律人所必需的法律诠释、推理、论证能力以及探知法律事实的能力，还应当具备综合应用法律和其他相关知识，比如经济、政治、文化、科技、医疗卫生和心理等知识的能力。因此，通过照本宣科的传统教育，不可能培养出合格的公安专业人才。只有结合理论教育，通过多种多样的实践教学活动，才能让学生们具备警察专业知识和职业能力，真正像警察一样思考和解决法律问题。

---

① 徐显明：《中国法学教育的发展趋势与改革任务》，载《法制资讯》2010 年第 1 期。

② 陈训敬、林发新：《全面推行实践育人工程，努力培养卓越法律人才》，载《中国法学教育研究》2012 年 6 月 30 日。

③ 邓国良：《警察法学的现状、困惑及解决途径》，载《江西警官学院学报》2011 年第 5 期。

其次，警察法学实践教学能促进警察法学教育的改革。党的十八届四中全会提出，高校应当坚持立德树人、德育为先导向，培养造就熟悉和坚持中国特色社会主义法治体系的法治人才及后备力量。[①] 警察院校作为培养公安专业人才的重要基地，如何培养出符合公安要求的专业人才，值得警察法学教育工作者思考。目前，警察法学教育中还是以课堂理论教授为主，老师习惯了传统的中心讲授法，而学生习惯了被动地记忆知识，缺乏对法律知识的理解和应用能力。实践教学主张师生之间的互动，由师生共同完成教学内容，这种教学方式的改革必将促进警察法学教育的改革。

最后，警察法学教育的发展体现了实践教学的重要性。我国自 1901 年设立京师警务学堂开始专门培养警察以来，警察法学教育已有逾百年的历史。京师警务学堂的课程设置除了“刑法、警察法、监狱法”等外，还有“口授警察实验”“巡捕应变须知”等内容，可以看出当时警察教育中对于实践教学的重视。2003 年，公安部前副部长白景富同志在视察刑警学院时也认为，刑警培养中应当注重法律学习和业务、技能的学习。[②] 在 2011 年首届研讨会上，时任中国人民公安大学校长程琳认为，警察法学应“进一步促进理论与实践相结合，在理论贴近实战方面狠下功夫，我们要有效克服理论与实际相脱离的现象，认真疏理当前存在的各类问题，在课程设置，教材建设，教学内容，教育训练的形式、内容和方法等方面，增强改革创新意识，按照教育训练实战化的要求，多出成果，出好成果。”[③]

三、警察法学实践教学存在的问题

我国警察法学教育虽然有 100 多年的历史，但是，关于警察法学教育的相关研究并不多。在 2011 年首届研讨会上，虽然江西警官学院项金发教授提出警察法学教育中教学体系和内容与公安执法实践脱节的问题，但是，在解决途径方面，会议仅提到了实践教学中的一个部分——案例教学。对于警察法学实践教学中存在的问题并未予以足够的重视。笔者认为，只有找到问题所在，才能找到解决途径，以达到警察法学实践教学的目的。

---

① 《中共中央关于全面依法治国若干重大问题的决定》第 6 条。

② 王喆、黄诚：《警察法学教育研究反思与展望》，载《云南大学学报法学版》2015 年第 4 期。

③ 邓国良：《警察法学的现状、困惑及解决途径》，载《江西警官学院学报》2011 年第 5 期。

（一）对法学实践教学重视不够

近年来，警察法学教育中开始越来越重视实践教学，但是，往往侧重于警察职业技能培训，而忽视了法律职业技能和实务技能的培训。警察法学实践教学或者因为缺少针对性而影响其效果；或者由于经费、人员紧张而随意取消实践教学活动；或者由于公安的涉密性等原因，无法有效地进行实践教学。但是，在英国，警察院校非常重视实践教学，认为警察院校培养的人才应当让警察部队满意，这才是警察院校全部工作的最高标准，基于此，英国警察院校的课程设置都相当具体实用，除了刑事、交通等各方面的法律学习，也包括与社会上其他部门沟通、交流的能力学习。在我国台湾地区，警察院校教育训练的最大特色是一切从实战需要出发，“专业课程在教学时间分配上，往往强调服从实际工作需要；教学内容上，注重实际工作能力培养；在教学设施上，突出实用性、针对性和场景化；在实习环节上，注重丰富实际工作经验，整个教育训练过程体现着面向实际工作、贴近实际工作、服务实际工作的特点。”①

（二）理论教学与实践教学脱节

目前，由于警察法学教育的教学规模化，一个教师往往承担了上百名学生的教学任务，因此，教师很难通过“身教”来培养学生的实务技能，只能通过“言传”来培养智能技能。但是，学生由于缺乏感性的认识，往往无法真正理解和运用相关的法律知识，所以，往往是老师一讲就懂，但学生一做就错。而在英国，警察学院所开设的课程和课程的具体内容会根据情况的发展和警务工作的客观需要，经过学院、警察局、社区、机关部门和其他大学的有关人士共同研究讨论拿出方案，报警察委员会批准后及时进行调整和修改，避免了理论与实践教学的脱节。②

（三）实践教学流于形式

目前，警察法学实践教学的主要形式有案例分析、模拟法庭、社会实践与实习等。但是，案例分析往往由于案例过于陈旧而丧失其吸引力，模拟法庭因为学

---

① 王奎宏：《基于台湾地区警察教育体制的理性思考》，载《湖北警官学院学报》2014 年第 8 期。

② 王晓峰，武文斐：《国外警察教育模式的几点启示》，载《吉林公安高等专科学校学报》2006 年第 2 期。

生人数众多，而不能取到较好的效果，社会实践和实习，又由于缺少“学徒式”的传、帮、带，从而影响实习的效果。关于实践教学，大部分警察院校并没有一套行之有效的理论进行指导，也没有有效的考核评估体系。

（四）实践教学师资力量不足

目前，正在开展的“双千计划”要求警察院校和公安部门互派工作人员进行交流，一定程度上缓解了警察法学实践教学师资力量紧张的情况，但并未根本解决问题。在我国警察院校中，法学教育仍以专任教师为主，专业教师队伍的优点是，教师可以通过系统学习、思考、研究来提高其分析、解决问题的能力，但是，大部分专任教师由于缺乏相关经验，且担任课程过多，限制过多，导致教师的学习和实践能力不强，无法有效传授相关的警察实务技能。而在日本，警察院校的所有教官都是从优秀的警察中选拔产生，而且必须是一定警衔的警官才能成为警察院校的教官。[①] 在美国，为了保证警察教师队伍的高素质，对于教师的选拔也是非常严格的，一般70%左右是有大学文凭、5年以上警龄，具有丰富的实践经验和教学能力的警官才能担任；其他30%的教师是那些具有真才实学，在学术上也很有造诣的教师兼任。[②] 在德国，警察院校的专职教师人数较少，其他教师都是从实务部门选拔的警官，而且专业教师还要定期到警察部门任职进行实务能力锻炼。在我国台湾地区，警察院校为了提高教师的教学能力，会定期选拔优秀教师到境外学习，并拥有人数较多的“教官队伍”。[③]

四、警察法学实践教学的建设

警察法学实践教学是警官人才培养所必须，能够促进警察教育改革，在警察教育发展历史中，实践教学一直体现出其应有的重要性。因此，在警察法学教育中，应当确实加强警察法学实践教学的建设，提高教师队伍的能力和素质，让理论教学与实践教学紧密结合，共同培养符合国家法治建设的预备警官人才。

---

① 郭义、姚秀盈：《中外法学实践教学模式研究》，载《教学实践研究》2012年第15期。

② 王晓峰、武文斐：《国外警察教育模式的几点启示》，载《吉林公安高等专科学校学报》2006年第2期。

③ 郭义、姚秀盈：《中外法学实践教学模式研究》，载《教学实践研究》2012年第15期。

（一）加强警察法学实践教学建设

警察法学实践教学中应当注重学生的专业技能和职业素质的养成，不但要培养学生理解和运用法律专业知识去分析和解决实践中的问题，还要培养学生的法学思维和习惯。加强警察法学实践教学，可以从以下几个方面着手：

1. 建立警察法学实践基础

警察院校的学生毕业后大部分将进入警察实务部门工作，因此，警察院校应当加强与实务部门合作，共同建设警察法学专业教学实习基地，以利于学生在实践中了解警察职业的情况，包括警察的警种类型、任职资格、工作特点、范围和内容等，这样可以培养学生对警察职业的感性认识，使学生在今后的学习中更有目的性，能规划好警察职业的发展方向。通过警察业务的实习，学生们不但能够学习新的法律知识，还可以在实践中检验学习的情况了，从而更好地为警察职业储备能量。

2. 重视警察法学实践教学

首先，警察法学教育应当加大对于实践教学的投入力度。任何事情的完成都离不开人的参与，实践教学中，师资力量的培养关系着教学质量的提高，因此，应当加大对警察法学教师的培训，包括建立常态化的警察教师到实务部门锻炼的机制；定期选派老师到其他地区或国家的警察院校、综合性大学学习。另外，实践教学场所、媒体等的投入也是非常必要的，有的警察院校甚至连一个像样的模拟法庭，一个供学生进行网络学习的平台都没有。

其次，应当适当提高实践教学的学分比例。韩国警察大学的课程设置中，关于警察学科（警察业务、理论与实务）设置占了总课时的12.5%，体现出对于警察实践教学的重视。① 我国警察院校在设计实践教学的学分比例时，对实践教学至少应当予以同理论教学同等的重视，这样可以促使教师和学生更加重视警察实务能力的培养。

3. 开设专门的实践教学课程

著名的认知心理学家安德森把个体知识分为：陈述性知识和程序性知识。②陈述性知识也叫描述性知识，属于记忆性知识，能够直接进行陈述。比如：法律

---

① 郭义、姚秀盈：《中外法学实践教学模式研究》，载《教学实践研究》2012年第15期。

② 《教育心理学考试大纲》，华东师范大学出版社2002年版，第124页。

名词解释。程序性知识也叫操作性知识，通常不可能直接进行描述。比如：遇到一个具体的案例，分析行为人的行为是否构成犯罪；遇到一个寻求帮助的受害人，应当如何进行心理安慰等。笔者认为，提高学生的警察实务能力，需要传递的是程序性知识，学习中应当大量辅助“实践模拟”活动才能达到学习的目的。因此，警察院校应当专门开设各种实践教学课程，比如模拟法庭、法律诊所、法律调研等专门课程，通过大量模拟实践活动提高学生的实务能力。

4. 优秀警官作示范教学

虽然“双千计划”为警察法学实践教学输送了大量优秀的警官，但是，警官们从实务部门到警察院校后，由于工作体系差异较大，任教后往往还是通过“言传”的方式进行教学，学生被动地接受各种知识，使得警官们的优势没有得到体现，教学效果不明显。如果能让实务部门中的这些优秀警官人才以“情景模拟”等示范教学的形式进行，那么不但能体现教官们的特长，还能激发学生的学习兴趣，提高学生警察实务能力。

（二）警察法学实践教学的设计

实践教学主要是针对学生程序性知识的传递，包括智慧技能和认知策略的培养。系统的理论教学可以传授学生陈述性知识，而智慧技能和认知策略的培养则需要实践教学来完成。警察法学实践教学要达到应有的效果，必须通过教学设计来完成。

1. 宏观设计

宏观的教学设计解决的是教学的总体规范和教学宏观方法的问题。[①] 这一环节应当由警察院校、警察部门、教育部门、社区、其他机关等共同参与进行。

（1）制定警察法学实践教学计划

对于如何提高学生警察专业能力与职业能力的教学计划的制定，应当由学校和警察部门共同完成。笔者认为，实践教学方法应当贯穿在警察法学教育始终。计划的制定可以借鉴英国警察院校的方式，实践课程设置和具体内容应当根据社会的发展和公安工作的客观需要，经过学院、公安部门、社会其他专业人士共同研究讨论得出一个合理的方案，并报主管的公安部门批准，尽量让教学贴近实

---

① 《教育心理学考试大纲》，华东师范大学出版社 2002 年版，第 124 页。

践。[①] 课程安排方面应当至少包括三个方面：第一，专业认知式的实践教学课程，比如：到公安部门见习、协助公安部门完成任务、案例教学。第二，理论应用式实践教学课程，比如：模拟法庭、法律辩论、法律诊所、法律咨询、毕业实习。第三，理论研究式的实践教学课程，比如：课题调研、法学论文撰写等。

（2）制定警察法学实践教学大纲

警察法学实践教学大纲应当由警察院校的教学部门根据教学计划、学习规律来制定，应当围绕培养公安专业人才的目标和任务，确定需要向学生传递的警察法学知识、法学技能、策略，以及态度与品德的范围、深度及其体系结构，教学要求和进度也要有规定。专业认知式的实践教学课程应当培养学生理解、掌握公安工作所需要的各种法律知识，不仅包括刑法、行政法及其相应的程序法，法理学，还应当包括民法和民事诉讼法，法律逻辑学等，使其具备综合应用法律解决问题的能力，并培养其公安工作者的职业道德和态度。理论应用式的实践教学将法学通识教育与警察职业教育相结合，培养学生的警察职业能力。理论研究式的实践教学则培养学生观察、认识社会，对法律理论和实践的理解力，以及文献检索和写作的能力。

（3）编选警察法学实践教材

警察法学教材包括讲义、提纲、参考书刊、辅导材料等。由于警察法学教育在教材的选择和编写方面，应当体现培养公安专业人才的目标和方向，体现警察法学的特色，有所创新，应当突出“实用”方面，贴近公安工作实际情况。实践教学的教材编写应当主要由警察院校专任教师担任，邀请警察实务部门和其他高校的专业人士参与，遵循学习的规律，妥善处理好教材自身的逻辑和学习规律的要求，并注意教材的科学性和思想性。另外，教材每年应当根据实际情况，进行修订和增补，与时俱进。

（4）制定警察法学实践教学成效的考核办法

考核办法制定合理，才能真正了解学生的学习情况，激励教师提高实践教学质量。对学生实践教学成效的考核应当采取多种方式进行，比如：对学生进行最低的要求，在诊所教学中，具体要求学生必须独立办理多少件案件，接受多少次法律咨询活动，此外，还要根据学生课外实践活动参与情况来综合评判其成绩。

① 郭义、姚秀盈：《中外法学实践教学模式研究》，载《教学实践研究》2012 年第 15 期。

2. 微观设计

微观的教学设计由实践教学的教师完成，根据教学计划确定具体的教学活动计划。[①] 这一环节，主要由实践教学的教师完成。

（1）确定警察法学实践教学目标

教师应当明确通过具体的实践教学活动所要达到的状态。比如：通过案例分析，培养学生应用具体的法学知识进行思考、分析问题的能力；再比如通过模拟法庭，让学生学会收集证据、通过证据证明相关法律问题，从而提高学生法律诠释、推理、论证以及探知能力。

（2）了解学生原有水平

教学讲究“因材施教”，对于学习的自觉性和主动性强的学生，要引导其拓展知识面，提高法律智慧技能，完善认知策略；对于学习能力不强的学生，要设计有趣的实践教学活动来激发他们的学习积极性，引导他们自觉培养警察的专业技能和职业技能。

（3）制定实践教学程序计划

警察法学实践教学课程应当有计划地进行，要围绕培养学生警察法学实务能力的目的，安排与警察法学专业和职业素质相关的教学活动，相关内容，并选择适当的教学方法。比如：关于学生的实习活动，如果没有对于实习活动程序的有效安排，即到哪个公安部门实习，由哪些警官负责传、帮、带，通过实习，学生们要达到什么目的等计划的话，学生的实习活动可能沦为“放羊”活动，大部分学生将一无所获，警察实务能力得不到提高。

（4）进行实践教学活动

根据教学程序，实践教学活动主要应当在教师的主导下，学生积极参与和配合。在具体的教学活动中，教师应当对每次教学情况进行反思，并调整教学活动，以取得好的效果。比如，案例教学中，尽量选取一些社会热点关注的案例来进行，类似“雷洋案”之类的案例来激法学生的学习积极性，提高法学分析和思辨的能力。

（5）确定实践教学成效考核内容和方式

考核内容和方式设计合理，才能真正检测出实践教学效果。目前，在实践教学中，如果学生过多的话，对于实践教学效果的检测不利。比如：模拟法庭教学

---

① 郭义、姚秀盈：《中外法学实践教学模式研究》，载《教学实践研究》2012年第15期。

的考核中，教师通常的做法是将学生们分为三组，即原告、被告和法庭，在其中，有的扮演原告或被告的学生，往往一言不发，等待扮演辩护律师的学生为其辩护。在这一过程中，如果仅以组来评判得分，则对于积极发言的学生和被动等待的学生是不公平。另外，在分组中，由于学生过多，可能有一部分学生只能做幕后策划，那么如何评判幕后工作学生的教学效果，对教师来说也是较为困难的。因此，实践教学成效考核往往流于形式，不能真正反映学生的水平。笔者认为，在实践教学活动中，应当适当控制学生人数，以便于教师的指导并作出合理的考核。

（6）对实践教学成效作出确切的评价

教师应当通过对教学程序作出评价来分析实践教学活动的成功与失败，以判断教学活动计划是否完成，是否需要进行修改等。由于实践教学讲究理论与实践的结合，突出实践，而现实生活日新月异，实践教学活动也应当及时作出调整和修改。对于从事实践教学的教师而言，常态性的实务学习是必须，学校也应当提供各种机会，让他们能到实务部门、其他高等院校，甚至是国外优秀的警察院校进行交流学习，避免教师几十年用一个教案进行教学，知识更新缓慢等问题。

总之，警察法学教育主要是为了满足警察队伍法治人才的需要，因此，应当特别重视实践教学的建设，要注重学生的警察智慧技能和实务技能培养，让学生养成思辨的法律思维，并学会像一名真正的警察一样去解决现实中的问题。实践教学应当得到如理论教学一样的重视，加大投入，提高学分比例，并应当与实务部门密切合作，建立实习基地，进行人才交流。在法学实践教学的宏观设计中，应以警察实务部门的要求来衡量警察法学实践教学的成效。法学实践教学不应当流于形式，应当注重教师队伍素质的提高，以便教师在实践教学的微观设计中，能够根据警察法学人才素质的现实要求和学生的实际情况，按照教学大纲设计出合理的教学计划，采取多种形式开展法学教学实践活动，唯有如此，警察法学教育方能培养出具备较高法学素质和警察职业能力的预备警官人才。

警察法学培训启用问诊式教学法的思考

王亚宁　高文骁①

警察法学培训是民警警察法学职业能力、职业素质提升，专业知识更新的重要途径，警察法学培训的目标是强化民警法律素养、法律意识，提升民警职业应用能力。因此，警察法学培训必须要注重教学内容的针对性、时效性、实用性，并充分发挥受训民警在培训中的参与、主导作用，才能保证培训内容紧密结合受训民警的实际工作需求，充分发挥民警参与培训的积极性、主动性，使培训取得最佳的效果。近年来，很多公安教育培训机构和公安院校都在警察法学培训中做了有益的尝试，诸如案例式教学法、诊所式教学法都得到了一定的推广和运用，但是这些方法均不同程度存在不能准确扣准警察法学培训的实际培训需求，受训民警的参与程度较低，培训效果与培训期望值差距较大等与培训要求不吻合的问题。问诊式教学法便于摸准病情，对症下药，通过“医”“患”之间的相互配合，达到最佳的“治疗”目的，是较为科学的警察法学培训方法。

一、警察法学培训的瓶颈

（一）缺少规划，安排随意

做好培训规划是促进培训正规化、系统化、实现培训目标、达到最佳培训效果的前提和基础。目前，警察法学培训在教学内容上缺少有针对性的长期规划。实践中警察法学培训的内容主要来源于以下几个方面：一是国家新颁布或修订了什么法律法规，就在培训内容中加入对相关法律法规的宣讲内容。二是上级新出了关于公安工作的有关政策、导向、要求或新开展了有关活动，要求在培训中加

① 王亚宁，新疆警察学院副教授，基础部副主任；高文骁，新疆警察学院副教授，法律系副主任。

入诠释、宣讲的内容。三是授课教师有什么成熟的讲座内容，就在培训中定什么样的学习课程，教学内容的组织相对随意。缺乏整体培训规划，一方面使承担培训任务的有关机构和公安院校养成满足于应付眼前培训任务的惰性，对培训的内容、方式失去探索的积极性和主动性，造成培训与实践脱节，培训不能满足公安一线实战需求的结果。另一方面，上级部门下达的临时性培训任务，授课教师往往由于没有时间调研、准备，对授课内容缺乏全面的实践背景了解，因此，在宣讲中常常是空泛的就理论谈理论，缺乏与公安实践的结合，跳不出行政教育的模式，有的甚至只能简单的复述文件精神，造成“教”的人畏难，“学”的人厌烦。再有，有关法律法规颁布、修订和公安工作的有关政策、导向、要求、新的活动出台、开展之后，在职民警所在单位均会通过各种形式反复传达、学习、贯彻，因此，在培训课程中再加入这些内容就造成在职民警对相同内容的重复学习，会弱化在职民警的学习兴趣，同时，也是一种资源浪费。

（二）内容滞后，脱离实战

警察法学培训是一种实践性教育，是一种职业培训，其定位是让民警通过定期或不定期的学习，及时更新相关专业知识，训练民警公安工作法学思维方式，强化、提升民警职业素质和职业能力，使民警能在公安工作的新问题、新挑战、新考验前，能够与时俱进，保持较强的履职能力。因此，警察法学的培训内容必须来源于实践，必须能够解决公安一线工作的实际需求，给公安一线实际工作起到指导、帮助作用；同时承担警察法学培训任务的教师，必须有一定的公安工作经历和经验，了解公安工作实际。这样才能使培训的内容紧贴公安一线需求，才能理论联系实际将培训内容讲深、讲透，才能达到最佳培训效果。但是公安院校教师大多是刚跨出学校的大门，就进入到公安院校工作，大多无公安工作经历。虽然这些年一直倡导公安一线和公安院校双向交流，但教师下到公安一线体验锻炼在实践中并没有达到预期的效果，一是下派教师缺乏针对性。由于公安院校既成承担学历教育任务，又承担民警培训任务，能够下派到公安一线实践锻炼的教师往往是课时较少、无力承担授课任务的教师或者行政人员，这就造成下到一线的教师不承担培训授课任务，承担培训授课任务的教师没时间下到公安一线，达不到双向交流的本意。二是教师下派缺乏任务要求。教师到公安一线仅仅是满足于跟着在职民警一起工作，没有带着任务、带着问题下去实践锻炼，因此实践锻炼完后，缺乏对公安一线在工作中面临的问题、困惑和希望通过培训解决的问题的调研、整理、分析。由于培训教师缺乏公安工作经历，不了解公安业务和公安工作的新形势、新问题，使培训内容跟不上公安工作飞速变化的形势要求，造成警察法学培训“教”非所“需”情况严重。

（三）警种混杂，适用性差

警察法学培训的内容和方法应当对准受众，才能有的放矢。然而，我国目前绝大部分在职民警培训仅区分警衔或行政级别，并不区分警种。这就使警察法学培训在内容上只能兼顾各警种的共性，而忽视了不同警种的个性需求，导致在职民警警察法学培训不能取得根本性的突破。在我国警力严重不足的整体环境下，每一位民警都承担着繁重的工作任务，抽时间参加培训提升对很多民警是奢望，因此，民警对每一次培训机会都看得很重。很多来参加培训的民警都是抱着解决工作中的困惑，提升自己的工作素质和水平的期望来参加培训。当培训的内容让他们感觉针对性不强，与自己的工作关联不大，解决不了自己工作中面临的问题和困惑时，他们往往会对培训感到失望，认为学不学都一样，把参加培训演变为变相的休假、休息。

二、警察法学培训中主要的教学法

好的教学法能够突破警察法学培训的瓶颈，有效强化警察法学培训的针对性、时效性、实用性，促进警察法学培训对提升民警职业能力的作用。目前，常见的警察法学培训的教学法有灌输式教学法、案例式教学法和诊所式教学法。

（一）灌输式教学法

灌输式教学法是最传统、最常见的教学法，它是以老师讲授、讲解为主要方式向学生传授知识和技能，以达到教学目标的教学方法。他的优点是老师可以在较短的时间内，通过形象的描绘、讲述以及合乎逻辑的分析、论证，让学生获得较为全面的系统知识，有利于保证知识传授的系统性和掌握教学进度。他的缺点在于师生互动相对较少，学生在学习过程中的主体地位被剥夺，参与机会少，对学习的知识只是被动接受，学习兴趣不容易被激发。在职民警拥有大量工作经验，对工作中碰到的问题既有自己的见解和看法，也希望知道他人会如何解决及为什么这么解决，参与教学的意识浓厚，且有参与分析、讨论的理论和实践基础，灌输式教学法只是一味地让受训民警做听众，一方面会使受训民警对课程失去学习兴趣，另一方面缺乏交流的灌输式教学方法，也使老师无法了解受训民警对教学内容的掌握程度和所讲授的内容及方法是否满足受训民警工作需要。因此，民警警察法学培训不能完全适用灌输式教学方法。

（二）案例式教学法

案例式教学法，又被称为“兰德尔教学法”，是由哈佛大学法学院院长兰德尔（Christopher Columbus Langdell）创立的，该方法在实际教学过程中以法院的实际判例为教学内容，培养学生自主分析案件的能力①，它实际上是一种实践教学模式。老师一般在上课前 1 ~ 2 周将真实或模拟的案例材料提前发给学生，学生通过阅读指定资料、查阅文献、分组讨论等多种形式进行准备，课堂上老师向学生提问，引导学生运用所掌握的法学理论和知识讨论、解析、辩论、总结案例，达到学生理解案例背后法学理论的学习目的，同时锻炼学生警察法学逻辑思维、语言表达、临场应变和独立分析解决问题的能力。案例教学改变了过去教师单一的灌输式教学方法，使学生能够在一个实际具体的氛围中逐步按照抽象、上升的认识秩序来接受新的知识，学习新的方法，并自觉淘汰原有的落后意识和行为模式，实现了法律知识、法律技能、法律意识和法治信仰的同步构建，是一种现代的教学方法。但民警参加培训大多期望能通过培训在短期内解决工作中遇到的困难和困惑，因此他们渴望培训的内容能与自己所从事的岗位工作紧密相连，追求培训的应急性和实用性，而案例式教学法中所引用的案例都是老师在实践中搜集或模拟出来的，也不能保证常常更换，对于各警种民警在工作中随时碰到的千变万化的问题和困惑来说，培训的针对性、及时性、有效性相对较弱。

（三）诊所式教学法

诊所式教学法起源于美国 20 世纪 60 年代，是一种从案例教学法发展而来的教学方法。诊所式教学法的实施方案往往是在学院里设立法律诊所，每个诊所由拥有律师执业资格的老师作为指导老师，指导学生跟随老师参与处理案件的整个过程，甚至直接以无偿法律援助的代理人的身份处理真实案件，老师通过指导学

① 《判例式教学法》，载百度百科，http：//baike. baidu. com/link？url = 10Q8Uix89uL4pnvtlhso_ QxYEgv - hi_ fzGch5 - zk1O8rWBNSryQBO92ejM8QtDERmZyDemx3JxFtbj6 - W3rmTq，最后访问时间：2014 年 4 月 18 日。

生参与到实际的案件处理过程来提高学生的理解法律、运用法律和实践操作法律的能力。其最终目标是：促进法律职业。所以在诊所式法学教育中更注重的是对学生的法律思维方式、法律职业素质和职业能力的培养。虽然诊所式教学法能够让学生在实战中通过探索和体验来学习知识，掌握职业能力，但相对案件处理程序周期较长而在职民警培训多为短期培训的现实情况而言，诊所式教学法并不是非常适合在职民警的培训。

三、问诊式警察法学培训模式的构建

解决警察法学培训面临的缺少规划，安排随意；内容滞后，脱离实战；警种混杂，适用性差等诸多瓶颈问题并非一朝一夕能够完成。在这样的条件下，推行问诊式警察法学培训的教学法，完成教师角色由简单的知识传授者向培训问题的设计者和研究问题的搭建者的转变；培训内容由基于理论向基于实践的转变；培训目标由知识本位向能力本位的转变；教学方法由接受型向参与型的转变，不失为解决警察法学培训瓶颈的良策。

（一）问诊式教学法的定义

所谓问诊式教学法是指由受训民警提前向承担民警培训任务的机构提交希望在培训中解决的问题和困惑，或递交在工作中碰到的疑难案例，由承担民警培训任务的机构组织专人对收集上来的问题、困惑、疑难案例进行汇总分类，然后设定不同的培训课程题目，并将课程题目和相关资料提前下发受训民警进行准备，由承担培训任务的教师在课堂上引导受训民警对培训内容共同研讨、分析、评判并最终得出结论的教学方法。

问诊式教学法实际上是将承担培训任务的学校设定为“医院”，将承担培训任务的老师设定为“医生”，而将受训民警设定为“病人”，民警参加在职培训就是到“医院”解决“病痛”的过程。

（二）问诊式教学法的构建

1. 建立警察法学培训需求报送、调研制度

问诊的前提是问清病人的患病情况及过去的治疗成效，医生才能有效地诊断并对症下药。也就是说公安民警警察法学培训应该培训什么、怎样使培训有较强

的针对性和适用性，取决于培训机构知道民警在公安实际工作中在“干什么、缺什么、困惑什么、需要什么”。而民警作为公安实际工作的主体，最知道自己在“干什么、缺什么、困惑什么、需要什么”。因此，可考虑每次培训提前三个月确定受训名单，并通知到受训人员所在单位和个人，要求受训人员拟写在工作中碰到的困难、困惑和希望通过培训在哪些方面有所提升，并在提前两个月递交给承担培训任务的机构，供其进行汇总分析。但是，民警培训需求报送制度一般适用于警衔晋升等定期培训，不太适用于对于随机发现的需要通过紧急培训解决问题的情况。而且在实践中，有时候病人明明已经患病但自己却并未察觉，也就是说民警在工作中已经出现工作能力与工作需要不匹配，需要及时提升、更新相关知识和技能的情况，但民警自己却浑然不觉，在这样的情况下，依靠民警单方面报送培训需求信息，就可能出现遗漏的情况。因此，除了建立民警培训需求报送制度外，还应当建立民警培训需求调研制度和培训需求信息资料库建设制度，由公安机关教育训练部门和公安院校定期或不定期深入公安一线，搜集公安一线实际工作中当下面临的具体问题、困难、困惑，并归类完成培训需求信息资料库，有效地对民警培训需求报送制度进行辅助和补充，使民警在职培训机构在第一时间掌握第一手的民警培训需求情况，才能有效解决民警警察法学培训供需错位的问题。

2. 建立警察法学培训需求分析研判制度

民警培训需求报送、调研制度只是解决了“问”病情——收集民警培训需求的问题，而要对“病情”进行“诊断”“下药”——理清问题、确定培训的内容和方式，就需要对收集上来的信息进行培训需求分析。所谓培训需求分析就是采用科学的手段分析谁最需要培训、为什么要培训、培训什么等问题，从而确定培训的必要性和培训内容的过程。[①] 由于收集上来的培训需求信息大多是多警种、多岗位、多层次的，因此在短期的培训中全部一一解决是不实际的，可考虑由公安教育训练部门和承担培训任务的公安院校在培训开始之前的两个月内对所收集上来的需求信息从公安工作的中心工作需要，各警种实战的共性需求，岗位职业能力需要、民警的个性化需要等方面进行全面的分析研判，探寻公安队伍、各警种、民警个体在现实工作中实际能力和期望标准之间的差距，在综合分析培训需求的轻重缓急程度和培训需求转化为培训内容的可行性及实现方式之后，确定培

① 赵德成、梁永正：《培训需求分析：内涵、模式与推进》，载《教师教育研究》2010年第11期。

训的内容和承担培训任务的教师，对培训的内容和模式进行充分准备，增强培训内容的时效性、针对性、实用性。

3. 强化民警在警察法学培训过程中的主导作用

问诊最终是否成功，既取决于医生是否能对症下药，也取决于病人是否能积极配合治疗。民警警察法学培训是以职业能力提升为目标的，所以在教育培训的过程中必须让受训民警积极参与到培训的全过程中，通过参与来获得职业能力提升的多维度知识和思想体验。怎样让受训民警不再做一个单纯的听众，而是充分参与到培训的全过程呢？一是让受训民警提前熟悉准备培训的内容。过去，除专项培训外，类似警衔晋升、局长班、所长班等各类培训，受训民警提前并不知道受训内容，无法提前对受训内容进行一定的理解、分析、准备，因此，不能有效结合自己的实际工作就培训内容展开研讨，在培训课堂上多数只能成为被动的听众。所以，培训机构在确定培训内容后，应当及时通知受训民警，让他们能够对培训内容事前进行一定的思考和调研，才能使他们在培训过程中敢于主动参加到教学过程，也有能力参加到教学过程。二是要改变教师在培训课堂的角色定位。要改变过去课堂上以教师为主导的情况，推行受训民警为主导、教师主持引导的教学方法。受训民警来自不同的地方、不同的警种，对工作中碰到的相同的问题有不同的感受、解决方法、思路，充分调动他们进行思维的碰撞，引导他们在思维碰撞中找寻答案，才能让他们更直观的感悟职业能力上“存在什么问题、如何解决问题以及为什么这样解决问题”，真正使培训工作紧贴公安工作实际，强化培训效果。

4. 建立警察法学培训结果汇总交流制度

对于成功治疗“病患”的诊疗方法，决不能束之高阁，而应当积极宣传推广，让其他没能参加治疗的病患也能分享良好的诊疗方法，才能降低某种疾患在实践中的发作率。实践中，能够在培训现场亲自参加培训、学习的民警毕竟是少数，可以考虑每年定期将每次培训之后，对于在收集、分析、研判基础上确立的教育培训内容，以及经过师生共同探讨总结得出的解决公安工作现实问题的经验和方法进行汇总，汇编成册下发或发布在公安网专用平台，方便各级公安机关和公安民警学习、借鉴，同时，也可通过此途径进一步收集各级公安机关和公安民警对培训内容、方法的意见、建议，以便在此基础上进一步优化培训内容和方法。

（三）构建问诊式教学法过程中必须注意的问题

1. 必须高度重视培训需求的报送、调研工作

“现代的培训理论认为，培训是一个系统，这一系统始于对培训需求的分析评论，然后确定培训目标，选择设计培训方案，实施培训，最后检验培训效果。培训需求分析是培训的首要和必经环节，是其他培训活动的前提和基础。”① 而高质量的培训需求分析是建立在对培训需求信息长期的广泛收集、调研的基础上的，这就要求公安教育训练管理部门、承担培训任务的公安院校和承担公安培训工作的教师必须高度重视、长期坚持培训需求的报送、调研制度，为培训需求分析工作打牢基础。

2. 必须建立固定的培训需求分析研判团队

要对培训需求进行分析，就需要有一个长期、固定的专业的分析团队。建议组建由公安教育训练部门、承担培训任务的公安院校民警培训部门负责人和承担培训任务的教师共同组成的分析团队，坚持对公安工作的新形势、新问题和民警个人及公安各机关的培训诉求进行分析研判，全面掌握民警培训需求信息的发展变化，及时做出反应和调整，遴选确定培训内容和培训对象，才能让公安教育培训的管理部门能够宏观引导培训的方向；才能让承担培训任务的公安院校民警培训部门正确贯彻上级有关部门的培训思路，正确的判断培训教师的培训能力是否能满足培训工作需求，对应选派承担培训任务的教师，正确评价培训教师的培训效果；才能让承担培训任务的教师充分了解公安工作实际，了解授课内容与现实需求的不适应性，对过去培训的不足进行总结，对未来的培训需求进行前瞻。这个分析团队可以由公安教育训练部门负责组织管理，定期对警衔晋升培训、新警入警培训等常规培训工作，不定期根据公安工作形势需要对公安工作的新形势、新问题、新政策进行培训需求分析。

3. 必须切实落实警察法学培训教官制度

目前，虽然各地也在推行教官制，但教官制在很多地区的实践中大多只是形式性地填个审批表，发个聘用文件，并没有对教官任教能力和任教资格的评审制度。实践中很多民警培训机构中，教师有没有教官聘书，有没有教官资格，有没

---

① 王学栋、牛向东：《培训需求分析在现代培训中的作用》，载《职业技术教育（教科版）》2001 年第 34 期。

有能力承担民警培训任务和可不可以承担民警培训任务没有任何关系，还有的培训机构对授课教师把关不严，仅满足于“有人来上课就行”。警察法学培训既需要承担培训任务的教师拥有扎实的专业基础和公安实践经验，能够游刃有余的将理论贯穿到对实践的理解、适用中去，还要求具有对培训需求信息的敏感性，能够对培训需求做出及时、高效、高质量的反映，并具备能够在培训过程中充分调动受训民警积极性、能动性，引导受训民警参与教学过程、充分理解教学内容，使培训得到最佳效果的能力。因此，并不是每一个教师都有能力承担好培训任务的。只有贯彻好教官制，才能将专业强、懂实践、具有较强的课堂掌控能力、善于启发引导受训民警的教师选拔到警察法学培训工作中，才能有针对性地对有关教师进行持续性培养，才能切实保证警察法学培训的效果。

问诊式教学法能够通过与在职民警和公安实战一线机关的沟通交流，及时收集了解公安一线的培训需求，并据此拟定培训内容和方法，并能充分发挥受训民警的主角作用，使其切实参与到培训的全过程。因此，建议在警察法学培训中，积极推行问诊式教学法，使警察法学培训更加具有针对性、及时性和实用性。

警察法学实践教学模式与体系构建的思考[①]

任　涛[②]

伴随我国高等教育的逐渐大众化，事实上本科院校培养高级专业人才的时代已经过去。2012 年我国研究生的在校人数已经达到 1719818 人,[③] 在这种情势之下，我们已经很难说大学本科教育培养的是高级人才。早在 2005 年教育部《关于进一步加强高等学校本科教学工作的若干意见》中就指出加强高等学校本科教学工作的主要任务和要求是：着眼于国家现代化建设和人的全面发展需要，加大教学投入，强化教学管理，深化教学改革，坚持传授知识、培养能力、提高素质协调发展，更加注重能力培养，着力提高大学生的学习能力、实践能力和创新能力，全面推进素质教育。[④]

因此当前警察法学专业培养的应是应用型、职业化的执法专门人才。作为应用型和职业化的法律人才首先必须具备深厚的法学专业知识，其次是具有跨领域、多元的知识结构以及实际操作能力，在此基础上还应具备处理公安业务的专业技能，唯有如此，警察法学专业毕业生才能顺利担任各项第一线的公安工作。

一、当前警察法学专业实践性教学面临的问题

为了适应我国当前对于新型法学人才提出的新要求，需要不断地反思并加以解决警察法学专业实践性教学过程中出现的问题。在结合江苏警察学院法律系开

---

① 基金项目：江苏高校品牌专业建设工程资助项目（TAPP）。江苏警官学院教学研究项目（编号 2014A05）阶段性成果。

② 任涛，女，汉族，江苏警官学院副教授，法律系副主任。

③ 《2013 年全国研究生招生数据调查报告》，http：//www. eol. cn/html/ky/2013yzsjbz/diaocha1. shtml。

④ 教育部：《关于进一步加强高等学校本科教学工作的若干意见》，http：//www. huaue. com/news/2005120145821. htm。

展实践教学具体情况的基础上，总结当前法学专业实践性教学面临的问题主要体现在以下几个方面。

（一）实践教学课程设置缺乏一定的合理性

取得警察法学实践教学整体良好效果的首要条件就是科学合理设置实践教学课程。当前江苏警官学院法律系实践教学课程设置存在的问题主要体现在以下两个方面：

1. 实践教学课程体系设置缺乏层次性、阶段性和内在的联系性

实践教学的推进有赖于实践教学体系的构建与践行。当前警察法学实践教学实施状况一方面发展呈失衡状态，难以形成实践教学的整体氛围；另一方面整体上关于警察法学实践教学的研究处于不发达状态，难以形成可供参考、借鉴、推广的经验。事实上造成上述状况的原因在于，警察法学实践教学课程的开设没有充分的前期论证与探讨，实践教学内容是由不同的任课教师独自单个设计和开展，因而具有一定的随意性，使得各个实践性课程的内容相对孤立，缺乏有效地统一、协调和配合。

实践教学的阶段性、渐进性和层次性是以学生学习的实际过程为基础的，随着学生由一个初学者到掌握相对完善的法学知识，实践教学也应跟进，反映这一学习的自然过程；为了更有效地开展实践教学，取得更好的实践教学效果，实践教学的内容还应具备内在的联系性和互补性。

2. 几乎所有法学类课程全部要求教师开展实践教学，而所有课程实践教学有学时分配却无相应学分分配

根据江苏警官学院当前的警察法学课程设置和培养方案，几乎所有法学课程都有实践教学要求，其中包括一些传统意义上纯理论教学的课程，这种安排从表面上来看为学生提供了更多的机会，但是在一定程度上忽视了课程本身的性质，结果则会导致实践的意义与作用达不到预期效果，而在实质上可能占用了学生与授课教师相当多的时间与精力，反而会影响其他实践教学内容的进行，毕竟学生与教师的精力也是有限的。

还有些相关课程的一些实践活动，如法庭审判观摩和模拟法庭等。传统上模拟庭审一直是法学实践教学的重点，但在具体教学中模拟法庭开展却十分有限，每次也只能给部分活跃的学生锻炼机会，大部分学生在大部分情况之下也只是充当观众，缺乏参与，因此切身感悟就不足了。同时存在的问题就是由于审判观

摩、模拟法庭之类的法学实践教学环节未纳入培养方案，因此就存在缺乏学时和学分分配作保障的情况，这也在一定程度上阻碍了实践教学的推进。最后的结果是学生实践成绩仅仅是见习、毕业实习和毕业论文比较单一的几个方面，而这些常规的几个方面并不能真实全面反映学生在校期间的实践能力和实践成绩。同时作为警察法学专业的实践教学更为侧重的是公安实战，如何突破常规法学模拟法庭和旁听庭审的传统模式，科学合理安排公安业务也是必须研究和考量的地方。

（二）警察法学实践教学实施过程中的具体问题

当前实践教学实施过程中面临的问题主要体现为以下几方面：

1. 学生参与度与热情有待进一步提高，实践教学易流于形式

由于几乎所有开设的法学专业课程，无论基础课、专业课或选修课教学大纲都有开设一定课时实践教学的要求，试想一学期开设 5 ~ 6 门课程，综合起来就会有至少 15 ~ 18 次的实践教学内容的安排，几乎每周都会有实践教学安排，通过与学生的交流，学生已经从最初很有兴趣到后来的心生倦意。大量的实践固然好，但是也会影响实践教学的效果。同时由于目前授课教师对于实践教学的探索也处于起步阶段，关于实践教学或多或少存在一定的困惑，但是从目前大力开展实践教学，展开多种形式的要求上来看，当前的实践教学内容的安排呈现既单一，又散乱的状态，很容易流于形式。

2. 现有的实践教学缺乏有力的管理与监督

这个主要体现在毕业论文和实习方面。众所周知的就业的竞争与压力让大多数学生没能认真对待毕业论文的撰写和毕业实习这一宝贵的实战机会，事实上有部分学生觉得“应付一下就行”，因此存在实践教学形式化的风险。尽管学校都制定了严格的实习管理制度，每年都要精心组织安排实习，一般本着体谅学生的压力与困难，学校一般都会采取宽容的态度，事实上对实习的过程监督和控制并不理想。毕业论文的开题、撰写和答辩同样面临这样的问题。这样的结果就是培养方案上有限的实践教学的开展在一定程度上都打了很大的折扣。

3. 实践教学资源配套不够完善，教师队伍需要加强

在学习过程中，学生的法学实践过程是一直需要教师的指导与引领的，如果要培养出高素质的法律人才，一支既有深厚的法学专业理论知识，又具有丰富公安实战实践经验的教师队伍是前提。同时由于警察法学实践课程开展的要求，稳定多元、多层次的校内外实践教学基地也是保证实践教学顺利开展的必要条件。

然而现实状况是，就师资方面而言，多数教师一般都具有比较深厚的理论功底，但是由于忙于校内教学，自身缺乏公安实战实践的机会，相应公安实战经验不足或欠缺，因此进行实践教学的能力和教学资源都有待进一步提高。以江苏警官学院为例，聘请了一批公安实战部门的教官换岗，但是事实上其作用的发挥仍是有限的；近年来成立了一些学生参与的实践机构，并取得了一定的成绩，主要是模拟法庭、法律援助中心和法律诊所等，但是存在的问题依然是并不是所有在校学生都有机会参与相关的法律实践活动，这些因素会在一定程度上制约实践教学的进一步发展。

（三）课堂实践教学的模式有限，实践教学过程中学生主动性有待增强

教育部《高等学校教学管理要点》对实践教学的重要性作了明确规定：“实践教学是教学过程中的一个极其重要的教学环节。”近些年来江苏警官学院一直强调实践教学的重要性，要求大力开展实践教学，但传统上习惯理论教学的模式不易更改，并且当前教师对实践教学的专门研究也有待深入发展，由于缺乏相应的激励机制，教师开展实践教学研究的积极性也不是很高。一些领导和教师对实践教学的理解也存在问题，往往认为实践教学就是辅助理论教学的工具，并非一种具有独立性的教学手段。

在警察法学教学中广泛运用的案例教学，实际上往往仍以教师为主导，将案情简单介绍，未进行引导与分析，找出案例的关键问题、以及如何着手分析，而是直接将结论给学生，这样并未达到激发学生思维、进行分析思索的目的，案例最终也只不过是教师引证课本观点或加深对法条理解的工具而已。还有一些案例非来源于司法实践，而是由教师自行设计而成，其目的在于讲授某知识点。当然在实践教学的过程中有些教师也采取一些其他的开展实践教学的模式，如课堂探讨、小组辩论等，但是由于投入时间和精力有限，其开展效果有待进一步提高。

二、警察法学实践教学体系、模式之完善与创新

（一）建立多元化、互动的、系统的实践教学培养模式

马丁·特罗把高等教育发展划分为精英型、大众型和普及型三个阶段，他揭

示高等教育进入大众化阶段后期办学类型、人才培养等必然逐渐分化。[①] 当前我国社会和经济的多元化发展趋势必然对各类人才培养目标也提出了多元化的要求。由于学生的个性素质、发展诉求和能力不尽相同，接受实践教学的倾向呈现多元性和层次性的特点。并且不同层次的高校在人才培养上也有不同的目标定位，实践教学要根据学校的教育目标和学生的实际情况，因材施教。应根据当前的具体情况，总体设计实践教学内容、模式，系统安排实践教学环节，实现人才培养的多元化。这种多元化的实践教学模式不仅体现了实践教学的立体化和人性化的特点，也符合教育教学的规律和我国素质教育的目标。

同时实践教学模式应该是动态多维的，应该针对不同的专业理论知识设计相应的实践环节；同时实践模式应该是互动的，而不应该是静态的，要实现理论教学、实践教学、学生学习之间的互相促进，法学理论教学和实践环节相结合，让学生学习逐渐深入社会，从立法、司法、行政机关等方面投身社会实践，建立多维实践模式。同时逐步增强学生在实践教学过程中的主导主体地位。

由于警察法学是一个相对全新的专业，其实践教学的体系应当围绕公安业务来展开，需要研究和突破传统法学教育实践教学的模式，从而达到警察法学专业自身的培养目标。

（二）不断优化实践教学内容，形成警察法学实践教学体系

如前文所述，警察法学实践教学的内容是授课教师各自为战安排的，彼此之间没有必然的联系。而事实上警察法学实践教学的内容应该体现警察法学本身的内在联系性，而不能人为割裂。因此应该在精选实践教学内容的基础上，抓好相关课程的互相呼应、互相衔接。具体实施过程中还应考虑以下几个问题：根据学校定位确定培养目标；根据培养目标制定教学标准；根据教学标准确定理论教学与实践教学的内容；将实践教学内容落实到相关实践环节（实践课、实习、毕业设计）。

在开展实践教学过程中我们也应该意识到：实践教学的内容不可能面面俱到，抓住核心的内容即可。其目的主要是通过相关实践教学开展，培养学生分析问题、解决问题的能力。是通过实践强化、提高理论认识，明确具体程序以及具

---

① ［美］马丁·特罗：《从精英向大众高等教育转变中的问题》，王香丽译，载《外国高等教育资料》1999 年第 1 期。

体程序性规定的法律意蕴，在实践中领会运用法律。

根据江苏警官学院法律系的警察法学专业培养方案，实践教学分课内实践教学和课外实践教学两个方面。应当增加的实践活动有社会调查、大学生创新实践项目、疑难案例辩论、法律咨询或法律援助和鼓励学生积极参加一些大型赛事以及志愿者服务等多种形式的社会实践活动，这些可以促使学生个人素质的全面提升，为他们将来步入社会奠定坚实基础。所以实践教学体系应当由课堂实践教学、科研项目研究、实训和毕业实习、社会实践四大模块组成则更显合理全面。

（三）丰富法律实践教学的方式

实际上从事教学的教师都十分明确一个事实，就是并不存在一个适合所有教学内容的教学方式，每一种教学方式都有其适用上的局限性和作用上的有限性，实践教学的方式也不例外。不同的实践教学方式适用对学生实践能力培养的不同的侧重点。对不同阶段和不同基础的学生适用与其相适应的实践教学方法，以及对相同基础的学生适用不同类型的实践教学方法来培养锻炼学生各方面的实践能力，都是必要的。

（四）夯实警察法学实践教学体系的保障机制

在大力号召教师进行法学实践性教学改革的同时，还必须提供实践教学的硬件支撑，构建和完善与实践教学相配套的保障机制。

1. 建立稳固的校外实习基地，加强学生实习监管力度

实践教学基地建设是保障法学专业学生开展社会实践、毕业实习等实践教学活动的基础性条件。在与一些常规性司法机构签署共建实践教学基地协议的基础上，还应适当拓展实践基地的多元化，不能仅限于现有的以司法机关为主体的实习基地，还应当充分利用现有的社会资源，建立更广泛的、更稳固的实践教学基地，为学生参加社会实践搭建一个更丰富、广阔的平台。同时针对当前实习阶段容易“走过场”的现实问题，加大监督管理的力度，确保毕业实习的真实有效性。

2. 加强建设实践教学师资队伍

如前文所述，实践教学的顺利开展需要教师的引领，因此必须加强实践教学师资队伍的建设，首先应形成制度性的鼓励，创造条件安排教师定期到公安实战部门调研，以便收集第一手的教学资料和了解当前公安热点、难点问题；其次要

鼓励教师外出进修学习，参加学术交流活动，为教师知识更新及收集最新科研成果提供方便；最后对于新引进的青年教师，一方面加强职业技能训练，另一方面也可以聘请司法实践部门专家与青年教师共同担任实践环节的指导教师。另外还可以请江苏警官学院其他系部聘请公安部门专家到法律系开展教学活动，这样更具实践意义。

（五）建立科学的实践教学考核评价体系

科学的、具有可操作性的教学考核评价体系是促进教学不断发展的重要因素。不仅可以鼓励教师积极参与教学改革，还可以激励学生的学习动力。重视和加强实践教学，在教学评价上就应重视实践教学效果的评价。在实践能力考核中，对学生参加各类竞赛、社会调查、社会法制宣传、提供法律咨询、大学生实践创新项目以及参加教师的科研课题都应该根据工作量的大小、质量的高低进行考核并根据考核结果给予相应的实践学分，这样，既为各类不同层次的学生提供了更加公平的评价方式，在一定程度上减轻了他们学习的心理负担，也为那些擅长动手和创造的学生提供了空间和时间以及脱颖而出的机会，同时也有利于学校对学生的评价更客观、更全面、更切合实际。

三、结 语

在我国高校教学长期实行传统理论教学模式的背景下，要实现实践教学各种价值必将是一个长期努力的过程。摒弃传统模式下的因循守旧，坚持创新和发展，为实现实践教学价值而对其具体实施的探讨和设计都值得我们深入思考研究，并进行持续不断地革新。

警察院校法学实训教学改革之思考

王　敏①

面对“建设法治中国”这一新形势下对警察机关及其人民警察要求的进一步提高，警察院校本科法学教育不仅要实现学生个人素质和潜能的积累，同时也要使学生能够学以致用，为以后走上工作岗位打下良好的基础。传统的教育观念认为本科教育是养成教育，要对学生进行知识的传授、思想的熏陶和思维的训练。但是对于我国警察院校本科教育来说，既是学历教育，同时又是职业教育②。通过实训教学这一方法，能在较短的时间内使学生将理论知识与实践相结合，提高对知识的掌握和动手能力的培养，缩短学生毕业后顺利进入工作状态的时间。实训教学方法，也称实习法（Practical method），是指学生在教师的组织和指导下，模拟实际工作情境，借以掌握一定的技能和有关的直接知识，验证间接知识，或综合运用知识于实践的教学方法③。从世界各国的警察教育培训情况来看，大多数国家都重视实训教学环节——美国、法国、德国、英国、俄罗斯、哈萨克斯坦等国实训占二分之一。日本、意大利等国警察教育培训中教学、技能训练和实习各占三分之一④。实训教学是实现警察院校法学教育目标的有效教学方法，与传统的讲授教学方法相互配合，培养高素质应用型、复合型人才。

一、警察院校中法学实训教学的现状和面临的问题

目前我国各个警察院校中实训教学受到相当的重视，这在各个院校的人才培

---

①　王敏，女，河南郑州人，河南警察学院讲师，研究方向：警察法，行政法。

②　在2007年就有学者提出“公安法学教育既应是基础素质教育又是专业基础教育更是职业教育”。荣晓莉：《构建公安法学教育模式的思考》，载《吉林公安高等专科学校学报》2007年第2期。

③　《中国大百科全书》（教育卷），中国大百科全书出版社1985年版，第327页。

④　王彦吉主编：《中外警察教育与培训》，中国人民公安大学出版社2010年版，第20页。

养方案中可以体现：在法学课程设计上，课堂实训教学占课时量的四分之一以上。从实训形式上看，既有课堂实训环节，还有校外实训——毕业实习、暑期实践及“假日警长”① 活动等。从实训场地上看，各个院校校内有模拟法庭、听证聆询室等，校外与基层公安机关合作建成教学实践基地，还聘有多名公安一线民警为客座教授，为学生开设讲座等。

爱迪生说过：“不安就是不满，而不满足是进步的首要条件。”通过向学生发放调查问卷、下基层调研、与基层公安机关领导交流等方式了解到，警察院校中法学实训教学还存在以下一些问题：

（一）实训内容较为单薄

目前课堂实训教学内容主要是单科实训，如行政法学教学中的实训内容有强制措施的采取、行政处罚等；刑事诉讼法中的实训内容有模拟刑事法庭审理过程。单科实训考察的知识点总是有种分散、孤立之感，达不到没有全面考察法学教学的效果。比如在行政法学教学中行政处罚实训设计时，一般主要对行政处罚程序的实训，而在实际警察执法中，行政处罚要考虑多方面的问题，如证据的取得，处罚幅度的裁量，行政转为刑事案件等。这些问题的处理能力依靠单项实训难以得到锻炼。我国基层警察机关的执法情况较为复杂，是多种知识、能力的综合化，因此我们的实训内容不仅应当有考察单个知识点的单科实训，还应当增加法学综合实训，构建多层次、递进式的实训教学体系。既是对法学理论知识的综合考察，也能更好地满足警察执法工作的需要。

（二）实训教学中学生的主动参与度较低

目前在法学的课堂模拟实训教学中，通常的做法是教师对实训内容及过程进行详细的设计：如模拟法庭中，指导老师如编剧一般把情节设计好，指导学生把法庭上的发言提前准备好，到实训时学生如演员般去进行表演。这种模拟中学生主动参与度较低，不利于培养处理问题的能力。

---

① 自1995年河南警察学院（原河南公安高等专科学校）开始开展“假日警长”活动，利用双休日学生在教师的指导下到居民社区、繁华路段、复杂路口、大型商场、车站、公园等公共场所协助公安机关进行维护社会秩序、开展治安巡逻、交通疏导、法制宣传等活动。

（三）实训教学的内容与实践联系不够密切，要结合警察执法实际及时更新

2012年《刑事诉讼法》和2014年《行政诉讼法》的修改，对警察出庭提出了新的要求：法院审理行政诉讼案件，要求被告行政机关负责人出庭应诉；在对刑事案件进行审判时，有可能通知警察作为证人进行证据审查，实践中也越来越多地出现警察出庭作证的情况①，这种制度的形成也对警察的法律素养提出了更高的要求。警察从传统的只在审前程序到介入到法院审判程序，要求我们的实训内容也要适应变化，增加警察参与刑事审判、行政审判庭审过程的模拟实训内容。

二、警察院校法学实训教学的改革方向

法国作家巴尔扎克说过："一切事物的趋于完善，都是来自适当的改革。"面对目前法学实训教学的现状，公安院校要进行实训教学改革，来改变部分毕业生"不想做、不会做、做不好"的现象，构建多样化的、层级递进的、系统的实训教学模式。公安院校实训教学的目标应当是通过实训教学法，夯实学生的法学理论基础，培养学生创造性的、灵活的运用能力，满足公安机关工作的需要和个人发展的需求。实训教学改革包括实训教学内容的改革和实训教学手段的改革。

（一）实训教学内容的改革

1. 法律知识掌握与警务技能训练相结合。与其他政法院校的本科学历教育不同，公安院校的本科学历教育要实现双重目标：一要实现公安院校要为公安机关培养后备人才的目标，二要满足学生在自主择业时市场对法律人才的需求。因此，公安院校的法学实训教育要在传统的对法学知识的掌握基础上，结合对警务技能的训练，实现高素质的应用型、复合型人才培养目标。要实现法律知识与警务技能训练相结合，在大学本科四年学制不变的情况下，只单靠增加警务技能训

① 媒体上有一些关于警察出庭作证的报道。如《萧山区法院庭审首次出现侦查人员出庭"作证"》，载萧山网，http：//www. xsnet. cn/news/szjj/2013_ 3/1800185. shtml，2013年3月5日；《越秀法院首现侦查人员出庭作证》，载新浪网，http：//news. sina. com. cn/c/2013－07－24/084927756165. shtml，2013年7月24日；《遂宁市大英县人民法院首次通知侦查人员出庭作证》，载四川新闻网，http：//sn. newssc. org/system/20130821/001170283. html，最后访问时间：2013年8月21日。

练课程课时安排显然是不切实际的。借用公安学中的“无改善增长论”，可以采用两种方法：一是现有学制不变，挖掘实训教学潜力，对实训内容和方式进行调整，进行仿真模拟，可以进行模拟公安实战中应用法律知识的实训教学。二是现有学制不变，充分利用假期和课余时间开展实训，如“假日警长”活动、暑假实践、毕业实习等，实现学制不变下实训课时的增加。

2. 传统法学知识与公安工作中先进有效的经验相结合。实训教学内容要不断更新，把新形势下警察执法中鲜活的案例、经验带到课堂中，作好理论与实践的有效衔接。公安院校培养的学生应当在走上工作岗位之前，既掌握基础理论知识，也要了解新形势、新情况，能够用所学的知识很好地解决新问题，为以后顺利进入公安工作打下良好的基础。以行政法的实训教学为例，在行政处罚的实训案例选择时，既要考虑到选取能充分体现出相关知识点的经典案例，同时也要结合新形势下的公安工作，对教学案例进行不断调整，如设计模拟对以网上传播方法进行的违法行为的处罚。

3. 法学单科实训与法学综合性实训相结合。近几年来，警察法学、行政法学、刑法学、刑事诉讼法学等法学学科都设计有实训教学环节，实训课时占到25%以上，基本能够实现对法学单科知识点考察和运用。但是，我国基层公安执法工作的特点是涉及问题多元化和程序衔接的复杂化，需要的是具备综合执法能力的、“一警多能”的人才。这种分散的、孤立的实训项目设计尚不能满足涉及多元化问题的公安执法工作的需要，应当在单科实训教学的基础上增加法学综合性实训项目，培养学生对法学多学科知识综合运用能力。综合实训犹如一条丝线，把散落的珍珠窜成一件精美的艺术品，使学生所学的理论知识点融合为适应公安工作需要的法律能力和法律素养。综合性实训时应当安排设计在法学各学科学习基本完成后，通过单科实训加强学生对法学各学科知识的掌握，为进行综合实训打下基础；通过综合实训培养学生对法学各学科知识的综合运用能力，促进法学各科知识的融会贯通。法学单科实训与法学综合性实训之间是互为支撑、层级递进的关系，绝不可舍弃其一。

（二）实训教学手段的改革

1. 校内实训与校外实训相结合。在本科教育学制不变的前提下，利用假期、课余时间开展校外实训，实际上增加了学生实训的时间，给学生更多的动手机会，是对校内课堂实训教学的一个有效补充。同时，校外实训还有校内实训所达不到的效果：由于环境的改变、实训方式的改变，能够更好地激发起学生的兴趣，学生的主动参与度较高。但是应当注意的是，指导教师要及时对校外实训情况进行科学的考核，总结点评，解决学生在实训中遇到的疑难问题，才能达到提高学生对法学知识理解和运用的效果。目前，河南警察学院已开展有“假日警长”活动、暑假实践、毕业实习等校外实训课目，而校内实训教学内容较为单一、分散，应在单科实训的基础上增加综合实训教学。

2. 讲授式、案例讨论式、诊所式、模拟演练等多种实训教学手段相结合

培养创新型人才，就要培养其创造性思维，变学生被动学习为主动参与，变机械操作为创造性解决问题，充分发挥学生的主观能动性。实训教学中要采用讲授式、案例讨论式、诊所式、模拟演练等多种教学手段，充分调动学生参与的积极性和主动性。这些教学方法和手段在目前的实训教学中已经在采用，通过实践探索，也发现了一些需要改进的问题。过去的做法是由教师来主导实训，不仅设定情境，而且设计好“剧本”，学生的参与实际上就是按编好的台词来演出，不能很好地锻炼学生的应对能力，不利于学生创造性的培养。如果教师退出导演的角色，而只是提出一种情境，不告诉其结果，由学生以警察身份来进行执法，可更好地调动起学生的参与积极性，并能促使其调动主观能动性来解决问题，达到我们培养创新型人才的效果，同时还能够更真实地反映出学生的理论知识掌握水平，有效地弥补不足。

3. 多种科技手段的综合运用

随着科技的发展，我们在教学中可以运用更多的科技手段来辅助教学。以河南警察学院为例，目前每个教室都有多媒体教学设备、教师都能熟练地操作使用，不论是在课堂讲授还是实训教学中都是不可缺少的一项设备。但是同步录音、录像设备的使用还比较少，考察中国人民公安大学的实训教学，在学生进行模拟执法时进行同步录音、录像，通过多媒体设备进行播放，学生的感受更为直观，点评效果更好。而网上办案采用是适用公安工作形势的需要，浙江警察学院已经在经侦专业实训课程中开设，实训引入经济犯罪案件信息管理系统（EC-MIS）①。目前我国基层公安机关在执法时大部分已实现网上办案，为更好地贴近公安工作实际，法学专业实训课程中应当引入基本技能实训，执法实训科目可以模拟公安网上办案——网上填报信息、网上审批等。

① 潘强：《公安院校经侦专业课程校内实训教学方法探索》，载《公安教育》2008 年第 4 期。

三、警察院校法学实训教学改革设计

改革不是全面否定，它是要把事物中旧的不合理的部分改成新的，能适应实际情况的部分。结合目前警察学院法学实训教学的情况，应当在已有的实训科目的基础上，增加综合实训内容，改进实训教学中的教学方法和手段。

（一）构建多方位、立体化的实训教学体系

1. 课堂教学实训。目前在警察院校中法学专业课程课时设置时一般都开设有实训教学环节，并有相应的实训大纲，开展有案例教学、模拟行政处罚实训、模拟法庭及观摩庭审等。但是目前已经开设的法学单科实训考察的是分期的知识点，如行政处罚实训，只考察处罚行为的程序和决定；模拟法庭，只考察刑事诉讼法的内容。建议在此基础上单科实训的基础上增加综合实训。“贴近实战、服务实战是改革与完善公安院校人才培养模式的基本落脚点，是公安教育改革的方向。”① 综合实训则是模拟整个办案过程，综合考察行政法、刑法、刑事诉讼法及抓捕、讯问、现场勘验等等所学的理论知识，更好地实现服务实战的目标。综合实训科目应当在大部分基础课程学习完之后，可以在第三学年开设。模拟公安机关从接处警到案件终结整个过程，按照案件性质可以分为行政执法实训和刑事执法实训，实现学生对所学法学知识的综合运用，综合考察学生的法律素养和警务实战技能。

2. 科研训练。目前有多所警察院校法学专业学生进行科研训练，一般在第三学年下学期安排学年论文的写作，第四学年下学期要求提交毕业论文。通过学年论文的训练，使学生了解一些思考问题的思路和研究问题的方法，初步掌握一些论文写作的方法和规范，逐步培养学生的科研能力。在此基础上，学生在第四学年进行毕业论文的写作，展示其四年的学习成果和科研能力。

3. 社会实践活动和毕业实习。组织学生利用课余开展有“假日警长”、协助公安机关进行大型活动的巡逻安保、假期到公安机关实践等活动。在第四学年上学期（第七学期）安排学生到基层公安机关进行毕业实习。这个时间的选择与一

① 《中共公安部委员会关于加强和改进公安教育训练工作的意见》，载广东警官学院网站，http://zzjx.gdppla.edu.cn/xxyd/201212/t20121212_28456.html，最后访问时间：2015 年 4 月 8 日。

般院校不同（其他院校大多数安排在第八学期），目的在于实习结束后再返校解决实习中的问题，一是查缺补漏，二是方便与学校老师探讨实习期间遇到的疑难问题，三是有了一定的实践经验，有利于毕业论文的写作。

（二）在模拟实训中注意实战性、真实性

组织模拟公安机关办理的行政案件、刑事案件等的实训，不是简单的程序操作的过程，它能非常好地检验、审视执法人员的法学理论知识的掌握情况——如受理案件时要确定是否有违法犯罪行为、是何种违法犯罪行为，才能选择相应的办案程序。通过考察对违法行为的定性，能有效地使学生对行政法、刑法中违法犯罪行为内容进行回顾和掌握。所以可以说模拟公安机关办案的过程是最好的法学理论知识运用和实践的过程。

但是在之前开设的模拟实训教学中，学生的主观能动性的调动不够，往往是指导教师占据主动，而学生似乎只是机械地操作。其原因主要有两点：一是因为教师设计实训时把各个环节设计得太细化，就像提前写好了剧本，学生只要照着演就行了，不需要临场应变，最终的结果是模拟成为机械地操作，参训人员只是熟悉了流程，而没有主动的思考，不利于创造力的培养。二是因为模拟实训教学中学生的角色混乱，有扮演执法人员的、有扮演嫌疑人的、有扮演受侵害人的等等，似乎这就是学生的参与。这种做法虽然在一定程度上让学生对问题有不同角度的认识，但是组织实训教学的目的首先是为了培养其法律运用能力，而角色混乱让其在身份的认知上不明确，实训的效果就打了折扣。

模拟训练，关键在于情境逼真，贴近实战。建议在模拟训练时，由一个教学对象（一个区队）按县级公安局的结构来进行角色分派［接警值班人员、出警人员、治安、刑侦、法制（预审）、审批的领导——公安局长、值班领导］，模拟公安日常执法中的工作模式。由实训教师设计案例，由助训教员模拟案件当事人角色，对于学生来说案情是未知的，从公安机关接处警环节开始进行实训，充分调动其主观能动性。同时安排督查人员（由3～5名学生担任），对整个办案流程进行观察，并记录问题。同时对整个实训过程进行录音、录像，在模拟案件处理完毕之后播放录像资料，从旁观者的角度来进行分析点评。最后点评环节分为学生自评、教师分析点评两个部分，促使参训学生对问题进行反思。

（三）设计科学的考核方式

实训教学内容中应当设计科学的考核方式。如果缺乏科学、规范的考核评价，那么教学实训的效果要大打折扣。这里的考核是对模拟实训内容的考核，来考察学生的参与程度、知识掌握程度等。

目前警察院校中实训的考核主要是单项实训，结合学生的实训报告进行考核。对于综合实训的考核，可以结合公安机关执法规范化考核标准来设计实训评分标准，对每个知识点设计分数。建议在考核时要增加学生自评环节：在实训时进行现场录像，通过回放录像，由学生进行自评，进一步加强对知识的掌握。考核时结合学生自评和执法情况对参与实训的学生进行考核打分：如是否有正确的执法观念、强制措施采取是否正确、文书是否规范等进行评分考核。单项实训考核成绩纳入学生期末总评成绩，综合实训考核成绩可以作为单科学分纳入学生总学分中。

论基层工作为导向的警察法学教育

——以家庭暴力法律规制课程设计为例

辛宇罡[①]

引　言

习近平总书记指出，“基层是一切工作的落脚点，社会治理的重心必须落实到城乡、社区。”[②] 只有把研究的目光投向基层，把工作的重心放在基层，才能准确表达人民群众的利益诉求，才能从根本上改进社会治理方式。当前，各级公安机关高度重视基层工作，将加强城乡社区警务视为改善社会治理的重点内容。警察法学的教学研究当然不能无视城乡社区警务的重点工作。作为提高公安执法规范化水平的重要途径，警察法学教育应牢牢抓住基层工作这个“牛鼻子”，及时发现城乡社区警务工作中存在的法律问题，积极探讨城乡社区警务工作中遇到的社会矛盾，开展有针对性的教学研究工作。

基层工作的重点在社区，社区的基本细胞是家庭。恩格斯在《家庭、私有制和国家起源》一书中指出，“在历史上出现得最早的阶级对立，是同个体婚制下夫妻间的对抗同时发生的，而最初的阶级压迫是同男性对女性的压迫同时发生的。”[③] 当然，阶级压迫可能表现为多种形式。时至今日，家庭中存在的野蛮暴力仍是一个世界性的社会问题，在某些家庭，“妇女既是暴力又是绝望的承受者，她们的境地可与受压迫的阶级相提并论。”[④] 针对我国家庭暴力呈现出的一些突

---

① 辛宇罡，男，天津公安警官职业学院法学系讲师，主要从事诉讼法学研究。

② 习近平：《社会治理的重心必须落实到城乡、社区》，载人民网，http：//politics. people. com. cn/n1/2016/0305/c1024－28174494. html，最后访问时间：2016 年 3 月 5 日。

③ 恩格斯：《家庭、私有制和国家起源》，人民出版社 1972 年版，第 63 页。

④ 李银河：《妇女：最漫长的革命》，读书．生活．新知三联书店 1997 年版，第 9 页。

出问题，经过立法机关多年的酝酿、起草，反家庭暴力法已经通过了立法机关的审议表决并公布实施，这是我国落实人权行动计划的重要举措，也是我国人权保障的里程碑，对保障妇女儿童合法权益具有重要意义。当前，贯彻落实反家庭暴力法是警察法学教育研究的重点内容。本文以反家庭暴力法为依据，根据公安机关工作和警察执法实践经验，设计了家庭暴力法律规制的教学内容和教学方法，为公安院校相关专业提供家庭暴力法律规制的教学方案，以期充分发挥警察干预家庭暴力的职能，把维护妇女儿童权益、促进社会进步的法律规范落到实处。

本文共分四个部分，第一部分主要是关于公安院校开设家庭暴力法律规制课程的必要性，警察怎样干预家庭暴力，如何运用手中的权力，警察能否有效制止和预防家庭暴力？这些问题除与警察观念有关外，还与其知识结构和工作方法密切相关，因此有必要系统讲授家庭暴力法律规制的立场、程序和方法。第二部分是家庭暴力法律规制课程的主要教学内容，包括警察干预家庭暴力的基本立场和态度，警察干预家庭暴力的基本原则，警察干预家庭暴力的主要程序，家庭暴力案件统计与档案管理，家庭暴力风险评估等内容。第三部分是关于家庭暴力法律规制课程的主要教学方法。在最后的结论部分，我们认为，公安司法机关，作为一个整体，有必要给家庭暴力受害者提供坚定而持久的保护。家庭暴力法律规制课程的设计和实践，展现了公安司法机关和公安教育部门积极保护人权，坚决抵制家庭暴力的努力和决心。

一、开设家庭暴力法律规制课程的必要性及目标要求

《大学》有云："治国必先齐其家……君子不出家而成教于国"①，意在强调处理好家庭关系对于治理国家的重要性。家庭关系中存在的暴力行为不仅直接危害受害人的身心健康和生命安全，导致婚姻家庭和子女成长的不幸，而且容易引发恶性犯罪案件，危害社会的安全与稳定。公安院校相关专业开设家庭暴力法律规制课程，系统讲授家庭暴力法律规制的立场、程序和方法，不仅有助于提高警察执法的规范化水平，也有助于促进我国人权事业的发展进步。

---

① 朱熹：《四书章句集注》，中华书局2011年版，第10页。

（一）课程开设的必要性

2015 年 12 月 27 日，《中华人民共和国反家庭暴力法》由十二届全国人大常委会第十八次会议表决通过，于 2016 年 3 月 1 日起正式施行。制定反家庭暴力法，既是国际通行做法，也是我国的现实需要，体现了对人权的尊重与保障，体现了对妇女儿童权益的保护，也体现了中国政府对国际社会承诺的履行。反家庭暴力法第七条规定，公安司法机关应当将预防和制止家庭暴力纳入教育培训和统计工作；第十五条规定，公安机关接到家庭暴力报案后应当及时出警，制止家庭暴力，按照有关规定调查取证，对于面临人身安全威胁，处于危险状态的，公安机关应当通知并协助民政部门将其安置到临时庇护场所、救助管理机构或者福利机构。

实际上，公安机关作为具有武装性质的国家机关，施行二十四小时值班备勤制度，为公民的生命财产安全提供全天候的保护。按照反家庭暴力法的规定，公安机关给家庭暴力受害人提供的保护的同时，对于面临人身安全威胁，处于危险状态的，还要通知并协助民政部门将其安置到临时庇护场所、救助管理机构或者福利机构，因此公安机关处置家庭暴力事件，必然产生多重法律效果。面对被丈夫殴打的妇女，面对被家长虐待的儿童以及被子女欺侮的老者，警察怎样干预家庭暴力，如何运用手中的权力，警察能否有效制止和预防家庭暴力？这些问题除与警察的个人观念有关外，还与其工作方法密切相关。有学者的研究表明，在过去，公安机关的执法人员，选择家庭暴力处置方法，并非依据家庭暴力的性质，而主要是依据对家庭环境的观察，依据对施暴者和被害人性格的判断，也有受害人指责执法人员处理家庭暴力，态度轻率，敷衍了事，没有提供足够的权利保护，结果导致严重的人身伤害。与此同时，许多公安执法人员认为，家庭矛盾不是真正的警情，处理家庭矛盾容易分散警力，影响重要案件的处理。而且在一般情况下，家庭问题引发的矛盾经常反复报警，有研究表明，引发严重后果的家庭暴力案件，至少已报警 3 次以上。鉴于家庭暴力产生的复杂原因和规律特殊，如果处置行为不专业，对家庭暴力的规律特点缺乏认识，就不能有效预防和制止家庭暴力。因此，在公安院校相关专业开设家庭暴力法律规制课程，帮助警察了解家庭暴力的基本规律和特点，掌握干预家庭暴力的技巧，提高家庭暴力行为处置的专业化和规范化水平，无疑是预防和制止家庭暴力的重要途径。

（二）课程开设的目标要求

在《社会契约论》的篇首，卢梭以“上帝”般的口吻断言：“人生而自由，可是无往不在枷锁之中。”[①] 在种种社会桎梏中，最为沉重的枷锁莫过于毫无希望的奴隶般的生活。开设家庭暴力法律规制课程，就是为了帮助家庭暴力受害人砸碎各种枷锁，获得自由和解放。具体而言，家庭暴力法律规制课程的目标包括以下几个方面：

1. 预防和制止家庭暴力

预防和制止家庭暴力是开设家庭暴力法律规制课程的首要目标。如前所述，家庭暴力具有严重的社会危害性，在反家庭暴力工作中，预防是重中之重，预防工作是一项前端工作。当然，有效的预防工作，可以最大限度地避免家庭暴力事件的发生，但并不一定能从根本上杜绝家庭暴力事件。一旦发生家庭暴力，需要有有效的制止手段和措施。家庭暴力法律规制课程的教学内容，包括了制止家庭暴力的有关内容，对如何制止家庭暴力行为进行明确具体的讲授。

2. 保护家庭成员的合法权益

家庭暴力是家庭成员之间以殴打、捆绑、残害、限制人身自由以及经常性谩骂、恐吓等方式实施的身体、精神等侵害行为。作为身体上的或者精神上的侵害行为，家庭暴力直接侵犯受害家庭成员的合法权益。在预防和处置家庭暴力的过程中，要正确认识保护家庭成员合法权益与维护家庭关系这两者之间的关系。本课程所要保护的家庭成员合法权益是一种建立在男女平等、尊老爱幼基础之上的，不能以牺牲家庭暴力受害人合法权益来维持家庭的存在。对于家庭中的暴力行为要坚决予以制止，没有暴力的家庭成员合法权益才值得维护。

3. 促进家庭和谐、社会稳定

家庭是社会的基本细胞，家庭和睦、和谐是社会和谐、稳定的基石。只有通过最大限度地杜绝家庭暴力行为，才有可能构建和睦的家庭关系，从而实现整个社会的和谐稳定。从这个意义上来说，促进家庭和谐和维护社会稳定是课程设置的最终目的。

---

① ［法］卢梭：《社会契约论》，李平沤译，商务印书馆2011年版，第8页。

二、家庭暴力法律规制课程的教学主要内容

无论从家庭暴力本身的特点规律来看，还是从警察干预家庭暴力的现实状况来看，家庭暴力法律规制课程的教学都非常重要。课程的教学内容，至少应当包括以下几个方面：

（一）家庭暴力法律规制的基本立场

由于反家庭暴力工作涉及家庭关系的稳定，对于一般的家庭暴力，对加害人还是以批评教育为主，不宜随便采取强制措施，否则可能导致家庭关系破裂。家庭暴力情节轻微，依法不给予治安管理处罚的，由公安机关对加害人给予批评教育或者出具告诫书。施暴行为如果符合侵权责任法、治安管理处罚法、刑法等法律规定承担责任的条件，加害人应当承担相应的民事责任、行政责任和刑事责任。反对家庭暴力是全社会的共同责任，对家庭成员等个人来讲，不允许暴力，不实施暴力。对于国家来讲，反对一切形式的家庭暴力，对出现的家庭暴力行为及时处置。

（二）家庭暴力法律规制的基本原则

1. 预防为主原则。家庭暴力法律规制的基本原则，要从预防、处置等环节入手，对于可能发生家庭暴力的，防患于未然，预防工作是反家庭暴力的重点。对家庭暴力加害人的处罚措施主要依据治安管理处罚法、刑法等法律规定，适用这些法律的条件较严格，门槛较高，国家公权力介入较晚，需要造成一定伤害后果。为了有效预防和制止家庭暴力，需要国家公权力关口前移，不能等到造成比较严重后果时才进行干预，且反家庭暴力的主要目的在于保护受害人，而非简单处罚施暴人，因此，做好预防工作是反家庭暴力工作的重点，也是反家庭暴力法的重点。

2. 尊重当事人的真实意愿。已经发生家庭暴力的，防止事态扩大，同时要做好被害人的保护工作，还要平衡好国家公权力干预私生活的限度，在反家庭暴力的同时要处理好保护私人权利问题。家庭暴力虽然不是纯粹的家庭或个人私事，需要公权力的适度介入和干预，但在公权力的介入和干预过程中应当尊重受害人真实意愿。家庭暴力涉及当事人的隐私，许多受害人本来不愿意向外界求助，如果在反家庭暴力工作中不强调保护当事人的隐私，一是会进一步导致受害人不敢求助，二是会导致当事人因隐私泄露受到更大伤害，最终不利于保护当事

人合法权利和反家庭暴力工作的开展。

3. 对特殊群体的保护。一般情况下，家庭暴力受害人属于弱势一方，而未成年人、老年人、残疾人、妇女、重病患者的弱势地位更加明显，需要根据其特点给予特殊保护。反家庭暴力法针对无民事行为能力人和限制行为能力人规定了强制报告制度和紧急带离制度就是特殊保护的体现。还应当根据法律规定和案件情况，通过代为告诉、法律援助等措施，加大对未成年人、老年人、残疾人、孕妇、哺乳期妇女、重病患者的司法保护力度，切实保障他们的合法权益。

（三）家庭暴力法律规制的主要程序

公安机关可能是家庭暴力受害人向外求助的第一个对象。受害人对公安机关介入的期望值很高，警察如能以正确的态度、在第一时间进行有效干预，可以防止暴力升级并为被害人提供切实保护，增强反对暴力的信心。

1. 接警规范。无论从哪种渠道发现家庭暴力，警察都不能掉以轻心，对管辖范围的应及时介入、干预。对受害人提出请求而非管辖范围的，应先行受理后，通知、移交管辖机关处理。对电话报警、110 报警的家庭暴力案件，询问事项包括：现场准确地点；双方当事人的关系；报案人与当事人的关系；被害人受到何种伤害及伤害程度；施暴者情况，是否使用器械、有无武器；现场是否有孩子及孩子的状况等，对所有资讯都应有记录。对到公安机关报案、控告、举报、扭送或施暴人自首的，应当立即受理，所问事项与上相同，并制作笔录，经宣读无误后签名或盖章，必要时可以录音。

2. 出警规范。对于正在发生的家庭暴力报案，应迅速安排出警，并把相关信息提供给出警民警。我国目前没有专门应对家庭暴力的专门警队，主要实行派出所属地管理。非管辖区案件，接警后也应立即出警，不得推诿，先行受理后，根据管辖再行移交。对受害人的问话直接反映警察对家庭暴力的观念和态度。类似“他为什么打你”“你怎么惹他了”“你是不是……”的问话是不合适的。警察首先要对受害者的状况和暴力的危险性进行评估，谨防先行作出谁对谁错的判断，因为这种判断暗含着“打人有理”“挨打有原因”的观念。

3. 现场干预、现场处置。家庭暴力的现场可能是家里，也可能是公共场所。警察接案后，应立即派警员赶赴现场平息、制止，保护受暴者及可能伤及的其他人，及时查找证人和收集证据，对施暴者予以处置。对制止后的家庭暴力事件进行初查，够立为治安、刑事案件的依照法定程序处置，不够立为治安案件的，应与居委会、妇联组织沟通，登记在案，警惕和避免暴力的再次发生。

4. 调查取证。有的家庭暴力案件中的当事人证据意识不强，没有注意充分收集证据，在这种情况下，公安机关的调查取证就显得非常重要。2015 年最高人民法院、最高人民检察院、公安部、司法部《关于依法办理家庭暴力犯罪案件的意见》规定，公安机关在办理家庭暴力案件时，要充分、全面收集、固定证据，除了收集现场的物证、被害人陈述、证人证征言等证据外，还应当注意及时向村（居）委会、人民调解委员会、妇联、共青团、残联、医院、学校、幼儿园等单位、组织的工作人员，以及被害人的亲属、邻居等收集涉及家庭暴力的处理记录、病例、照片、视频等证据。

5. 助受害人就医、鉴定伤情。受害人因家庭暴力受到人身伤害的，警察应当协助其就医。对于伤情鉴定，根据公安部《公安机关办理行政案件程序规定》的有关规定，对于以下三种情况，公安机关应当进行伤情鉴定：一是受伤程度较重，可能构成轻伤以上伤害程度的；二是被侵害人要求作伤情鉴定的；三是违法嫌疑人、被侵害人对伤害程度有争议的。根据反家庭暴力法第二十条的规定，人民法院审理涉及家庭暴力的案件，可以根据伤情鉴定意见等证据，认定家庭暴力事实。

（四）多机构合作

家庭暴力是社会问题，需要全社会的共同关注，对家庭暴力的防治，也需要全社会的共同努力。国家机关和民间团体都积极参与家庭暴力防治工作，就能提高干预家庭暴力的正面效果。欧盟议会在《打击家庭暴力：警察相关行为的规范和建议》中指出，“所有的政府部门必须共同承担家庭暴力的责任，共同合作，警方不可能孤军奋战，面对伤害妇女的暴力问题，必须加强与其他团体和组织的合作，特别是家庭犯罪法庭、儿童青少年保护协会、妇女团体、预治暴力犯罪的团体。警方应有效地与地方、地区和国家的政府和非政府组织合作，共同建造一个有效打击家庭犯罪暴力的网络。”①

三、家庭暴力法律规制课程的教学方法

西汉学者刘向在《说苑》一书中记载了战国时期魏文侯与西门豹的对话，其

① 荣维毅：《家庭暴力干预培训系列教材：警察培训手册》，中国社会科学出版社 2004 年版，第 150 页。

中谈道："夫耳闻之不如目见之，目见之不如足践之。"[①] 意思是说，从别人那里听来的事情，没有亲眼所见的可靠；亲眼所见，又不如亲自尝试去做。往事越千年，道理久而愈明，"耳闻之、目见之、足践之"的认识规律已经得到现代认知心理学和教育心理学的印证，家庭暴力法律规制课的教学方法通过"耳闻之、目见之、足践之"的层次，按照认知心理学和教育心理学的基本原理，采取效率与创新并重的教学方法，运用各种媒体工具，以提高教学效果和学习效率。

（一）资源导向式教学方法

采用资源导向式教学方法，通过对各种不同学习资源的开发和利用，来完成教学目标的学习。进入信息时代以来，大学的教学方式无疑获得了巨大的改进，"耳闻之"的教学条件不断改善，"目见之"的教学手段更加丰富，家庭暴力法律规制课程的教学方法可以采用资源导向式教学方法，利用多媒体教学手段，吸引同学们的注意力，激发大家的学习热情。

（二）以学生为中心的教学方法

教师为学生提供互相尊重、平等参与的学习环境，在教学过程中鼓励和激发各种观点的讨论，并及时引导、反馈和总结，鼓励学生深入思考，逐步培养理性认识，通过探讨家庭暴力处置中的热点难点，分析应当策略，增加学习主动性。与灌输式方教学方法相比较，以学生为中心的教学方法尊重每位同学的知识背景和个人经验，同学之间相互交流，相互倾听，在分享的过程中受到启发，形成共识。

（三）基于工作过程的教学方法

邀请业绩突出的一线执法人员，讲解警察干预家庭暴力的难点与技巧。此种方法能够发挥一线警察的特长，让学生了解家庭暴力案件处置的基本程序，熟悉各种不同类型案件的处置规律、特点及基本应对思路。例如，受亲情影响和能力所限，遭受家庭暴力的未成年人等无民事行为能力人、限制民事行为能力人极少自己报案；受传统社会文化影响，施暴者以外的其他家庭成员和社会公众也不愿意或者没有意识去主动报告家庭暴力行为，导致有些未成年人等无民事行为能力

---

① 向宗鲁：《说苑校证》，中华书局1987年版，第157页。

人、限制民事行为能力人长期、反复遭受家庭暴力而得不到干预和救助，身心遭受严重摧残。对遭受家庭暴力的未成年人等无民事行为能力人、限制民事行为能力人应当有迅速发现的信息渠道，从而为国家和社会及时介入和干预创造条件。

余　论

坚持基层工作为导向的警察法学教育，不仅有助于丰富警察法学的理论意义，还有助于体现警察法学的实践价值。德国法学家卡尔·拉伦茨在《法学方法论》一书中指出，法学"应当致意于在具体的细节上，以逐步进行的工作来实现更多的正义。谁如果认为可以忽略这部分工作，事实上他就不该与法学打交道。"① 虽然全国人大常委会通过了反家庭暴力法，并创设了强制报告、临时庇护和人身保护令等新制度，给家庭暴力受害人提供了更广泛的法律支持，但并不一定能从根本上杜绝家庭暴力事件。通常情况下，公安司法机关的执法工作，主要处置陌生人之间发生的各类刑事案件和治安案件，对于家庭暴力案件，在处置过程中存在不少难点，其中最突出的问题就是在公安司法机关接到报案、举报或者控告之后，大多数家庭暴力受害人不能配合调查，加之缺少证人或者证人不愿作证，往往导致案件无果而终。另外，还有部分执法者担心，如果处置措施过于严厉，有可能让受害人及其亲属不敢或者不愿报案。

尽管如此，我们认为，无论关于家庭暴力案件有多么复杂，报警次数多么频繁，公安司法机关都应当对其进行及时、稳妥地处理，否则就可能让受害者的生命受到现实威胁。由于家庭暴力可能给受害人及其子女带来灾难性的后果，家庭暴力受害者需要公安司法机提供坚定而持久的保护，因此公安司法机关的警务人员不仅要认识到家庭暴力案件的高度复杂性，还要在知识和技能上进行充分的准备，秉持人道主义精神，以谨慎勤勉的态度，从保护人权的立场出发，妥善处置家庭暴力事件。实际上，家庭暴力法律规制课程的设计论证和教学实践，也体现了公安司法机关和公安教育机构积极保护人权，坚决抵制家庭暴力的努力和决心。

---

① ［德］卡尔·拉伦茨：《法学方法论》，陈爱娥译，商务印书馆2015年版，第175页。

浅析构建面向公安基层，应用型导向的警察法学教育教学模式

万政伟　曹赞刚①

应用型法律人才必须具备相应的专业知识技能、实践应用能力、创新能力和社会能力。② 公安院校警察法教育教学的目的有其特殊性，公安院校不是要培养“涉外型”法律人才，也不是要培养“学术型”法律人才，而是要培养“应用型”的法律人才，即能很好地运用所学的法律知识解决公安执法实践中出现的法律问题。警察法律职业始终是警察法学教育的服务面向，警察法教学内容与课程体系的设置、教学环节的确定、师资队伍的结构都要适应这一服务面向。围绕培养警察法律职业人才的目标定位，优化公安院校各专业培养方案，完善警察法教育教学方法，强化警察法学实践教学，不断提高公安院校警察法学教学质量和效果，更好地服务于公安实战对人才的需求。

一、明确定位警察法学教育要面向公安基层

法律职业岗位的社会需求应成为制定应用型法律人才培养目标的主要客观依据。③ 从我国公安院校警察法学教育的现状出发，改革警察法学教育教学模式，优化公安人才培养模式，从准确定位警察法学人才培养目标人手，使警察法学教育回归到“警察职业教育”本位，确立面向公安基层，应用型导向的警察法学教育教学模式的定位，进而推动警察法学教育在教育理念、教学方法、课程设置、实践教学等多方面改革，主动服务于公安实战部门对警察法律的人才需求，提高

① 万政伟，男，浙江义乌人，浙江警察学院法律系讲师，硕士，主要研究方向：民商经济法；曹赞刚，男，浙江萧山人，浙江警察学院法律系讲师，硕士，主要研究方向：民商经济法、民诉法。

② 赵秉志：《应用性是法律人才培养的根本目标》，载《人民法院报》2011 年 1 月 28 日。

③ 张卫华：《本科应用型法律人才培养目标研究》，载《政法论丛》2014 年第 6 期。

警察法律人才的实践能力，形成一套符合公安执法队伍建设需要的科学人才培养模式，最终实现提高警察法学人才培养质量的目标。

二、积极探索警察法学教育教学的新模式

通过明确将警察法学教育定位为面向公安基层的应用型导向的警察法律职业教育，在教育理念、课程设置、教学方法、实践教学等多方面对警察法学教育进行完善，积极探索警察法学教育教学的新模式，推动当前公安院校警察法学教育由基础性教育向警察职业教育转变，形成一套适应公安实战需要的警察法学教育教学体制。

警察法律职业教育要求强化学生警察法律职业伦理教育、强化学生法律实务技能培养，提高学生运用法学与其他公安相关学科知识、方法解决公安执法实践中的实际法律问题的能力，促进警察法学教育教学与警察法律职业的深度衔接。

三、基于公安实战需求优化警察法学课程体系

目前公安院校以浙江警察学院为例，从授课对象的角度分为面向法学专业（公安法制方向）开设的法律课程和面向非法学专业（公安法制方向）开设的法律课程；从开设法律课程类别来分，法律类课程主要是三大类，民事类法律课程、行政类法律课程和刑事类法律课程。公安院校中与公安执法相关的专业只是选择性开设了一小部分法律课程，哪怕是法学专业（公安法制方向）也不可能像法学本科院校那样全面系统地开设法律课程，我们所说的“警察法”实际上是警察执法中需要用到的法律，是有针对性地选择开设法律类课程。因此，是否基于公安执法对法律知识需求开设相关课程，以及所开设的该门法律课程的教学内容是否基于公安执法对法律知识需求进行针对性的合理取舍是警察法学与普通本科法学区别的关键，否则，警察法学与普通本科法学院校的法学也就没有区别，用“警察法学”这个词也就没有必要。无论面向哪个专业的授课对象，警察法学课程设置、教学内容选择均要服从于公安实战对法学的需求。

学校要适时修订人才培养方案，根据公安实战需求优化各专业警察法律课程体系，对接公安实战更新各门警察法学课程教学内容，设计体现公安特色警察法学教学方式方法，搭建好高水平警察法学教学平台。适当减少警察法理论课学时

数，增加警察法学实践课教学时数，增加警察法实务、实训、实验类课程，同时要加强公安院校警察法实践性课程教材建设。

四、强化警察法学教育中实践能力培养

应用型法学人才相对于理论型法学人才而言，指能够利用法律专业知识和技能解决实际法律问题的人才，具备在法律实践中的动手能力。其中的实践能力是应用型法学人才教育培养的基本内涵。[①] 法学本身就是具有高度实践性的学科，法学教育的主体应当是法律职业教育，警察法学教育更加要面向公安、服务公安工作。在强调法学基础知识、基本理论和基本技能教育与法学方法、法律思维、法律语言、法律推理能力教育相结合的同时，强化警察法学实践教学环节，提高学生运用警察法律知识解决实际问题能力，培养适合公安实战需要应用型法律人才。

强化实践教学环节是提升警察法学教育教学质量，尤其是提升学生警察法律实践能力的核心环节，要将实践教学环节作为人才培养工作的重点，对于实践教学工作中的各个环节进行系统设计，形成具有公安特色的警察法学实践教学模式。

1. 强化校内实践性课程建设。以浙江警察学院为例，由于各专业培养方案课时有限，目前还没有开设专门的独立的警察法实践性课程。公安院校应通过更新警察法学教学内容、创新教学方法、开发独立的新型警察法学实践性课程，大力推进警察法学教学内容与方法的改革。警察法学实践性课程是进行校内实践教学的主要载体，公安院校可以参照国内一些法学本科院校的经验，制订一套包含有案例课程、研讨课程、实务技能课程、法律诊所课程在内的人才培养方案，在课堂教学中突出强调学生的法律思维、法律推理能力、法律实务技能与法律职业伦理的培养。

研讨课程的教学内容是由教师带领学生在课堂上围绕固定主题进行专门研讨。通过系列典型案例评析课程，使学生在课堂上能直接感受到所学的理论如何与公安实务对接，在一个具体案件中相关理论与法条的运用还需要掌握哪些技巧，以提高学生综合分析问题和解决问题的能力。案例课程和研讨课程均以鼓励

---

① 邓建鹏：《应用型法学人才的实践能力及实现途径》，载《当代法学》2012 年第 6 期。

学生积极参与讨论、研究为主，旨在通过训练学生收集信息、整理信息、分析信息和表达等方面的能力，提升学生以法律思维分析问题、解决问题的能力与学术思辨能力。案例课程、研讨课程可以极大地推动教师在课堂教学中启发式、讨论式、案例式教学等教学方法的应用，提升了课堂教学的效果与质量。

实务技能课程包括审判、检察、律师以及非诉类法律实务技能课程、模拟法庭（仲裁庭）课程，以及法律职业伦理与法律行为规则课程等课程。很多法学院校根据不同的法律部门开设专门的法律诊所课程，一些公安院校虽然开展了法律诊所活动，但很少有公安院校开设专门的独立的法律诊所课程，而法律诊所课程是学生参与解决公安实践中法律疑难问题最佳途径。以上各实践性课程可以根据各公安专业人才培养的需要选择性地开设。

2. 重视法律实践教学师资队伍建设。法律实践教学教师队伍建设是保证警察法学实践教学质量、培养应用型人才的核心，建设一支高水平、高素质的实践师资队伍是警察法学实践教学工作的基础。① 目前公安院校警察法学实践教学师资存在的普遍问题之一就是缺乏公安实战经验和必要的专业技能，不能满足警察法学实践教学的要求，而公安院校往往重视理论教师队伍建设而轻视实践教师队伍建设，师资培养上，注重的是教师学历层次和职称结构的优化提高。近年来，全国各公安院校大量引进几乎没有任何实践经验的法学博士或硕士，这些法学博士或硕士从高校毕业后直接走上讲台缺乏实践教学能力，更脱离公安实战，导致整体实践教学能力偏低。因此，公安院校首先要重视法律教师实践经验尤其是公安实战经验的积淀和“双师型”教师的培养。其次要建立实践教学激励机制，在职称评审、职务晋升、工资福利待遇等方面进行倾斜。教师教学工作量的计算，学校往往比较注重教师课堂教学工作量计算，而对于非课堂实践教学则不给予计算工作量或者计算很少的课时或补贴，对此应更加注重建立实践教学激励机制，从而调动教师从事实践教学的积极性与创造性。

3. 加强与公安实战部门合作。以浙江警察学院为例，浙江警察学院已经与全省范围内的基层公安分局建立多个校局合作基地，学校重视从公安实战部门聘任驻校教官。此外，可以根据需要从法律实务部门如政法机关、律师事务所聘请热心法学教育的同志兼职担任实务导师，他们往往具有丰富法律实务经验和较高理论素养，这些实务部门的专家通过参与修订人才培养方案讨论、与学校专任教

---

① 向梅梅、刘明贵：《应用型本科高校实践教学研究》，暨南大学出版社 2011 年版，第 115 页。

师共同编写实务教材、担任实践法庭或模拟法庭的指导教师或评委、举办讲座、指导学生论文等多种方式深度参与学校专业教学活动。

4. 通过课内外、校内外第二课堂教学活动加强对学生警察法应用能力培养。投入经费，创造平台，鼓励学生在校内外开展暑期公安实践调查、法庭论辩赛、法律援助、法制宣传等多种形式的第二课堂活动，培养学生的综合素质与应用能力。

五、学生科技创新面向公安实务

学生科技创新是深化专业教育，为学生提供一个将理论知识运用于实际的平台，以及为学生提供更多的实践训练机会，提高学生利用所学知识解决实际问题的能力。[①] 当前，各公安院校均很重视学生科技创新工作，积极鼓励学生进行科技创新活动，逐步形成了一整套管理规范、科学合理的学生科技创新工作机制，营造了学生科技创新的良好氛围，对于进一步提高公安院校的教育质量具有重要而深远的意义。相对于警察法学教育教学而言，与法律相关的科技创新要面向公安基层，科技创新活动内容及研究的主题方向均应来源于公安一线实战部门遇到的实际问题，服务公安实战，为公安基层执法提供解决方案。警察法教师可以充分利用校局合作机制到公安一线获取科技创新第一手资料，学生可利用寒暑假或其他课余时间到一线公安部门进行实践锻炼学习，进而获得法律专业应用的第一手资料，使公安业务和警察法律专业知识结合，解决公安工作急需解决的执法问题。另外，要改革教师的评价体制，制定倾斜政策使教师为学生科研教育付出的努力得到回报，从而鼓励教师积极开展创新教育，不断开拓警察法教育教学思路。

---

① 魏华：《人文社科类大学生科技创新计划实施中存在的问题与改进建议——以北京林业大学法学专业为例》，载《中国林业教育》2013 年第 9 期。

第三部分　警察法学教育展望研究

当前警察法律素质培养中的若干突出问题与对策

殷炳华[①]

公安机关的基本活动是执法活动，公安民警的基本行为是执法行为。当前，随着国内外经济社会的日益发展和执法环境的深刻变化，公安执法工作正面临前所未有的机遇和挑战，要积极适应新形势新要求，必须全面提升公安队伍的整体素质和实战能力。法律素质作为公安民警执法必备的、稳定的、长期起作用的基本品质、基本能力、基本观念，是警察职业素质的核心内容。近年来，尤其是全国公安教育训练工作会议以来，具有公安特色的“大教育、大培训”工作体系日益形成和完善，各地公安院校在警察法律素质培养方面取得了明显的成效，为推进公安工作和公安队伍建设长远发展提供了有力的人才保证和智力支持。但是，相对于公安工作和公安队伍建设的实际需求，当前警察法律素质培养中还存在若干突出问题和不足，需要有针对性地进行研究，提出相应对策，以便有效提高公安院校人才培养的实战性、应用性，凸显公安院校在警察素质培养方面的引领和高地作用。

一、当前警察法律素质培养中的若干突出问题

（一）社会主义法治理念在警察法律素质培养中的地位不突出

“社会主义法治理念的提出，科学回答了‘什么是社会主义法治国家’和‘怎么样建设社会主义法治国家’这一重大理论和实践问题，标志着我们党对建

① 殷炳华，男，山东警察学院法律教研部民商法教研室主任、副教授。

设中国特色社会主义法治国家的规律、中国共产党执政规律有了更加深入的认识和把握。”① 它是社会主义法治的精髓和灵魂，是法治领域的基本指导思想，因此，社会主义法治理念应该贯穿于警察法律素质培养的全过程。但是，在警察法律素质培养实践中，社会主义法治理念的专题教育很少普及，在公安院校较为重视的刑事法、行政法等部门法学的授课过程中，也很少有意识地普及社会主义法治理念，而往往专注于法条的内容与适用条件，把执法简单地等同于工具操作。于是，“机械执法”“冷漠执法”“钓鱼执法”以及执法缺乏大局观念等现象不时出现，有的甚至“执法”违法。近来发生的一些事件也反映出某些干警无视法律尊严、严重缺失法治精神。

另外，在当前的公安法学教育中，不同程度地存在着片面崇尚西方价值观，忽视马克思主义法律意识形态教育的倾向。有些学生（员）缺乏判断是非的能力，无视中国国情，误听误信，盲目崇拜宣扬等西方法治理念内容。这也与警察法律素质培养过程中没有给予社会主义法治理念教育以应有的重要地位有关。

（二）教学重心向应用能力培养的转变缺乏系统性

当前，基于提升学生（员）警察职业素质和实战应用能力的需要，各公安院校的教学重心都在由以理论及基础知识传授为主，向政治素质、职业精神和实战应用能力培养为主转变。这个转变是个系统性工程，就警察法律素质培养而言，要实现由以理论及基础知识传授为主，向法律应用能力培养为主的转变，它涉及培养理念、课程目标、课程设置、课程实施、课程评价、课程考核以及教材体系建构、师资队伍建设、教学方法与教学手段的创新、教学管理制度完善等各个方面的系统性转变，而且传统的以教师、课堂、书本为中心的教学模式会影响到这种转变的系统性。事实上，有相当一部分公安院校，其警察法律素质培养理念、课程目标的转变大多停留在形式上，课程设置、课程实施、课程评价等更是十几年、甚至几十年都未曾发生大的变化，尽管教学方法上的变化相对明显，但也存在把案例教学异化为“举例”教学，模拟教学、现场教学、实战演练等教学形式的象征意义大于实质意义的现象。尤其重要的是，师资队伍的知识、能力结构没有发生明显的相应转变，教官队伍没有发挥应有的重要作用，名誉教授成了“挂

① 中共中央组织部、中共中央宣传部、中共中央政法委和国家教育部：《关于认真学习〈社会主义法治理念读本〉的通知》（政法〔2009〕34号）。

名教授”、客座教授成了再也盼不来的“空座教授”、教官成了“官教”，师资队伍的实战应用能力没有发生实质性的转变。

（三）法律课程结构设计没有紧扣公安院校办学宗旨

坚持服务公安工作和公安队伍建设是公安院校的办学宗旨。当前一个较为普遍的现象是，公安院校在设计法律课程结构时，没有把公安工作和公安队伍建设的需求放在应有的重要位置上。长期以来，绝大多数公安院校的法律课程结构，基本上均是由宪法学、法理学、刑法学、刑事诉讼法学、行政法学和民商法学等课程科目构成的，且多为分科课程，综合性课程较少，课程结构的选择性不强。课程的知识结构也大多沿袭了普通院校的法律课程，甚至连每门课程的体例和内容安排都与普通法律院校的同类课程无异。很少有公安院校真正围绕公安工作和公安队伍建设的实际需要，切实从提升学生（员）的实战应用能力的视角，进行法律课程的结构设计。学生（员）从现有法学课程体系中接收不到完整的应用性信息，导致学生（员）的综合素质不高，法律应用能力不强。一个明显的例证便是公安院校均在不同程度上存在重公法尤其是刑事法和行政法，而轻私法、轻执法伦理的现象，民商法课程的课时比例偏小、执法伦理常被忽视。一些公安院校的毕业生往往对刑事法、行政法的法条较熟悉，而对民商事业务流程较为陌生，有的甚至连信用证、常见票据的业务流程都不甚了解，连财务报表都不会看，遇到新型经济犯罪常常无所措手足。而且，执法伦理教育的缺失，竟使个别干警竟敢知法犯法。

（四）法律课程教学没有凸显“公安”特色

公安院校的学生（员）均为预备警官或者在职干警，因此，作为提高警察法律素质和实战应用能力的重要途径，公安院校的法律课程教学应当具有鲜明的“公安”职业特色。但是，在公安院校的法律课程教学实践中，并没有形成以公安实战需求或公安实践问题为导向的课程教学训练机制，教材内容更新滞缓，教材结构和体例缺乏改革创新，任课教员大多来自于普通政法院校，涉足警务实践的时间不足，缺乏公安实战的历练和熏陶，他们的知识结构和能力结构“公安”特色不鲜明，往往习惯于按照部门法学自身的理论逻辑开展教学活动，对公安实战应用能力的形成规律没有给予足够的关注。在公安院校的课程教学评估指标体系中，由于“校局互动”“学用互动”不足，公安实战性质的指标占比较少。在公安院校的干训教学中，教师、教官资源没能有效整合，专题（项）教学的前瞻性、创新性、针对性、时效性、开放性等尚显不足，不能有效适应公安工作的专业、动态、系统、复杂和社会性的特征。

二、导致警察法律素质培养若干问题的原因

（一）对社会主义法治理念内涵与意义的认识不够深刻

“社会主义法治理念是马克思主义法律学说与当代中国社会主义法治实践有机结合的产物，是新中国成立以来法治建设经验与时代精神相互融合的成果。”① 它是区别于西方法治理念的一种科学先进的理念，其特征体现在：充分体现了马克思主义的指导地位，坚持以邓小平理论和“三个代表”重要思想为指导，贯彻落实科学发展观，符合社会主义核心价值体系的要求；充分体现了社会主义先进生产力、先进文化和社会发展的要求，反映了社会主义市场经济和法治建设的内在本质与规律；充分体现了人民民主，维护人民当家作主的地位和最广大人民群众的根本利益；充分体现了坚持党的领导，确保法治建设的正确方向。它是公安机关严格公正文明执法的思想基础，是公安机关坚持正确方向、实现公平正义的思想保障，是建设社会主义法治文化、增强社会主义法律意识的价值指引。但在实际工作中，因为对社会主义法治理念理解认识的不深刻，加之法律工具主义思想的影响，使社会主义法治理念在警察法律素质培养中没有从实质意义上充分实现“进教材、进课堂、进头脑”。

（二）保障公安院校教学重心转变的体制机制不完善

公安院校教学重心向应用能力培养转变缺乏系统性的一个重要原因在于没有完善的体制机制保障。就公安院校内部而言，教育行政化的现象同样普遍存在，而且行政化的色彩较一般院校更为浓厚。如果没有相应的体制机制保障，公安院校的教育训练中心地位就难以实质性确立，公安院校内部的人、财、物等教育训练资源的整合运用，就难以做到一切服从和服务于学生与干警的教育训练活动。而且，公安院校浓厚的行政化色彩，会潜在地影响师资队伍的行为取向，影响他

① 中央政法委员会：《社会主义法治理念读本》，中国长安出版社2009年版，第3页。

们专注于课程体系创新、课程教学改革、课程评估体系建设以及自身知识能力结构优化的积极性和主动性。当然，公安院校教学重心的转变也就难免零散化、表面化现象，很难从根本上完成系统性转变。就公安院校与公安实战部门的关系而言，只有建立健全保障应用能力培养的体制机制，才能有效整合相关资源，实现跨部门、跨地区乃至跨院校、跨基地的资源共享，真正做到“校局互动”“学用互动”、教学相长，有效促进公安院校对警察法律素质培养活动的科学评估和改革创新，切实提高学生（员）的实战应用能力。

（三）对公安院校的法律课程缺乏深入研究

与普通高等院校相比，公安院校的法律课程研究尚处在初级阶段。在法律课程目标设置方面，对于如何围绕公安院校办学宗旨确定培养对象的知识和能力结构，大多停留在诸如“应用型”“复合型”“实战型”等定性认识上，缺乏对法律课程目标的量化研究，可操作性不强；在法律课程体系的构建方面，对于如何围绕公安中心工作和实战需求，构建具有“公安”特色的课程体系，缺乏创新。袁广林博士曾经尖锐地指出，“在警察院校知识配置中工具性知识独具霸权，警察学科经验性知识过多，缺乏理论提炼，体系也很不完善……法学课程的内容也完全是注释法学，具有强烈的工具主义色彩……不利于学生实践理性能力的发展。”①；在法律课程结构设计方面，对于公安院校应该如何搭建法律课程的结构，缺乏理性的论证和科学的评估，存在一些法律科目缺位或者比例不合理现象。如关于社会主义法治理念的系统教育、关于执法伦理的教育均是提升公安实战应用能力所不可缺少却未受到应有重视的科目，另外，公安院校的民商法课程也普遍存在缺位或课时占比过低的现象，对此，江苏警官学院的张洪波副教授等人，于2010年3月对本学院的毕业生进行问卷调查时发现，“85%的被调查民警在‘你认为哪门法律科目是你在校期间未掌握但工作后发现需要掌握的’这一题中选择了民商法。”② 这说明，现实中我们对公安院校法律课程结构的认识还不到位；在法律课程实施方面，对于如何整合“校局”教育训练资源、创新教学手段和方法，如何凸显“公安”职业特色，如何建构“教”“学”“练”“战”一体化的法律教育训练模式等的认识还有待于深化；在法律课程评估方面的研究也较

---

① 袁广林：《我国警察职业素质培养研究》，华东师范大学2007年研究生博士学位论文。

② 张洪波、周宁：《公安院校法律课程的设置与革新》，载《云南警官学院学报》2010年第5期。

为薄弱，尤其是对于如何在传统的终结性评价方式基础上，运用形成性评价模型，把更多的具有公安实战性质的内容纳入评价指标体系，以更多获取公安实战的反馈信息，提升警察法律素质培养水平。总之，对于公安院校法律课程的研究之不足，深刻地影响着警察法律素质的培养过程。

三、解决警察法律素质培养若干问题的对策

（一）坚持社会主义法治理念“进教材、进课堂、进头脑”

公安院校要深刻认识社会主义法治理念在警察执法中的指导性地位，把社会主义法治理念作为警察法律素质培养的重要内容。在警察法律素质培养实践中，要结合《社会主义法治理念教育读本》和公安工作实际，通过专题或专项教学等多种形式普及社会主义法治理念，让学生（员）深入理解社会主义法治理念的内涵、意义和作用，并将社会主义法治理念贯穿于公安院校各个法律科目的课程教学中，以便影响学生（员）今后的公安执法行为。为了保证社会主义法治理念“进教材、进课堂、进头脑”的效果，公安院校在法律课程教学评估中，应该在终结性评价的基础上，再基于形成性评价模式，对社会主义法治理念的教育训练效果进行全方位地评价，并反过来改进下一步的教育训练。

（二）建立健全保障法律应用能力培养的体制机制

在主管机关方面，有关主管公安机关要根据全国公安教育训练工作会议精神，高度重视公安院校建设，认真履行主管职责，加强组织领导，认真研究、协调解决公安院校改革发展中的重大问题，充分发挥政策引导、资源整合配置、舆论宣传引导等作用。创造条件，推动“校局互动”“学用互动”，强化警察法律素质教学的复合性、实战性。在公安院校方面，要大胆改革创新，弱化公安院校人才培养中的行政化色彩，坚持公安教育训练工作在公安院校的中心地位不动摇，坚持公安教育训练工作重心向学生（员）实战应用能力培养的系统性转变。进一步建立健全保障法律应用能力培养的体制机制，领导重视、组织到位、经费保障、制度配套，保证公安院校的教育训练资源的合理有效配置。利用正向的考核激励机制，积极引导教师教官队伍的行为取向，让一流的人才争相走向公安教育训练工作岗位，为警察法律应用能力培养服务。

（三）深化公安院校的法律课程研究

公安院校要结合新形势新任务下公安教育训练工作的规律和特点，深入系统地开展对法律课程的研究。对法律课程目标的设置进行定性和量化研究，凸显目标设置的可行性和公安特色；要深入探讨如何围绕公安中心工作和实战需求，构建反映时代发展要求和警务改革趋势的公安院校法律课程体系；要研究如何创新公安院校的法律课程结构设计，突破惯性思维，不单纯囿于部门法学自身的体系逻辑，不固守传统的课程体例和内容结构，注重社会主义法治理念的指导地位和公安实战应用能力的形成规律，突出前瞻性、战略性和应用性；要注重研究法律课程实施，创新教学形式和教学方法，充分利用信息化手段特别是网络技术的优势，丰富教学载体。同时要避免形式化，注重课程实施效果；要对法律课程评价进行深入研究，探讨如何构建法律课程的评价指标体系，及时全面获取公安实战对警察法律素质培养的准确信息。加强以考核能力为主的多元化考试考查方式改革，重点检验系统掌握和有效运用专业知识和能力的效果，提升学生（员）的法律素养和实战应用能力。

（四）着力突出法律课程教学的“公安”特色

“服务公安工作和公安队伍建设”是公安院校的办学宗旨，也是公安院校法律课程教学应当具备的“公安”特色。公安院校的法律课程教学，要由以往突出理论及基础知识传授为主的教学，转变为以突出法治理念、职业精神和法律应用能力培养为主的教学。要紧扣公安院校的办学宗旨，着力构建和完善以实战为支撑的“教、学、练、战”一体化法律素质培养模式。要围绕应用型、复合型公安专门人才培养目标，完善教师教官队伍的知识能力结构。要通过贴近基层、贴近实战，“校局互动”“学用互动”，来检验和提高法律课程教学的效果。在干训法律课程教学中，注重创新教育训练的组织形式，研究不同类型、层次、岗位民警的能力素质构成，制定分级分类教育训练计划和培训大纲，明确不同的培养目标、内容。建立“以训练需求为导向”或者“问题导向”的教育训练内容更新机制，运用多元化的教学形式、方法和手段，实现优化学员知识、能力结构的课程教学目标。

导入、阐释、总结：公安行政法课堂中的案例教学

陈　杰[①]

一、公安行政法与案例教学概述

公安行政法学是警察院校的特色课程之一，它在学科内容上融普通高校的行政法与警察院校的公安学于一体，但在知识谱系上更偏向于前者。理论、基础、体系和方法皆由行政法学而出使其承继了行政法的学科特点，因此，行政法教学中的问题也同样会出现在公安行政法的课堂。

行政法、刑法和民法被称为三大实体法，它们与各自对应的诉讼法学共同撑起了法学学科体系，是法学教育中最为核心的六门课程。大多院校都在法学本科的培养方案中将行政法学的课程教学安排在民法学和刑法学之后。相较于二者，行政法的教学难度要更大，这是由其学科对象的特点所决定的。首先，相对于其民法学和刑法学，行政法学所涉及的法律规范最为繁多。刑法学所涉及的法律主要是《刑法》。尽管民法学中的法律规范较刑法学要多，如《民法总则》《物权法》《合同法》和《继承法》，但同行政法相比也极为有限。而且，这些法律皆由全国人大及其常务委员会所指定。立法主体的单一性不但使得学科所涉法律规范的数量相对较少，也在很大程度上避免了冲突、混乱和含糊。行政法中所涉及的立法主体具有多元化特征，不仅有权力机关，也有行政机关；不仅有中央机关，还有地方国家机关。这也进而使得行政法在内容和形式上具有多样性，除了法律之外（狭义的法律），还有行政法规、地方性法规和行政规章。其次，就教学所涉内容来看，教学对象对于行政法学的疏生度比民法学和刑法学要高，行政

① 陈杰，男，浙江警察学院法律系讲师，华东政法大学博士后流动站研究人员。研究方向：警察行政法，法理学。

法的教学情境感相对缺乏。刑法是关于犯罪和刑罚的法律，民法是调整平等主体之间人身关系和财产关系的法律，它们一个与公众安全息息相关，一个与日常生活联系紧密，因而更易获得学生的关注。现实情境感的获得有助于教学对象的课程学习和知识点的牢固掌握。行政法所调整的是国家机关和公民个人之间的法律关系，教学对象在行政法律关系的亲历性方面远比刑事法律关系和民事法律关系要差，这从教学对象对于国家机关和国家机构名称和职权的陌生性方面可见一斑。[①] 对于教学内容缺少亲历性的后果就是，在知识的获取过程中，教学对象的形象思维能力得不到有效发挥，经验知识的形象性习得将因而转化为抽象概念间的演绎和推导。

在当前法治中国的背景下，公安行政法的教学目标应着力于帮助学生确立依法行政、合理行政以及保障公民权利的执法观念。[②] 学生既需要掌握扎实的法律理论又须具备灵活的应用能力。在教学面临上述挑战之际，一种从实践出发，能够增强教学情境感的案例教学法将有助于教学目标的实现。

1870 年，时任美国哈佛大学法学院院长的兰代尔（Langdel）首次将案例教学法引入法学专业的教学之中。它是通过对典型案例的解剖、分析并组织学生对典型案例进行研究、讨论，引导学生从个别到一般、从具体到抽象，从实际案例中学习、理解和掌握法的一般原理、原则的教学方法。[③] 在兰代尔之前，哈佛大学乃至整个美国的法学教育都是按照“德怀特法”（Dwight method）的教学模式开展起来的。该方法以美国哥伦比亚大学教授德怀特（Dwight）命名，是一种将讲授、背诵材料和练习相混合的教学方法。[④] 这一方法主导下的法学教学由学生课前阅读法律条文和教师课上讲授法律理论所构成，其主要考核内容和培养目标为学生对于法律条文的理解和记忆能力。经受该种训练，学生的法学理论基础较为夯实，逻辑推导能力强。但“法律的生命不在于逻辑，而是经验”，欠缺对具体法律实践阐释的教学不利于学生应用能力的培养。

兰代尔所主推的案例教学是一种对于经验予特别关注的教学方法。在英美法系背景下，由于社会和时代的不断发展，法律判例处于不断演变之中，法学理论

---

① 根据笔者的经验，法学专业的教学对象在课下常津津乐道于所有权、合同、自首、立功和刑罚等刑法学和民法学的内容，但却少有论及国家机关的设立，机构的设置以及其职权范围等行政法学内容。

② 陈杰：《法治中国背景下的公安行政法教学目标及其实现》，载《公安学刊》2015 年第 5 期。

③ 姜明安：《行政案例精析》，中国人民公安大学出版社 1991 年版，第 393 页。

④ 杨光富、张宏菊：《案例教学：从哈佛走向世界——案例教学发展历史研究》，载《外国中小学教育》2008 年第 6 期。

和规则自然也会随之发生变化。引入现实案例作为教学素材将有利于教学对象捕捉和把握此种微妙的法律进化过程，德怀特教学法对法律条文和法律理论给予过多的强调则易使学生的思维变得僵化和保守。由于具体案例相对于抽象法律条文和法学理论而言更为生动，以此为教学起点更加符合教学对象从具体到抽象的认识规律，并更易领会实践面相的法律操作技能。因此，著名民法学家王泽鉴指出，法学教育改革的一项关键重点，在于积极推展“实例研习”（德文称 Ubung，在日本称为演习）的教学方法。[①]

教学案例可以有不同的类型，如发生于行政管理中的行政执法案件，发生于行政复议中的行政复议案件，发生于行政诉讼中的行政诉讼案件等等。[②] 公安行政法的教学案例一般为现实中实际发生的公安执法案件或涉及公安执法的司法判例。前者的主体是公安机关或具有行政主体资格的公安机构，属于行政执法类案件，后者的主体则是人民法院，系司法类案件。基于特定的教学目的，教师也可以对案例进行刻意的改编或虚拟。因此，从案件的真实性角度，又可以分为真实案例，改编案例和虚拟案例。从教学过程来看，案例方法可被应用于课堂导入、难点阐释以及教学总结这三个环节，以下分别论述之。

二、案例教学与课堂导入

课堂导入是指在课堂教学伊始的 3 ~ 5 分钟内，教师和学生所有教学活动的通称，[③] 它是教师系统讲解之前的过渡性教学环节，同时也是一个完整教学单元的初始阶段，在教学中扮演着十分重要的角色。优质的课堂教学导入不仅能够激发学生的学习兴趣，为学生学习新知识做好心理准备，还能够使学生明确学习的目标，从而增强学习的效果。[④] 教育心理学的研究表明，在新课伊始，大部分教学对象都会对即将学习的新知识抱有一定的好奇心进而产生出求知欲望。学习兴趣的形成，既受到现象或刺激物特征的影响，又受到主体状态的制约，但兴趣不是由主客体单方面决定的，而是取决于主客体之间的相互作用。[⑤] 一次成功的课

---

① 王泽鉴：《民法思维 请求权基础理论体系》，北京大学出版社 2009 年版，第 3 页。

② 关保英：《行政法案例教学研究》，载《河南省政法干部管理学院学报》2009 年第 4 期。

③ 肖荣等：《论课堂导入及其设计》，载《天津市教科院学报》2001 年第 2 期。

④ 王德清：《教学艺术论》，四川大学出版社 2010 年版，第 6 页。

⑤ 段作章、田业茹：《学习兴趣的发生学探析》，载《教育科学》2012 年第 6 期。

堂导入能够在此基础上进一步激其发教学对象的好奇和兴趣，为后续教学环节展开一个良好的铺垫；而一个失败的课堂导入则会加重教学对象的学习负担，降低学生的求知欲望，对后续的学习产生消极影响。课堂导入环节中的要素有：作为主体的教师、作为对象的学生、作为导入内容的材料以及导入方式。整个环节的操作过程表现为教学主体以激发起求知欲为目的而将教学材料作用于教学对象。在以上四要素中，教师和教学对象这两项要素确定不变，教学材料因受教学内容和知识点的决定而较为固定，因此，导入方式对于导入目的的实现与否起着至关重要的作用。

教学实践中较为常用的课堂导入方式有以下几种：首先，问题导入法。“学起于思，思源于疑”，这一导入方式是基于教学对象喜欢追本溯源的心理特征。如：在讲授公安行政法主体这一知识点的单元教学中，在导入环节可以设置如下问题：“为什么人民警察可以对违法行为人进行处罚?”“人民警察能否以自己的名义对违法行为人进行处罚?”当教学对象对这些问题展开深入思考时，他们便自然而然地进入了学习新知识所需要的场域和情境，其兴趣会在对问题答案的寻求过程中被激发。其次，迁移导入法。尽管对新知识的探索可以激发起教学对象的兴趣和好奇，但未知领域中的不确定性也会在一定程度上唤起他们的畏难和恐慌心理，其有碍于课堂导入目标的有效实现。学习的迁移（transfer of learning）是指已经获得的知识、动作技能、情感和态度等对新的学习的影响。[①] 教师通过勾勒出新旧知识间的关联性而实施的课堂导入方法便是迁移导入法。人的大脑天生具有一种追求完整性的情结，迁移导入法将使得教学对象在实现知识自然生长的过程中克服对不确定性的畏惧。如在讲授公安行政法主体之前，教学对象已经学习过公安行政法律关系的内容，公安行政主体知识是公安行政法律关系内容的进一步延伸，此时，教学主体便可将后者同前者联系起来进行课堂导入。最后，背景导入法。教师在系统讲授之前对该知识点及其相关问题的产生、发展以及现实中的情况作出一个概要式的介绍，通过这一背景性介绍来完成课堂导入。如果授课内容是知识，背景的梳理和介绍就是关于知识的知识，它是一种在发生学意义上对知识点的阐释，是关于“所然”的“所以然”。[②] 对于这一方法而言，背景材料的选取决定着最终的导入效果。以公安行政法主体的授课内容为例，教师

① 参见陈琦、刘儒德：《当代教育心理学》，北京师范大学出版社 1997 年版，第 72 页。

② 刘蔚华：《方法论辞典》，广西人民出版社 1988 年版，第 94 页。

在授课前可以选取“公安”和“警察”的称谓变化作为导入材料，继而聚焦于制服的变化和袖标上字样的差异。这些栩栩如生的形象化元素将会以一种轻松的方式激发出教学对象的学习兴趣。

就公安行政法的教学而言，如果能够将上述导入方法同具体案例结合起来将会使得课堂导入目标更易实现。尽管问题导入法和复习导入法分别可以通过悬疑设置和链接知识来激发起教学对象的学习兴趣，但它们实质上是一种从理论到理论的方法，在新课开始就诉诸抽象理论不利于导入的顺利完成。尽管背景导入法可以在一定程度上弥补这种缺憾，选取直观感性材料可以祛除抽象理论导入所造成的弊病，但如材料选取过于具体，却又会使得导入过程欠缺系统性，不利于教学对象对知识的整体把握。而案例是一个“完整性情境”，其兼顾了具体性和完整性两方面的教学优点，因此，在上述导入方式中设计引入案例便能够取得较好的教学效果。一方面，案例同问题导入法和复习导入法结合起来将有助于抽象问题的具体化和形象化。另一方面，在背景导入法之中添加案例将会将原本具体形象但却杂乱无章的元素有机地串联起来，构成一个完整的情节，这便有利于教学对象对于知识点的整体性把握。案例与导入方法的结合既可以学生为主体，也可以教师为主体来完成。前者具体表现为让学生思考或讨论案例中的公安行政法律问题；后者表现为教师直接对案例进行讲述和阐释，或通过提问的方式有意进行引导。

三、案例教学与难点阐释

对于教学对象而言，教学难点是一些不易被理解和接受的知识内容；而对于教学主体来说，这些知识点很难以一种通俗易懂的语言表述给教学对象。如果将教学视为教学主体和教学对象之间的相互沟通过程，教学难点便是在二者间所出现的沟通障碍，它们是阻碍既定教学目标实现的桎梏。教学难点往往还同教学重点相交互重叠，是一个独立教学单元核心内容之所在，如果教学主体不能够将其阐释清楚，这些局部性的问题往往会影响到一个章节甚至整门课程的理解和学习。

公安行政法的教学中有很多难点，如比例原则理论、公安行政主体理论、公安行政行为理论以及国家赔偿理论等。从教学实践来看，教学对象对于这些知识点的认知流畅度较低。教学难点的形成原因是知识内容的复杂性和抽象性。根据辩证唯物主义认识论，所谓知识是指存在于人的主观思想之中，对现实世界的客观反映，其形式上是主观的但内容上是客观的。系统论的世界观展现了客观事物之间存在着普遍联系，它们共同组构了一个有机的系统，其包含有无数子系统。这些子系统在逻辑上还可以再不断细分和裂变为更小的子系统直至单个元素。如果将单个元素视为构成系统的最小单位，当主体对这一客观对象进行能动反映时，产生出关于单个元素的知识就是简单知识。随着元素不断朝向复杂化演进，且主体对这一过程进行持续性反映，人们所认知的简单知识也就转化成了复杂知识。由此可见，复杂知识建立在许多细小和分散的简单知识之上。知识系统的图谱是一个金字塔式的三角形，位于该金字塔底端的是简单知识，而位于顶端的则为复杂知识，复杂知识由许多简单知识堆积而成，它们便是教学中的难点。当教学对象欠缺复杂知识（教学难点）下方的简单知识之际，他们便会感到教师所讲授的知识难以理解。对于教学难点的抽象性也可用同一幅图谱来展示，位于金字塔底端的是较为具体的知识，而随着三角形不断向上逐级收窄，知识本身也变得较为抽象，知识内容的理解难度与抽象程度呈正比，随着抽象程度的不断提高而逐渐增加。以上对于知识的描述尽管偏向于行为主义和认知主义但也并不排斥建构主义。尽管建构主义强调学习者的个体情况会对知识产生不同的理解，但对于教学者，只能从行为主义和认知主义的角度对知识作一般性和客观性的表达。①

教学主体引入案例进行阐释将有助于教学对象对于教学难点的理解。一方面，案例作为一个“完整性情境”，其中的每一情节均可与简单知识相对应。教学对象在每一案例情境中对于简单知识的识记和理解可以帮助他们形成理解复杂知识的必要积累。一旦这种知识储备达到一定量的积累之后，教学对象自然便能够理解由简单知识堆积而成的复杂知识，即教学难点。这一攻克教学难点的理解过程就犹如将一个宏大目标通过设置阶段性目标进行切分，在分别对阶段性任务进行各个击破之后，整体目标也便得以实现。另一方面，抽象的概念理论被案例转化为了具体的事例，这更有利于教学对象的理解和把握。人们对于事物的认识总是从个别到抽象，再从抽象回到个别中去检验，进而再上升至理论。即从实践到理论，回归实践，再上升至理论，如此反复递进以至无穷。在这一过程中，知

① 如属于建构主义的认知弹性理论（Cognitive Flexibility Theory）便在知识的客观性和主观性之间选择了一条中间道路，一方面，其不主张对知识作僵化的客观预定（prespecification），同时也反对过于强调知识具有非结构性和主观性。参见张建伟、陈琦：《从认知主义到建构主义》，载《北京师范大学学报（社会科学版）》1996年第4期。

识不断地经由实践产生和检验而实现更新和进化。由此可见，认识的起点应当是具体的经验而非抽象的理论，对于教学难点尤应如此，案例教学法符合这一认识规律。

四、案例教学与课堂总结

课堂总结是单元教学的最后一个环节，教学主体在课堂导入和对知识内容的讲解之后对本次讲授画下一个完整的句号，教学过程的完整性由此得以彰显。但课堂总结并非简单出自于形式完整的追求，尽管教学主体的主要工作是在课堂上进行讲授，但教学对象课后的继续学习和深入思考对于牢固掌握教学内容进而实现教学目标来说非常重要。因此，课堂总结环节的主要目的就是要促进教学主体对此次讲授内容产生持续性的兴趣，以达到“课虽终，思未了”的效果。此外，人们对于刚刚学习到的新知识越是在尽可能短的时间内进行复习便越是能够取得更好的记忆效果，这一结论曾为艾宾浩斯的实验所证明。[①] 因此，良好的课堂总结也有助于教学对象加深对课程内容的印象。就激发兴趣和加强识记这两个课堂总结的目的而言，后者显得更为基础和重要，如果教学对象对于课堂讲授内容毫无印象，激发兴趣以及持续深入思考便无从谈起。

前文已经述及，公安行政法学的知识内容具有散、乱、杂、多的特点，这是由其学科对象的现实特点所决定的。行政立法主体的多元性，行政法律规范的多样性使得行政法学知识内容的识记给教学对象带来很大负担。教师在课堂上按照预定教学计划对知识点逐步和分层讲解如果不能形成有效贯连将会加剧教学对象知识习得的碎片化。此外，部分专业的公安行政法学课程所开课时较少，较大的知识容量被分配在相对较少的单元教学中会使得每次课的信息量较大，这也给课堂总结带来一定挑战。知识的重点性和整全性之间由此便产生了一种张力。如果教学主体过分追求整全，在有限的课堂总结时间里便不能突出重点；而如果对于重点内容强调过多，则其余知识点便会无法顾及。如何兼顾这两者？案例教学或许在一定程度上可以有所助益。

案例首先是通过语言或其他形式展现出来的具体化的情境，形象化程度高，相较于抽象理论，其具有易于教学对象记忆的优点。记忆心理学的研究实验业已

① 朱滢：《实验心理学》，北京大学出版社2009年版，第202页。

表明，知识的形象化同记忆效果之间存在着正相关关系。[①] 此外，案例还是具有逻辑联系的具体化情境。仅将单个和孤立的具体材料片段毫无逻辑地简单堆积也无助于记忆效果的提升，因为形象化仅仅是提升记忆的必要条件，其还需要逻辑对感性材料加以统摄来辅助记忆。认知科学发现逻辑思维和形象思维这两种不同的学习能力分别来源于人的左脑和右脑。就学习材料和内容的记忆功能方面，右脑产生的形象思维要远强于左脑。[②] 因此，将抽象的理论材料转化为具体的感性材料更易为教学对象所识记，案例教学法实现了这一转化。其次，将形象化的材料通过逻辑思维串联起来使得在记忆过程中克服了仅凭右脑学习的单脚行走障碍，使得左右二脑相互协调、配合，实现全脑学习，进而完成对知识内容进行记忆的任务。案例情节之间的逻辑性有助于这一目标的实现。当教学对象通过案例的形象性和逻辑性将授课知识点烂熟于胸之后，教学主体所欲突出重点内容的教学目标也就很容易在此基础上得到实现。

以对"公安行政法概述"的讲授为例，这一教学章节中主要的知识点有：公安行政的概念和特征、公安行政的目标、公安行政法的概念和调整对象以及公安行政法的渊源，其中公安行政法的调整对象是本单元的教学重点。课堂总结中的案例，可选用改编或虚拟案例而不必对真实性过于强调，这可以实现将知识点无所遗漏地纳入案例情境的目的。笔者使用了以下案例：

张某系纺织厂保卫科科长，某日在饭店就餐时遇到赵某。张某与赵某两人素来不和，言语之间，双方发生争执扭打起来，同时损害店家财物若干。后张某、赵某被公安机关依据《治安管理处罚法》处以拘留五日的行政处罚。该纺织厂知晓后，为严肃厂纪，作出了免除张某保卫科科长职务，并扣发张某当年奖金的处罚。

这是一个非常简单的案例材料，其情节很容易为教学对象所记忆。教学主体在展示案例之后再通过设计问题的方式来引导教学对象进行复习和思考。为了实现复习所讲授知识点的目的，笔者设计了以下问题：（1）同纺织厂的处罚相比，公安机关对张某的拘留属于什么性质的行为？该行为有何特征？（2）试分析该案

---

① 朱滢：《实验心理学》，北京大学出版社 2009 年版，第 244 页。

② 美国学者布莱克斯利指出，在进行数百个实验之后，一种关于两个大脑半球能力的清晰模式终于脱颖而出。它表明，我们脑的两半，乃是以显著不同的方式进行思维的。专注于语言的左脑，不仅仅是用话语来思维，而且颇擅长于一个步骤接着一个步骤的逻辑程序，而这也正是语言的基础。由于右脑是用表象来思维，因而在识别和操作复杂的视觉模式方面，则具有绝妙的优势。［美］托马斯·布莱克斯利：《右脑与创造》，傅世侠、夏佩玉译，北京大学出版社 1992 年版，第 8 页。

件中的行政法律关系？（3）作为处罚依据的《治安管理处罚法》在学理上被称为什么？其位阶如何？教学对象在回答第一个问题的时候便可以对公安行政的概念特征和目的进行复习；第二个问题引导学生对行政法的概念和调整对象进行复习；第三问则是针对公安行政法的渊源这一知识点而作。案例总结之后教学主体应当告知本次课的重点内容（问题），并引导学生课后通过其他辅助教学材料进行理解和巩固。由此可见，课堂总结所追求知识内容的整全性和重点性在引用案例之后得到了兼顾。

五、公安行政法案例教学效果的实验

在对于将案例引入公安行政法教学有了初步的构想之后，为了确证其是否能够提升教学效果，笔者进行了一项期间为一个学期的实证研究，研究的设计和实施步骤如下：

1. 研究目标和方法

研究目标是确认案例教学方法与教学效果的提升之间是否具有因果关系。考虑到这一研究目标以及现实可行性和操作便捷性，笔者决定采用实验法进行研究。

2. 实验组和控制组

笔者在同一学期承担了同一年级同一专业四个区队的公安行政法课程的教学任务，教学对象一共158人，其中一、二、三、四区队分别为40人、39人、39人和40人。考虑到四个区队的编排以进校时入学成绩为依据，而学生的基础不同会对变量产生影响进而使实验发生偏差。因此，在确定实验组和控制组时，笔者进行了有意识地调整，将入学成绩最优的一区队和最差的四区队确定为实验组，将次优和次差的二区队和三区队确定为控制组，这一调整和安排的目的是为了使学生的入学成绩对于实验变量的影响降到最低，进而尽可能客观地展现自变量和因变量之间的相关关系。

3. 自变量和因变量

本次试验中的自变量为案例教学法的应用，尤其是在课堂导入环节和课堂总结环节的常规性使用。前文所述及的案例教学法包括课堂导入、难点阐释以及课堂总结这三个环节。此处之所以只强调课堂导入和课堂总结这两个环节是因为，在实际教学的操作层面无法将难点阐释环节从对控制组的教学实验中剔除出去。

笔者在两个小组的课堂上都使用了案例对教学难点进行了阐释，但在课堂导入和课堂总结这两个环节中的案例使用仅在实验组中进行。试验中的因变量为教学效果，在本次实验中，我们使用期末考试成绩来对其进行测量。

4. 实验结果

经统计，最终两个组的测试结果如下表所示：

实验组成绩	平均分	最高分	最低分	分数段	人数	比例
	77.39	94	57	90 分以上	6 人	7.08%
				80－89 分	22 人	27.85%
				70－79 分	28 人	35.44%
				60－69 分	19 人	24.05%
				60 分以下	4 人	5.1%

控制组成绩	平均分	最高分	最低分	分数段	人数	比例
	73.17	90	50	90 分以上	2 人	7.08%
				80－89 分	17 人	27.85%
				70－79 分	31 人	35.44%
				60－69 分	21 人	24.05%
				60 分以下	8 人	5.1%

可以看到，无论是在平均分、最高分、最低分还是在各分值段间的人数分布方面，实验组的评价性数据都显著优于控制组。尽管实验过程中可能会存在着一些笔者所未考虑到的影响因素，但案例教学法对于教学效果的提升可以从这次试验中得到一定程度的证明。

六、结语

案例教学法的引入有助于走出公安行政法学科对象的复杂性所引致的教学困境，并在一定程度上提升教学效果。但运用此法的教师须始终意识到，一百多年前便已出现在国外课堂的案例教学并非什么新招奇法，也不是包治百病的灵药，其本身并不是目的，而仅仅是实现目的的手段。通过具体事例以增强学科情境性的方式将其中所蕴含的晦涩法律理论和知识以一种较为流畅的方式传输给教学对象才是最终目的，案例教学应当以此为中心展开。因此，教学案例的选取、设计、讲解以及知识点的穿插安排等具体操作性技术对于顺利实现教学目的和完成公安行政法学的教学任务来说至关重要。操作不当，案例很容易便会流于形式或沦为冗余，进而使教学陷入离弦走板的窘境。

对我国警察法学教育的几点思考

黎亚薇　徐跃飞[①]

警察法学教育作为公安教育和法学教育的重要组成部分，其在我国警察队伍的培养与建设中一直发挥着重要的作用。尤其是在“依法治国”的今天，警察队伍整体素质的好坏与警察执法水平的高低，很大程度上取决于其在“入口关”——警察院校学习与培训的实际效果，而这又与学生在警校学习期间所受的法学知识的教育与培养、法律理念与法纪观念的养成有着密不可分的关系。从1949年新中国成立至今，全国各公安院校都在相关公安专业人才培养课程中开设了与警察执法密切相关的刑法、刑事诉讼法等课程，应当说这些课程的开设对于加强公安民警的执法水平与能力发挥了其应有的作用。但是，我们也必须看到，受公安教育自身发展的一些主、客观因素的影响，警察法学教育在取得了长足进步的同时，也暴露出了一些必须要加以解决的问题，在此，笔者结合自身从事教学管理的实际经验，谈谈自己的看法，供大家商榷。

一、对我国警察法学教育现状的分析

警察法学教育作为公安教育和法学教育的重要组成部分，其应当具有自身独到的价值与地位，这不仅仅是警察职业自身发展的要求，也是我国法治建设与发展的要求。但是从现实来看，警察法学教育并没有获得其应有的地位与影响力，而造成这种局面的原因是多方面的：

（一）警察法学教育与普通法学教育之间没有明显差异

目前全国一些公安院校在警察法学教育的课程设置与教学设置上受地方院校

---

① 黎亚薇，男，湖南邵阳人，湖南警察学院法律系副主任，副教授；徐跃飞，男，湖南益阳人，湖南警察学院法律系主任，教授。

的影响较深，导致其与地方院校的法学教学基本相同或者类似，没有体现出警察院校自身人才培养的特点与差异。阮国平教授曾经在《论警察院校法学教育的地位与作用》一文中谈到“警察法学教育的特色和重点主要是直接应用于公安执法的那部分法律”，并对相关课程教学内容的设置提出了自己的看法。[①] 笔者深以为然。毕竟警察院校法学教育在人才培养目标上与地方法学院校有着明显的差异，其是以培养应用型基层执法民警为目标，那么在相关法学课程教学的设计上就应该要体现出这一特点。但是，从目前的实际情况来看，全国诸多的公安院校在相关法学课程的教学上，无论是教材的选用、教学课时的安排，甚至包括教学实践活动的实施，都没有完全体现出警察法学教育自身的特色，基本上是地方院校的“翻版”。这样一种局面，很难体现出警察法学教育自身的特色与优势，也就难以在形成自身的影响力。

特别是还有一种值得关注的现象，那就是受国家有关“办学评估工作”的影响，相关法学课程的评估检查的专家基本来自地方院校，其本身对于警察法学教育缺乏认知，也客观上导致警察院校在法学课程的教学设置上不得不向地方院校“看齐”。

（二）全国各警察院校“各自为战”，在相关法学课程教学设置没有形成“合力”

目前全国有30多所公安院校，但是基本上各公安院校之间在相关法学课程的教学设置上缺乏统一的规范，呈现出“各自为战”的特点。即便是同样一门课程，在不同院校开设的课时、讲述的重点都差距甚大。以湖南警察学院为例，今年在江西警院的提议下，湖南和江西两院在刑事诉讼法学课程期末考试中实行联考，但是在双方交流以后发现：双方院校刑事诉讼法学课程教学中，无论是教学课时还是教学内容都存在较大差距，湖南警察学院的刑事诉讼法学课程开设有72课时（含8课时实践教学），而江西则只有46课时左右。在讲授内容上，江西警院的刑事诉讼法学课程中证据部分是单开，且执行程序不讲，湖南则是把证据和执行程序统一放在刑事诉讼法学课程的授课内容中。面对这样一种局面，双方实行合作存在着诸多的困难，也为今后的进一步交流与合作设置了障碍。

我们都知道，警察法学教育和研究问题是一个系统工程，它需要有也应该有

---

① 邓国良、胡宝珍主编：《警察法学教育的现状与发展》，中国人民公安大学出版社2013年版。

一个相对统一的标准和规范，也只有这样，才能使警察法学教育在整个法学教育体系和公安教育中形成合力，并逐步树立自己的权威性和影响力。①

（三）各警察院校从事法学教育的师资队伍建设影响了警察法学教育的质量与效果

教师是教学活动的主要承担着，教师教学能力和水平的高低也直接影响着教育的质量与效果。目前我国公安院校中从事警察法学教育的师资队伍建设至少存在以下两个方面的问题：

第一，目前公安院校中从事警察法学教育的教师绝大部分来自地方法学院系，虽然在参加工作后都或长或短的有过到基层锻炼的经历，但是从整体上来看，缺乏基层公安工作经验，对基层公安工作中法律运用的特点与需求，缺乏足够的认知。这也导致这些教师在教学工作中，不能很好地结合公安工作的实际需求来讲解和分析法律，课程教学缺乏针对性，导致学生的学习与将来从事的实际工作之间相对脱节。

第二，近年来全国公安院校管理体制改革，对整个师资队伍建设冲击较大。以湖南为例，其自 2008 年以来进行所谓的“参公管理”，教师的工资与教师的行政职级挂钩，而与教师的职称无关。甚至出现了 2013 年湖南省人事厅以湖南警察学院实施了参公管理为由，不准教师参评职称，上级主管部门也不允许教师晋升技术警衔。这样一种导向直接造成的后果是，教师不安心于教学工作，都想从事行政管理工作，直接体现在数据上是，近些年来，湖南警察学院法律系有将近 14 名教师从教学岗位转向了行政管理岗位，其中很大一部分是学院多年以来培养的具有副教授以上职称的教学骨干，甚至还包括近几年新引进的具有出国留学背景和博士学位的骨干教师。事实上，类似的现象绝非湖南一家存在，笔者认为，长此以往，警察法学教育的根基难以稳固。

（四）人民警察招录体制对警察法学教育存在一定冲击

有关学生毕业就业的招录体制，目前全国各地的做法都不完全相同，有的院校学生毕业后在学校参加公务员考试，成绩合格后可以直接到用人单位去工作，但是也有很多省份要求学生必须参加地方人事部门统一组织的公务员招录考试。

---

① 柳卫民：《警察教育若干问题研究》，武汉出版社 2007 年版。

在地方人事部门组织的招录人民警察考试中，全国各地的做法又差别较大，有的省市采取的是“行测＋法律综合”的考试方式，有的省则只考“行测＋申论”，以湖南为例，近几年来湖南招录人民警察只考行政能力测试和申论，学生所学的法学专业知识基本不考，在这样一种背景下，学生对法学专业知识的学习缺乏足够的积极性和动力。使得“教与考”之间脱节，学生只满足于日常学习的考试过关，而把学习的重点放在了公务员考试所必考的内容上，而这样一种局面又客观上对相关法学课程的教学产生了冲击。

二、对我国警察法学教育发展的几点建议

针对我国目前警察法学教育中存在的问题，笔者认为必须要从以下几个方面来加以认真研究并寻求解决的渠道：

（一）公安部应当牵头组织全国公安院校就警察法学教育制定相对统一的标准或者是规范

公安教育的特殊性决定了警察法学教育必然与普通院校法学教育之间存在差异性，而这种差异性必须要有一个相对明确的标准，这对于规范全国的警察法学教育具有十分重要意义。我们必须看到，地方院校法学教育在人才培养的目标上事实上是不特定的，其可能是培养法官、检察官，也可能是培养律师或者其他法律工作者。而公安院校人才培养的目标与地方院校相比，公安教育事实上是一种职业教育，其目标和指向性是十分清楚的，那就是培养适应基层执法工作需求的民警，那么作为一名从事基层执法工作的民警，其所应当具备的法律专业知识与技能在要求上应该是相对统一的，[①] 从另外一个方面来讲，全国公安院校在警察法学教育标准上的统一，能够有效地形成“合力”，逐步提升和扩大警察法学教育与研究自身的影响力。

（二）建立公安院校自身法学教育师资队伍建设与培养目标管理体系

目前我国公安院校师资队伍建设基本上是纳入地方管理，而地方师资队伍考核的指标体系十分典型的是重科研、轻教研，教师职称的评定和教师自身的教学

① 王彦吉主编：《中外警察教育与培训》，中国人民公安大学出版社2010年版。

水平与能力不相匹配。这个一方面不利于从公安一线引进具有丰富实践经验的民警充实教学一线，也不利于公安院校自身的教师深入公安实践了解公安实战。

而针对近些年来出现的公安院校管理模式的改变，行政化色彩浓厚的情况，公安部应该牵头建立与完善公安院校师资队伍建设与培养目标管理体系，尤其是要考虑到教师专业技术工作的实际情况，早日制定与出台与教师职称相适应晋升与工薪标准，使教师能够安心教学工作。

（三）全国公安院校之间应当进一步加强警察法学教育的研讨与交流

全国公安是一家，作为公安院校也应当是一个整体，目前全国公安院校从事警察法学教育研究的教师也不在少数，但是相互之间的交流与学习仍然比较欠缺，公安部虽然近些年来组织了一些师资培训活动，但是远不能满足院校之间相互交流和学习的需要。毕竟不同的学校之间在教学上各有自己的一些特色，有值得其他院校学习的地方，通过不同院校之间的交流，对于提高教师的教学水平与教学能力也能够起到很大的促进作用。

（四）应该规范公安院校毕业生招录体制，把与公安业务相关的法律知识纳入统一考试范围

警察归根到底是执法者，其自身法律知识掌握情况的好坏将直接影响其执法行为。从公安部近几年来所推行的警察执法资格考试来看，其本身也把在职民警对相关法律知识的掌握情况作为重要的考核指标体系。因此，在招录人民警察的过程中，不考核招录对象对相关法律知识的掌握情况与程度，本身也不符合警察职业自身的需求。基于这样一种情况，在人民警察招录问题上，公安部应当牵头制定相对统一的考试标准，将于公安业务密切相关的法律知识纳入招考的测试范围，以改变全国各地在人民警察招录问题上相对“混乱”的局面，这不仅能够解决警察法学教育中的“教与考”的问题，更关键的在于能够选拔出真正适合公安工作的专门人才。

警察法学教育是公安教育的重要组成部分，警察法学教育的发展与改革也直接关于公安教育事业的发展。我们必须清醒地认识到，虽然近些年来随着全国各地的公安院校相继“申本”成功，警察法学教育获得了一个新的发展平台与机遇，但是如果我们忽视了警察法学教育自身发展中存在的缺陷与不足，其必然会影响到警察法学教育的进一步发展与完善，也会使警察法学教育丧失进一步发展的机遇与空间。

法律职业视野下的民族区域法学教育

彭剑鸣①

一、法学教育职业化的内涵考察

“关于人的科学是其他科学的唯一牢固的基础，而我们对这个科学本身所能给予的唯一牢固的基础，又必须建立在经验和观察之上。”② 考察法学教学与法律职业联系命题的由来，之于确定民族区域法学教育的职业化路径及其内涵具有独特的价值。

立足于对封闭式法学教育的反思，有学者指出“大学法学教育与法律职业资格的授予脱节，法学教育本身远远落后于时代要求。”③ 并提出了法学教育应当与法律职业紧密联系的命题。伴随司法资格考试的全面推行，有的学者提出应当“从法律职业与法学教育的整体出发，结合统一司法考试制度，重构法律人才宏观模式。”④。由中国法学教育职业化的历史考察，可以将中国法学教育职业化的归结为：

（一）法学教育的目标是服务社会现实

法学教育应当出离追求形而上学的精神窠臼而服务于现实社会运用法律规范引领中国社会逐渐从传统社会演进到现代社会的根本目的，培养目标应当确定为能够从事法律职业的专业人才。具体的表现形式即是为法科学生进入法律职业领域奠定基础，首要的任务即是帮助法科学生通过法律职业的资格考试，否则法学教育就会失去其存在的根本基础和生命力而演变为法学教授自娱自乐的游戏。同

---

① 彭剑鸣，重庆璧山人，汉族，贵州警官职业学院法学教授，法学博士，研究方向：刑事法学。
② ［英］休谟：《人性论（上册）》，关文运译，郑之骧校，商务印书馆1980年版，第8页。
③ 王振民：《略论法学教育与法律职业》，载《中国法学》1996年第5期。
④ 霍显丹：《法律职业与法律人才培养》，载《法学研究》2003年第4期。

时，法学教育服务于法律职业在教学内容上体现为对在校期间的法科学生进行经常而有效的职业训练，培养其娴熟的法律职业技能和成熟的法律职业心理。

（二）法学教育的职业化具有专门的路径

有学者指出，“法律的技艺性、智识性和一定的神秘性及其规范特征决定了法律职业必须具备共同的职业素养，凭借法学教授、法学图书资料和法学院的社区生活三要件，制度性法学院而非仅仅作为场所的法学院培育这些素养并促使法律职业共同体形成。”[①] 提出我国现实呼唤建设胜任于培育法律人的制度性法学院。这一要求指出的法学院是培养法律人才的主战场且应具备实现法学教育职业化的全部条件，以便于顺利完成法学教育的全部任务而避免因法学教育的残缺所致的消极后果。

因此，除去研究型的法学教育之外，一般的法学教育应当是以培养操作性人才为目标的教育。

二、法律职业视野下的法学教育检视

（一）法律职业教育的准备尚不充分

1. 法律教育职业化的教学条件尚不具备。一是教学设备的条件并不具备，目前的法学院基本上都不具有模拟社区生活中各种冲突的基本条件，从而缺乏有针对性的法学教育职业化的前提。意图通过加大投入改善这一局限虽在外形上成效显著却徒有其表。最重大的局限在于，目前的法学院不仅不能作为一个独立的制度系统而存在，而且还在高校“去行政化”的趋势中越发添加了行政化的色彩，因而，法学教育的中立性严重缺乏。在此背景下培养或者锻造法科学生独立的人格和中立的情操，即使不是不能完成的任务，也是需要经历长时间的准备和实践才可能完成的任务。

2. 师资条件尚不具备。首先，目前的法学教授多出自演绎法的培养模式，他们不仅在学术上处于前沿地位，而且是教学和科研中的中坚力量；实然的制度导向并不支持大学法学教授具备法学教育需要的职业化条件。其次，法学教育领

① 翁开心、孙笑侠：《论作为“制度”的法学院》，载《法律科学》2002年第5期。

域和法律职业领域之间的人才流动路径并未自由开放，即使是在各种计划的范畴内，二者之间的流动也是名不副实。第三，学生对法律职业实务领域的人才实施的法学教学接受程度也未竟如人意。

3. 法律职业教育的培养方案并不能满足培养目标的需求。在法律教育职业化的浪潮中，培养应用型的法学人才虽然已经成为一种时髦的目标，但是，在现行的培养方案中，理论教学占据重要地位的同时，实践性教学环节也主要是通过教学实习完成的。实然的教学实习表明，学生也是在实习教师的“师徒因袭”式的模式中自我学习和自我摸索的。而且，相对于灰色的理论而言，生活之树总是长青，因此，法学院中的“实践性”教学仍然只是意图挣脱理论属性的理论而已，其与千变万化的法律实务仍然距离遥远。法学教育对于具体案件的讨论与理论教学的内容能否在实践中开花结果，以及开出何种花结出何种果，作为主阵地的法学院系则完全不能控制。可见，学生能否成长为一个法律职业人以及何种法律人，已经脱离了法学教育的控制。

（二）法律职业教育的命题不能涵括法律共同体的教育

法律职业教育理念的提出与法律职业资格考试成为法律职业的准入门槛有关①，随后关于法学教学中法律职业人才的培养目标、培养方案的讨论犹如雨后春笋一般生生不息。这些讨论将警察从业者的法学教育排除在法律职业教育之外，严重脱离法律职业的实际并分裂了法律职业教育的共同体。

虽然从事警察行业只需要通过公务员资格考试而不需要通过司法资格考试，但中国警察从事却是典型的法律职业工作。首先，警察的各种工作都是以法律规范的运用为核心而展开的，因此，他是典型的法律人而非法律职业共同体之外的“异己”。其次，在比较的视野下，中国的警察和欧美的警察存在典型区别，中国警察行使的权力远远超出了欧美警察的权力，除一般意义上的治安管理权和刑事侦查权之外，还包含了在欧美由法官、检察官行使的审判权、强制措施审批权、案件的实体终结权和程序启动权；尤其是欧美由治安法官行使的职权在中国实际上均由警察行使。故警察是法律职业共同体中不可或缺的重要组成部分，而目前法律职业教育的命题却忽视了这一事实，失之以偏概全。或许将法律职业教育的命题局限于与法律职业资格考试关联的领域有利于走向职业法官、检察官主导下

① 霍显丹：《法学教育的历史使命与重新定位》，载《政法论坛》2004 年第 4 期。

的社会管理机制，但是，“在书面文章中，语言的组织和搭配并非仅仅按照一条简单的线索进行，而是要符合一个国家集体生活的实际情况。”目前乃至相当长的时期内，警察仍然是法律共同体的重要组成部分，忽视警察的法学教育在法律职业教育中的地位或许并不利于法律职业共同体的建设，也不利于整合法治语境下的管理力量。

另一方面，在中国从传统社会逐渐转型为法治社会的时期，各种行政机构、公司企业机构在从事自己的行动时都需要法科学生的法律支持或者约束，以利于自身利益的最大化，这一系列的活动并不需要法律职业资格许可证作为前置性条件，而该类法科学生的教育依然是法学教育。从社会全体走向法治社会的宏大任务考察，法官、检察官、警察、律师之外的法律人的行为之于整个社会的转型具有的作用绝不亚于前者。

（三）法律职业语境下的法学教育并不满足中国走向法治社会的需求

法律职业语境下的法学教育核心即是围绕司法资格考试的要求以及从事法律职业的要求开展教育活动，教学目的是为法科学生在社会管理活动中从事法律职业的活动奠定坚实而全面的基础。该语境下的法学教育实则是就业导向型的，并未考量中国走向完全意义上的法治状态的培养目标。

如果将职业教育理解为获得职业许可证的教育，那么我国的法律职业在狭义的角度而言也许就是指法科学生所从事的法官、检察官、律师职业。有的学者立足于法学教育历史使命的考察，针对法学教育的现状，提出法学教育应当和法律职业以及法律学科的历史使命相联系①。对于中国而言，法学教育的历史使命必须和中国人相联系，人是一切活动的核心与前提。“中国传统思维模式的最大弱点不是因循守旧，而是模糊、混乱、僵化。”② 法治的基本要求则是建构社会管理的明确规则，因为传统中国社会管理规则的模糊化所产生的消极影响已经警示了因循守旧之于中国社会的桎梏，“传统并不是某种恒定不变的东西，而是一个优胜劣汰之选择过程的产物——当然，这个选择过程并不是由理性决定的，而是由成功指导的。”③ 实施法治所带来的成功为我们未来的前行提供行为的参照系统。

---

① 方流芳：《追问法学教育》，载《中国法学》2008年第6期。

② 楚鱼：《中国人的思维批判》，人民出版社2010年版，第18～19页。

③ ［英］弗里德利希·冯·哈耶克：《法律、立法与自由》（第二、三卷），邓正来等译，中国大百科全书出版社2000年版，第517页。

在建设法治国家、法治政府的语境下，将中国社会管理的基本范式纳入法治的路径就成为法律职业更为广阔的历史使命。法学的历史使命在于，在中国社会的转型时期逐渐确立法治社会的基本建构并逐步形成法治国家，形构中国社会的法治意识和法治心理，完成中国传统社会从威权之治到规则之治的演变。而法学教育不仅要培养法科学生通过规则之治将中华民族带入未来社会的基本路径和方式，而且应当确立其自身的法治意识和法治思想，避免中国社会在前行的道路上出现不断回环式的前行而不能达至规则之治的困境。因此，法律职业教育应当以形而下的操作路径为培养法科学生的切入点，在职业化教育的过程中逐渐形构法科学生的现实责任感和历史使命感。

三、民族区域的法律职业教育

民族区域的社会、经济、文化状况存在异于中国一般状态的特殊性，以经世致用为核心的法学教育除了应当解除法律职业教育的一般局限条件之外，还应当考量民族区域的社会、经济、文化状态。

（一）民族区域法律职业教育的检视

作为与全国法学教育一脉相承的民族区域的法学教育，对于法律职业教育的局限条件表现得较为充分。

1. 法律职业教育的条件缺失严重。作为制度的法学院，首先是对法学院模拟社区的各种条件和设备的投入相对于经济发达地区的法学院更低，在法学院的教育中实现法学教育的职业化不仅尤为艰难，而且，由于民族区域的社会环境较非民族区域更为复杂、丰富，对于社区环境的模拟更难。因此，希冀通过法学院完成法科学生从事法律职业的司法资格考试也许是可欲的，但是，意图通过法学院的培养使法科学生能够胜任法律职业的全部工作则是不切实际的。

2. 名族区域法学院系的行政化色彩一点也不逊色于非民族区域的法学院系，甚至可能因行政化在对外联系上有利于办学而体现出相对浓厚的行政化色彩。对于富有历史使命感的中立、独立的法律人的培养体现出来较大的局限性。

（二）民族区域法律职业教育的历史使命

“社会理论始于——并且拥有一种对象，只是因为——这样一种发现，即人类社会存在着种种有序的结构，但他们是许多人的行动的产物，而不是人之设计的结果。”① 审视社会演变的一般趋势及人类历史的成就，法治社会的建立是中国历久弥新的历史使命，民族区域走向法治社会是中国走向法治社会历史使命的具体化。法律职业教育应当围绕这一历史使命运行。

法治社会的形成需要社会各界以行动的方式汇聚和凝练法治的精神和法治的规则，从传统社会走向现代的中国，其法治道路本已漫长；之于民族区域而言，这一道路只会更加艰辛，因为民族区域中各种民间法大量存在且是社会管理中实然发挥效用的规范，在维持社会管理的法制系统宏观演变方向已经确定的前提下整合多重规范，不仅需要法律人具有现行法律规范的基本知识，而且需要法律人具有法治的精神和视野，还取决于其是否具有圆熟的社会管理技巧。不仅如此，民族区域对于法治的认同，还取决于长期的法治实践所传达的法治理念。因此，民族区域的法治社会建构任重而道远。

（三）民族区域法律职业教育的对象

民族区域法律职业教育的对象不仅包括典型意义上的法学专业的学生，而且包括从事法律职业的公安专业的学生，同时还应当包括从事行政管理工作、履行权力机构职能、行使监督权能的人员。他们不仅在民族区域法治社会的建设发挥实际的作用，而且还是社会管理实际运行规则的发现者和多种规则的整合者。“一个民族的生活创造它的法治，而法学家创造的仅仅是关于法制的理论”。② 如果仅将法律职业教育局限于法科学生，显然是对既有规则系统损毁，对于民族区域的平稳前行未必有利。“社会其实是相互勾连的，对一种权利的任何重新界定都可能牵动整个权利结构和布局的改变。”③ 如果仅将法律职业教育局限于从事法律职业的学生，那么，绝大多数从事社会管理活动的法律人实际上并不具备职业化的精神和素养，不仅使法科学生承受了引领民族区域走向法治社会的不能承受之重，而且是法科学生处于一种曲高和寡的孤独地位。

（四）民族区域法律职业教育的目标

“当下的法学院教育中，程序正义理念教育不足、法律解释的运用能力培养

---

① ［英］弗里德利希·冯·哈耶克：《法律、立法与自由》（第一卷），邓正来等译，中国大百科全书出版社2000年版，第56页。

② 苏力：《法治及其本土资源》（修订版），中国政法大学出版社2004年版，第304页。

③ 苏力：《道路通向城市——转型中国的法治》，法律出版社2004年版，第127页。

不够、法律的系统理解和运用能力教育不够、实践能力培养不足、知识教育与人文教育的失衡以及法律思维的训练不足等几方面问题较为突出。”① 有鉴于此，民族区域的法律职业教育的培养目标应当是具有人文主义精神且深刻理解民族区域社会现实的理论人才和实践性人才。

（五）民族区域法律职业教育的内容

既有官方管理规范和理念的培训与教育无疑是民族区域法律职业教育的主要内容，此外，民族区域的法律职业教育还应当包括以下内容：

1. 民间法的教育培训。除官方法外，民族区域还有大量在社会管理和法律实践中发挥实际管理作用的民间法，且民间法的作用在刑事法律规范、行政法律规范、民事法律规范的层级关系中呈现为递增的状态。在刑事司法中，民间法不仅仅在量刑情节上存在重要影响，而且对于某些行为是否作为犯罪处理也具有重大的影响；而且刑事诉讼法证明标准中“排除合理怀疑”的表述为民间法进入刑事司法提供了路径。在行政规范中，民间法在土地、山林、水源权属的确定和群体性事件的控制中具有重要作用。在民事法律规范中，民间法对于民事关系的有效性的判断具有实然的价值。因此，法律职业视野下的民族区域的法学教育应当蕴含民间法的内容。

2. 民间纠纷多元调处机制的培训。民族区域在漫长的历史演变和区域管理中形成了自成一统的纠纷调处机制，且该调处机制发挥效用的实然状态与民族区域的经济发达程度负相关。虽然民间纠纷多元调处机制正伴随民族地区的社会化和城镇化逐渐退出乡村社会的管理系统，但是，这一过程不仅是漫长的而且是渐进的，期间必然存在官方法管理的社会和民间法管理的社会的二元状态。此背景下的民族区域社会管理机制除了官方机之外，民间管理机制依然在发挥作用，有时是官方管理机制的补充，有时则是最为重要的管理机制。民族区域的法律职业教育应当就民间纠纷管理机制对法科学生进行培养，以便于综合发挥各种社会管理机制在社会管理中的作用，保障社会秩序的稳定有序演变。

3. 人文主义精神的培养。法治的目的不仅是在人类演变的过程中沿着作为最为成功的路径总结的法律前行而实现社会利益的最大化，更为重要的是通过法治实现人的利益的最大化，正如希腊哲学家普罗泰戈拉所述：“人是万物的尺度，

---

① 王景斌、周伟科：《法律人培养视角下的法学教育检视》，载《东疆学刊》2009 年第 1 期。

是存在的事物存在的尺度，也是不存在的事物不存在的尺度。"① 如果社会的管理和演变不能为个人的幸福服务，那么，再美好的愿望都只是一种久远的愿景，人们不可能对其保持永恒的热情。民族区域的法律职业教育应当蕴含为个人的幸福服务的人文主义精神而不是单纯对集体主义愿景的强调，否则就失去了团结各个民族的前提而仅仅剩下冷冰冰的规范。

（六）民族区域法律职业教育的方式

法律职业教育固然应当体现法学实践学科的本质属性，增强其实践教育自不待言。但是，浩如烟海的官方规范和多如牛毛的民间规范都通过实践性教育实现显然是成本最大化的路径，而人类长期总结所生的间接知识的传授和学习，无疑是知识的传承和运用最经济的方式。因此，民族区域法律职业教育方式应当是以间接知识的传授为主，以实践性学习为辅；而且实践性学习应当在学生的具体工作中不断深化。这是民族区域现行的法学院并不具备完全意义上的民族区域实践性教育的基本条件所决定的。

四、结语

民族区域的法律职业教育不仅需要具备一般的法律职业教育要求，而且应当体现民族区域从是法律职业特殊性的要求。民族区域的法律职业教育距离真正的职业化仍然路漫漫其修远。

---

① ［德］策勒尔：《古希腊哲学史纲》，翁绍军译，山东人民出版社 1992 年版，第 87 页。

反思与重构：警察法学方向法学实践教学体系之构建

——以应用型、职业化的执法专门人才为培养目标[①]

任　涛[②]

早在2005年教育部《关于进一步加强高等学校本科教学工作的若干意见》中就指出加强高等学校本科教学工作的主要任务和要求是：……深化教学改革，坚持传授知识、培养能力、提高素质协调发展，更加注重能力培养，着力提高大学生的学习能力、实践能力和创新能力，全面推进素质教育。

随后2011年公安学一级学科的设立，为公安学学科体系建设提供了更为广阔的空间，是公安高等教育的一项重大突破。此后全国各个警察院校纷纷投入公安学以及其二级学科建设的工作中。各个地方的警察、公安院校在办学方向定位和教育教学改革中进行了积极探索，确立了各自不同的建设目标。但是目前，职业化公安高等教育改革和实战化教学改革是根本方向，这种发展方向不仅是公安实务部门对警察院校培育功能与价值的深切期待，也是全国所有公安院校事业发展的必然要求。

近年来，我国高等法学教育快速发展，体系不断完善，培养了一大批优秀法律人才，为我国经济社会发展特别是社会主义民主法治建设做出了不可替代的重要贡献。但事实上我国高等法学教育还不能完全适应社会主义法治国家建设的需要，社会主义法治理念教育还不够深入，培养模式相对单一，培养体系还不够完善，学生实践能力总体不强，应用型法律职业人才培养不足。提高法律人才培养质量成为中国高等法学教育改革发展最核心最紧迫的任务。培养应用型、职业化的执法专门人才需要重点建设以下四个方面：1. 建立各类法律人才培养标准，

---

① 基金项目：江苏高校品牌专业建设工程资助项目（TAPP）。江苏警官学院教学研究项目成果（编号2014A05）。

② 任涛，女，汉族，江苏警官学院法律系副主任、副教授。

根据各类高素质执法、司法专门人才的培养目标，研究制定分类培养标准，充分体现实际部门对法律人才培养质量的要求；2. 革新法律人才培养模式，根据高校法学院系基础和特色，进行整体规划，建设不同类型的法律人才教育培养基地，探索多种的培养模式；3. 加强师资队伍建设，通过建立高校与实际部门人员互聘制度，鼓励和支持青年骨干教师出国研修等渠道，建立一支具有广阔国际视野、扎实理论功底、丰富实践经验的“双师结构”法学师资队伍；4. 打造信息化的法学教育实践平台。

因此，作为培养公安执法人员的警察院校必须加强与实际工作部门的密切联系，是培养应用型、职业化的执法专门人才着力点和突破口。要与公安实战部门加强沟通，理清思路，找准人才培养和行业需求的结合点，明确专业教育和职业资格的关联性，改革法律人才培养模式，提高学生的实践能力，实现培养与使用的结合，教育与行业的双赢。

同时还要坚持实战化教学改革和师资队伍建设工作，要确立认同公安工作、了解公安工作、研究公安工作的思想观念，深入开展实战化教学改革的理论内涵、合理步骤和实施方法研究，科学界定实战化教学的涵义，做到理论准备充分。教师既要深入公安实战部门调研锻炼，又要释疑解惑，围绕公安工作新情况、新趋势深入开展理论研究工作。落实职业化教育教学改革和实战化教学推进工作。

人才培养是学科建设的重要内容。当前警察法学方向培养应是应用型、职业化的执法专门人才。作为应用型和职业化的法律人才首先必须具备深厚的法学专业知识，其次是具有跨领域、多元的知识结构以及实际操作能力，在此基础上还应具备处理公安业务的专业技能和较高的职业素养，唯有如此，警察法学方向毕业生才能顺利担任各项第一线的公安工作。

一、当前警察法学实践教学开展的现状

当前警察法学方向实践教学因为起步较晚，一方面缺乏实践教学的整体氛围；另一方面实践教学开展有应付之嫌，整体上处于不发达状态，难以形成全面系统的可供参考、借鉴、推广的经验。事实上，在很多院校，警察法学方向实践教学内容由任课教师单独决定，因而具有一定的随意性，各个实践教学内容的安排相对孤立，缺乏警察法学方向实践教学内在的有效的统一、协调。并且警察法

学方向法学课程是由法学专业教师承担，在实践环节会出现一个问题——警察法学方向法学课程的实践教学如何突出公安实践特色？从而与传统法学课程实践相区别，否则则根本达不到警察法学方向开设法学实践课程的教学目的，也不利于警察法学方向学生的警察职业素养的养成。

警察法学教育作为一种特殊的法学教育，其始终具有法学教育的共性。针对当前警察法学教育实践薄弱性的问题，许多公安院校已经引进具有公安实战经验的“实战教官”，开设“双师课堂”，编写贴近实战的教材，不断来丰富警察法学教育方法，有的公安院校还借鉴国内外法学教育研究成果提出采用“诊所法律教育”“模拟法庭”“案例教学”等实践教学方法，所有这些方法在不同程度上都丰富了警察法学的实践教学，也在不同程度上培养了学生的公安业务的实践能力。但是通过梳理就会发现当前我国“警察法学实践教育的开展与研究”依然存在一些问题：

首先，关于警察法学实践教学的研究视野相对狭隘，研究资源欠缺。

一般地，当前国内警察法学教育研究者大多为公安院校法学教师，他们虽然长期从事法学课程的教学与研究，但是不可避免的是他们也会受自身专业所限制，大多数学者的研究资源主要来自于法学教育文献，而警察法学是在 2011 年公安学成为一级学科之后建立的二级学科，并且在不同的公安院校建设公安学一级学科过程中，对于二级学科的建设方向还尚有分歧。在这样的情势之下，警察法学作为一个在建设中的二级学科，其人才培养方案、学科定位、教学体系等的研究如果拘泥于法学学科的框架，那么难免造成当前警察法学实践教学的理念、模式、体系等难以突破，很难形成警察法学独特的学科风格与体系，进而使警察法学实践教学研究缺乏教育学理论支撑，导致难以推进警察法学教育研究本身的可持续发展。

其次，警察法学实践教学体系的构建缺乏系统性、渐进性与统一性。

目前，警察法学虽然仍在建设过程中，但是其仍不失为一个有独特定位的学科。当前，公安院校对于警察法学实践教学体系的研究十分缺乏，更多呈现出明显的非系统化特性，更多是进行“点”对“点”的问题阐述，即就“实践内容”谈“实践内容”，没有将问题置于警察法学实践教学体系和公安教育体系中进行研究，从而使警察法学的实践教学体系不够科学与完善，具体的实践教学开展也是零散不成体系的。

再次，警察法学实践教育研究缺乏协同性，即研究行为的个体化，研究主体的单一化。

目前展开警察法学学科建设与研究的主要集中在全国的公安院校和公安属性的研究单位，单一来源的研究人员，同质化的研究人员极大地制约着警察法学实践教育研究的发展。

最后，警察法学实践教育研究缺乏必要的反思，并且对具体的实践模式缺乏实证研究，导致法学实践教学研究成果并不能对警察法学实践教学的开展起到应有的指导作用。这主要是当前作为警察法学的法学课程实践教学开展主要是借鉴传统法学实践教学模式，缺乏与公安业务实践相联系的基础，并没有能突出警察法学实践教学的公安特色。

二、构建警察法学实践教学体系的意义

首先，我们必须明确警察法学实践教学并不是要完全代替传统的法学教育，它只能是法学教育的必不可少的重要组成部分。法学教育是一门人文社会科学的理论教育，具有学术性，要培养学生的人文理论和法学知识体系；同时也是一种职业技能培训教育，具有实践性，要训练学生从事法律职业的技巧、思维和道德。法律教育的两重性不是截然对立的，而是彼此相容、相互依存、相互促进。因此，通过对传统法学实践教学的反思与梳理，开展警察法学实践教学特色研究，对推进警察法学实践教学改革，提升实践教学质量和人才培养质量具有重要意义，对提升在职公安、司法干警的法学理论素养和实务能力也有重要意义。

其次，根据警察法学方向培养方案，警察法学方向是培养系统掌握公安通用业务特别是公安法制工作相关法律的基础理论、基本知识与基本技能，具备开展公安工作特别是公安法制工作职业核心能力和一定创新精神的应用型公安法制专门人才。为了配合该人才培养方案，警察法学方向开设的主要课程有法理学、中国法制史、宪法、民法、民事诉讼法、刑法、刑事诉讼法、行政法与行政诉讼法、知识产权法、经济法、商法、劳动与社会保障法、环境与资源法、证据法以及治安学、侦查学、刑事技术等公安类专业公共课程。由此可见，法学课程是该专业方向的主干课程，研究警察法学方向实践教学如何凸显公安特色是一个迫切的、必然的要求，其意义不必赘述。

最后，警察法学是学院学科建设重要的组成部分，人才培养是学科建设的重

要环节。由于警察法学实践教学开展尚处于起步阶段，除了实践教学体系还不完善之外，具体的操作环节、运行模式以及具体实践课的设计与考核等等方面都有待不断地改善，并且必须突破传统法学实践教学的常规模式。因此本文着手于完善警察法学实践教学体系、拓展实践教学模式等的探讨，以促进警察法学实践课的不断完善并以期取得良好的教学效果。因此，研究警察法学实践教学公安特色，有益教师有针对性的、基于公安工作实务的基础上开展法学课程的实践教学，促进警察法学实践教学的阶段性、渐进性和层次性的设计与发展，培养法律基础扎实、公安实战能力强的警察法学方向的学生，从而能全面提升警察执法的法制水平。

三、警察法学实践教学体系的构建途径

（一）梳理与反思当前法学专业实践教学开展状况，为警察法学实践教学特色构建提供参考

警察法学实践教学既有法学实践教学的共性，又有与公安实践相结合的特性。警察法学方向的培养目标、学习主体的需求都决定了警察法学与传统法学相比有自己的特性，警察法学实践教学的体系应当围绕公安业务来展开，需要研究和突破传统法学实践教学的模式，从而达到警察法学方向自身的培养目标。

因此我们需要在研究与反思法学实践教学的基础之上，结合警察法学方向人才培养方案，对警察法学学科发展与新时期警察法律职业共同体建设、警察法学专业建设与深化公安教育体制机制改革、警察法学教育方式方法与热点难点问题展开研究，从而形成警察法学实践教学的特色体系。如下图所示：

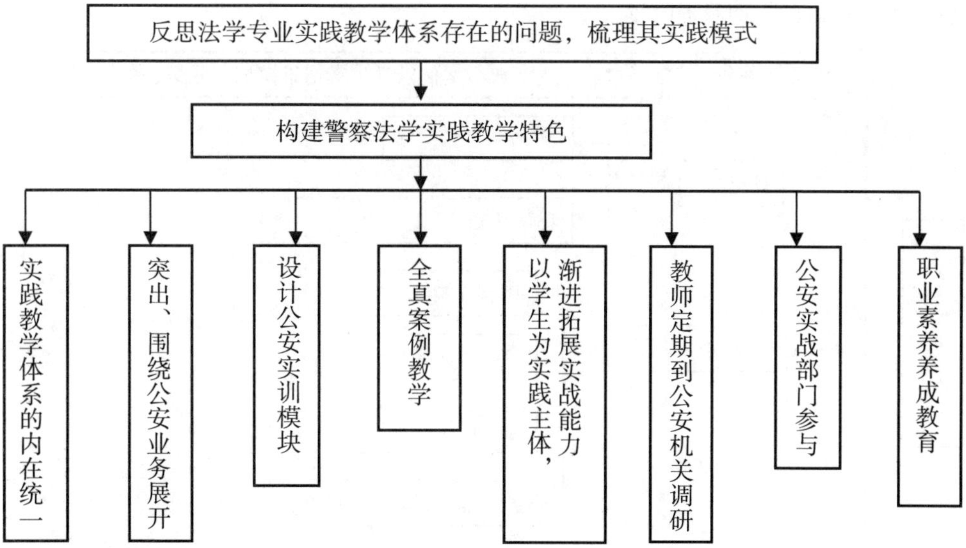

在此需要说明的是，由于警察法学方向确立时间较短，因此对于警察法学方向实践教学体系构建、模式创新应该都还在起步阶段，此次研究的相关内容会不断地探索、测试、评估。由此可见，伴随警察法学学科建设的过程，关于警察法学实践教学体系的研究必定是一个不断渐进、不断拓展的过程。

（二）拓展警察法学实践教学模式

马丁·特罗把高等教育发展划分为精英型、大众型和普及型三个阶段，他揭示高等教育进入大众化阶段后期办学类型、人才培养等必然逐渐分化。① 由于学生的个性素质、发展诉求和能力不尽相同，接受实践教学的倾向呈现多元性和层次性的特点。并且不同层次的高校在人才培养上也有不同的目标定位，实践教学要根据学校的教育目标和学生的实际情况，因材施教。应根据当前的具体情况，总体设计实践教学内容、模式，系统安排实践教学环节，实现人才培养的多元化。这种多元化的实践教学模式不仅体现了实践教学的立体化和人性化的特点，也符合教育教学的规律和我国素质教育的目标。

由于警察法学是一个相对全新的专业，其实践教学的体系应当围绕公安业务来展开，需要研究和突破传统法学教育实践教学的模式，从而达到警察法学专业

① ［美］马丁·特罗：《从精英向大众高等教育转变中的问题》，王香丽译，载《外国高等教育资料》1999 年第 1 期。

自身的培养目标。具体如下图：

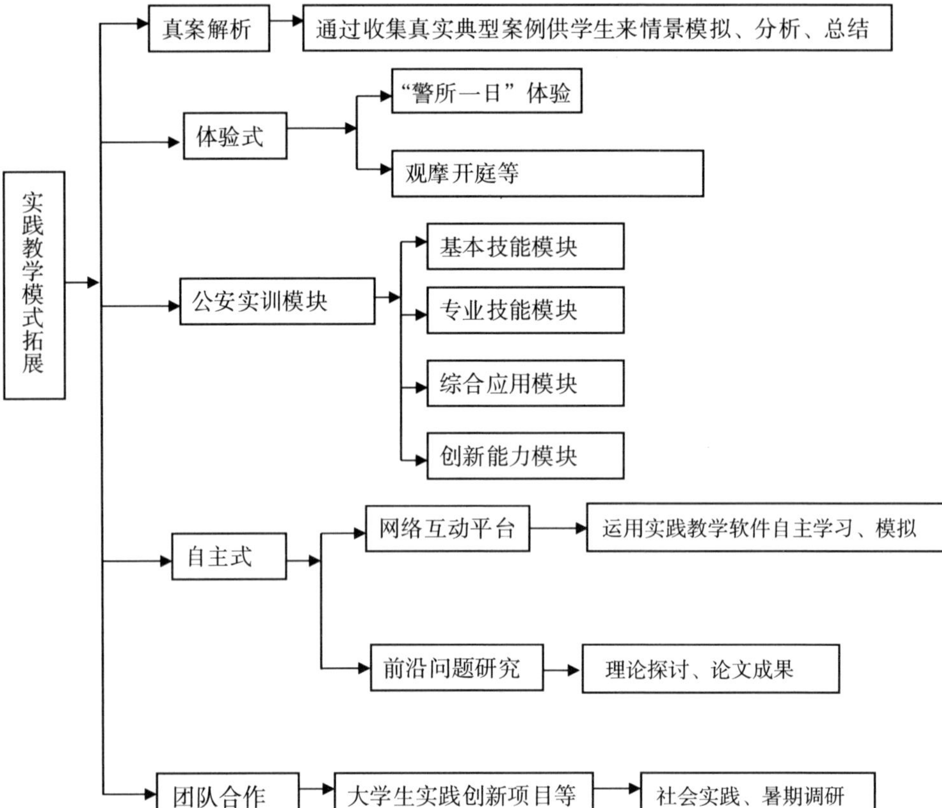

实践教学模式应该是动态多维的，应该针对不同的专业理论知识设计相应的实践环节；同时实践模式应该是互动的，而不应该是静态的，要实现理论教学、实践教学、学生学习之间的互相促进，法学理论教学和实践环节相结合，让学生学习逐渐深入社会，从立法、司法、行政机关等方面投身社会实践，建立多维实践模式。同时逐步增强学生在实践教学过程中的主导主体地位。

（三）构建警察法学实践教学交互平台

根据当前数字信息化教学趋势，各个高校开展建设法学实践教育中心，中心一般是由高校法学院或法律系与司法实务部门合作建设的、旨在加强法学专业学生实践能力、创新精神培养的实践教育机构。中心除了拥有自己的法学实验平台之外，还与大量的司法实务部门展开合作，这种合作不仅为学生提供了实践的全真场所与环境，充分全真的案例，同时还能为学生提供来自一线部门专家的指导，通过他们之间的协同合作，为学生提供了丰富的实践资源、实战经验与指导。更为重要的是中心都建设有网站，所有中心资源都通过网站向学生开放，除了上述常规实践资源外，中心还会向学生开放网络法律实务模拟平台，通过该平台，学生和教师能跨越时间和空间的障碍，模拟三十余种诉讼与非诉流程，全方面锻炼学生的法律思维、提高法律实务技能。

学生自主实践项目是深化教育教学改革，创新人才培养模式，鼓励学生自主学习、创新学习，提高创新意识和应用能力而启动的一个重要的学生实践平台，其目的是希望学生在这个平台上，将所学的知识运用到开展项目实践中，努力发挥个人才干，通过项目的实施，使创新能力不断提高。

实践教学交互平台在法学实践教学过程中的作用显而易见，它能为学习者与学习者之间提供很好的支持，随时对信息进行交换，进行教与学、问与答的交流协作，从而弥补传统教育中的不足。

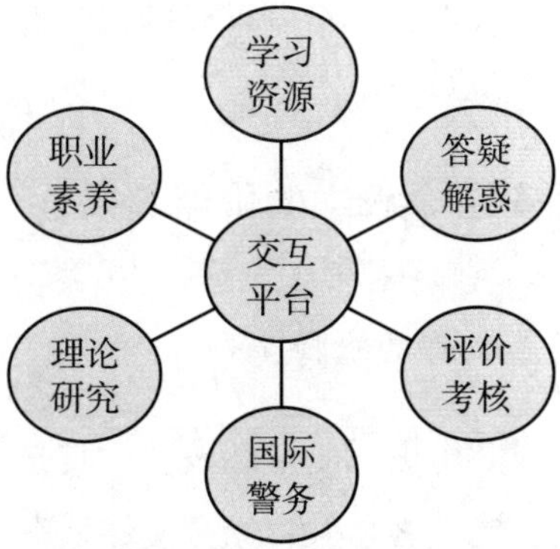

交互平台应具备的功能与内容

公安法学教学的有效性分析

——基于有效教学理论

张　颖①

什么样的教学为有效？怎样教学才能有效？这一直是教育教学领域关注的热点话题。公安法学教育作为公安教育的重要组成部分，在公安人才培养过程中起着重要作用，公安法学教学的有效性，直接关系到公安人才培养的质量，因此，探索提高公安法学教学的有效性具有十分重要的现实意义。

一、有效教学是公安法学教学的价值追求

（一）有效教学是高等教育的永恒主题

回顾现代学校教学发展的历史，质量和效益一直是学校教学追求的目标。西方近代教育理论的奠基者、捷克著名教育家夸美纽斯在《大教学论》的扉页上提及：写作《大教学论》的主要目的是“寻找并找到一种教学的方法，使教员可以因此少教，但是学生可以多学。”②“教学过程最优化”理论的创立者、苏联教育家巴班斯基认为，教学过程最优化是指“从特定标准的角度，有科学根据地探索、选择并实施在这种场合是最好的教学方案”。③ 实质上教学过程最优化理论解决的就是如何提高教学的有效性问题；为了测验、评价教学的效果，增强教学的有效性，美国当代著名的教育家和心理学家布卢姆建立了教育目标分类系统，创造性地把教育目标分为认知、情感和动作技能三个领域，并从低到高建立等

① 张颖，四川警察学院副教授。

② 参见［捷克］夸美纽斯：《大教学论》，傅任敢译，人民教育出版社1984年版，第2页。

③ 参见当代国外著名教育家教学论思想编写组：《当代国外著名教育家教学论思想》，山东教育出版社1985年版，第52页。

级。这种思想使教师教学有了依据、学生学习结果有了评定标准，极大地推动了教学有效性的提升。到了20世纪，在科学主义盛行的情况下，西方教育界掀起了教学科学化运动，人们认为教学不仅是艺术，而且是可以用科学的手段和方法来研究的，于是围绕教学的有效性问题展开了诸多研究。起初研究者认为教学的有效性取决于教师的某些特质——教师的生理、心理特征和品质（如个人的外表、魅力、整洁、善良、亲切、机智、开放、热情、幽默等）以及与教学工作相关的特征和品质（如体谅学生、对学生有高要求、教学能力强、学科知识丰富、教学的适应性等）。随后，研究者将研究视角转移到了有效教学的行为研究，用“场景—过程—结果”作为基本框架，来揭示教师的课堂教学行为和学生的学业成就（结果）之间的关系，即教师在课堂上做什么才能促进学生的学业进步。近年来，研究者对有效教学研究的范围、视角进行了拓展，不仅研究教师，也研究学生的学习行为，并且探讨教师行为和学生学习之间的关系，逐步形成了有效教学理论。

有效教学即教师遵循教学活动的客观规律，以较少的时间、精力和物力投入，实现教学目标和学生的个性培养与全面发展，取得尽可能多的教学效果。其包括如下三重意蕴：一是有效果，即对教学活动结果与预期教学目标的吻合程度；二是有效率，即以少量的投入换得较多的回报；三是有效益，即教学活动的收益、教学活动价值的实现，具体是指教学目标与特定社会和个人的教育需求是否吻合及吻合的程度。①

（二）有效教学是公安法学教学的现实需要

公安法学是公安专业的基础学科，担负着培养学生法律信仰、法治思维、执法能力和维护社会公平正义社会责任感的重任。公安法学教学的有效性直接影响公安教育的质量，直接关系着未来人民警察的素质，在公安教育中居于十分重要的地位。但是，我国目前的公安法学教育由于多种原因，其有效性没有得到充分的释放，存在着许多低效或无效的情况，主要表现如下：

1. 教学目标低位达成。教学目标责任制是教学活动的依据，教学目标的达成程度是衡量教学有效性的重要标准。公安法学的教学目标是让学生在掌握法学基本理论的基础上，形成先进的法治理念和公正的执法品格，具备丰厚的法律素

---

① 参见姚利民：《有效教学研究》，华东师范大学2004年博士毕业论文。

养和灵活的法律思维。但目前公安法学教学在教学目标达成方面却存在“知识中心主义”“简单实用主义”等倾向，只重视法律知识的传授，不注重法治精神的培育和执法能力的培养；只重视目前警务实用技能的训练，不重视持续发展能力的培养，致使教学目标在低位达成，抑制了公安法学教学应有的效果。

2. 教学模式简单固化。当前，公安教育推行的教学模式是“教、学、练、战一体化”，由于目前对这一模式缺乏一个权威统一的解释，致使部分教师根据自己的理解，简单地把“教”“学”两个环节合成为“教学”，把“练”“战”合成为“练习”，重理论课堂讲授轻实践教学，重案例说明轻实战演练。虽然在公安法学教学中加大了案例教学的比重，但是在案例的选择、分析、总结等方面主动权依然掌握在教师的手中，仍然沿袭着师讲生听、师问生答、师演生看的路径，其实质不是教师主导下的“传授—接受”模式，没有发挥出学生的主体地位，没有激发出学生学习的主动性和积极性，使得教学的有效性大打折扣。

3. 教学内容缺乏系统性。公安院校培养的是未来的人民警察，不仅要承担行政执法和刑事司法的职能，还要担负大量的民间纠纷的调解工作，因此公安院校培养的学生一方面应具备较为全面的法学知识，另一方面还应具备先进的法治理念以适应现代执法的要求。要实现这一目标，就需要以系统的法学教学为支撑，在内容上应完整、在体系上应完善、在结构上应合理。但传统的公安法学教育以“实用主义”为导向，存在着重刑轻民、重知识传授轻理念、思维培养的倾向，特别是缺乏具有公安特色的法学教学内容体系的构建，造成公安法学教学的针对性、有效性较差。

4. 教学评价的偏颇。教学评价是教学活动中十分重要的一环，对整个教学过程起到导向、校正的作用。在目前的公安法学教学中，重结果轻过程、重成绩考核轻发展性评价的现象仍大行其道。对教师的评价主要凭形式化的教学任务完成的数量指标和学生对教师的教后评分来进行；对学生的评价主要依靠期末考试成绩与学生在教学中的表现情况来进行。这种教学评价指向的偏失，难以客观真实地反映教学的实际效果，让公安法学教学的有效性存疑。

公安法学教学低效或无效情况的存在，直接降低了人才培养的质量，严重影响教学质量的提高，因此，提高公安法学教学的有效性已成为必须而且迫切的现实需要。

二、公安法学有效教学的核心要义

什么样的公安法学教学才有效？它应该具有什么典型特征？只有搞清了这个问题，公安法学教学改革才有正确的指向。依据有效教学的理论，笔者认为有效的公安法学教学应该解决以下几个问题：

（一）公安法学教学要有效果

效果，是指由某种力量、做法或因素产生的结果。公安法学教学是否有效果，应考察公安法学教学的实际结果与预期设置的教学目标的吻合程度，吻合度越高效果越显著，它强调的是教学的“合目标性”。公安法学教学有效果主要体现在以下几个方面：

1. 知识上有收获。通过公安法学教学，学生能获得系统而牢固的法学知识，这种知识不仅是单一的课程知识，还包括系统的法学知识体系；不仅是说明法律理论的陈述性知识，还应该是运用法学理论解决实际问题的程序性知识；不仅是获得法学知识的量，还应该是获得如何获取法学知识的方法。公安法学教学，要让学生在学习的过程中由被动接受知识的受体成为自主建构知识、生成知识的主体，这样的教学，才具有促进学生发展的意义。

2. 能力上有提高。通过公安法学教学，学生在一般能力和专业能力上都能实现提高，一是学习能力的提高，形成自主学习、探究式学习，以问题解决为中心的学习；二是法治思维能力的提高，养成了运用法治思维和法治方式看待问题、化解矛盾、促进发展的能力；三是执法能力的提高，熟练掌握公安执法流程、执法标准和执法模式；四是创新能力的提高，习惯于在个别的法律问题、司法活动中努力发现一般法律规则、司法经验及规律。

3. 价值观有提升。通过公安法学教学，学生形成积极的学习态度、健康向上的人生态度，具有科学精神和正确的世界观、人生观、价值观，能正确认识个体价值，能正确地处理个人与集体、个人与国家的关系，具有服务国家、人民的社会责任感和追求社会公平正义的使命感。

（二）公安法学教学要有效益

效益，是指教学及其结果与社会和个人发展的需求是否吻合以及吻合的程度。教学有效益，强调的是教学活动及其结果要与教育目的、教育价值相一致，体现的是“合目的性”“合价值性”。公安法学教学有效益，就是要求公安法学教学要与公安教育培养的目标一致，要反映公安教育为公安工作服务，为学生的全面发展服务的根本属性。

1. 养成警察意识。公安法学教学的对象是未来人民警察，公安法学教学必须按照公安院校培养目标的要求，牢固树立学生的警察意识：一是具有坚定正确的政治追求，强化理想信念，把握正确方向，毫不动摇地坚持中国特色社会主义道路、坚持中国特色社会主义理论体系、坚持中国特色社会主义制度，为当好中国特色社会主义事业的建设者、捍卫者奠定坚实的政治思想基础，真正做到党在心中、祖国在心中；二是具有公平正义的法治追求，全面理解和准确把握社会主义法治理念的本质要求和深刻内涵，坚持依法治国，自觉树立和维护法律权威，公正执法、严格执法，扛起公平正义的天秤，真正做到法在心中、正义在心中；三是具有崇高的宗旨追求，强化为人民服务的宗旨意识，积极顺应人民群众的新期待、新要求，不断满足人民群众对社会安全、公共服务等方面的新需求，更好地实现好、维护好、发展好最广大人民的根本利益，立警为公、执法为民，真正做到人民在心中。

2. 实现全面发展。《国家中长期教育改革和发展规划纲要（2010—2020 年）》明确指出，我国教育目的是促进德育、智育、体育、美育有机融合，提高学生综合素质，使学生成为德智体美全面发展的社会主义建设者和接班人。通过公安法学教学促进学生全面发展，是我国社会发展和学生个体需要的必然要求，一是要育德，公安法学教学要充分利用法学教学活动中包含的德育资源，提升学生的道德品质，完美学生的道德人格，实现学生法学知识增长、能力提高与健全人格养成同步发展；二是要育智，公安法学教学要用丰富的法学知识和理论，引导学生认识世界、探索真理，促进学生的智力开发和智慧增长；三是要育美，公安法学教学要以法学知识体系中蕴含的美育价值来陶冶学生的情操，引领学生去发现美、欣赏美，自觉地去追求美。

（三）公安法学教学要有效率

效率，是指投入与产出之比，投入越少、产出越多，效率就越高。教学效率追求的目标就是减少投入、增大产出。公安法学教学有效率，就应该体现教学投入少，学生发展进步快的特点。

1. 精确定位。准确定位是公安法学教学提高效率的前提和基础。公安法学之于公安专业来讲，它是一门基础性学科，是为学生的专业发展服务的，因此，它不同于普通高等院校的法学专业，法学课程开设多、课时充足、法学教学涉及面宽而深。公安教育的职业化属性和应用型人才的培养目标，决定了公安法学教学应该抛弃普通高等院校法学教学的一般模式，建立具有公安特色的、与公安实际需要相符合的教学模式，重树教学理念、整合教学内容，减少浪费、节省投入，实现高效率。

2. 精准施教。精准施教的核心是协调教与学的统一，实现按需施教、因人施教。公安法学教学，要在准确把握学生发展需要和学生学习的起点状况基础上，根据培养目标的要求，精心加工教学内容，精选表达方式，有效利用现代信息技术手段，实施与学生认知能力、情感态度相适应的差异化教学，动态协调学生认知结构与教学知识结构之间的关系，实现教学过程和学生的学习过程和谐平衡，增强教学效率。

3. 优化学习。学生是教学活动的主体，教学活动的有效性决定于学生学的结果。公安法学教学要提高教学效率，重在优化学生的学习，提高学习的有效性。一是培养学生积极的学习态度，要在教学中，让学生体验到公安法学的价值，感悟到公安法学对于社会、个人发展的积极意义，形成全身心投入、自我负责的学习状态；二是培养良好的学习习惯，要在教学中帮助学生寻找有效的学习方法，削除平时不努力、临时抱佛脚的不良学习行为；三是增加持续学习能力，要在教学中有意识地培养学生探究能力，发现问题和解决问题的能力，体验到学习的成就感和幸福感。

三、公安法学有效教学的实现路径

有效教学，既是一种理念，又是一种实践。公安法学有效教学的实践，需要教学活动的相关因素共同发挥作用，合力推进。

（一）树立以学生为本的教学理念

学生有无进步和发展是衡量教学有没有效果的唯一指标。[①] 公安法学教学需

① 参见张亚星、胡咏梅：《国外有效教学研究回顾及启示》，载《课程教材教法》2014年第12期。

要坚定学生是教学活动的主体的思想，牢固树立以学生为本的理念，才能实现有效教学。一是树立以学生发展进步为中心的教学观。衡量公安法学教学的成效怎样，是以学生的发展状况为评价标准，公安法学教学的理念、路径和方略，都应以此为指向。始终致力于学生法治思维的培养、法律素养的提高；始终致力于让学生具有适应当前特别是未来职业及社会等各方面的发展变化的能力；始终致力于让学生的潜能得到最大限度发挥，以促进学生不断地完善自我，使其今天的发展成为日后发展的基础和条件，促进学生个体以及学生与社会的和谐发展，实现持续发展。二要夯实学生的主体地位。学生主体地位确立的外在表现是学生主体活动动力的增强。公安法学教学一定要增强学生的主体意识，激发学生的主动学习的热情，充分调动学生学习的主体积极性，实现由“他育”向“自育”的转变。三要强化服务学生意识。在公安法学教学中，教师教学、学校教学管理必须凸显服务理念，强化服务功能，实现从“教育为主”到“服务为主”的转变，保证学生成为公安法学教学的权益主体，在这一过程中，体现公安法学教学的价值。

（二）创新公安法学教学模式

公安法学教学有效性的提高，需要构建具有公安特色的法学教学模式。一是切实把握公安教育“教、学、练、战一体化”模式的内涵实质。公安法学教学必须改变原有教学中对此模式的简单片面的理解，反对将教、学、练、战孤立、割裂的倾向，形成以“教”为知识基础平台，以“学”为承接转化枢纽，以“练”为技能提升手段，以“战”为职业认同方式的一体化教学体系，让学生思想意识、知识技能在自主学习和实践中融会贯通，全面发展。二是构建理论与实践紧密结合的开放性教学内容体系。公安法学教学要打破传统的以学术为主导的教学内容体系，建立从学生的身心特征出发，从公安机关人才需要出发，以问题解决为特征的应用型教学内容体系，一定要让教学体现法学发展的时代脉搏，解决公安实践出现的现实课题。三是实施参与式教学方法。公安法学教学中要突出学生的主体地位，贯彻主体性与实践性的原则，废除单一灌输式模式，注重引导与互动相结合，让学生主动融入教学过程的全过程。如在教学过程中，先以公安执法中出现的现实案件为导入，引导学生分析讨论，再通过角色扮演模拟执法过程，加深学生内心体验，最后由教师归纳总结实施理论讲授，这种把“现场”变“课堂”、把“案件”变“课件”的教学方式，可以充分激发学生学习的积极性。

四要引入先进的教育手段。当代信息技术的迅速发展及其在社会各个领域中的广泛应用，正深刻地改变着整个人类社会的面貌。公安法学教学如果不从信息社会的时代特征出发，就会失去手段、失去学生、也就失去有效性。公安法学教学要充分利用现代信息技术，拓展教学空间，积极引入“微课”“幕课”扩大教学资源，引导学生正确地利用网络信息，学会选择进行自我教育，提高学生的自主学习能力。

（三）建立科学的教学评价体系

教学评价犹如一根“指挥棒”，评价的重心在哪里，教学的方向就往哪里去。公安法学教学有效性的提高，需要有正确的教学评价体系作保障，要改变过去那种以考定评、一考定终身的状况，彻底解决重结果轻过程、重分数成绩考核轻发展性评价的问题，就必须建立以学生发展为中心的多元化教学评价体系。一是评价主体多元化。公安法学教学评价要将教师、学生、学校教学管理人员，特别是公安机关用人部门纳入到评价主体范围内，从不同需求角度对公安法学教学提出评价标准，让公安法学教学满足不同主体的需要。二是评价内容多元化。学生的发展、进步体现在知、情、意以及人格发展等各个方面。因此，公安法学评价的内容不仅要评价学生的学习态度、学习效果、学习能力，更要评价学生法治意识、执法品格的形成状况；不仅要评价学生对课本内容的掌握程度，更要评价学生实践能力，特别是公安执法能力的形成状况；不仅要评价学生个体的发展情况，也要评价学生在团队中发挥作用的情况。三是评价方式多元化。公安法学教学中，要做好以发现问题和纠正问题为主的诊断性评价，以鉴定、甄别为主的总结性评价外，更要注重形成性评价，在教学过程中及时全面收集学生发展的信息，给予评价，及时指导学生更好的发展。

（四）建立一支高素质、专业化的教师队伍

教育大计，教师为本。教师是教学的第一资源，有好的教师，才有好的教学。公安法学教学的有效性需要一支高素质、专业化的教师队伍。首先，要充分发挥教师在公安法学教学中的主导性。教师的职责、知识水平、角色、生活阅历决定了他在整个教学过程中起着主导作用，学生虽然是教学的出发点和归宿，但他们只是不成熟的、正在发展中的人，没有教师的引导，他们自己不能很好地发展，因而在“以学生为本”的理念下，教师的主导作用不仅存在，而且还需要发

挥得更高明，更得体。在公安法学教学活动中，教师的主导作用，表现为培养学生良好的政治品质、高尚的道德情操的育人作用；表现为在对法学知识系统讲授中对学生法学学习的开路和引导作用；表现为组织学生自学、讨论等过程中对学生的领导和启发作用，其目的还是为了实现全体学生的全面和谐发展、主动发展与可持续发展。其次要丰富教师的公安实践经验。美国著名大法官霍姆斯有一句经典的话“法律的生命一直并非逻辑，法律的生命一直是经验”。从事法律工作的人一定要有丰富的实践经验，从事公安法学教学的教师必须是既懂法学理论，又具有丰富公安实践经验的教师。公安法学教师应该主动与公安实战单位对接，以“校局合作”为平台，主动到公安实战部门参与执法办案、参与执法问题研究，掌握公安执法过程中出现的热点问题和疑难问题，及时总结基层实践先进经验，并把典型案例及时扩充到教学内容之中，做到学以致用、融会贯通，真正成为“双师型”教师。再次，要努力提高公安法学教师的施教能力。施教能力是保证教学有效性的必要条件。公安法学教师需要不断提高教学理论素养，遵循教学规律，炼好“内功”，提高自己的施教能力。一方面，公安法学教师要善于“以学定教”，准确把握学生的发展状态，及时了解学生对法学知识和能力的需求状况，将公安法学的前沿思想和观点及时反映到教学内容之中，增加教学的针对性、时效性；另一方面，公安法学教师要善于“以教导学”，要以自身丰富的学科知识和良好的学术精神感召学生，并通过良好的教学设计和较强的教学驾驭能力，有效调动学生学习的积极性，激发学生学习的动力，提高学习效果。

公安法学教育教学改革与实践

马泽红[①]

在新形势下，培养“应用型、复合型”警务人才，构建“应用型”教学模式是我国公安院校教育教学改革发展最重要也最紧迫的任务。辽宁警察学院作为新升本的公安院校，紧紧围绕这一任务，锐意进取、大胆创新，在教学模式、教学方法、师资队伍建设等方面进行了积极的探索与尝试。在全面推进依法治国方略，努力打造法治中国、法治公安的时代背景下，公安院校法学教学改革与实践显得尤其紧迫。因此，辽宁警察学院也将法学教学改革与实践作为本院教学改革发展的重要任务来谋篇布局，进行了诸多有益的探索与尝试。

一、明确法学教学改革的目标、模式和重心

公安高等院校兼具普通高等教育与职业教育的双重价值取向，按照《国务院关于加快发展现代职业教育的决定》要引导一批普通本科高等学校向应用技术类型高等学校转型，要把它们办成以培养技术、技能型人才为目标的应用型或职业型高校。辽宁警察学院肩负着培养知识型、技能型、实用型人才的重任。按照学院人才培养目标的定位，法学教学也就教学改革的目标、模式和重心予以明确。

（一）明确法学教学改革的目标

公安高等院校的法学教学既具有一般法学教学的通识性特点，又具有明显的职业教育特点。如何按照培养应用型、技能型、复合型人才的目标，完成公安高等教育法学教学目标和定位的转型，如何从“简单机械模仿地方大学”法学教学到“自主探索应用、复合型公安特色”的法学教学，是公安高等院校法学教育发

① 马泽红，女，辽宁师范大学研究生，辽宁警察学院法学部主任，副教授。

展的方向，也是辽宁警察学院法学教学改革的目标。公安法学教学改革应当充分考虑公安教育的特殊性，相较于普通高等院校法学教育培养专业化法律人才的目标定位，将公安法学教学培养目标定位为培养具有基本法学理论功底和能够熟练应用公安法律法规的执法技能型公安人才。

（二）构建法学教学改革的模式

教育服务公安司法是公安院校发展的关键。公安院校法学教育进一步深入，进一步发展，需要进一步体现公安教育目标和方向，与一般的公安专业相比有着更为艰辛的转型之路。在依法治国方略指导下公安司法，需要执法者既要知法、又要懂法、还能恰当用法。与此相适应的法学教学已经不能只停留在以往打基础的水平，还要强内涵，同时又要突出公安职业的特色。这需要对现有教学体制做出本质性的改革和突破，重新确立符合本科教育突出公安特色的法学教育模式。

辽宁警察学院按照《公安政治部关于加强公安院校和训练基地的指导意见》以及全国公安院校思想政治教育工作座谈会会议精神，基于公安院校法学教育的新形势，探索法学教学的适应模式。逐步确立了“坚定教学目标，灵活培养模式，强化实践教学”的法学教学的新模式。

（三）坚持法学教学改革的重心

法学是公安教育的基础学科，肩负着服务公安司法的重任，实践教学是唯一能够充分实现这一目标的途径。实践教学对公安院校的法学教育意义深远。作为法学教学的一般方法，实践教学可以提高学生学习兴趣，增强学习自主性，拉近理论与实践距离，从而使学生亲身观察、学习理论在实践中的具体应用，体会知识应用的方法、技巧。坚持法学教学改革以实践教学为突破，把公安院校法学教学改革的重心定位于实践教学，是辽宁警察学院总结学校教学研究和实践经验，借鉴兄弟院校法学教学改革成果的最终选择。

二、新模式下全面推动法学教学方法、教学手段的创新

（一）优化教学手段，革新“参与式教学法”

教学方法的改革是深化教学改革、提高教学质量的一个切入点和突破口。进

一步适应人才培养的机制，贯彻落实人才培养目标，把公安院校服务公安司法的人才培养模式高效地运行起来，需要教学方法改革的跟进。

公安院校的法学教学改革要在法学通识教育和职业教育间寻找平衡点和切入点，必须对传统法学教学方法和教学手段进行优化和革新。“参与式教学”方法是一般法学教学所采取的常用手段，它是以学习者为中心、以实践为导向、强调多方参与和共同协作的一种特殊的教学方法。

参与式教学方法是法学实践教学开展的主要方式，辽宁警察学院本着法学职业教学的要求，结合学院发展的目标，改革和创新参与式教学方法。我们首先在《公安行政执法》课程中尝试了这种新的教学模式。通过在理论授课拣选公安执法疑难案例，开展多种形式的课上分组讨论，课余组织疑案辨析、专题辩论；能反映公安执法实践，有专业深度的案例则通过组织学生真人实景情景再现，模拟执法过程加深内心体验，从而引起学生对法律适用的重视，刺激学生对公安机关办理案件程序的敏感；整合各种教学资源，充分利用网络平台，布置教学任务，监督学生在各个教学环节的实际参与度，充分发挥学生教学主体作用以及教师主导作用，使得师生能够真正地在双边互动的过程中进行教与学。

实践结果证明：采用“参与式教学”模式将法学教学的基础性和公安执法的实践性融为一体，在自主参与的过程中突出公安执法对法学基础要求的专项性，注意观察和引导参与学生在法学授课中的思辨，让学生在思考中获取知识发展能力，从而锻炼和提高法学素养。这对于将来要走向公安执法岗位的学生来说，无疑是法律综合素质的一次展示和锻炼。

（二）强化教学实训，建立校内校外相结合的实践教学平台

教育服务公安，意味着应用型公安人才既是法学教育的验证者，又是法律素质的实践者。公安院校培养的学生绝大多数要到科、所、队等一线公安执法岗位从事具体的、基础的实战工作。基于这样的背景要求，公安院校的法学教学比一般地方院校更注重学思结合，注重知行统一、因材施教。进而才能培养具有奉献精神、较强实践能力的学生，这些学生才能够真正成为“下得去、用得上、留得住”的基层公安执法人才。

1. 设计系统科学的法学实训课

校内的实训教学，为突出公安执法实战的特色，适应公安实战的要求，辽宁警察学院法学部组织教师编写公安实训教学的课程教材，精心选择公安实践中真

实的典型案例配合教实训教学的内容设计。在实训教学中引导学生依照公安工作程序，以公安民警的视角依据事实和法律处理案例。

公安法学教学的实训开展，在于提高学生分析问题、解决问题的能力，提升他们的操作技能，进而提升一线警力的战斗力，这就不能止步于某一个部门法的研究和学习应用，而是要打破法学各学科之间的藩篱，改变刑法、刑事诉讼法、行政法、行政诉讼法等课程在实践教学过程中各自为政的现状，开展公安执法专项训练与综合训练相结合的实训模式，将部门法（包括实体法和程序法）与公安业务紧密结合在一起，实现法学各部门法之间、法学与公安学之间的衔接和整合。

2. 创造、拓展校外实训的新形式

高校教育的大多数时间，需要学生在校内学习。但公安法学教学的职业化特征需要不断拓展实训的培养方式。必须多方寻求机会，创造拓展多种形式的校外实训活动，与公安机关执法工作形成无缝对接。为此辽宁警察学院一方面整合学校资源，另一方借助厅局机关的有力支持，法学实训构建了有针对性的分层次、有计划、有保障的新型实训教学体系。确立了覆盖面广、参与性高、实效性强的专业实习模式，让学生能够在相关专业的第一线得到学习、实践和锻炼，努力使学生达到学有所用、学有所长、学有所精。

（三）校局联动，加强公安实训基地建设

教学方法的创新和改革必须有教学硬件设施支撑和推进。公安法学实践教学与传统法学教学相比，在场地条件、器材等方面有更高的要求。为此辽宁警察学院努力架构法学实践教学体系，完善各项教学基本硬件设施。一方面，为实训教学提供校内硬环境支持，出资打造与多媒体教学环境无缝链接的模拟法庭实训室；另一方面，积极开拓和打造校外实习基地，与学院所在地的基层公安机关、分局、市局，甚至省内多处公安一线单位联合建立实践教育基地，校局双方定期进行包括“法制业务研究、科研协作、师生实践锻炼”等内容的交流合作，实现了“一地多能”“一地多用”实训教学基地的建设。

（四）首创“基于过程评价为主要考核标准”的实训教学评价体系

法学的实践教学体系的构建是一项复杂的系统工程，要想真正体现法学实践教学的应有价值目标，必须制定一种集平时课堂表现、基本知识掌握、解决实际问题的能力及创新意识于一体的综合的、量化的、客观的考核验收体系。辽宁警

察学院的法学教学团队于2013年法学实训教学改革之初就探索设计了集实训内容、实训过程、评价标准“三位一体”的法学实训教学改革方案，创新性地提出了“基于过程评价为主要考核标准”的实训教学评价标准体系。在具体的过程评价实施方案中，制定了具体评分标准量化表，实训过程通过重点考察每个小组21项行为和每个学生35项行为共56项行为，对学生参与意识、实训态度、完成活动的能力等进行评价，增强实训教学改革内容的可操作性。

基于过程评价立足以“人”为本，强调学生作为主体的参与性，这种评价模式能深入学生整个实训的过程，及时反馈出学生在实训中遇到的问题、通过问题不断完善过程评价内容的设计，对学生参与意识、实训态度、完成活动的能力等进行评价，增强实训教学改革内容的可操作性，从而进一步指导学生今后的实训活动。

三、稳固人才培养后盾，保障法学教学改革

教师是教育改革成败与否的关键。改革要成功，首先教师要成长。提高教师的岗位实践教学能力不仅指提高教师的法学理论知识水平和法学理论应用能力，更重要的是增加教师的公安工作实践经验，只有真正了解公安执法实践才能在实践教学中再现公安执法活动，提高学生的执法能力。

（一）全力打造“双师型”教师队伍

辽宁警察学院本着教师发展和师资队伍同步建设的要求，积极优化师资结构，全力打造既具备教学科研素质，又具备一线警察素质的“双师型”教师队伍。

学院以校局合作为平台，以实战部门和法学课堂为主阵地，坚持“沉下身子走出去，敞开大门请进来”，不断加强与公安实战部门的沟通交流，丰富教师的实战经验。期间，多位教师积极深入辽宁省各级实战部门调研学习、挂职锻炼、带队参与学生实习。通过参与办案、与基层民警座谈讨论等形式，学习新时期下公安实战部门的先进经验，并把典型案例及时充实到课堂教学，编入法学实训教材，做到学以致用、融会贯通，真正使教学与公安实战紧密结合。期间，教师还专程赴海城市公安局、辽阳县、辽阳市公安局与办案民警就具体案件进行座谈、研讨，为具体办案机关撰写个案分析，为警察协会制作关于《提高公安机关执法公信力》的调研报告，积极的从一线实战部门汲取知识和实践经验。

（二）切实落实“实践教官进课堂”制度

身处公安工作一线的公安民警最清楚实战中真正需要的是什么样的人才，因此在倾力提高本部门教师自身的岗位教学能力的同时，法学教学还积极的“借船出海”，进一步实现“邀请一线实战教官进课堂”制度的常态化。为此，辽宁警官学院积极开办“公安法律大讲堂”，先后邀请了来自辽宁省公安厅、大连市公安局法制支队、辽阳市公安局等单位的多位实战专家来校作专题讲座；定期请大连市法制支队的实践教官走上讲台为学生授课。这一制度的落实，不仅丰富了公安实战教学内容，使人才培养更具针对性，同时也充实了专任教师的专业知识。

经过多途径的有益探索和实践，法学教学改革的人才培养目标定位和培养模式与行业发展日趋贴近，师资结构素质与学校定位日趋吻合。两年来，全国多家兄弟高校前来考察学习，我院法学教学改革得到了广泛认可。当然，法学教学改革与实践只是辽宁警察学院教学综合改革的一个缩影，人才培养是一个“没有最好，只有更好”的持续改革过程，我们将用不断的创新和实践去努力实现学校发展的新跨越。

参考文献：

［1］李春雷、蒋子洋：《面向实战：新形势下警务人才专业培养模式的改进与完善》，载《公安教育》2014 年第 2 期。

［2］李锦奇：《基于教育理念视角审视新形势下我国公安教育改革》，载《公安教育》2011 年第 7 期。

［3］刘东华：《全球化视野下的中国公安高等教育》，载《公安教育》2015 年第 2 期。

［4］高娜：《转型期公安院校应用型人才培养模式探析》，载《公安教育》2015 年第 2 期。

［5］闫继忠：《创新办学思路，加快新型公安本科院校建设》，载《公安教育》2015 年第 1 期。

公安高等教育的探索与发展

陈　曦[①]

一、21 世纪以来公安高等教育改革的历史回顾

21 世纪以来的公安高等教育经过了三个发展阶段：

第一阶段，改革起步期，确立公安院校本科教育体系（2000～2007 年）。世纪初，公安部制定了《公安教育发展十五规划》，作出了切实把公安教育摆在优先发展战略地位的重大举措。2003 年 11 月《中共中央关于进一步加强和改进公安工作的决定》进一步明确要求，加强公安教育训练工作，逐步推行公安院校参照军事院校进行管理。同月召开的第 20 次全国公安会议对大力提高公安高等教育水平提出了进一步要求。由此，全国公安院校开展了多态势探索，部属本科院校以公安大学为代表，重点开展研究生教育；条件成熟的一批地方院校纷纷从公安专科学校相继升格为本科院校；而部分地方院校，则根据自己的特点，反而由学历教育转向职业培训。改革至今，全国公安本科院校达到 23 所，高职高专院校 13 所，公安本科学历教育在学科和专业上逐步完善，公安学科、专业门类齐全，公安本科学历教育体系基本建立。

第二阶段，公安招录体制改革，公安教育改革创新实质阶段（2007～2013 年）。2005 年以后，公安部着手进行公安教育改革调研。2006 年 12 月，当时的公安部政治部主任蔡安季提出，计划用 10 年左右的时间，将目前公安教育以学历教育为主，改革为以培训教育为主、学历教育为辅的公安教育体制。2008 年 8 月，按照中央司法体制改革的总体部署，全国公安院校开始了招录培养体制改革试点工作。2009 年根据中央政法委等 15 个部门联合印发的《关于印发〈2009 年政法干警招录培养体制改革试点工作实施方案〉的通知》（政法〔2009〕21 号），

① 陈曦，云南警官学院法学院副院长，副教授。

公安院校本科学生基本分为了三种招录培养形式，第一种保持原来模式，招收普通全日制高中毕业生，通过全国高考录取，进行四年制学历学位教育；第二种是招录已通过公务员考试，考取公安机关岗位的本科毕业生，进行第二学士学位培养的两年制学位教育（称二学位班）；第三种从退役士兵中招录人员，并根据基层公安机关对人才培养的要求进行订单式培养，即为政法干警招录培养体制改革下的两年制学位教育（称士官班），第二种和第三种合称体改班，它们符合公安实践部门对应用型、复合型人才的需求，成为公安教育培养模式的新尝试。按照公安部部长孟建柱在全国公安教育训练工作会议上提出的提高教育训练工作科学化水平要求。各地公安院校开始了以提高教育训练工作科学化水平为目标的公安高等教育体制改革班特色化教育的探索。

第三阶段，2014～2016 年，改革的螺旋式回归，建立以本科教育为依托，突出实战化教育的公安教育体系。2013 年 11 月，党的十八届三中全会通过的《中共中央关于全面深化改革若干重大问题的决定》明确提出建立符合职业特点的人民警察统一招录，逐级遴选机制。2014 年 1 月，习近平总书记在中央政法工作会议上的重要讲话中谈到关于深化司法体制改革时，强调建立符合职业特点的司法人员管理制度，不能把司法人员等同于一般公务员管理。中共中央政治局委员、中央政法委书记孟建柱指出：进一步改革人民警察招录培养制度，加大警察院校毕业生入警的比例。根据党的十八届三中全会和中央政法工作会议精神，公安高等院校开始探索适应经济社会发展，符合行业化、职业化办学特点，突出实践化、应用化的人才培养之路，这是公安高等教育改革的螺旋式回归。

二、公安高等教育改革中的困境

公安高等教育是公安工作的重要组成部分，也是国民教育序列的一部分。公安高等教育从其属性上来说是高等教育 体系中的特殊教育。21 世纪以来，随着国民高等教育的改革和发展，公安高等教育在改革中取得了一定成果，也暴露出一些深层次的问题。

（一）公安本科院校性质地位模糊

许多公安院校升本后，面临着公安本科院校的性质定位问题。公安院校是作为公安机关的组成部分，归属公务员体系管理，还是作为国民高等教育体系的组成部分，归属事业单位管理，抑或二者兼管，各地做法不一。由于公安本科院校性质地位不清，在改革发展中，出现了如下困境：

1. 国家高等教育质量体系标准与公安院校发展模式、定位之间的矛盾。

公安高等院校作为国民高等教育体系的组成部分，要参加国家对高等教育教学水平评估工作。升本后的公安本科院校，必须达到教育部《普通高等学校本科教学工作水平评估方案》要求，为此，新晋的公安本科院校纷纷加大建设力度，一方面大量引进一批高学历、高职称的教师，一方面购置一些高水平的硬件设施，力争达到教育主管部门的合格评估与审核评估标准，顺利通过评估。但公安高等教育有其自身的行业特点，教育必须适应公安实战需求。二者之间呈现矛盾，出现引进高学历、高职称的师资队伍壮大了，但真正懂实战教学的教师则空缺；学科专业课程体系规范了，但培养的学生并不能满足公安机关真正需要；高端设备增加了，但许多资源因脱离教学实际而闲置。

2. 管理体制和机制的不清晰，制约了公安高等院校师资队伍的发展。

首先，实行公务员管理模式的公安高等院校要引进教师，必须按照国家公务员人事管理体制进行，人才流动缺乏国民高等教育院校的自主性和灵活性。僵硬的管理体制，也制约了公安院校与实战部门的人才资源共享。其次公安高等院校教师专业技术人员警衔晋升渠道不畅，严重影响教师工作积极性。按照《国务院批转公安部评定授予人民警察警衔实施办法的通知》明确规定：评定授予警衔人员必须是属于人民警察建制的在编在职人民警察，凡不具有人民警察性质的单位和不担任人民警察职务的人员不实行警衔制度。公安院校干部、教师由于不担任人民警察职务，2006 年后公安部停止了公安院校教师及专业技术人员晋升警衔的工作，这严重影响了全国公安教育队伍的稳定。

（二）本科教学规模扩大导致教学质量下滑

伴随我国高等教育大众化的发展，公安本科院校规模也不断壮大。规模的扩张使公安学历教育出现了教育质量下滑、教师编制紧缺，学校债务重、学生就业难等问题。

公安高等教育与普通国民高等教育不同，公安高等教育的行业性、专业性强；教学内容具有涉密性、特定性，公安院校学生的知识结构，只能适应公安行业人才小市场，不适应整个社会化大市场，学生就业面窄，决定了公安高等院校规模必须与公安行业的人才需求数量相匹配。所以，改革前的公安院校规模都较小。各公安院校升本后，普遍扩招，不仅扩大公安专业的招生规模，一些院校由于管理体制的不顺畅，公安教育经费保障滞后，有的院校为了追求经济利益，甚至盲目扩大非公安专业的招生。公安高等院校普遍出现师资紧缺，教育质量下降的情况。而另一方面，公安院校学生就业参与国民院校毕业生一同进入市场化选择。而接受警察意识，警察能力、警察专业素质培养的警校生，较难适应市场化人才选拔机制，造成学生就业难，部分警校生游离社会，难以谋生，进而引发社会稳定问题。公安本科学历教育的蓬勃发展与公安专业毕业生出口机制不畅的矛盾，导致公安教育的社会公信力日渐下降。

（三）公安院校改革中的招录和培养模式与公安工作脱节

1. 公安高等院校四年制本科教育，有利于培养学生政治意识、警察职业认同感和忠诚度以及良好的习惯养成和身体素质。但本科教育注重理论性，公安高等院校升本后，学科、专业、课程的设置已严重滞后于公安实际工作；重课堂、轻实践的教学培养模式已不能适应现实公安工作需要。

2. 公安院校招录培养体制改革后，按照公安部《关于印发〈关于制定公安院校招录培养体制改革试点专业培养方案的意见〉及试点专业指导性培养方案的通知》（公政治〔2008〕355 号）精神，公安院校围绕体改班，探索实行教、学、练、战一体化的人才培养新模式。但体改班学员存在如下特点：年龄差距较大；学历水平差异大；非公安院校、非公安专业的学生占生源比重大。对这样一批学历文化差异、社会经历不同、专业背景迥异的学员，仅仅依靠短短两年的公安院校教育，要培养他们对警察职业的忠诚感，对警察事业的认同与热爱、培养他们的警察意识、法律意识、行为习惯，难度相当大。加之学员已考取或者已定向公安机关岗位，急于回单位上班，有些学员已成家，学习积极性普遍不高。实践证明这样的培养模式不成功。2013 年体制改革班停招。

三、公安高等教育改革的螺旋式回归

公安高等教育工作是公安队伍正规化、专业化、职业化建设的源头与基础，公安院校公安专业毕业生是公安队伍补充警力的主要渠道。2016 年，公安部启动公安院校招录培养制度改革，到 2020 年，形成适应全面深化公安改革和高等教育改革综合改革发展需要，布局合理、结构完善、功能齐全、保障有力的现代公安高等教育体系，这是公安高等教育改革的理性回归。

（一）明确地位、控制规模，走公安教育精英化之路

全国公安院校要树立“一盘棋”思想，逐步建立统一领导、布局合理、资源共享、管理规范的部、省两级院校结构体系，逐步推行院校分类建设、分类发展和分类评价，协调推进教学研究型、教学应用型、职业技能型的院校类型体系建设。

公安院校是公安机关的重要组成部分，是为公安机关培养后备人才的特殊高等院校。公安院校培养预备警官，作为国家未来的治安行政与刑事司法力量，其政治素质，警察意识，严明纪律，强健体能的培养和锻炼都有别于普通国民教育，特殊的性质决定了其不同于普通高等院校的特定运行规律，应建立与之相适应的管理机制，同时逐步缩减公安院校“非公安专业”的招生。

公安院校招录分配体制改革后，各地方公安院校招生按照本地方公安机关人员编制，预期制定每年的招生计划，严格控制公安高等院校招生规模，并将招生计划同步纳入教育部整个高招计划中，建立计划指导下的公安人力资源市场配给机制。对能够顺利完成学业，获得毕业证和学位证的警校生，按照《公务员法》第31条，录用特殊职位的公务员，由公安部单独进行公务员考试，择优录警。公安院校培养目标的确定性，决定了公安院校必须采取以公安业务综合素质培养为基础，以职业精神、基本技能和专业能力教育培养为核心，以“教、学、练、战”一体化为特色的公安职业人才培养模式，强化学生警务化管理和忠诚、责任、奉献、服从的警察意识，建立健全严格的淘汰机制，实行“精英化”公安职业化教育。最终提高公安院校毕业生入警率，实现公安高等教育和人才资源的优化利用。

（二）创新人事管理机制，建立高素质的公安高等教育师资队伍

公安高等院校作为公安机关的重要组成部分，同时兼具教学科研的高教职能，推进公安院校高等教育的发展，加强公安教育教师队伍的建设是重点。教师队伍的水平质量直接决定公安院校是否能培养出高水平的公安人才。要建立一支政治过硬、素质优良、规模适度、结构优化的教师队伍，引进和培养一批高水平的学术领军人物、学科专业带头人、教学名师和中青年骨干，打造公安院校教师

队伍人才高地。加强“双师双能型”教师队伍建设，以公安院校与公安业务部门互派“双千计划”为牵引，引导各地推进公安院校优秀教师与公安实战部分业务骨干互派交流、深度融合、形成常态。全面落实公安专业教师定期到公安机关挂职锻炼制度，每3年参加警务实践的时间不少于6个月。建立驻校教官制度，将教官库纳入院校师资队伍发展规划。公安院校教师轮训和公安机关教官轮值制度，可以使公安理论研究根植于现实公安工作，同时理论研究的成果又指导或服务于公安实战工作，公安理论研究成果有了用武之地，公安实战经验得到广为传播。具有高学历、高职称，又具有丰富公安实战经验的高素质的教师队伍，才能保证公安高等教育的教学质量提升。

（三）创新人才培养模式，建立科学的学科专业建设

公安高等教育改革必须对公安学科专业发展、公安人才培养方案、教学模式、教学方法进行颠覆性改革。

公安高等院校的人才培养目标为培养政治坚定、具有良好职业素养、科学素养和人文素养，熟悉党和国家的路线、方针、政策，掌握本专业基础理论、基本知识与基本技能，具备开展专业工作的职业核心能力和创新精神，能够适应基层公安机关工作需要的复合应用型高素质专门人才。人才培养目标要通过公安学科建设和专业建设，通过设置相对稳定课程体系和教学内容；通过建立健全严格科学的管理制度来实现。

2011年3月8日，教育部正式印发《学位授予和人才培养学科目录（2011年)》，将公安学、公安技术作为一级学科分别列入法学、工学两大门类，标志着公安高等教育学科门类的提升。但公安类学科是一类新兴的学科，与其他成熟学科相比较，学科理论基础相对薄弱，各公安高等院校要加强公安学、公安技术学的学科建设，打造学科建设新的增长点，促进与相关学科的交叉融合发展。根据自己院校的实际大力发展优势学科，突出学科特色。在专业设置上，考虑到教学时间及今后的公安职业生涯需求，建议专业不能过于精细化，可以参照成熟的一级学科并结合公安工作对人民警察综合素质的职业需要的实际，对现有专业进行优化、整合，调整结构布局和专业设置，专业建设可以考虑由学科导向调整为实战需求导向，加强反恐、技侦、网安、情报等新兴领域专业建设与研究。探索建立公安专业评估和动态调整制度。加强专业核心竞争力建设，积极培育专业特色，形成独特的应用领域和技术支撑点，避免不同专业间交叉重复和同一专业发

展“同质化”。

按照“突出人才培养针对性、突出公安职业特色、突出警察职业核心能力培养、突出实战教学”的理念，通过实 施“教、学、练、战一体化”的人才培养模式和严格的警务化管理，培养学生系统掌握公安工作所需要的理论知识、专业技能、实战能力，养成良好的警察意识和严谨的警容风纪。

结　语

回顾公安高等教育发展的历程，梳理发展中的困难，我们看到，公安高等教育的发展，始终在遵循普通高等教育发展的一般规律和公安行业教育的特殊性之间徘徊前行。公安本科学历教育的蓬勃发展，规模的扩张和办学层次的提升使公安学历教育软硬件建设都得到了长足发展；公安院校招录培养体制改革试点工作为公安教育人才培养目标、培养模式、实战化教学等方面积累了经验。改革是发展的动力，一轮又一轮的公安教育改革，极大地推动了公安教育事业的繁荣和发展。

公安高等教育改革的螺旋式上升，坚持走稳定规模、优化结构、强化特色、注重创新的改革之路。按照中央《关于全面深化公安改革若干重大问题的框架意见》及相关改革方案，主动适应新形势、新任务、新挑战。努力在专业人才培养、在职民警培训、公安科学研究、服务公安实战等方面实现跨越式发展。

参考文献：

［1］徐慧兰、于群：《公安高等教育人才培养模式及特色化发展》，载《云南警官学院学报》2014 年第 5 期。

［2］董泽旭：《论如何加快推进公安院校高等教育发展》，载《内蒙古教育》2015 年第 7 期。

［3］程小白：《我国公安高等教育面临的矛盾及其协调发展对策》，载《江西警察学院学报》2014 年第 9 期。

［4］曲烁：《试论宏观高等教育思想对公安教育的影响》，载《文教资料》2014 年第 15 期（总第 647 期）。

［5］谢军、陈俊豪：《关于推进公安院校“实战化" 教学的思考》，载《公安教育》2016 年第 1 期。

公安院校刑法课程教学方法多样化探究

——以云南警官学院为例

钟　华[①]

云南警官学院作为云南省唯一一所公安本科院校，区别于地方院校的一个重要特点就在于其办学模式和人才培养目标。随着中央政法委、教育部、公安部等11个中央部委联合制定的《2008年政法院校招录培养体制改革试点工作实施方案》的实施，学院已从传统的学历教育全面转向学历教育和在职培训并重的复合型办学模式。从人才培养目标来看，学院不仅要为社会输送受过良好高等教育、能够适应经济社会发展需要的应用型人才，更要为社会培养高素质、能够适应公安工作的专业型人才。对于新办学模式和人才培养目标下的公安院校学生而言，刑法有着举足轻重的地位，它既是所有在校预备警官们应当学习的一门专业基础课，更是广大公安民警在刑事执法工作中必备的一项法律武器。如何在帮助学生了解一部法律的同时，训练学生的逻辑分析能力和实践操作能力，成为笔者在教授刑法课程时不断改进教学方法的动因。

一、刑法课程教学方法多样化的意义

教学方法，是教师和学生为了实现共同的教学目标和完成共同的教学任务，在教学过程中所采取的各种教学方式和教学手段的总称[②]。教学方法是老师"教"的方法和学生"学"的方法的统一。传统的课堂讲授当然是老师教学和学生学习的一种重要方法，但它远不能满足当下那些通过滑动手机和平板电脑来获

---

① 钟华，女，汉族，江西龙南人，云南警官学院法学院讲师，硕士，研究方向：刑法、刑事诉讼法、证据法。

② 参见《教学方法》，载百度百科，http：//baike. baidu. com/view/424858. htm？fr = aladdin，最后访问时间：2015年11月30日。

取信息的“滑世代”们在这个多元化时代中对汲取多元化知识的需要。刑法是一门同时兼具理论性和实践性的法学课程，单纯的讲授已经不能满足学生对这部法律的理解和掌握。我一直试图突破法学课程传统讲授的模式，探索一些行之有效的教学方法，能够让我所教授的法学课程更加易于接受和运用。教学方法是连接教师“教”与学生“学”的纽带，也是实现教学目标的有效辅助和提升教学质量的重要保障。实践证明，教学过程中引入多样化的教学方法，可以很好地实现教学目的，顺利地完成教学任务，对培养学生的学习参与性、自主性和积极性都会起到显著的效果。

二、刑法课程教学方法多样化的总体规划

根据《云南警官学院本科专业人才培养方案》的规定，刑法是面向法学专业和公安专业本科学生开设的专业基础课。本课程的总学时为 72 学时，其中，讲授学时为 60 学时，实践学时为 12 学时。在对刑法课程进行总体规划时，不仅应当考虑到课程内容不同难易程度的区分和如何将学时分配得更加科学、合理，还应当考虑到根据课程内容的难易程度和不同形式的学时要求（理论讲授和实践操作）来更加合理地设计课程内容和恰当地运用各种教学方法，以期实现良好的教学效果，达到本科学生的培养目标。

据此，刑法课程教学时除了遵循最传统的课堂讲授教学方法外，还会适当引入多种教学方法来辅助教学，总体规划如下：

总学时 72 学时	理论讲授 60 学时	传统讲授 42 学时	常规理论教学
		多媒体看课 8 学时	该教学方法往往与理论讲授穿插进行
		案例讨论 8 学时	
		自主论文 2 学时	
	实践操作 12 学时	案例辩论 4 学时	该教学方法一般单独进行
		翻转课堂 4 学时	
		实务训练 4 学时	

三、刑法课程教学方法多样化的实践及成效

课堂讲授教学法，是最基本的教学方法。其他的教学方法也都在不同程度上需要与之结合才能顺利运用。在教授刑法课程中重要的、基础的理论知识时，采用讲授的方法，能够通过教师的语言表述快速而精炼地将知识传递给学生，为学生将来实践运用奠定夯实的理论基础。除此以外，刑法课程教学中所采用的其他教学方法还有：

（一）案例分析教学法

案例分析是在进行法学知识点讲解时，用来辅助学生对法学理论知识加以理解和运用的必不可少的一种教学方法。这种教学方法被广泛地使用在国内外高校法学课程的教学中。案例分析的教学方法对于增强学生对理论知识的感性认识，提高学生学习的兴趣，培养学生理论联系实际和解决问题的能力，确保教学效果和教学质量，都有着十分重要的作用。当然，将这种教学方法运用到刑法课程的教学中也不例外。刑法课程中的案例分析教学法，除了最常规的案例分析法①以外，案例讨论法和案例辩论法在具体实施时也体现出较好的教学效果。本文着重讨论后两种案例分析教学方法的运用与实施。

案例讨论，是学生对案例进行争议、辩论，然后形成观点（观点可以一致，也可以不同），从而借用案例分析来巩固理论知识的一种教学方法。首先，教师选择一些较为复杂，甚至是包含了多个知识点的典型案例。其次，将学生分为若干讨论小组，选出一人作为书记员。然后，组织学生就案例展开各抒己见的讨论，要求每一个人都要积极发表自己的观点，每一个人的观点都应当受到尊重，因此书记员要将小组成员的发言情况和讨论结果记录（有不同观点的也应当如实记录）后，形成一份书面材料，并提交。最后，教师就案例进行分析、阐释，对各小组的讨论情况进行总结、点评，并以活动开展的情况作为学生实训成绩评定的参考。刑法课程中可采用这种教学方法的知识点很多，例如：犯罪构成四要件、犯罪停止形态、共同犯罪、罪数形态等。从几次组织的情况来看，学生在进

① 此处“最常规的案例分析法”，是指由教师选择典型案例，引导和帮助学生进行知识点和疑难点的分析，最后得出结论，并以此培养学生理论联系实际和发现问题、解决问题能力的教学方法。

行分组案例讨论时都表现出极高的参与度，甚至会为了坚持各自的观点激烈争论或者为了试图说服对方而积极游说。案例讨论的教学方法可以调动学生参与的积极性，既训练了学生思考和表达的能力，巩固了所学知识，也让学生懂得了对他人的尊重，哪怕是不同观点，也有其存在的道理和价值。

古希腊著名的哲学家、教育家苏格拉底，被认为是西方哲学的奠基者。他对于西方文化最重要的贡献之一，就是他的教学方法——反诘法（或称问答法、辩证法）①。苏格拉底的这种教学方法是通过双方的辩论和一问一答的形式，不断的揭露对方的矛盾和漏洞，迫使对方承认存在错误，并否定自己原来肯定的观点，从而催生出正确的、经得起推敲的结论。将苏格拉底的教学方法借鉴、运用到刑法课程教学中，体现的是教师与学生就刑法中的某一个具体问题或者典型案例展开的讨论。师生双方通过“提出观点—反驳观点”的方式进行多次反复的辩论，从而催生出相对正确②的结论，这就是本文所称的“案例辩论法”。这是一个对学生辩证思考能力、逻辑推理能力、语言组织和表达能力进行培养和训练的过程，这也是一个对教师思辨能力、反应能力和课堂控制能力不断强化的过程。可见，教与学本为一体，相辅相成。刑法课程教学中，案例辩论的教学方法主要适用于对具体罪名的分析。通过这种教学方法既将刑法分则中新的知识传递给学生，又帮助学生巩固了对刑法总则基础理论的掌握。

（二）翻转课堂教学法

翻转课堂③（Inverted Classroom），是指重新调整课堂内外的时间，将学习的决定权从教师转移给学生的一种新兴的教学方法。这种教学模式是由美国科罗拉多州的两位化学老师乔纳森·伯尔曼（Jonathan Bergmann）和亚伦·萨姆斯（Aaron Sams）在课堂中采用，并推动在美国中小学教育中广泛使用。众所周知，《中华人民共和国刑法》是目前我国条文数量最多的法律，加之，刑法理论体系的庞杂，要在一个学期三十余次课上全部讲授完成，几乎是一个“不可能完成的

---

① 参见《苏格拉底》，载百度百科，http：//baike. baidu. com/subview/1091/6055966. htm？ fr = aladdin，最后访问时间：2015 年 11 月 30 日。

② 在法学的研究领域中，有时是不存在绝对正确的答案或者结论的，也正是由于没有“绝对的正确”，才能碰撞出更多的思想火花和新的观点，从而推动法学研究不断向前发展，并进一步完善法律对实践的指导作用。

③ 参见《翻转课堂》，载百度百科，http：//baike. baidu. com/view/10545501. htm？ fr = aladdin，最后访问时间：2015 年 11 月 30 日。

任务”。因此，课程内容中有的部分可以留给学生通过自学完成。例如：刑法的任务，刑法的创制和完善，刑罚的功能和目的，刑罚的消灭等。而有的内容学生既可以自学完成，又要求其对内容有一定的理解和掌握，就可以将这些内容作为开展学生自主学习和翻转课堂的训练。例如：刑事责任的根据和实现过程，自首和立功等。

在将“翻转课堂”这种教学模式借鉴、运用到刑法课程教学时，我做了一些调整。确定开展翻转课堂所适合的主题和内容后，首先要求所有学生提前对该内容进行自主学习，了解其中的基本理论和重点问题。然后，由学生自己选出三名同学组成主讲团队，负责该内容的资料收集、课件制作和课堂讲授。根据教学进度，课程进行到该内容时，以主讲团队的学生为主体完成翻转课堂的训练。在进行翻转课堂时，教师和学生的身份发生互换，学生既负责课程内容的讲授，也负责解答其他同学所出的提问，而教师则主要作为听众和观众，观测学生的自主学习情况和讲授情况，并以此作为实训成绩评定的参考。如果发现讲授中存在问题或者同学的提问不能被解答时加以指正和回答，最后进行点评。这种教学活动的开展，学生参与的积极性很高，学生的学习也从被动接受转变为主动授予，既培养了学生的动手动脑能力，也培养了学生的团队合作精神，收效甚好。

（三）多媒体看课教学法

多媒体是计算机和视频技术的结合，它能够通过文字、图形、动画、声音和图像的混合使用，承载和呈现更加多元化的信息。在利用多媒体教学的时候，教师已经逐渐突破了传统的单纯讲授，学生对知识的了解也更加直观和生动了。因此，多媒体看课教学法，可以理解为是利用多媒体教学手段辅助教学，实现学生通过观看来了解知识的一种教学方法。授课过程中，教师利用组织结构图梳理出刑法理论体系的主线，可以帮助学生清晰地构建刑法学习的脉络；利用典型案例视频资料的演示，可以帮助学生直观地了解刑法所涉及的某个具体罪名在实践中是如何实施的、此罪与彼罪之间的差别在哪。从教师“讲”课、学生“听”课到教师“演”课、学生“看”课，改变的不仅仅是教学方法，改变的更是知识传递的方法。这样的教学方法对于更适应接受图像信息的“滑世代”而言，更容易接受。

通过对不同刑事案件的演示，抽离出空洞的理论，也能让法律的初学者了解到同样的罪名在实践中会以不同的形式表现，但是万变不离其宗，最终还是回归到刑法基础理论的本身。看课时，采用直观、生动的教学方式，无形中在教师教学与学生学习、刑法理论与刑法实践之间架起了一座互通的桥梁，教学效果良好。

（四）实务训练教学法

公安院校学生培养目标与地方高校明显的区别就在于着重对学生实务能力的训练。模拟警务信息综合应用平台和观摩庭审，可以让学生身临其境地感受刑事案件的办理过程，了解准确定罪量刑之于刑事案件的重大意义。模拟操作警务信息平台，主要是让学生体验公安民警的刑事执法过程。虽然，这种实务训练更多的是展现刑事诉讼的过程，但是，由于刑法和刑事诉讼法是关于定罪量刑必不可少的两部法律。因此，学生除了可以直观地了解到公安机关在办理刑事案件时的各种活动和各个环节，也能够感受和体会到程序和证据对于认定犯罪事实和体现法律公正性的重要意义。

观摩庭审，是让学生以普通群众的身份旁听人民法院审判刑事案件过程的一种教学方法。云南警官学院法学院每年都会专门邀请基层人民法院或者中级人民法院到学校开展“阳光司法，法制进校园”的活动。这为学生近距离了解刑事案件的审判，提供了良好的途径。刑事案件的庭审活动本身更多的是展现刑事诉讼的过程，但是，由于刑法和刑事诉讼法之间存在着密不可分的关系，即这是关于定罪量刑必不可少的两部法律，刑法是定罪量刑的标准和尺度，刑事诉讼法是定罪量刑的步骤和程序。因此，通过庭审的观摩，学生除了可以直观地了解到刑事案件法庭审理的诉讼活动，也能够感受和体会到法官依据刑法对犯罪行为进行的认定和量处。

实务训练教学法对于加深学生对我国现行刑法、刑事诉讼法法律规定和操作运行的理解，以及对两部法律之间关联性的思考，有着积极的作用。同时，也为将来需要进一步深造学习，向刑法、刑事诉讼法理论研究方向发展的学生，提供了拓展视野的机会。

（五）自主论文教学法

大学教育相对于中小学的基础教育而言，更强调专业素质的培养，也更注重对学生未来职业方向的导引。另外，逻辑思维能力和自主学习积极性的不断增强也是大学生认知的一个重要特点。如何不断激发学生学习的动力和潜力，引入适当的教学方法成为教师有效教学的重要手段。本文所界定的自主论文，是指让学生从论文的选题、资料的收集整理到论文的写作，完全自主完成，教师只适当给予引导的一种教学方法。当然，自主论文的篇幅无须太长，一般 1000 ~ 1500 字即可。

就一个学期的刑法课程而言，自主论文一般会安排在学期中期进行。在论文选题时，学生必须对刑法课程的内容有全面了解，才能选择一个自己感兴趣研究和探讨的题目。而此时，课程进行到一半，也就是说一半的内容已经讲授过，而另外一半的内容尚未讲授。这就促使学生既要回顾已经学习过的内容，又要对尚未学习的内容有一定了解，才能完成选题。无形中，其实是对学生复习和预习的一种推动。对于已经适应了中学阶段应试教育的大学生而言，参考资料的收集和整理培养的是学生对信息进行甄别和分类的能力。因此，在资料收集整理时，学生需要查阅大量的期刊、著作和网络信息，对可以用作论据的观点、主张有所了解和梳理，为论文的顺利写作提供材料依据、奠定理论基础。论文的写作，实际是学生文字表达能力和逻辑推理能力的展现。刑法课程教学中采用这种方法，不仅激发了学生的学习兴趣，提高了学生的自主学习能力，更重要的是，通过自主论文的训练，为学生将来完成毕业论文提供了写作经验，也会对提升学院毕业论文的整体质量水平起到积极作用。

如前所述，刑法和刑事诉讼法是关于定罪量刑的法律，它们是公安机关办理刑事案件时必不可少的两部法律。因此，刑法课程和刑事诉讼法课程在教学过程中所使用到的教学方法难免会有重合，例如：案例讨论、翻转课堂等。但是，从两部法律的性质上看，又有着根本性的区别。刑法是实体法，解决的是关于定罪量刑的标准和尺度的问题，刑事诉讼法是程序法，解决的是关于定罪量刑的步骤和程序的问题。从而，决定了两部法律在教学过程中也会使用到一些具有特定性的教学方法，例如：将案例辩论的教学方法运用在刑法具体罪名的教学中，将模拟执法的教学方法运用在刑事诉讼法有关具体程序操作的教学中。此外，即便刑法和刑事诉讼法课程的教学中都会采用观摩庭审和自主论文等教学方法，但在具体运用时所强调的侧重点和所要达到的教学效果也都是有区别的。

孔子《礼记·学记》记载：“学然后知不足，教然后知困。知不足，然后能自反也；知困，然后能自强也。”教和学本就密不可分，是一个矛盾的统一体。教师在教会学生知识和学习方法的同时，也促使自己不断改进教学方法和提升教学能力；学生在教师的教授中获得了成果，也激发和促进了教师新的思考和改变。此所谓“教学相长”也。

参考文献：

［1］钟华：《刑事诉讼法课程教学方法多样化探究——以云南警官学院为例》，载《云南警官学院学报》2015 年第 5 期。

［2］蔡军：《多元化教学引入刑法学课堂探析》，载《安阳师范学院学报》2013 年第 4 期。

［3］黄娜、李扬：《论公安院校本科刑法教学内容和教学方法的改革》，载《公安教育》2013 年第 7 期。

［4］司雪侠、白梅：《刑法学教学中多媒体教学手段的应用》，载《电子测试》2013 年第 13 期。

［5］肖本山：《“辩论式”教学法在刑法教学中的运用》，载《教育探索》2009 年第 3 期。

警察法学教育研究反思与展望

王 喆 黄 诚[①]

一、警察法学教育研究之反思

警察也罢、公安也好，无论从职业群体的向度抑或社会职能的视角还是文义流变、历史沿革之境遇，警察这一社会现象从其产生之初就与法律具有天然而紧密的关系。“依据历史分期的一般惯例和方法，可以把整个警察现象发展的历史进程，划分为古代警察、近代警察和现代警察三种形态……现代警察，是指20世纪初期以来的警察，现代警察的基本特征应当包括建立严格的、正规的警察人员教育训练体系。”[②] 20世纪初，清政府在学习西方警察制度、创办警政的同时，即开始筹办警察教育，1901年，清政府在北京设立京师警务学堂，设高等科，专门培养警官；新中国成立后，公安干校作为我党培养大批警察的主要渠道在全国许多地区成立。1949年10月15日，在第一次全国公安会议上提出“各大（行政）区搞公安学校”。[③] 可见，由于我国的法律现代化主要属于外源型模式，因而我国的现代警察和现代警察教育发展进程基本与世界保持同步，具有较为悠久的历史。由于警察与法律的密切联系，警察教育势必包含警察法学教育或者法学形态下的警察职业法规教育内容，这是不因学科或者专业是否建立和理论概念是否提出而改变的客观事实。“警察法学”作为一个新兴的学科，其系统研究起步于20世纪80年代，而警察法学教育完全可以先于作为新兴学科的“警察法学”而存在，因而警察法学教育相对于“警察法学”具有更为悠久的历史，这为警察法学教育研究奠定了丰厚的实践经验。

2003年9月，“首届全国公安法学教育改革研讨会”于湖北省武汉市召开，

---

① 王喆，重庆警察学院法学系讲师；黄诚，重庆警察学院法学系教授。

② 张兆瑞：《警察哲学》，中国人民公安大学出版社2008年版，第142～169页。

③ 胡建刚：《我国公安教育的历史回顾及改革前瞻》，载《新疆警官高等专科学校学报》2008年第2期。

这标志着警察法学教育研究进入组织化、系统化、协作化阶段。十余年来，众多学者、专家、机构通过发表论文、举办论坛等方式对警察法学教育展开广泛的探讨，对警察法学教育定位、教学理念、培养目标、课程设置、教学方法、教材编撰等理论、实践问题提出了众多观点并取得一定共识和实践成果，为推动警察法学教育理论与实践发展发挥重要作用。但笔者每当思考警察法学教育问题的时候，始终存在一个困惑——当下的“警察法学教育研究”的价值。这里笔者所说的“警察法学教育研究”的价值并不是抽象、应然的价值，而是具体的、实然的价值——当下“警察法学教育研究”解决了什么问题？

在警察法学教育关系论层面，有学者提出，“法学教育与公安教育的关系是：法学教育为体，公安教育为用；法学教育铸魂，公安教育增能（即才能、技能）。法学教育在公安教育中居于基础和核心地位”。[①] 对该观点，笔者深感赞同，窃以为没有哪一个从事警察法学教育研究的学者会提出反对意见。公安部前副部长白景富同志2003年在视察刑警学院时所指出的，“刑警学院要树立一个意识，不但要教学生学业务、学技术，还要学法律”。“刑事侦查干部不但要破案，同时还要会办案……会准确地确定案件的性质，还要善于运用证据来确定犯罪分子的罪行和罪名，这样，学生不懂刑法、刑事诉讼法是不行的……”。[②] 可见无论是理论界还是实务届，对于警察法学教育的地位和作用均有基本的共识，笔者不禁想问，历经十余年研究和更为久远的实践，而今警察法学教育在公安高等教育中的基础、核心地位是否确立？如果其基础、核心地位仍然没有确立，为什么？制约因素是什么？应当怎么办？警察法学教育的“铸魂”功能是否实现？如果没有实现，为什么？制约因素是什么？应当怎么办？

在警察法学实践性薄弱问题方面，学者普遍提出，“公安法学理论教育与公安执法实践的严重脱节，导致学生不能深刻体会理论的指导意义，无法学以致用。”[③] 警察法学教育“重课堂，轻实践，理论与实践脱节。当前的公安法学教学，主要采用课堂教学方式，将知识强制性地灌输给学生。教师按事先备好的教学内容，按课堂教学授课计划完成教学任务，忽视学生实践能力的培养”，[④]“在教育过程中，也要从警察法学教育的自身特点出发，突出警察法学的应用性，紧

① 萧伯符：《高等公安法学教育之两大关系论略》，载《江苏警官学院学报》2007年第1期。
② 陈建平：《公安院校法学教育的三种类型》，载《江苏警官学院学报》2004年第3期。
③ 袁周斌：《公安法学教育中实施诊所法律教育模式的探讨》，载《湖北警官学院学报》2003年第5期。
④ 徐跃飞：《公安院校警察公正执法意识培养路径探析》，载《教育学论坛》2011年第30期。

密结合当前公安执法实际，注重现实性和可操作性，使警察法学教育能更好地为公安一线服务。”① 针对警察法学教育教材和教学方法，有些学者提出，警察法学教育中教学方法单一、以讲授方式为主；教材僵化、难以突出公安教育职业特征事实上，警察法学教育实践性薄弱的问题并不是新问题，“实践性教学之薄弱是法学教育中一个长期存在的问题和不争的事实。加强法科教学的实践性，培养学生的实务能力，在主管机关和学界既是一种共识，也是多年来我国法学界和法律教育界不断探索并一直期待解决的问题”。② 警察法学教育作为一种特殊的法学教育，无论是作为公安专业基础的警察法学教育还是将来可能作为二级学科出现的“警察法学”专业教育均属于特殊的法学教育，警察法学教育始终具有法学教育共性，所面临的问题是如此。针对警察法学教育实践性薄弱的问题，许多学者提出引进具有公安实战经验的师资，编写贴近公安实战的教材，丰富警察法学教育方法，或借鉴国内外法学教育研究成果提出采用“诊所法律教育”“模拟法庭”“案例教学”等实践教学方法，谈及于此，笔者不禁再次想问，既然实践性教学之薄弱是警察法学教育乃至法学教育中一个长期存在的问题和不争的事实，学界也提出了诸多的解决办法，为什么目前警察法学教育实践性薄弱的问题依然“久治不愈”？学者所提出的解决方案，实践中是否采用？效果如何？如果没有采用为什么？制约因素在哪里？是教育改革举措和方法自身存在缺陷？还是这些方法和举措欠缺可行性，只是“水中之月、镜中之花”？还是在借鉴国内外法学教育理论与经验的过程中欠缺基本的科学精神，没有结合我国警察法学教育实际情况，研究这些方法和措施在我国警察法学教育中的适应性？还是没有能够厘清法学教育与警察法学教育的共性与特性，导致所提出的方案“无的放矢”“纸上谈兵”？以目前法学教育研究领域中大书特书的“诊所法律教育”为例，“诊所法律教育”模式的引入源于我国法学教育的比较研究，自从我国法学教育研究界对这一来源于美国的法学教育模式进行探讨后，立即激起广泛的关注和讨论。“2000年，在美国福特基金会的支持下，中国人民大学、北京大学、复旦大学、清华大学、华东政法大学、武汉大学、中南财经政法大学分别开设了诊所法律教育课程。诊所法律教育被正式引入中国。之后又有多所国内院校开设该课程。”③

---

① 邓国良：《警察法学教育的现状、困惑及解决途径——首届全国公安院校警察法学教育论坛研讨会综述》，载《江西警察学院学报》2011年第5期。

② 王泽鉴：《法学案例教学模式的探索与创新》，载《法学》2013年第4期。

③ 宋珊珊等：《公安院校诊所法律教育模式研究》，载《云南警官学院学报》2008年第6期。

对于该教学模式，警察法学教育研究届也给予积极的回应，发表众多文章。但“诊所法学教育”模式主要是针对美国的法学院学生所采用实践教学模式，在教学模式移植的过程中是否存在“水土不服”的问题？“诊所法律教育”模式首先为法学教育研究者引入，主要用以解决我国法学教育实践性薄弱的问题，而警察法学教育之于法学教育具有特殊性，我国警察法学教育在引入“诊所法律教育”模式时是否考虑共性与特性之间的差异？目前国内众多法学院校已经开始实践“诊所法律教育”模式，势必积累了一定经验，势必在实践中进行本土化改良，警察法学教育研究者是否实地考察国内政法类院校实施该教学模式的效果、经验和缺失呢？倡导采用这一教学模式的警察法学教育研究者甚众，那么究竟有哪些公安院校实际实施了“诊所法学教育”模式呢？如果采取了，效果如何？经验如何？没有采取，原因何在？

警察法学教育研究领域，从来不缺少现状的反思、问题的提出、原因的分析、对策的阐述，至少在文献材料上看这一点是确定无疑的，但具体的践行和问题的解决呢？为什么十年前，甚至更早期提出的问题现在依然存在？为什么作为公安教育基础的警察法学教育依然处于被遗忘的角落，没有体现出其应具备的基础、核心地位？为什么刑法学课程只有一学期课程、而行政法学课时依然稀少？为什么作为国家根本大法的宪法、作为法学基础理论课中最为重要的法理学难以找到自身独立的定位？

当我们还在纠结于“警察法学”与“公安法学”概念表述的时候，当我们仍在努力描绘警察法学教育美好愿景的时候，尽管这幅图画色彩不再鲜艳甚至泛黄；我们是否应当反思“警察法学教育研究”都做了什么？我们在研究警察法学教育的同时，是否应当反思“警察法学教育研究”本身是否存在问题？

笔者认为，当下我国“警察法学教育研究”至少存在以下几方面的问题：

第一，警察法学教育的研究领域过于狭窄——研究领域的狭隘性。国内警察法学教育研究者多为公安院校法学系部教师，更多的是立足于片面的自身经验，针对警察法学教育目的、教育内容、教学效果、教材编写等微观问题阐述经验、提出问题、分析原因和对策，缺乏高屋建瓴的视角和宏观理性的思考；受自身专业领域限制，多数学者所使用的素材主要来源于警察法学教育文献和法学教育文献，鲜有学者对于教育学理论进行系统研究，致使警察法学教育研究缺乏教育学理论支撑，难以在形而上的层面进行哲学思辨，从而使警察法学教育研究缺乏理论品味，不能形成警察法学教育以及警察法学教育研究理论，既不能有效地宏观指导警察法学教育改革实践，也难以推进警察法学教育研究本身的可持续发展。

第二，警察法学教育的研究方法过于单一且科学性不足——研究方法的单一性。“教育科学研究方可归纳为四大基本类别：量化研究方法（实验法、定量调查法、数理分析和测验等）、质化研究（人类学方法、定性调查法、个案研究法）、文献研究方法（历史研究法、比较研究法）和思辨方法（注重纯粹的逻辑推理的一种哲学思辨）”①。目前警察法学教育研究主要采用文献研究法，而实证研究方法很少采用。文献研究通过对某一研究领域现有文献资料进行梳理与整合，有利于“让研究者通过文献研究熟悉该研究领域，熟悉研究发展的脉络，然后在这个脉络上开展研究，把自己的研究植入知识发展的长河之中。”② 但文献研究有两个问题值得注意：“一是知识发展有源流，因此研究要注意源流；二是要有怀疑态度和批判精神，但是要清楚，这里的怀疑和批判都不是简单否定，而是对文献进行理性分析，检查其合理性。”③ 而目前警察法学研究由于研究视野的狭窄以及现有的研究文献大多局限于自身的经验，纠缠于微观问题的重复辨析、倡导与呼吁，很难进行真正的溯源性文献研究；此外，研究者对于目前警察法学教学研究形成的观点缺乏批判精神，对于所提出的观点缺乏实证调研、实践检验和实证评估。

第三，警察法学教育的研究视野缺乏系统性——研究视野的片面性。警察法学教育研究以警察法学教育为研究对象，警察法学教育是社会系统中的子系统。对于其研究应当进行“以点及面、由面至点”、宏观与微观相结合、全方位立体化的系统研究。而目前警察法学教育研究更多呈现出明显的非系统化特征，更多进行“点对点”的问题阐述，就课程设计谈课程设计，就实践教学谈实践教学、就教学方法谈教学方法，仅仅延续着“问题提出—分析问题—解决问题（这里所谓的解决问题，更多表现为方案的阐述，而不是真正地解决问题）”的研究进路，没有将警察法学教育置于更为广泛的社会领域进行系统的实证研究，甚至没有将问题置于警察法学教育系统和公安教育系统中进行研究，比如我们谈警察法学课程改革的时候，我们不可能回避警察法学教育与公安专业教育的关系以及与课时、学制的关系，如果不能全方位考虑公安专业教育、学制、学时的因素，我们只是呐喊刑法应当开设两学期 120 个课时，宪法学、法理学课程应当取得独立的

① 刘永芳：《教育科学研究方法中的量化研究》，载《现代教育科学》2010 年第 3 期。
② 赵炬明：《高等教育研究中的文献研究与文献综述》，载《高等工程教育研究》2011 年第 2 期。
③ 赵炬明：《高等教育研究中的文献研究与文献综述》，载《高等工程教育研究》2011 年第 2 期。

地位并给予充分的课时保障；你让公安专业教育界怎么看？你让学制仅为四年的公安院校教务单位怎么办？

第四，警察法学教育研究行为缺乏协同性——研究行为的孤立性。警察法学教育研究虽然具备一定协作化的因素，但目前协作化程度远远不够，主要表现在以下几点：首先，协作研究平台的非常态化。目前警察法学教育研究主要以论坛和学术年会的形式开展协作研究，并没有成立全国范围常态化的协作研究平台。其次，协作研究主体的单一化。协作研究主体可以分为协作研究单位和协作研究人员两个层次考察。目前警察法学教育研究单位主要为各公安院校法学教育系部，协作研究人员主要为各公安院校法学系部的教师，而非公安类政法类院校及学者、教育学院系及学者、公检法司实务部门及人员均极少参与警察法学教育研究。研究单位属性同质化和研究人员专业同质化是制约警察法学教育研究发展的重要因素之一。再次，协作研究的组织性较弱。警察法学教育研究目前依然未能根本摆脱“单打独斗”“各自为政”的局面，各公安院校及法学系部教师开展的相关研究也属“单兵作战”，仅仅立足自身经验开展文献研究，难以对我国警察法学教育形成完整的认识和进行广泛的研究。

第五，警察法学教育研究成果缺乏转化力——研究结果的停滞性。诚然，笔者认为警察法学教育研究存在诸多问题，但是警察法学教育的经验积淀和已有成果并非一无是处，关键是好的经验能否得到推广，研究成果能否切实得到应用。也许目前警察法学教育的问题已经不是问题，至少不是主要问题，而问题得不到有效解决和有效的解决方案没有得到切实执行才是问题的关键。例如为增强公安院校法学教师实践教学能力，有学者提出鼓励教师到实战部门调查研究或者挂职锻炼。笔者对于这个建议深表赞同，但是这一举措在实际执行过程中是否会出现异化，有什么保障制度能够促使该方案落到实处就要打一个问号。再如为协调警察法学教育与公安业务教育的课时矛盾，有学者提出“必须改革现行的公安法学教学模式……学制 5 年，其中前 5 个学期学生在校学习基础课程、法学课程，中间 3 个学期在校学习公安业务课程，最后 2 个学期到公安机关接受业务实习训练。”[①]对于这一建议，笔者也基本赞同，但这一改革举措是否试验，能否实践？

综上，笔者认为当下我国警察法学教育研究本身存在着研究领域的狭隘性，研究方法的单一性，研究视野的片面性，研究行为的孤立性，研究结果的停滞

① 殷竹钧：《论警察职业化视角下的公安法学教育》，载《高等工程教育研究》2008 年第 1 期。

性。这些问题是警察法学教育研究不能回避的，也是警察法学教育研究自身难以完全解决的，也许我们只有在警察法学研究视野之外寻求解决问题的办法，并切实强化现有研究成果的转化力。

二、警察法学教育研究领域科学精神之呼唤——望向教育学研究

“科学的本质在于方法的科学，而方法的科学在很大程度上又取决于方法论的正确。纵观教育社会学产生与发展的历史，与其说是人们探寻从社会学视野解释教育现象的过程，不如说是在研究方法论上不断改进与完善的过程”。[①]警察法学教育是科学吗？警察法学教育从属于法学教育，而法学教育从属于教育这一社会现象，以教育为研究对象的学科称为教育学，警察法学教育当属教育学的特殊研究领域，应当具有科学性。因而警察法学教育研究若想摆脱简单的经验提供和观点积累，必须抬起头来望向教育学，寻求理论支撑、方法指引和科学精神。

教育学属于广义的社会学，即社会科学，“我国的高等教育研究若要成为真正意义上的独立的学术性学科，在学科建设中，以社会科学方法论的引入为切入点，坚定地走向社会科学是必然的选择。”[②]“教育社会学并没有自己所固有的具体的研究方法，它的研究方法主要来自于社会学，受社会学方法论的影响，传统的教育社会学研究在方法论上长期存在着以下七个方面的二元对立：1. 在研究途径上，存在自然科学取向与人文科学取向的分歧。2. 在研究范式上，存在规范性研究与证验性研究的区别。3. 在研究对象上，存在宏观研究与微观研究的选择。4. 在价值取向上，存在和谐论取向与冲突论取向的争论。5. 在分析模式上，存在演绎性研究与解释性研究的对立。6. 在解释策略上，存在事实判断与价值判断的冲突。7. 在论证手段上，存在定量研究与定性研究的差异。”[③]教育学研究方法论以及研究范式的对立，归根结底是哲学思潮碰撞激荡的产物。“从整体上讲，实证主义和人文主义方法论是西方现代哲学中科学主义和人文主义两大思潮的产物。其中，最直接支持它们的理论基础分别是孔德的实证主义哲学和

---

① 董泽芳、胡春光：《从二元对立到多元综合——教育社会学方法论的历史演变》，载《华中师范大学学报（人文社会科学版）》2006年第6期。

② 王建华：《社会科学方法论与高等教育研究》，载《高等教育研究》2005年第11期。

③ 董泽芳、胡春光：《从二元对立到多元综合——教育社会学方法论的历史演变》，载《华中师范大学学报（人文社会科学版）》2006年第6期。

狄尔泰的精神科学哲学。”① 也许是随着历史的发展和研究的深入，对于二元对立的认识论和一元方法论的局限性形成更为理性的认识，抑或是研究者穿越于历史长河、往返于思潮流变、徘徊于门派之争后历经疲惫确仍感无奈与迷失，教育学方法论二元对立开始出现融合的趋势。众多的学者提出综合多元的方法论或者科际整合的思路或者求诸科学精神的涵养。综合多元的方法论认为“从当前社会学的学科发展趋势看，社会学研究正在走向多维性、整合性和系统性，社会学要对纷繁复杂的社会现象作出相对准确、有效的解释和预测，需要对不同认知旨趣、不同知识层面的社会学理论加以融合”，“既承认各种理论和方法论的特定功能与合理性，又认识到它们各自的局限性，从而在一种更宽广的视野中把握认知对象整体。社会学方法论多元综合的趋势也反映了教育社会学研究方法论的发展趋势，即从多元综合而非线性单一的方法论视域出发对教育社会现象做全景式的观照”②。科际整合论者提出“随着科际整合研究的蓬勃发展，社会科学以及科学技术的杂交整体化趋势更加强劲，传统的社会科学学科的边界日益模糊。在此背景下，无论是自然科学还是社会科学，甚至传统的人文学科都开始面临‘学科开放’与‘科际整合’的问题……在主张开放社会科学、重建社会科学的今天，作为一个多学科研究领域的高等教育研究能否以开放的姿态，打破传统的学科壁垒，运用科际整合的方法进行研究工作将成为高等教育研究学术效力能否长久，高等教育研究成果能否得到其他学科学者承认，高等教育学作为一门学科能否独立的关键”。③科学精神的涵养论者认为“科学精神不独体现在自然科学研究中，以及采用自然科学方法进行的社会科学研究中。无疑，社会科学研究中的实证——实验研究或定量研究是建立在科学精神的基础上的。社会科学研究中的哲学思辨、历史研究、比较研究，所采用的不是自然科学的方法，但是只要是严格的研究，其精神气质就是科学的、求真的。”④

教育学作为一门古老的社会学科，具有悠久的历史和深厚的理论积淀。目前教育学理论界对于教育学研究科学性的探求和方法论的争辩处于白热化状态，最

① 石隆伟：《哲学视野下的方法论与比较教育研究》，载《比较教育研究（人文社会科学版）》2006 年第 6 期。

② 董泽芳、胡春光：《从二元对立到多元综合——教育社会学方法论的历史演变》，载《华中师范大学学报（人文社会科学版）》2006 年第 6 期。

③ 王建华：《社会科学方法论与高等教育研究》，载《高等教育研究》2005 年第 11 期。

④ 蒋凯：《涵养科学精神——教育研究方法论的省思》，载《北京大学学报（哲学社会科学版）》2004 年第 1 期。

终也许教育学理论研究也不能为警察法学教育研究提供一个标准的、唯一的、完美的答案，但教育学研究对于科学性和方法论的探求过程，可以给警察法学教育研究带来些许启示。

三、警察法学教育研究领域实证研究之提倡——以警察法学教育课程改革实证研究为例

“教育活动的客观性、必然性和普遍性使教育活动有着自己的特点、逻辑、规则和规律，它并不是杂乱无序、变化无常和无章可循的，这就使教育研究必须具有科学性，必须依靠科学的方法论和技术手段。不用事实判断的方法，怎么能把握教育活动的客观性和真实性？不用实证的方法，如统计与测量，怎么能把握教育活动的普遍性？不用实验和试验的方法，怎么能把握教育活动的规则和可行性？总之，教育研究如果不具有科学性，如果不采用科学的方法，就不可能真正把握教育活动的特点和规律，就不可能真正概括出教育活动中具有客观性、必然性、普遍性以及可操作性的方式、方法和模式。”① 教育学研究方法论存在实证主义与人文主义的论争。笔者并不反对具有科学精神的哲学思辨、历史研究、比较研究，事实上科学的人文主义研究有利于弥补实证研究的不足。但鉴于目前警察法学教育研究现状和警察法学教育自身具有社会存在的客观性、必然性、普遍性和系统性，笔者更提倡我国警察法学教育研究者们应当多做一些系统观指导下的实证研究，研究者必须坚持系统观的方法论思想，厘清警察法学教育内部关系与外部关系在此基础上选定具体的研究对象，设定假设类型，通过抽样取证的方式选择样本，使用科学的方式和程序采集数据，对数据进行研判分析，制定可行试验方案，通过反复试验检验关于警察法学教育改革方案，进行科学评估，以期归纳警察法学教育现状及效果，把握警察法学教育发展变化规律，发现警察法学教育改革瓶颈问题和制约因素，探寻警察法学教育改革之可行路径。

以本科警察法学教育课程改革为例，我们可以开展如下的实证研究：

（一）本科警察法学教育现状及效果之实证分析——实证调研基础

1. 采用实地考察、问卷调查等方式，向重庆市、北京市、辽宁省、山东省、

① 扈中平：《教育研究必须坚持科学人文主义的方法论》，载《教育研究》2003 年第 3 期。

广东省、陕西省等地区公安机关、检察院、法院和公安院校一线法学教师、毕业生、在校生调查国内公安院校毕业生从事刑事司法、行政执法工作的初期工作状态和对目前本科公安法学教育的意见、建议，以研判当下本科警察法学教育教学效果、实践需求和存在的不足，为具体改革试验提供现实依据。

2. 收集近五年中国人民公安大学、中国刑事警察学院等国内主要公安院校本科和国内知名政法院校法学专业本科的人才培养方案。通过横纵双向、多元层次比较分析本科警察法学教育与法学专业本科教育之间、各公安院校本科警察法学教育之间在培养目标、课程体系、课程结构、学时分配、教学安排、考评机制等方面的异同，从而归纳总结本科警察法学教育的现状、探寻本科警察法学教育发展规律、借鉴政法院校本科法学教育的先进经验，分析本科警察法学教育改革的瓶颈问题和制约因素，结合前述调研结果形成具有创新性、可行性的本科警察法学教育模式改革试验方案并开展有针对性的改革试验。

（二）本科警察法学教育课程体系改革试验

根据上述实证调查研究结果，优化本科警察法学教育课程体系并在若干公安院校进行改革试验，预设符合现代法治理念、适应新时期公安执法实践需求、理论实践并重、体系结构合理、教学内容均衡的警察法学教育课程体系。具体拟计划全面引入法学本科专业十六门核心课程及其他重要法学课程，并针对不同专业设计不同的课程体系方案，强化实践教学，以提高公安院校本科学生综合执法技能。在同一年级各公安专业中选取班级为改革试验对象。总体课程体系试验内容：

1. 以基础法学理论课程为基石

适度加强基础法学理论课程独立性，融合法理学、宪法学、西方法学思想史、中国法制史等课程内容以必修考试课形式开设基础法学理论课程。

2. 以与公安机关主要适用法律有关的法学课程为主体

优先增加刑事法学类、公安行政法学类（含警察法）、证据法学等课程比重。

3. 以其他法律课程为有益补充

根据不同专业，采用必修考试课、必修考查课、选修课等方式，独立开设或整合开设民商法、经济法、合同法、知识产权法、国际法、国际私法、国际经济法、环境与资源保护法、劳动与社会保障法等其他法学课程。

4. 以实践教学为归宿

开设警察执法综合实训课程（重庆警察学院黄诚教授的教改项目已实践），

实现刑事与行政规范应用教学一体化、实体与程序规范应用教学一体化的有机结合。

（三）本科层次警察法学教育课程内容优化整合改革试验

在若干公安院校同一年级各公安专业选取若干班级进行课程内容优化整合改革试验。

1. 刑事与行政实体法理论教学一体化改革试验

开展刑法与治安管理处罚法及其他公安机关适用行政处罚法律实体规范理论教学一体化试点。组织相关专业教师编写刑法、治安管理处罚法及其他公安机关适用行政处罚法律实体规范有机结合的讲义。

2. 刑事与行政程序法理论教学一体化改革试验

开展刑事诉讼法与治安管理处罚法及其他公安机关适用行政处罚法律程序规范教学一体化试点。组织相关专业教师编写刑事诉讼法、治安管理处罚法及其他公安机关适用行政处罚法律程序规范有机结合的讲义。

（四）本科公安法学教育课时、学制设置优化改革试验

根据前述实证研究结果及教学改革试验情况，设计科学、合理的课时配置方案，优化本科警察法学教育课程课时设置，并同前述两项试验共同进行。

为解决警察法学教育与公安专业教育、理论教育与实践教育在课时安排方面的冲突，必要时可以尝试进行学制改革，试验公安专业 5 年制本科教育。

（五）改革试验评估

1. 对于上述试验教学所培养的在校生进行教学效果评估

通过公安执法技能比赛、定期面试答辩、公安执法资格考试等方式，对实验教学培养的在校生与常规教学培养的在校生进行比对，评估教学试验的实际教学效果。

2. 对于上述试验教学所培养的毕业生进行跟踪调查

（1）由用人单位对试验教学培养的毕业生和常规教学培养的毕业生公安执法业务技能进行长周期比对，评估教学试验的实际教学效果。

（2）由研究单位到用人单位实际采集毕业生参与公安工作后的执法数据，尤其是执法质量考评数据，进行比对，评估教学试验的实际教学效果。

四、"协同创新"理念之践行

2011年胡锦涛同志在庆祝清华大学建校100周年大会上提出"协同创新"的理念。为贯彻落实胡锦涛总书记在庆祝清华大学建校100周年大会上的重要讲话精神，积极推动协同创新，促进高等教育与科技、经济、文化的有机结合，大力提升高等学校的创新能力，支撑创新型国家和人力资源强国建设，2012年，教育部、财政部联合出台《关于实施高等学校创新能力提升计划的意见》和《"高等学校创新能力提升计划"实施方案》两个文件。"协同创新"理念的提出，为21世纪的高等教育理念注入了新的内涵，推进"协同创新"，已成为全面提升我国高等教育质量的重要举措。"协同创新"理念也当为警察法学教育研究秉持与践行。

首先，警察法学教育在外部关系上主要包括警察法学教育与高等教育、法学教育、公安专业教育、警察法学、公安专业毕业生就业及可持续发展等五对关系，警察法学教育研究不仅要关注警察法学教育本体及内部关系，还应当关注警察法学教育的外部关系，放眼高等教育、法学教育、公安专业教育、警察法学、公安专业毕业生就业及可持续发展等问题，其中尤其需要加大与教育学研究、法学教育研究和公安教育研究的协同创新。

其次，笔者提倡警察法学教育研究者应当开展系统观指导下的实证研究，由于实证研究要求实证调研的系统与周延、数据信息分析的客观和规范、试验的反复与调整、程序的精密与严谨、评估的科学和准确，因而警察法学教育实证研究具有成本高、周期长、难度大的特征，这必然需要打破过去警察法学教育研究"单打独斗、各自为政"的局面，广泛开展公安院校之间、公安院校与其他院校之间以及公安院校与公检法等实务部门之间的协同创新研究。

再次，警察法学教育研究绝不能仅停留在愿景描绘、对策企划的静态层面，必须将富有建设性、可行性的研究成果转化为实践，切实发挥警察法学教育研究对于警察法学教育实践的指导和引领作用。而这些不是哪一所公安院校可以独自承担的，只有全国公安院校及警察法学研究者们凝心聚力、众志成城，在"协同创新"的大背景下协同完成警察法学教育研究助力警察法学教育改革的历史重任。

综上，笔者认为，警察法学教育研究者们应当谋求建立省级乃至国家级警察法学教育协同创新中心，搭建以公安院校为牵头单位，以其他高校、研究机构、公检法机关为协同单位的，科际协同、校际协同、校地协同的，常态化、机制化、组织化的警察法学教育研究中心。

论访谈式教学法在警察法学教育中的运用
——以《刑法学》课程为例

刘　凌[1]

2016年4月7日，教育部发布了中国高等教育系列质量报告，对中国高等教育取得的成就给予积极肯定，同时也直面中国高等教育存在的问题，其中指出的短板和软肋就包括创新人才培养力度不够、高水平教师和创新团队不够、对教师评价"重科研轻教学"等。而公安高等院校兼具普通高等教育与职业教育的双重价值取向，中国高等教育存在的问题在公安高等院校教育中同样存在。警察法学教育的目标是要为公安机关培养业务素质高、实战能力强的应用型、复合型人才，但对照反思当前的警察法学教育——以《刑法学》课程教学为例，传统讲授法依然占据主要地位。教师单一地主动强势灌输知识，学生忙于被动接受，强化记忆用于应付考试的各种概念、原则和法条。因循守旧的教学方法，很容易导致学生不会独立思考、不会发现问题更不会分析和解决问题，更谈不上培养学生对社会实践和现实世界的感知能力、反思和理性判别能力以及创新能力。这样的现状与当前的高等教育理念是不相符合的，也无法达到警察法学教育的目标。公安院校学生不仅应当学到特定领域的知识，更为重要的是培养思维能力和实践应用能力。而在获取这些能力的途径中，有一个学习方法能让人终身受益：对话。耶鲁前校长惠特尼·格里斯沃尔德认为："对话是人类最古老的教学方式。"访谈式教学法正是这样一种可以引导学生有所思—有所悟—有所得的教学方法，它通过对话访谈的形式，师生之间在课堂上构建起自由、平等对话的互动空间，将案例分析法、情景融入法、辩论法等多种教学手段融为一体，培养学生阅读和整理事实的能力、剖析问题和提炼观点的能力、沟通和表达的综合能力，为培养应用型、复合型人才提供了有效的途径。

---

① 刘凌，云南警官学院法学院讲师，刑事法律教研室主任。

一、访谈式教学法概述

访谈式教学法是围绕高等教育人才培养目标而进行的一种教学方法创新。具体是指在教学过程中，教师在基础知识理论讲解的基础上，选取特定的教学主题，设定访谈角色，建立由主持人、受访对象、访谈提问者构成的新型教学组织模式，师生之间通过进行平等、自由的访谈对话，不仅加深学生对知识的理解，激发学生的感悟和思考能力，训练学生的清晰表达能力，同时也能在教学过程中提高教师的教学水平。

早在古希腊时期，著名的哲学家、教育家苏格拉底就创建了问答式教学法，即不强制学生接受知识，师生之间以共同谈话、共同探讨问题的方式来获取知识，即所谓的“苏格拉底法”。这种教育方法以学生为主体，首先向学生提出问题，再依照学生的思路进行引导性发问。学生在思考过程中产生迷惑时，教师并不急于告知答案，而是在对话和探讨中启发学生得出正确的结论。这种教学方法极大地调动了学生的学习积极主动性，有助于培养学生独立思考问题、分析解决问题的能力，严密的逻辑思维能力和良好的口头表达能力。长期以来，“苏格拉底法”教学法在我国更多地被运用于思想政治课程教育中，在警察法学课程教学中运用较少。当然，这也是受法学课程讲授注重知识系统性和体系性等特点的影响。但是，《刑法学》的学科特点在于理论性与实践性的紧密结合，教学中绝对不能缺少对学生思辨能力和创新能力的培养。因此，吸收“苏格拉底法”的精华，但在形式上加以创新以切合《刑法学》的学科特点，这正是在警察法学教育中运用访谈式教学法的价值所在。

二、访谈式教学法的具体运用环节

访谈式教学法的具体运用主要包括访谈内容选取、访谈材料设计、访谈角色设定、访谈实施和教学反思环节。

（一）访谈内容选取

访谈式教学法运用的首要环节就是选取恰当的访谈内容。《刑法学》课程中并非任何内容都适合进行访谈式教学，教师需要在前期授课中认真分析梳理教学难点、学生关注的兴趣点或是当前的社会热点内容等，最好选取既体现教学内容又与公安实务工作紧密结合的真实案例。访谈内容如果选择不当，过于枯燥乏味，将很难吸引学生融入课堂中。此外，选择访谈内容还要考虑能够在刑法知识的学习中起到以点带面的作用，知识点的选取要具备一定的深度和广度，可以延伸到刑法原则和立法精髓的探讨。例如在《刑法学》总则部分中的“刑事责任年龄”“间接故意与过于自信的过失的区别”“正当防卫”“紧急避险”“犯罪未遂与犯罪中止的区别”“共同犯罪人的种类和刑事责任”，分则部分相似罪名辨析等内容均是很好的访谈选材。这些问题既是学生在学习中容易产生困惑的知识点，也是公安工作实践中具有研究价值的选题。

（二）访谈材料设计

访谈内容确定好知识点后，要结合案例设计访谈材料，并预设出适合交流的问题。其中，访谈情境的设定必须贴近公安实战的需要，具有现实性、针对性和典型性，既有助于学生对刑法知识点的理解，更要让学生获得公安实务技能的训练。而问题的设计则可以考虑包含多种情境，通过变化案件的不同要素考查学生对法律事实的观察和判断能力。如针对“共同犯罪人的种类和刑事责任”开展的访谈式教学中，选取“宜宾富商章某某被绑架并胁迫杀人案”就很具有访谈价值。在预设问题时可以包含紧急避险的界定、共同犯罪的构成、胁迫犯的认定、具体罪名的犯罪构成等多个知识点，问题设计环环相扣，逐层推进，使受访谈者、访谈提问者和教师都有很大的发挥空间。总之，访谈材料的设计优劣将直接影响学生参与访谈的兴趣，也将决定访谈教学法是否能达到预期效果。

（三）访谈角色设定

访谈角色的设定通常可以选择两种方式：

第一，充分利用学校与公安机关、法院、检察院或是律师事务所搭建的合作平台，邀请具有丰富实务经验的警官、检察官、法官或是律师担任受访谈专家，教师担任主持人，学生分组担任访谈提问者，三方一起进行对话和交流。在访谈过程中，学生不仅可以直接与受访谈专家面对面交流，探讨案件思考中的困惑，吸取鲜活的法律实务工作经验，更重要的是可以观摩学习如何用法律思维分析案件，如何用专业的法律语言表达观点。这是最受学生欢迎也是收效最好的方式。

第二，由学生自己分角色担任受访谈者和访谈提问者，教师担任主持人进行引导和课堂控制。在这种方式中，教师按照本学期预期进行访谈式教学的次数划分出若干学生小组，每个小组负责完成一次访谈。确定访谈任务后，学生自行选择受访谈者和访谈提问者的不同角色。学生的角色分工可以根据教学需要灵活安排，如可将受访谈者的角色分为正反两方，采取辩论式的模式进行访谈。这种方式强调学生进行分工合作，必须全员参与，培养学生的团队意识和创新精神，以保证教学取得实效。

（四）访谈实施

访谈实施按照以下步骤开展：

1. 课前组织。将设计好的访谈材料分发给学生，明确访谈主题，指定学生按照角色分工准备好访谈所需的问题，提示查阅资料范围，确保学生以充分的准备参与访谈和交流，从而取得最佳的教学效果。此外，如采取邀请校外受访谈专家到场交流的方式，教师应与受访谈专家进行充分的事前沟通，说明教学的主要目的，确定访谈范围和重点，让受访谈专家对在交流中可能会遇到的问题有充足的准备。

2. 启动访谈式教学。访谈活动正式开始之前，教师要针对本次访谈的教学目标和访谈主题进行课堂导入，以精练的语言将教学目标、重点和难点呈现给学生。同时，对于受访谈者，无论是校外邀请专家还是学生的角色扮演者，教师均要对其身份进行正式介绍，营造有仪式感的学习情境。

3. 开展访谈式教学。访谈式教学中的教师担任主持人的角色，对整个教学过程要具备相应的驾驭能力，使整个访谈活动保持清晰的主线和流畅的节奏。访谈式教学按照课前设计有序开展，在具体实施过程中，教师作为主持人要善于协调受访谈者与访谈提问者之间的和谐氛围，在可能出现冷场的局面时，要及时启发学生拓宽思路，鼓励学生多提有针对性的问题。反之，当学生漫无边际地发问，可能使访谈活动偏离教学主题时，教师要巧妙地及时予以控制和纠正。总之，访谈式教学法需要在主持人（教师）、受访谈者、访谈提问者（学生）三方的共同努力下，让学生在平等自由的氛围中讨论中他们感兴趣的课程难点和社会热点问题，促使学生带着思考提问，在提问之后能再思考解决方案，最终勇于清晰表达提炼的观点。

4. 教师点评。访谈式教学的最后一个环节是教师针对活动开展情况进行点评，重点是评价学生在访谈活动中角色扮演是否到位、知识点运用是否准确、提问是否具有针对性等过程性表现。教师通过点评充分肯定学生在访谈式教学中的出色表现和取得的进步，鼓励学生保持饱满的学习热情，同时也对相应的不足之处提出改进意见。此外，整体教学效果评价同样需要动员全体同学参加，要求学生对本小组以及其他小组参与教学活动的情况进行评判和总结，最终结合教师点评体现在学习过程性考核成绩中，以激励学生的参与积极性，促进下一阶段访谈活动的顺利进行。

（五）教学反思

著名教育家叶澜曾说过："一个教师写一辈子教案不一定成为名师，如果一个教师写三年反思则可能成为名师。"这充分说明了教学反思在教师不断提升自我教学水平和教学能力过程中的重要性。尤其对于访谈式教学法而言，在《刑法学》课程中的运用是一种探索和创新，更加需要通过教学反思进行不断地总结和完善。每一次访谈式教学活动结束后，教师应当尽快与受访谈者和学生进行交流和反馈。针对邀请的校外受访谈者，教师应充分听取其对访谈过程的评价性意见，同时也将学生对其的感受进行及时反馈，有利于增强以后合作的默契程度。此外，在听取学生意见方面，教师可采用发放不记名问卷的方式来进行，问卷主要应当包括学生对参与访谈式教学活动的认可程度、教学设计的针对性和实效性、有无改进建议等内容。在多角度汇集受访谈者和学生体会和意见后，教师的教学反思才能有的放矢，对访谈式教学的整体环节查缺补漏，在反思—实践，再反思—再实践的过程中有效提升教学质量。

三、访谈式教学法的优势

相对于传统讲授法，访谈式教学法的优势是显而易见的，具体表现为：

（一）翻转课堂，体现学生的主体地位

在传统的《刑法学》课堂教学中，教师是主角，而学生是观众，处于"一言堂"的被动学习模式中，教与学属于不平等的支配和被支配关系，学生主动参与思考和讨论问题的积极性不高。而在访谈式教学法中，单一的教与学转变为教师是导演，学生是主角的多重互动关系。教师的任务主要是启发和引导学生将所学知识应用到访谈情境中，营造轻松活跃的课堂氛围，而学生则成为课堂的主

体，在分工合作、独立思考和展示自我的过程中充分体验到主动学习的乐趣和成就感。同时，校外专家丰富的实务经验极大地充实了学生对理论知识的理解，让学习更为直观、生动和有效。访谈式教学法让学生摆脱了枯燥乏味的被动听讲，通过实践操作和自主学习反而更加容易理解知识点，并且实践技能得到有效训练。

（二）教学相长，促进教师提升教学水平

访谈式教学法相比较传统的课堂教学而言，对教师的全面素质提出更高的要求。从访谈内容的选取、背景材料的准备、访谈方案的设计到访谈教学过程的整体控制，每个环节都需要任课教师进行精心的准备。同时，为了保证访谈式教学的质量，教师还需要对访谈涉及的理论和实践问题进行充分的备课，不断更新自己的知识储备，提高学术水平。因此，在访谈式教学中，教师投入的精力和时间远远多于传统式教学，但因此对自身教学水平的提升也有很大促进作用。

此外，教师在与校外法律实务工作者的合作中，能够获取大量的刑事执法、司法前沿动态信息，及时补充、更新案例，同时在探讨交流过程中吸取实务经验，进一步增强了理论与实践的融合，为加强自身综合素养输送了丰富的养分。

（三）知行合一，培养应用型、复合型人才

传统课堂讲授中教师偏重基本理论和基础知识的讲解本无可厚非，但随着网络时代的到来，大量知识和信息都可以从多种渠道快速查阅和获取，传统教育方式培养出的“记忆型人才”已面临淘汰危机。教育的目的不是往学生的脑子里硬填知识，而是应当帮助他们获得关键的知性技能，拥有创造力、想象力和革新能力。访谈式教学法变重理论为重实践，变被动为主动，变静态为动态，通过引导学生知其然更要知其所以然，进而提高认知和思考能力，掌握分析、研究问题的方法，加强团队协作和沟通能力，更重要的是对学生进行执法技能和方法的训练，这对于培养应用型、复合型人才无疑奠定了良好的基础。

教学方法是一扇窗口，小处可见教师的教学水平高低，大局可观教育改革的成效。具体针对公安高等院校《刑法学》课程而言，传统教学中以教师为中心的讲座式教学方式必须进行革新。访谈式教学法正是一种以学生为中心的教学法，

在平等、自由的三方对话过程中，引导学生将所学理论知识应用到实践情景中，进而达到将知识内化为能力和素养的要求。访谈式教学法以能力培养为核心，以服务实战为宗旨，为警察法学教育的教学改革增添了新的活力，为教师自身素质的提升开辟了新的路径，更为学生法律思辨能力和实践创新能力的培养提供了助推力，值得进行不断探索和完善。

论公安法学教育中法治思维的培育

孔　颖[①]

党的十五大确立了“依法治国”的基本方略，十六大将“依法治国基本方略得到全面落实”列入全面建设小康社会的重要目标，十七大明确提出要加快建设社会主义法治国家，十八大进一步强调法治是治国理政的基本方式并提出“领导干部要运用法治思维和法治方式深化改革”，法治思维和法治方式是从思想认识和工作方法两个层面为依法治国指明了具体实施路径。公安院校是培养公安人民警察的重要基地，理应将法治思维的培育作为公安法学教育的重点。

一、法治思维培育是公安法学教育的题中应有之意

法治思维不同于行政命令思维，它是指在法治理念的基础上，运用法律规范、法律原则、法律精神和法律逻辑对所遇到或所要处理的问题进行分析、综合、判断、推理，进而形成结论、决定的思想认识活动与过程。法治思维也不同于法治意识，法治意识是形成法治思维的前提，法治思维强调的是一种自觉的习惯性的思维方式，它是法治发展的较高状态。

具体而言，法治思维应具体包含三个内容：一是坚持法律至上，防止以权代法。这是法治思维中最基本的内容，它要求执法者无论是思考问题，还是做出决定，都要从“是否合法”作为思维的出发点。在处理权力和法律的关系时，执法者只有敬畏法律，信奉法律，才能时刻警惕权力的行使是否在法律允许的范围之内，权力行使的方式、目的是否合法。二是坚持人权平等，防止特权思想。只有坚持法律面前人人平等，法律才有权威和公信力，法治才能得到实现。法治思维与特权思想是格格不入的，培养法治思维必须克服特权思想。三是坚持程序合

---

① 孔颖，黑龙江公安警官职业学院讲师，法律系副主任。

法，防止权利滥用。程序公正是实体公正的必经之路，没有程序公正就没有实体公正。随着依法治国的不断推进，人民群众对公平正义的要求不断提高，不仅要求实体公正，而且更加注重程序公正。执法者必须切实增强程序意识，真正做到懂程序、讲程序，按程序办事，使权力运行更加规范有序，使执法更加阳光透明，从而更好地维护最广大人民的根本利益。

警察教育的性质实质是职业教育。职业技能培养与法学素质培养是警察教育的两大内容。从某种意义上而言，法学素质的培养是警察教育的基础，警察作为执法者，首先应当清楚法律的规定，然后结合职业技能处理执法中的各种案件。如果没有一个好的法律素养，再好的职业技能也无法保证执法行为的合法性。人民警察在执法中能否运用法治思维和使用法治方式是公安执法规范化的基本要求，它是规范执法、文明执法的标志，公安队伍法治思维能力的强弱直接决定了公安法治发展的进程。公安法学教育理应将警察法治思维的培养作为重点教学目标，使警察的执法行为更加规范、更加公平正义。

二、法治思维培育的缺失严重制约了公安法学教育的发展

（一）重业务轻法学的教学理念：法学教育在公安教育中的地位不突出

公安院校的培养对象是将要从事公安业务或已经具有公安业务实践经验的警察。由于这种教育具有突出的职业性的特点，重视公安业务专门技能的培训忽视法学教育的状况在各地方公安院校中都成为一种普遍现象。长期以来，公安法学教育被定位于对公安业务教育的补充，因而，形成了以公安业务教育为主，法学教育为补充的教育理念。在这一理念的支配下，公安院校无论是在物质利益上，还是文化环境方面都倾向于对公安领域学科知识、专业技能的重视。近几年，公安业务的教学资金投入得到了普遍的认可和支持，公安专业技能的研究成果也颇为丰富，但公安法学教育却始终没有发生实质性地变化，甚至有退步的迹象。表现为法律课程属于考查课，学生不愿学法律，教师教学效果不理想的现实状况。如果不改变重业务、轻法学的教学理念，公安法学教育的地位就不会凸显出来。教育不重视学生法律素质的提高，学生就不可能正确树立服务行政的法治理念，仍然把公安工作的职能作用简单地认定为管理社会职能，法治意识树立不起来，法治思维就失去了其存在的最基本的精神支撑。

（二）重理论轻实践：法学教育在公安工作中发挥的作用不大

有的具有公安实践经验的学生反馈，在学校学到的法律知识在实践中基本用不上，执法怎么作靠的是现学现用，“法律无用论”的现象普遍存在，这种现象的原因主要是公安院校法学教学内容陈旧，理论脱离公安实践的问题造成的。近几年法学专业课的教师大多是从校园走向校园，根本无暇接触具体案件，没有公安实践经验也就不清楚哪些法学内容是公安业务所需的，更不清楚相应的法律内容在实践中存在的问题是什么，所以相比之下，法学理论性知识更容易讲解，只能应付完成教学任务。理论与实践脱节的教学模式必然无法满足公安职业的需要，培养的学生实践操作能力较低，不具备市场需求的职业素质。公安法学教育的“产品”呈现出理论知识不稳固，实践能力低下的异化状态。法治的基本涵义就是运用法律进行治理，如果不知道法律怎么去用，如何用，那么法治思维的养成又何谈？

（三）重形式轻实质：提高法律分析能力和法律素质的效果不理想

亚里士多德曾言，“法律是一种凝固的智慧”，这种滞后性限制了法律调控功能的发挥。法治不仅要求人们能够普遍遵守法律，还要求制定的法律本身是良好的法律，即“恶法非法”，但社会问题层出不穷，限于人类认知能力的局限性、知识水平的有限性和社会发展的阶段性，良法的制定需要不断地健全完善。因此决不能只将法律限定为唯一的考虑标准，事实上，实质法治摒弃了传统形式法治把法律作为执行工具的机械法治主义，执法者不能拘囿于法律文字的范围作一种简单、浅薄的描述和注释，而应从法的价值和观念上探求，从理论上升华。从法治社会的发展进程来看，必须彻底破除法律工具主义所带来的思想束缚，坚定地确信法治的目的性价值，因为不重视对法治的目的性和价值理性的伸张，就无法避免法制实践和政治运作对法治精义的背离。但公安法学教育中却常常只重视法律条文本身的学习，不注重法律精神和法律思维的培养。警察在面对新问题，新现象时必定不能泰然处之，灵活处理，更谈不上法治精神的体现。

三、强化法治思维培育是公安法学教育创新发展的必由之路

（一）目标路径：培养具有法治思维的应用型人才

法学教育不仅是以培养法律职业者为目标，还应培养被教育者富有批判性、创造性的法律思维，一个法律人仅仅背诵各种法律条文、熟悉一些法律技术的操作程序是不够的，还必须注意法律思维的培养，要善于利用法律思维来发现问题、解决问题。这样才能使法律人不局限于具体个案的界限和不拘泥于机械地适用法律条文，在处理具体案件时能发挥主观能动性、创造性地运用法律，推动法律的发展和社会的进化。首先应当避免法学教育顾此失彼。法治思维的形成必须以扎实的法律基础理论为根本，但又不可“纸上谈兵”、必须在实际操作能力的训练中进一步深化。因此，一方面法学教育不能是单纯地教授，不能只停留在解说式的教学上，法律人不仅要有足够的法律理论知识，还要有职业的怀疑和批判性思维；另一方面，当前法学教育又不能简单化，只注重技术操作层面上的课程，而忽视基本理论的探讨和研究，否则会使法学教育流于浅薄、法律思维失去存在的基础。也只有确立培养具有法治思维的应用型人才目标，才能适应公安工作的实践需要。

（二）方法路径：设计培育法治思维的新型教学模式

1. 公安法学教育应充分运用启发式教学模式

法学教育不仅仅是传授法律各学科的基本概念和基本法律制度的，更重要的是要培养被教育者良好的法律职业素养，要形成被教育者独特的批判性、创新性的法律思维方式。法学教育应当以能力、素质，特别是法治思维的培养为其宗旨，而不应当以某些僵死的知识的传授为其宗旨。法学教育的真谛不仅仅在于向学生灌输尽可能多的法律信息和培养学生的一般职业动手能力，而更在于培养学生的批判性和创新性的法治思维。这种培育就应当保证在教学中充分发挥学生的主观能动性，课堂上应以学生作为主体，教师讲授为辅。对此，启发式教学就是最好的教学模式。

“启发”一词，来源于我国古代教育家孔子。他强调“不愤不启，不悱不发”。朱熹对此解释说：“愤者，心之通而未得之意；悱者，口欲言而未能之貌。

启，谓开其意；发，谓达其辞。”其意思是说，教师启发学生时要首先造成一种“愤”“悱”的状态。这就要求教师根据教学目标，从学生的年龄、心理特征、知识基础和认知结构等实际出发，采用各种生动活泼的方法，引导学生积极思维，使他们主动地获取知识、发展智能，体现出一种积极的双向的教学方法。教师可以通过设置问题情景，启发学生积极思维，即教师在课堂讲授时，不要把教学内容作为现成的知识向学生传授，而是不断地将所要讲授的内容作为一个个问题向学生提出，调动学生学习的积极性和主动性。另外，通过引入典型事例的方式也可以激发学生积极思考，提高分析问题的能力。

2. 公安法学教育应充分运用以模拟为核心的实践型教学模式

公安法学教育属于职业教育，学生对法律知识的学习关键是运用到将来的执法实践中。因此，强化实践能力和应用能力是公安法学教育的重点，也应当加大实践课的总课时量。模拟实践课的内容既可以是公安执法的内容，也可以是模拟法庭的形式。其模式都是以学法、用法为宗旨，以提高法律素质为目的。模拟式的实践教学既可以是让学生按照固定的模式，特定的知识点进行演练，这种形式通常是用于法律知识学习的初期；也可以完全让学生自编自演，具体方法为将学生分成执法人员，被管理者等几组分别准备，执法者完全不清楚被管理者一方会发生什么问题，目的是营造一个真实的情景。但这种形式通常用于一个阶段的知识学习完之后才能进行。

3. 公安法学教育应鼓励法学理论研究，培养公安理论创新型人才

尽管公安法学教育呈现出重理论，轻实践的状况，但事实上，我们的警察理论探讨、理论创新的能力并不强。警察院校的教师一面说理论无用，从教学态度上就不支持公安理论的研究，但又苦于实践内容讲不好，一面又不得不在枯燥的旧有的理论中寻找教学内容。公安法学教育中理论与实践教学都不可偏颇，一名好警察应该是拥有一定的法学理论功底，并能很好地运用到实践中的执法者。没有社会实践的法学理论家未必能够成为好的执法者，但没有法学理论分析能力的警察一定不能成为好警察，培养具有理论分析能力和实践操作能力的复合型人才是社会关系日益复杂和法治社会发展的需要。

论警察学院法学特色学科建设和民警执法规范化培训

翁孙哲[①]

近几年，随着社会主义市场经济的深入和依法治国的大力实施，法学教育在我国取得迅猛的发展。在原有的政法学院和综合性大学的法学院外，一些农林理工医类单科性院校也追赶潮流，纷纷设立法学专业和法学院，据估计，全国大概有600所学校设立法学院或者法律系抑或法学专业，但是法学教育研究水平呈现明显的多层次格局。警察学院作为我国政法力量的一部分，在原有法学课程的基础上也设置了法律系。

在公安建设中，执法规范化建设作为公安建设的重要组成部分，已经正在富有成效的展开，执法规范化是公安工作上新台阶的重要推动力。警校作为公安队伍的有机组成部分，理应为执法规范化的建设发挥自己应有的作用。但是，我们必须看到，警校法律系自身存在一定的不足，警察学院历经了中专、大专再到本科的发展路径，其法学基础比较薄弱，法学研究成果不多，学科构建模糊，在法学教育的多层次格局中处于底端；从而使得即使有个别老师能走上民警培训的讲台，还是依然没有发挥整个团队在执法规范化培训中的作用。另一方面，警察学院有着深刻的行业属性，与公安机关存在着“血缘”关系，特别是浙江警察学院（以下简称我院）与萧山、桐乡、温岭、诸暨等公安局建立了紧密的校局合作关系，公安实践为我院法学学科的发展提供了丰富的土壤。我院的法学学科构建既要看到自身存在的先天不足，同时也不应该妄自菲薄，应充分利用自身的行业优势，特别是校局合作，来构建自身的特色学科，利用整个学科团队为民警培训服务。本文认为，由于执法规范化建设是一项长期的事业，警院法律系应构建自己的优势学科，以期在培训中发挥着自己特有的作用。

---

① 翁孙哲，浙江警察学院法律系副教授。

一、执法规范化培训的必要性和警院法律系的现状

（一）执法规范化培训的必要性

从知识的类型的角度上来看，知识不仅包括理论知识，也包括实践知识。公安民警由于多年深入到执法一线中，对于公安执法程序和执法中存在的问题以及如何处置执法过程中的警民关系以达到更好的执法效果方面具有丰富的实践知识，而且这些知识需要亲身实践、老民警的言传身教，也可以说民警本身就是某一方面的执法行家里手，但是由于执法任务的繁重、时间的短缺以及专业基础等原因，对于执法过程中存在的问题，民警可能不能进行理论化的概括，也不可能对于实践中存在的问题进行理论上的解答，这些问题的解答，对于促进执法更加顺利地进行达到更好的效果是必不可少的，这就需要受过系统学科训练的专业人才参与进来，一方面对民警进行理念和专业知识方面的培训，另一方面与民警一道对执法过程中的地问题与方法进行分析，进行理论上的概括和提炼，这就需要多学科的知识和多种研究方法，在此基础上进行研究方向的确定。

（二）警院法律系的存在的不足

执法规范化培训的意义显而易见，但是就目前警院法律系的现状来看，还不能很好地适应执法规范化培训的要求，警院法律系存在以下三方面的不足：

1. 师资普遍缺乏丰富的实战经验，虽有博士等高学历人才，但是欠缺基层的公安工作实际经验，因而不能够将理论与实际很好地结合。

2. 师资的理论研究能力同其他地方院校之间存在差距，由于警校特殊的人事体制，难以吸引到真正高水平的研究型人才加入，从而使警校难以构建真正优势学科，而只能寻求错位发展。

3. 学科建设难以与地方大学看齐，地方大学一方面由于具有自身的人事体制与学科环境优势，且地方大学之间存在的激烈的竞争，因此许多地方性大学将学科建设作为在激烈的竞争中站稳脚跟的途径，但是警校这方面还存在欠缺。

（三）警院法律系的具备的比较优势

我院的法学学科与省属重点建设大学的法学院相比，差距是明显的，也是引

人深思的，但是，差距的存在也不能否认我院的法学学科存在的价值，这种价值不也应对我院要不要开展学历教育的质疑而抹杀，即使我院改制为培训机构，它的价值也是存在的。笔者认为，我院的法学学科与省属重点建设大学的法学院相比具备一定的比较优势。

1. 如前所言，省属重点建设大学法学院在学科点上并不齐全，由于以市场化为导向，以培养应用型人才作为主要的目的，省属重点建设大学法学院往往在民商、经济等学科上投入较大的资源，浙江 5 所法学院就有 4 个经济法硕士点，3 个民商法硕士点，2 个诉讼法硕士点，而在刑法、法制史、法学理论、环境与资源法等就业面相对狭窄的学科的投入相对较少，特别是 5 所法学院在刑法、法学理论、法制史、宪法与行政法、环境与资源法硕士点上存在空白。但与此同时，这些高校的刑法、法学理论、法制史、宪法与行政法、环境与资源法学科与我院相比，在师资的学历层次、职称等级、科研实力方面也处于优势。对我院法律系的现状而言，虽然在各学科上都不具备优势，特别是我院没有能力与 5 所法学院已经建立硕士点的学科上进行竞争，同时二级学科下有若干分支学科，我院在这些分支学科的任何一个都不具有优势。但是笔者认为，我院可以在刑法、法学理论、警察法等学科上加大投入，用好行业学院的属性优势，发挥在这几个学科上的比较优势。至于法制史和环境与资源法学科，我院则无需投入过多的资源，这是因为我院在这些学科上没有任何基础。

2. 我院的行业属性，这对我院法学学科而言即是限制，也具备有利的一面。警察学院的行业属性决定了它的法学学科应该面向公安机关，面向公安实践，因为警察学院的学生毕业大部分是进入公安机关的，这样就必然使得我院在课程设置、授课重点、选用案例方面体现明显的公安特色，这种特色具有明显的“问题意识”，能够使教师的授课和研究方向明确，而这是有利于研究水平的提高。

3. 我院高度重视专业教师理论与实践的结合，强调专业教师必须要对了解公安，深入公安，以公安实践反哺教学和科研。首先，根据规定，我院教师必须要有一年的时间去基层公安机关锻炼，领导干部还要去基层公安进行为期两年的挂职锻炼，这非常有助于专业教师熟悉公安机关的运作，掌握公安素材，而省属重点大学法学院没有这种制度，这些学校的教师虽然可以从事法律实务，但没有像我院这样对一个的国家机关进行深入了解。其次，我院法律系每年至少会组织一次集体的下基层调研活动，了解基层公安的最新动态，收集一些疑难案例，并且与民警们就一些疑难案例进行热烈讨论，这种讨论对双方而言都是受益匪浅，因为在公安实践当中经常会碰到一些案例，现行法律、法规没明确规定，在理论上关于罪与非罪、此罪与彼罪的界限又非常迷糊，这些案例在理论文章和教材当中往往也是很难碰到的，通过调研和讨论，使得民警对案件的定性有了清楚的认识，同时也使得教师收集到教学用第一手典型案例和理论研究素材。

4. 我院力行校局合作，目前，有温岭市公安局、萧山区公安局、桐乡市公安局、诸暨市公安局等公安局与我院建立了全面的、深层次的合作关系，合作双方在科技信息、科技平台共享、成果转化、人才培养等方面开展紧密、广泛的合作，最终实现双方在科研、技术、人才及教育资源等方面的优势互补和成果共享。公安实践中所出现的大量疑难问题，都需要上升到理论层次，通过理论的梳理来解决；对于法律实施的法律效果和社会效果到底如何，纸面上的法律是如何变为现实中的法律，对这些问题，我院法律系完全可以利用特色的警学研一体化进行详尽的调研，得出有建设性的结论。

5. 在学科建设上，警院法律系也已经取得了一些成果，有国家级公安行政法的规划教材，主编公安部关于民警培训的教材，团队成员已经支持了多个省部级课题，发表过若干篇一级期刊的论文，这些成果表明警院法律系团队具有跟强的事业心，具有研究热情和一定的研究能力。

二、通过特色学科的构建来服务执法规范化培训

正如上面分析的那样，我院法学学科在于省属重点建设大学法学院的比较中，存在着明显的差距，如果期望在经济法、诉讼法、民商法、国际法等领域与省属重点建设大学法学院进行竞争甚至超越，只会是一厢情愿。笔者认为，针对浙江的实际，我院法学学科应该在经济刑法学、警察法学、法律社会学等学科上发挥比较优势，构建特色学科。正如比较优势原理所指的那样，在经济刑法学、警察法学、法律社会学的构建上，我院法律系由于学历层次、学术水平和学术平台也不如省属重点建设大学法学院，但我院法律系构建这些学科的机会成本将会小很多。

1. 经济刑法学

经济刑法是关于经济犯罪及其刑事责任的法律规范的总称，可以说它是一门刑法、民商经济法的交叉学科，它主要包括刑法分则第三章关于“破坏社会主义市场经济秩序罪”的规定和刑法分则第一章关于“贪污贿赂罪”的规定。经济

刑法在我国发展有近二十年的历史，但经济刑法主要是刑法学者的学术领地，民商经济法涉入的不多。在部属综合性大学和政法院校中，经济刑法已有了扎实的学科积累；但在省属重点建设大学法学院中，经济刑法的研究则相形见绌。如前所述，警察学院法学学科单纯地在民法或刑法领域超越省属重点建设大学法学院不太现实，但是警察学院应力争在交叉学科经济刑法中取得优势。警察学院法律系的刑法团队或者民商经济法团队都以具备一定的规模，完全可以将他们整合，融合刑法、犯罪学、经济法学、民法学等学科，形成经济刑法团队。而且，鉴于警察学院法律系和公安机关存在着的紧密联系，一方面，警察学院法律系完全可以吸收公安机关的人员加入到经济刑法团队，充实团队实；另一方面，警察学院应该充分利用公安实践产生的典型案例和疑难案例，这些案例将会大大促进经济刑法的理论和实践的沟通，提升经济刑法的研究水平和总体实力。特别是对于浙江省而言，市场经济的发达程度在全国居于前列，民营经济在国民经济中占了很大的比重。在实践中，经济犯罪不断出现，一些类型的经济犯罪与当地的经济结构、经济发展水平和市场完善程度有很大关系，这些犯罪为理论研究提供了很好的素材，而警院的师资团队相比其他学校来讲，能更容易地接触到这种素材，这些素材为学科建设提供了新鲜的血液。

2. 警察法学

公安机关作为执法机关和刑事司法机关，行政法学和刑事法学是不可或缺的背景知识。警察学院开设行政法学、刑法学和刑事诉讼法课程已有很长的历史，积累了丰富的教学经验，并且形成了密切结合公安实践的教学特色。如就刑事法学而言，警察学院在程序法中侧重于审前阶段和执行阶段的知识，这种思路与公安机关担负着侦查的职能和部分刑罚执行职能有着重要的关系；在行政法学的教学中，也大都采用公安实践的案例，使抽象的理论显得生动和有亲和力。

行政法学在警察学院被冠以“警察行政法”，但是警察行政法仅仅是行政法的简单翻版，换汤不换药。无论在研究体例与结构上，还是研究内容上基本上与行政法学雷同，只是将“行政机关”更改为“公安机关”，或者在“行政强制”、“行政复议”等具体制度之前增加“公安”两字，称为“公安行政强制”“公安行政复议”。这只是一种学术的重复劳动，并没有真正从就行政法学的学科划分的意义上来对待警察行政法。就行政法学的学科划分而言，在大陆法系国家有行政法总论和部门行政法，德、日等国家对部门行政法研究已有了深入的研究，行政法总论主要研究各个行政领域的共性问题，而部门行政法主要研究具体行政领域的个性问题，如工商、税务等。随着社会的发展，具体行政领域内日益呈现出技术化和专业化的趋势，甚至出现一定规模的法律规范集合，如警察行政领域就有治安管理处罚法、道路交通安全法、出境入境管理法、消防法等，特殊性日益突出，部门行政法的研究就显得非常重要。但在我国，部门行政法的研究虽然被许多学者所重视，但研究依然不深入，这是因为部门行政法不仅需要行政法的知识，而且还需要部门行政管理的背景知识特别，需要掌握具体行政领域的案例、数据等材料，这对学者来讲，可能构成一个障碍，这表明我国部门行政法会有很大的发展空间。

警察行政法和行政法总论之间是具体和抽象、特殊和一般的关系，但这种关系不是僵化的，而是流变的，行政法总论为警察行政法的运作提供了基本原理、基本架构。警察行政法对实践的变化与需求感觉最为敏锐，从实践中提炼出来的实证性研究成果，会为行政法学总论的存在方式进行检查、反思和重构提供难得的契机。① 而且警察行政法并不故步自封，囿于行政法的领地，它呈现出多学科整合和融合的趋势，如交通肇事问题，其中事故认定以及对机动车管理等涉及行政法问题，如果构成交通肇事罪，则变为刑法问题，而有关赔偿问题又属于民法调整的范围。

笔者认为，警察机关在行使警察权力的过程中发生的警察关系跟刑法、行政法等部门法所调整的社会关系有着很大的区别，警察关系的内容以警察强制权为后盾，警察机关可以依法采取强制执行和强制措施，同时，警察关系具有综合性，涉及警察组织、行政和刑事等多重领域②，完全有可能形成一个独立的警察法部门法。

作为部门法意义上的警察法，它的体例结构应包括：概述（警察任务、目的，警察权、基本原则等）、警务改革与规制手段的多样化、警察组织法、治安秩序与处罚、警察强制、违法行为矫治、警察许可与公安机关行政审批制度改革、公安机关办理行政案件程序、警察刑事法③、公安法制监督、对警察滥用权力的控告与救济制度、对特定领域的警察法问题（包括交通法、安防法、信息安全法、户籍法、出入境法、特行管理法、危险物品规制法等）④。

---

① 宋华琳、邵蓉：《部门行政法研究初探》，载《浙江政法干部管理学院学报》2000 年第 2 期。

② 孟昭阳：《警察法的界定及地位》，载《中国人民公安大学学报》（社会科学版）2007 年第 5 期。

③ 警察刑事法包括：行使侦查权的法律规范；羁押、看守的法律规范；执行部分刑法的法律规范。

④ 参见余凌云：《部门行政法的发展与建构》，载《法学家》2006 年第 5 期。

如前所述，警察学院在刑法学、行政法学上与省属重点大学竞争是不可能的，警察学院应该充分认识公安机关的双重属性，在警察法学上做出特色。警察学院的警察法学需要有明确的“问题”意识。应该看到，虽然法律规范赋予公安机关种种的职权，但同时也为公安机关行政权力设定了严格的程序来规范权力的运作和维护行政相对人的利益的。对警察权力巨大的我国而言，公安机关如何依照法律规定的程序行使职权，行政相对人在人身和财产受到侵害时如何寻求救济，公安机关自由裁量权的行使界限，行政处罚的种类和幅度如何确定，公安机关与其他行政机关联合执法的理由何在，这些问题在实践中常常受到质疑，源于实践的问题应该要反映到理论研究中去，通过理论的研究后反馈到实践，这种“问题”主义的研究思路本身就是我国包括行政法学研究在内的法学研究所缺乏的，或者即使论者具备“问题”意识，但往往没有经过深入的研究和论证就匆忙提出对策，这种研究方法是不利于学科的发展的。警察学院法律系应特别注重这些问题的理论价值，问题的存在为警察学院警察法学的构建和发展提供了丰富的土壤。

3. 法律社会学

如上所言，省属重点建设大学法学院的法学理论学科的基础较弱，这与法学理论这一学科的特性有关。法学理论学科由于地位的基础性、学术流派的多样性、知识体系的复杂性和理论基础的广博性，需要该学科研究人员具有深厚的法学、哲学、社会学和政治学功底，甚至还要求研究者具备较强的思辨能力。特别是法学理论呈现出法律经济学、法律社会学、法律与文学等分支学科，对跨学科的知识要求很高，我院企图在法学理论二级学科上取得很大优势是不现实的，但是我院在法律社会学这一法学理论的分支学科上可以做出特色，取得优势。

法律社会学是对法律现象形成和运动的机制与规律以及法律体系的功能进行客观研究的社会科学，法律社会学的具体研究对象大致有法律规范、法律功能、法律运行、法律职业、法律文化等。笔者认为，法律社会学摆脱了法条主义的研究方式，把法律放回到其得以发生作用的社会生活来研究，使得社会本身的重要意义得以彰显。法律社会学于20世纪80年代在我国兴起，它的兴起与我国实行改革开放，社会发生巨大的变迁有着密切的联系。警察学院法律系也已法理学课程，但是开设此课程的直接目的是为刑法、刑诉法、行政法等课程作铺垫，自主性较弱。笔者认为，我院法律系完全可以发挥后发优势，集中资源发展法律社会学学科。党的政策、国家的刑事政策在公安实践如何落实，作为法律职业之一的警察具备什么样的特点、在司法实践中与检察院法院是如何互动的、国家制定法为什么会与基层实践相脱节、公安执法考核是否会导致逆向激励等等现实问题，都是警察学院法律社会学学科可以大施拳脚的领域，实践的丰富性是法律社会学学科发展源源不竭的动力。

三、我院法学特色学科有助于深化与公安机关的合作

特色学科的形成的意义在于能够充分挖掘本行业实践资源，使理论能够真正用于联系实际。特色学科的形成有助于促进团队成员集中精力、明确各自研究方向，能与团队成员相互合作，形成一个整体。经济刑法学、警察法学和法律社会学这三个特色学科，都是紧扣公安实践的，必将为深化与公安机关产生积极影响。作为行业性学校，与公安机关的合作是学校发展所必不可少的，但是合作的途径、合作的载体会有多种多样。

双方的互动体现在以下几个方面：

1. 学院有针对性地对在职民警进行培训，提高他们的法律素养、办案水平和解决疑难问题的能力。不可否认的是，部分民警的专业知识并不扎实，注重表面的应用性知识，而对基础理论、基本原则理解不深，使得办案过于机械化，对法律的理解过于肤浅，作为警院特色学科团队，有能力对民警们进行培训，提高他们的专业知识。对于执法工作而言，熟悉办案程序和法律依据当然是必不可少的，但是执法理念、对法律原则和精神的理解对于正确执法、防止冤假错案也是必不可少的，这些原则和精神成为执法规范化的培训的重要组成部分，警院法律系也应研发出这些培训专题。

2. 学院将合作单位作为教师锻炼基地。对警察学院来讲，专业教师缺乏实践经验是一个不争的事实，实践素材的不足也成为专业教师进行研究的一个不足，校局合作单位如果能定期的为专业教师提供一个锻炼机会，并且形成制度化，使得专业教师定期地去锻炼，比如每三年去校局合作单位锻炼半年，这有利于专业教师更好的理论和实践相结合，也为校局合作单位定期输送智力。警院老师参与到公安机关执法实践中，既可以向民警学习执法办案的经验，也可以在实践中用自己的理论思维来思考实践中的问题，形成调研报告或课题，既为公安实践服务，也有利于自身的科研提升。

3. 双方围绕经济犯罪、警察执法、法律运行的社会效果等领域的热点、难

点问题，在相关科研课题上进行合作，进行联合申报课题，甚至可以合作申请国家级精品课程。在当前，我校已经跟校局合作单位建立了联合攻关课题的制度，公安局将执法实践中产生的疑难问题作为课题与我院进行联合攻关，已经取得一定成绩。特色学科的许多理论与研究方向对应于公安执法实践，应该而且能够参与到这些课题的联合开发中，这种形式使得警院能够真正参与到融入公安实践中，深化与公安机关的合作，而且也使得警员在公安机关的影响力提升。

四、我校特色法学学科和执法规范化培训

执法规范化是我国公安建设的一大重要组成部分，对于提高办案质量、促进公平正义和和谐警民关系中发挥着重要作用，当前执法规范化建设正在我国富有成效的展开，且已经取得了丰硕的成果。在理论上也形成了一些成果，执法规范化的积极开展，对民警进行执法规范化方面的培训是必不可少的。执法规范化培训在不同的警钟中都在进行，不同的警钟也都开发出一定的培训课程。这些课程既有关于执法主体业务能力的培训，也有注重法律精神和法律原则的培训。

在民警的执法规范化培训中，培训的资源部分来自于实务部门，也有来自于其他部门的专家，没有发挥本校特色学科的优势。虽然作为应用型学校的法律系，其学术研究能力，学科建设是无法与其他地方高校相比的，但是也应该有所为。如前所述，警校也可以集中各种力量在上述几个学科领域进行建设，在建设中注重形成团队，注重团队成员的研究方向的凝练，并在学科中开出发一些具有现实意义的，又可以进行理论提升的专题，将依法治国的理念和十八届四中全会精神融入专题中，形成具有警院特色的执法规范化培训专题。

不可否认，警院由于应用型与行业性的办学的特点，在高层次法学研究人才的引进方面会存在不足，法学学科的研究能力与省内其他高校相比存在差距，而且没有形成自己的特色性的学科，省内其他法学院都在某些学科上具有相对优势，如浙江农林大学的环境法学科，浙江工业大学的刑法学科、浙江工商大学的诉讼法学科、民商法学科。

执法规范化培训邀请实务部门的同志主讲，具有一定的积极作用，这些实务部门的同志或者由于所处岗位的特殊性，或者由于具有一定的理论性，但是执法规范化培训，不仅要注重操作层面，而且要进行理念的引导，具有一定的研究能力、理论水平的主讲人员也必不可少。

优势学科的专题培训，并不仅仅是主讲一两次课程，而且是在该学科领域能开展相互关联的多角度的培训项目，从多个方面来讲执法规范化，这样比较容易形成对于执法规范化的全方位的认识。

可以预见，以优势学科为背景的民警培训会有以下几个方面的优势：一是优势学科会形成学科团队，团队中成员各自有自己的研究方向，而且是主攻某一方向，会对该领域形成深入地理解，主讲该专题时也会得心应手，而且由于团队的存在，针对某一培训的项目，团队成员可以从多个角度进行深入分析，能使民警进行多方面全方位的学习和思考，因而有利于民警执法理念和思维的提升。二是优势学科中，学科的存在必然会有一些平台，如论坛、研讨会专题调研、在线答疑等，这些平台对于吸收来自于理论界和实务界的观点和素材势必是不可少的，特别是利用这些平台可以邀请地方院校科研院所的专家进行“传经送宝”，使民警加深对执法规范化的认识。三是执法规范化的培训不能停留在授课和听课的层次，而且应该充分发挥受训民警在其中的作用，应吸收民警参与到培训专题的设计和开发中来，形成真正面向实践的专题，使培训专题的设计更加有针对性，更有实践指导意义，而不是纸上谈兵。四是这种以服务实践为导向的优势学科有利于使理论真正用于实际，形成能够针对性的智库建设，提升法律系团队和警院在浙江公安和公安系统的地位，在法治浙江建设中发挥更大的作用。

五、结语

我院法学学科薄弱和被边缘化是一个不争的事实，在与省属重点大学法学院的比较中，处于劣势，在学科建设上存在不足，这些不足弱化了其服务于公安实践的能力，在执法规范中没能发挥更好的作用，但是我院法学学科完全可以发挥比较优势，充分利用校局合作这个平台，在经济刑法、警察法、法律社会学等学科上做出一定的成绩，形成特色，在执法规范化建设中发挥更大的作用；同时利用特色优势学科反哺公安实践，提升公安实践的学术含量和办案水平。

以警察权为核心的公安教育理念论纲

彭剑鸣　郝一民[①]

一、公安教育理念的研究回顾

（一）研究现状

1. 公安教育的训练模式

“关于人的科学是其他科学的唯一牢固的基础，而我们对这个科学本身所能给予的唯一牢固的基础，又必须建立在经验和观察之上。”[②] 对于公安教育的理念发掘应当以公安教育的现有训练模式作为考察的起点，训练模式是教育理念的外化形态。

以《政法院校招录培养体制改革试点工作实施方案（政法〔2008〕28 号）》（以下简称《方案》）作为界分的标准，我国公安教育的训练模式可以大致分《方案》发布之前、《方案》发布之后至 2010 年全国公安训练会议（以下简称“2010 训练会议”）召开之前、以及“2010 训练会议”之后三个阶段。

《方案》发布之前，我国的公安院校基本上按照普通高等院校的教学模式建构，公安教育的训练模式主要以学历教育为主，兼及在职民警的培训。前者主要培养公安机关自然减员的生力军，后者则是继续教育。在实际运行中，该训练模式因学历教育的学生面临就业的政策障碍且学生不能满足立即上岗的需求而招致实践部门的抱怨；在职培训则因教师与实践活动的隔离显得隔靴搔痒而受到质疑。由此而引发了对公安教育训练模式的反思，求变成为当时的迫切需求。

---

① 彭剑鸣，男，汉族，重庆璧山人，生于贵州铜仁，贵州警官职业学院法学教授，法学博士，主要研究方向：刑事法学；郝一民，男，汉族，贵州警官职业学院副院长，法学教授。主要研究方向：教育学、逻辑学。

② ［英］休谟：《人性论》（上册），关文运译，郑之骧校，商务印书馆 1980 年版，第 8 页。

立基于对传统公安教育的反思，《方案》得以出台，此后即有学者提出应当借鉴美国、法国等国家的突出实用性、针对性和实践性警察训练模式将警察教育定位为职业教育，在课程设置上大量增加实践课的设置实现学生实践能力及操作应用技能的培养①。由此拉开了警察教育由学历教育转向职业培训教育的大幕。随后，公安教育围绕训练模式的转变隐含了公安教育培养应用型人才的职业化教育理念，由于对“职业化”的内涵和外延认识上的差异，随之而来的学科建设、专业建设、课程建设、教学方法建设得以广泛研究，公安教育研究步入了百家争鸣的快速发展时期。

“2010 训练会议”之后，公安部提出了学历教育和在职培训并重的公安教育训练模式。有的学者提出，我国的公安教育应当是双元职业教育、终身教育、研究与教学相结合的一种教育②。同时，有的学者对《方案》确定的教、学、练、战四要素的一体化教学方法的普适性发出质疑③，论者隐含了应当保留公安教育中普通教育的命题。

2. 公安教育的教育理念

《方案》发布之前，我国的公安院校基本上按照普通高等院校的教学模式建构，由该时期公安教育的训练模式可以归结出，公安教育的理念是以普通高等教育为基础而参酌公安教育的实用性要求建构的，培养的是具有较高文化素质和较强警务技能的复合型人才。在中国社会剧烈演变的背景下，虑及传统模式下公安教育培养的学生发展后劲不足且难于满足剧烈变动时期中国社会要求的局限，笔者曾经提出“法学教育为本、警务技能教育为用”的公安教育理念④，但并未引起充分重视。

《方案》以及后期的公安教育训练模式反映出公安教育的理念已经从普通教育转变为强调公安教育是一种技能型教育，而且认为公安工作的技能型教育可以通过学历后的继续教育在较短时期完成。此时的公安教育理念可以归结为“纯粹职业化”的教育理念。

“2010 训练会议”之后的训练模式是对《方案》实施之后的公安教育训练模式的反思，一定程度上正视了警察队伍的教育并不能通过单纯的学历后职业教育

① 张维娟：《由国外的警察培训看我国的公安教育训练模式》，载《公安教育》2008 年第 5 期。

② 李锦奇：《基于教育理念视角审视新形势下我国公安教育改革》，载《公安教育》2011 年第 7 期。

③ 罗振峰：《“教、学、练、战”一体化人才培养模式的普适性分析》，载《公安教育》2011 年第 12 期。

④ 彭剑鸣：《公安法学教育理念的重构》，载《公安教育》2003 年第 5 期。

实现技能化的现实，是深化理解公安机关技能型人才培养后对公安教育理念的厘清。

（二）评析

我国公安教育的基本理念经历了对普通公安教育的否定而对继续教育的肯定、对普通公安教育和公安职业教育二元并重的认识过程。公安教育理念的研究呈现出以下特点：

1. 2008年公安教育理念的转变缺乏深刻理论基础。《方案》既有解决公安机关队伍人员整体素质不高的初衷，也有化解公安院校招录的学生数量太多而因《公务员法》实施无法全部安置压力的意图，还有解决退伍军人安置压力的原因，加之学者论证域外的警察培训侧重于实用性技能的经验为公安教育的转型提供了经验上的佐证，诸多阵痛交织下出台了《方案》。但是，已经有学者指出“警察的学历教育在英美等国家已经长期存在。20世纪40年代起，美国各大学纷纷设立警政系或治安系。目前在美国，已有近700多所大学开设了执法、司法和警察专业方向的课程，并授予警政学、犯罪学的学士学位和硕士学位，形成了比较成熟的警察学历教育模式和警察学历教育。而在英国，警察学历相近专业的学位取得渠道为普通综合性大学的相关专业及警察学研究所。”① 或许2008年公安教育理念的转变验证了“公共物品的供求决策则是通过政治制度而非市场制度实现的，并且不存在可以轻松进行公共物品供求分析的竞争性秩序的对应物。”② 这一论断。

2. 目前对公安教育理念的研究尚未触及公安教育的核心。既往针对公安教育提出的各种理念均立足于解决公安教育存在的各种问题以弥补公安教育存在的短板，目的在于满足公安机关在社会转型时期进行社会管理所遭遇的各种挑战。这些挑战伴随中国社会的转型来势汹涌，而在传统公安教育模式下训练的队伍却应对乏术，本应居于管理者和司法者地位的公安机关在社会管理中常常遭致利益冲突各方的一致诟病，处于“风口浪尖”的公安机关急需寻找出路，于是“柔性执法”“人性化执法”“服务性执法”纷至沓来，于此对公安教育提出的要求就顺理成章，为了提供各种应对性措施而使公安教育理念偏离了公安教育培养“警

---

① 栾兴良：《浅谈普通高校公安办学的走向》，载《职业教育》2008年第6期。

② ［美］詹姆斯·M·布坎南：《公共物品的需求与供给》，马珺译，上海人民出版社2009年版，第5页。

察”管理社会的本质特征。

3. 目前的公安教育理念具有应急性。“立法与理论最终应当服务于实际需要”①，在社会演变的背景下，公安教育的理念在探索中作出相应的演变是正常的，但是从2008年前后至2010年，关于公安教育的理念历经了回环式的改变，足以证明目前的公安教育理念并不稳定。

二、我国公安教育的核心理念是以警察权为核心的理念

（一）职业化公安教育理念的检视

1. 公安教育职业化的理念或许符合社会应急状态下的短期需求，却未全面、深刻地对公安工作进行研究。因其虽一定程度上满足了社会矛盾剧烈冲突时期公众的部分需求，但却弱化了“警察权”核心价值。

2. 公安教育职业化的现实表明该理念与社会现实并不吻合。就中央招录体制下在转业军人中招录的警察而言，其组织纪律性固然是一流的，但是，其文化素质却相对较低，除了对警体技能的掌握相对较高外，不仅不能对基本理论深刻掌握，而且掌握其他警务技能也存在较大的困难，对这些专有的警务技能的运用就更是与公安司法的要求相去甚远。就公安专业第二学位的学员而言，由于其在第一学位的学习中已经对自己的思维方法相对固化，不仅在培养警察思维方面困难重重，而且相当一部分人选择攻读警察专业的第二学位，或许不是基于对警察职业的认同而是基于就业形势严峻作出的不得已选择，对其警察意识的培养也路漫漫其修远。对于招收普通高校学员并通过岗前培训上岗的警察而言，三个月至六个月的培训除在警容风纪和警务技能的培训方面有些成效之外，对于从警需要的警务知识、法律基础知识、警察专用方法和技能均只能蜻蜓点水式的传授，其结果乏善可陈就是可以预知的，更遑论对于较为复杂事件的处理。公安教育职业化理念指导下的公安教育实际上并不能满足中国社会转型时期社会管理的需要，有的公安机关的指挥员已经开始怀念过去的警察培养模式。

3. 警察的内心冲突导致警察身心俱疲。以应用型警察为培养目标的公安教育职业化理念引导下的公安教育，培养的警察在并不全面具备从事社会管理所需

① 储槐植：《美国刑法》（第三版），北京大学出版社2005年版，第56页。

要的知识和技能的背景下需要处理各种棘手的冲突，相当一部分事件都只能进行应急性控制而不能从根本上解决问题，以至于在处理相当一部分冲突需要反复处警却对问题的解决无能为力，甚至警察都感觉到自己的无奈和无助。以技能为核心理念引领下培训的警察面对冲突时的束手无策，不仅使传统公安教育模式培养的警察不得不长期超负荷运转，而且这些警察自身也因实际管理需求和自身管理知识贮备之间的差距而身心俱疲。

4. 以应用型技能培养的教育模式缺乏学徒式从业的职业环境。培养应用型、技能型人才所需要的社会宏观环境具有学徒式的从业环境，而我国国民具有自己的独特性格，“中国人的精神，我想告诉你们，是一种精神的状态，一种灵魂的性情，你们不能像学会速记或者世界语一样学会它，简而言之，它是一种心态，或者用诗人的语言说，是一种平静而受到庇佑的心态。”① 对于具有高度精神追求的国民而言，学徒式的技师培养方式并不具有思想自由驰骋的语境，而“没有一个国家像中国那样，知识阶层才是思想和行动上的领导者。”② 的论断从反面揭示了公安教育职业化教育理念运行困难的真谛。

（二）公安教育理念的再认识

公安教育在实践中的不断摇摆源于对公安工作需求的理解与满足，每项事物均有其本质特征，该特征并不会随社会生活条件的改变而发生根本性的变化，就正如动物和植物存在根本的分野一样。如果一个事物的本质特征不断发生认识上的变化，只能说明我们的认识还未尽准确。“真正的科学理论不是呆滞的‘冥思苦索’的结果，也不是把一些假设中所包含的逻辑含义加以敷衍的结果，而是从事实（fact）出发又不断回到事实中的观察、推理和验证的产物。”③ 只有将公安教育纳入主要为公安工作服务的系统内才能准确厘定其核心理念，否则，就极易产生歧义且会因社会条件的演变而游移不定，也极易在五光十色的世界面前迷失方向或者仅作出具有应急性的选择。

---

① 辜鸿铭：《中国人的精神》，李晨曦译，上海三联书店2010年版，第45页。

② ［美］雅瑟·亨·史密斯：《中国人的性格》，李明良译，陕西师范大学出版社2010年版，第28页。

③ ［美］T·帕森斯：《社会行动的结构》序言，张明德、夏遇南、彭刚译，译林出版社2003年版，序言第2页。

（一）警察权是公安教育的核心内容

公安教育的立足根本是服务于公安工作，故其出发点与归属皆系于公安工作，而公安工作的核心内容即是在社会管理活动中对警察权的行使，合法而准确地行使警察权则其活动能够得到社会的首肯，反之则可能遭到诟病。反观各种有关警察活动受到否定性评价的事例，或者是在警察权的行使过程中存在违反法律规范或者理解法律规范偏差的根本问题，或者是没有准确理解警察权，或者是警务技能运用不当。在严格依法行使职权而采取警务技能恰当的场合，警察的活动就是社会管理中的正当而有益的行为。因此，公安教育应当建立在围绕警察权的正当行使和有效行使的基础之上，公安学的学科建设、专业建设、课程建设和教学手段建设都应当围绕如何准确、正当、有效行使警察权这一核心培养人才。

（二）对于警察权的准确认识是厘清公安教育内涵和外延的基础

我国关于警察权的规范遍布在包括刑事诉讼法、行政法律规范的诸多规范之中，从我国警察行使的职权可以归纳为行政管理权、行政处罚权、刑事侦查权、刑事案件终结诉讼的权利（典型的表现形式即是撤销案件）、刑事案件追诉权（典型的表现形式即是预审权和移送审查起诉的权力和义务）。

“在书面文章中，语言的组织和搭配并非仅仅按照一条简单的线索进行，而是要符合一个国家集体生活的实际情况。”① 透过我国警察权书面规定的现象，比较我国的警察权和域外的警察权，就可以清楚地看到，我国的警察权比西方代表国家（例如美国、英国、法国、德国等）的警察权的内容要丰富得多，甚至包括了在国外由审判机关行使的权利。从实践的角度出发，我国的警察权还体现为国外治安法官行使的权力（最为典型的表现形式即是对于治安纠纷的调解和处理）。因此，对于行使警察权的警察的教育，应当立足于我国关于警察权的立法和其在实践中的本质内涵，而不是机械移植国外关于警察培训的机制。

---

① Raymond Saleilles, “Y a – t – il vraiment une crise de la science politique?”, Revue politique et parlementaire, XXXVI (1903), 118 ~ 119.

三、以警察权为核心的公安教育理念的内涵与外延

“角色是对典型期待的典型回应。”① 以培训行使警察权人才队伍为核心任务的公安教育应当回应警察权对教育的需求。

（一）内涵

公安教育的核心内容是培训能够熟练而精深地行使警察权的人才队伍，公安人才应当具备的核心价值是：

1. 能够作为治安法官行使职权，从而熟练处理治安纠纷。正如希腊哲学家普罗泰戈拉所述：“人是万物的尺度，是存在的事物存在的尺度，也是不存在的事物不存在的尺度。”② 对于民众而言，总是将警察机构作为治安纠纷的处理机构并且似乎自发地形成了一整套纠纷处理机制；而且，警察机构也在长期的实践中总结了一整套通过行使治安法官的职能保障社会秩序的管理规则。

2. 能够进行社会事务的行政管理，从而避免社会秩序的失控。长期以来，对于重要的社会管理的基本信息和重要物品都是由公安机关进行管理，同时对于公共安全秩序的防控也由公安机关负责。因此，公安人才应当是一个优秀的管理工作者，除了能够处理日常管理事务之外，还需要处理冲突较为剧烈的管理事务。

3. 能够从事刑事案件的侦查及预审，从而准确处理各种侵害权利的行为。这是公安机关之于公众映像深刻的表现。一般而言，“关于警察，其在刑法中真正的独立自主性只能在专制国家或极权国家模式中才能体现出来。在自由社会国家模式中，警察只是刑法制度的助手。”③ 或许教育管理者正是基于这一理解选择了弱化公安教育，但是，我国的刑事警察行使的职权中和实际从事的行为包含了对案件的实体处理权力，因此，培养的警察应当是具有“法官水平”的“警察”。目前的错案追究责任制实际上也是对警察提出了具备“法官水平”的要

---

① ［美］彼得·伯格（Peter Ludwig Berger）：《与社会学同游》，何道宽译，北京大学出版社2008年版，第104页。

② ［德］策勒尔：《古希腊哲学史纲》，翁绍军译，山东人民出版社1992年版，第87页。

③ ［法］米海依尔·戴尔玛斯－马蒂：《刑事政策的主要体系》，卢建平译，法律出版社2000年版，第66～67页。

求，这一事例反证了我国的警察较之域外具有特殊性。

4. 具有政治远见与卓识，具备把握和引领社会演变趋势的能力。首先，警察必须通过深刻细致的理解社会、理解中国人，才可能洞察社会管理的现在，因为“只是听中国人的说话，根本就无法理解他所说的意思。”① 由此而决定了其应当具有卓越的观察能力、敏锐的分析能力、精湛的沟通能力。其次，警察在中国社会中具有重要的作用，对于警察队伍的管理和引领实际上具有微观上内部管理和宏观上社会引领的标示性作用，因此，警察必须是社会的精英而非临时培养即可“冲锋陷阵”的应急性队伍。

（二）外延

1. 人才培养目标。“社会理论始于——并且拥有一种对象，只是因为——这样一种发现，即人类社会存在着种种有序的结构，但他们是许多人的行动的产物，而不是人之设计的结果。”② 实然中警察队伍饱受的诟病已经从反向证明，简单地确定警察是一种应用型的人才或许是需要商榷的。反观现实，在应然的角度上警察队伍是社会管理和司法的复合型人才。管理中国社会的任务是非常艰巨的，因为一切管理都是和人打交道的过程，而中国人具有“顺而不从的特性”。③ 因此，要求在社会管理中具有重要作用的警察队伍的能力应当具有一定的“超群”的属性，既要能够处理日常事务，又要具有崇高的精神境界。

2. 人才培养方式。警察的培养应当是二元的，其中主要的培训方式应当是全日制的精英教育，如此方能使学员具有精深的理论和精湛的实践操作能力，才可能为其深刻理解社会提供广泛的空间和足够的时间。对于国民教育的质疑或许是警察培养方式改变的深刻原因之一，或许我们可以通过教育方式的改良逐渐修正我们的局限而不是因噎废食地选择短期培训，因为短期培训已经被证明了并非提高警察队伍素质的良药。短期培训是人才培养辅助方式，其主要任务是通过继续教育的方式实现学习的终身学习机制，以及为处理新问题准备各种条件。

3. 学科建设。通过对公安教育理念的确定，为公安学这一涵盖了行政管理、行政执法、刑事司法的学科确立其应然的地位和发展方向奠定基础。

---

① ［美］雅瑟·亨·史密斯：《中国人的性格》，李明良译，陕西师范大学出版社2010年版，第28页。

② ［英］弗里德利希·冯·哈耶克：《法律、立法与自由》（第一卷），邓正来等译，中国大百科全书出版社2000年版，第56页。

③ ［美］雅瑟·亨·史密斯：《中国人的性格》，李明良译，陕西师范大学出版社2010年版，第28页。

4. 专业建设。对于目前的公安教育，在专业设置上应当以复合型人才培养目标为指导而设置宽口径厚基础的各种公安学科专业，而不是越来越精细化的各种专业，为此方能适应社会对警察队伍的要求，也可以避免警察在专业技术上和社会的同质化倾向。

5. 课程设置。除了专门的刑事技术专业以外，公安教育的课程设置应当以广泛而深厚的社会科学为主，以自然科学的通识性教育为辅，使警察院校的学生成为一种深刻理解社会并具有广泛知识的社会精英。

四、建立以警察权为核心的公安教育理念的价值

（一）有利于确定警察权在社会管理中的准确地位

自从新中国成立以来，警察权的行使在社会管理和秩序建构中发挥了重要作用，在中国逐步走向现代社会的过程中，参照域外既有的司法制度，对警察权逐步进行规范和改造，以避免警察权的滥用，是改造中国传统社会并将中国带入未来社会的重要举措。但是，中国社会中的警察权在规范意义上和实证意义上的实然状态至少还未发生质变。“在实践中，法律习惯的重要性甚至比那些最关注其影响的人所宣称的还要大。实际上，司法过程的典型体貌不是程序法赋予的，而是那些实施它的人的心灵习惯赋予的。成文法只是框架；它的形貌，连同色调和明暗度，是由习惯和常例（usages）构成的。”① 在维持中国社会基本秩序的价值取向没有改变的背景下，培养符合社会需要的警察队伍的举措有利于回应警察权在现代中国社会的准确定位。

（二）有利于确定公安教育的发展方向

近年来公安教育在未来演变方向上的取向一直处于摇摆状态，公安教育虽有发展却滞后于国家教育发展的整体状态，蓦然回首之时发现公安教育在故步自封中失去了为社会管理培养大量人才的良机，尤为令人遗憾的是错失诸多良机而使公安教育被误认为一种部门性的教育，从而失去了发展为在社会转型时期作出重大贡献的全日制精英教育的机会。以警察权为核心的公安教育理念的确定，明确

---

① ［意］皮罗·克拉玛德雷：《程序与民主》，翟小波、刘刚译，高等教育出版社2005年版，第9页。

了公安教育核心内涵引领下服务于整个社会的基本发展方向，为其全方位发展提供了理论依据。

（三）有利于公安学的学科建设

在确定以警察权为核心的公安教育理念之后，为公安学的学科建构全面展开提供了空间。“当人们一旦做到了把某个知识领域归结为一个有自身调整性质的结构时，人们就会感到已经掌握这个体系内在的发动机了。”① 目前对于公安学的学科建设尚处于讨论阶段，只有将公安学纳入以警察权为核心的视角思量，才可能准确界分公安学与其他学科的关系，才可能对自己的学科建设、专业建设、课程建设、师资队伍建设指明方向。

① ［瑞士］皮亚杰：《结构主义》，倪连生、王琳译，商务印书馆1984年版，第10页。

第四部分　法治公安研究

安全文化视野下警察人身安全保障探究

李光懿　李　强[①]

随着我国经济的快速发展，各种形式的违法犯罪也不断增多，公安民警预防和打击犯罪的任务更加繁重和艰巨。与此同时，各种违法犯罪形式不断变化和升级，公安民警的伤亡率也在逐年升高。根据公安部最新数据表明，2013年，公安民警因公伤亡4675人，其中因公牺牲449人，因公负伤4226人。这些数据使我们清醒地认识到，公安民警在工作中较高的伤亡不仅来自自身职业的高危险性，还来自公安机关和公安教育缺乏警察安全文化。在公安民警工作时人身伤害居高的态势下，公安机关应采取积极有效的措施，构建警察安全文化，使之有效地减少公安民警在工作中的人身伤害。

一、安全文化理论与警察人身安全

（一）安全文化理论

安全文化是随着人类历史的发展而发展起来的，它是人类生存与社会环境的主观和客观存在的。人类有意识地、积极地、主动地研究安全文化源于20世纪中期高危行为和高技术领域的核安全行业。

早在1986年4月25日发生在苏联切尔诺贝利的核事故在核能界引起了高度

① 李光懿，云南警官学院法学院，副院长，教授，主要从事警察法学、教学管理等研究；李强，云南警官学院法学院，教师，主要从事侦查学、毒品犯罪、刑事诉讼法学研究。

的重视，人们在分析事故根本原因的同时开始重新探讨安全管理思想和原则。20世纪80年代末兴起的“企业文化”这一管理思想在世界范围内得到广泛的应用。结合“企业文化”的管理思想，1986年INSAG（国际核安全咨询组）在切尔诺贝利核事故评审会的总结报告中第一次出现和采用“安全文化”这个术语。随后，INSAG在1991年出版的安全丛书75－INSAG－4提出了“安全文化”的概念：安全文化是存在于单位和个人中的各种特性和态度的总和，它建立一种超出一切之上的观念，即核电厂的安全问题由于它的重要性要保证得到应有的重视。①

企业安全文化的范畴可以从三个角度进行划分和描述，一是基于文化的企业安全文化形态体系；二是从企业安全文化建设的对象体系上论述；三是从企业安全文化建设的领域角度论述。从安全文化的形态来说，安全文化的范畴包涵安全观念文化、安全行为文化、安全制度文化、安全环境文化四个方面。

（二）警察人身安全

由于警察的职业危险性很大，人民警察在工作中的伤亡率居高不下，使得警察人身安全问题成为公安队伍建设的一个重要问题。而与此相关的警察安全文化研究在我国起步较晚，对其概念的界定也很少。一般认为，警察安全文化是指公安机关在长期警务工作实践中逐渐形成的或有意识塑造的，为全体民警所认同、接受并遵循的安全价值观、意识态度、知识及相关行为、物态、环境和制度等的综合。警察安全文化的目的是通过训练、教育、宣传、创造群体气氛等手段，不断提高警察安全文化素质，使民警从被动地服从职业安全管理制度，转变成自觉地按照 安全标准采取行动。②

安全文化对公安队伍建设，尤其是对警察的人身安全保障具有十分重要的作用。主要体现在以下几个方面：

第一，警察安全文化建设可以减少警察的职业伤亡，保障警察的生命安全。通过建设警察安全文化，把警察的人身安全危险性降到最低，保障他们在工作过程中的生命安全和健康。

第二，长期以来，警察工作时的安全措施不到位，安全管理制度不健全，使得警察队伍在工作时没有有效的安全措施和制度保证。

---

① 王凯全：《安全管理学》，化学工业出版社2011年版，第208页。

② 李婧、詹伟：《警察安全文化建设初探》，载《山东警察学院学报》2013年第5期。

第四，警察安全文化建设，可以在一定程度上保障警察及时、安全、有效地完成任务，提高工作效率。

第五，公安队伍建设需要和谐的氛围，而和谐的氛围需要倡导以人为本。所以，警察安全文化建设也是“和谐警营、以人为本”理念的重要体现。

二、安全文化理论视野下我国警察人身安全存在的问题

从安全文化的具体形态来看，安全文化的范畴有三个层面，即：安全文化的精神层面、安全文化的制度层面和安全文化的物质层面。具体又可分为安全观念文化、安全行为文化、安全制度文化和安全环境文化四方面。对警察人身安全而言，也可以分为警察安全观念文化、警察安全行为文化、警察安全制度文化和警察安全环境文化四个方面。具体表现为：

第一，警察安全观念文化主要指公安决策者和公安民警共同接受地安全理念、安全意识、安全价值标准。

第二，警察安全行为文化是在警察安全观念文化指导下，公安民警在工作过程中地安全行为准则、思维方式、行为模式的表现。

第三，警察安全制度文化是警察行为文化中的重要组成部分，警察安全制度文化指对公安队伍和公安民警的行为产生规范性、约束性影响和作用，它集中体现观念文化和物质文化对公安民警的要求。

第四，警察安全环境文化是警察安全文化的表层部分，它是形成警察安全观念文化和警察安全行为文化的条件。从警察安全环境文化中往往能体现出公安院校教育和公安队伍建设中的认识和态度，反映出公安队伍安全管理的理念和哲学，折射出警察安全行为文化的成效。

物质是文化的体现，又是文化发展的基础。从安全文化的范畴来看，我国公安民警存在着如下的安全问题：

（一）普遍缺乏安全观念文化

安全文化观念中，“观”是指观念，是认识的表现，思想的基础，行为的准则。它是方法和策略的基础，是活动艺术和技巧的灵魂。[①] 一般而言，公安民警

---

① 史有刚：《企业安全文化建设读本》，化学工业出版社2013年版，第19~20页。

进行公安工作，需要有正确的警察安全观念的指导，只有对自身的安全态度和观念有着正确的理解和认识，并有高明安全行动艺术和技巧，公安民警的安全工作才能落到实处。

但长期以来，公安院校教育和公安队伍建设中，往往倡导“勇于牺牲”的精神，使大多数公安民警在工作中，不顾自身安全，将肩上的使命和任务放在首位，忽视了自身的安全和健康。所以，在我国，无论是公安院校的教育和公安机关的队伍建设中，还是公安民警自身都存在缺乏安全观念文化。

（二）安全行为文化严重不足

通常，人们的安全价值观会反映在人的外在行为中，其发展过程是安全价值观成为社会公众的认可的安全价值愿望，引导人们的思维，制约人们的行为，逐步形成社会化的安全行为标准或原则，并演变成社会及人们公认的安全行为规范和安全价值准则。

公安民警在工作过程中，往往没有考虑到自己的行为是否能够保护自身的安全、人民群众的安全，以及国家财产安全和犯罪嫌疑人合法权益的安全。这使得公安民警在工作过程中，自身的安全行为文化严重不足。下图是根据公安部2012年“公安民警职业健康与安全保障体制研究”课题组对公安民警在工作过程中自身安全防护意识进行调查问卷统计结果得出的数据分析。

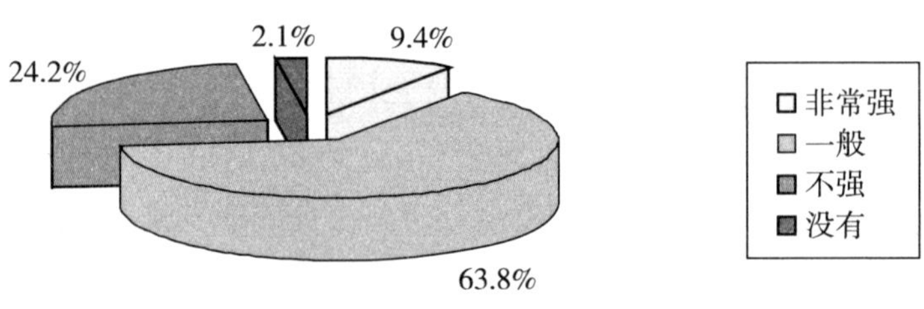

图一：公安民警自身安全防护意识示意图[①]

① 图表中数据来源于李婧、詹伟：《警察安全文化建设初探》，载《山东警察学院学报》2013年第5期。

从上图中我们不难看出，一半以上的公安民警在工作中自身防护意识一般，自身防护意识不强的公安民警人数不到四分之一，自身防护意识非常强的公安民警人数不到调查统计人数的十分之一。由此，我们不难看出我国公安民警自身的安全文化行为严重不足。

（三）安全制度文化不健全

随着公安民警意外伤亡人数逐年增加，公安部也积极出台各项措施，进而加强对公安民警人身安全的保护。《中华人民共和国警察法》第五条规定："人民警察依法执行职务，受法律保护。"第一次在法律上对人民警察依法执行职务加以保障，但是该条规定得太笼统，没有说明受到什么样的法律保护。

此外，公安部在2000年也发出了《关于采取有效措施防止和减少民警因公伤亡的通知》，进一步以条文的形式采取有效措施预防和减少公安民警的伤亡。但是，《中华人民共和国枪支管理法》第五条第一款规定："公安机关、国家安全机关、监狱、劳动教养机关的人民警察，人民法院的司法警察，人民检察院的司法警察和担负案件侦查任务的检察人员，海关的缉私人员，在依法履行职责时确有必要使用枪支的，可以配备公务用枪。"从该规定不难看出，关于警察佩枪问题，是根据警种和工作需要有选择、有比例的或者根据需要给公安民警佩枪。但是，公安民警处理暴恐案件时，往往没有配备枪支，可能会赤手空拳对付穷凶极恶的持枪歹徒，由于力量悬殊太大，往往会造成公安民警的伤亡。1996年1月修改颁布的《中华人民共和国人民警察使用警械和武器的条例》中对警察使用武器的条文较为含糊，没有规定不同警种的操作规范和流程。

由此可见，在安全制度文化方面，由于大量形式各异的法律法规的存在导致关于警察安全制度保障没有集中统一的立法例；也没有规范的操作流程和规范，这都使得公安民警在工作过程中自身安全得不到法律和制度的有效保证，并在使用武器方面，对于警察的人身安全的保护性规定缺乏可操作性。

（四）安全环境文化建设薄弱

安全环境文化需要公安机关积极进行引导和宣传，使之形成一个良好的安全文化环境，使公安民警自觉学习安全文化，将安全价值观念自觉运用到公安工作中去。

目前，公安机关对于在职公安民警的安全健康保障重视程度不高，这也从侧面反映出公安机关对公安民警没有积极性的引导和宣传安全文化知识。下图是根据公安部2012年“公安民警职业健康与安全保障体制研究”课题组的调查问卷统计结果得出的数据分析。

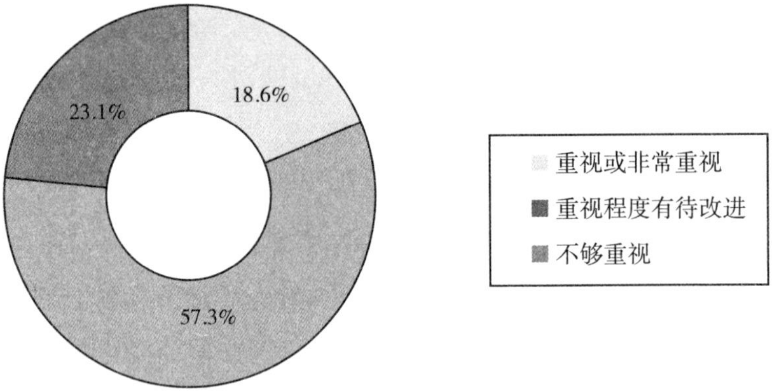

图二：公安机关对公安民警安全健康保障重视情况比例图①

从上图中我们得知，公安机关在很大程度上对公安民警的安全和健康保障重视程度不够，这就使得公安机关不能积极组织公安民警学习安全文化知识，不能在工作过程中把安全文化的实施、运用落到实处。

三、安全文化理论视野下我国警察人身安全保障构建的路径

构建公安民警人身安全保障的关键路径是在安全文化理论指导下，不断提升公安民警自身的安全观念文化，加强公安工作中的安全行为文化，完善和改进相关的警察安全制度文化，并营造出一个积极、向上的警察安全环境文化。主要表现在以下几个方面：

（一）重视生命的情感观，倡导以人为本警察安全观念文化

强化警察安全观念文化要重视公安民警的生命的情感观，倡导以人为本。因为，安全维系生命安全与健康，“生命只有一次”“健康是人生之本”，与之相反，危险是对公安民警生命和健康安全的毁灭，意味着生存、健康、幸福、事业的毁

① 图表中数据来源于李婧、詹伟：《警察安全文化建设初探》，载《山东警察学院学报》2013年第5期。

灭。因此，充分认识人的生命和健康的价值，强化“珍爱生命，以人为本”的观念，是公安队伍建设和公安院校教育应该建立的情感观。

对于公安民警来说，安全是其最基本的权利，也是其最基本的生存需要，以人为本的警察安全观念文化是建设警察安全文化的主旋律。对于公安院校教育和公安民警自身来说，构建警察安全观念文化，要改变过去那种“不怕牺牲”、“勇于牺牲”的陈旧观念，树立只有“保证自己安全，才能更好地保护人民安全”的新观念。使安全观念文化深入到每一位公安民警心中，将警察安全观念文化和警察安全价值统一起来。这是对公安院校教育和营造高素质公安队伍的要求，也是对公安民警人身安全的关怀和保障。

（二）强化安全防范意识，营造预防为主警察安全行为文化

警察安全文化建设的重中之重在于倡导预防为主的警察安全行为文化。俗话说：有备无患，防患未然。安全防范不是小事。公安民警发生一次安全事故，从健康到生命都是大事。安全防范工作，也许不能带来直接的经济效益，却是保障公安民警人身安全的重要后盾。公安队伍建设中不但要从思想上重视起来，更要积极主动地开展工作，防患于未然，把一切安全事故的隐患消灭在萌芽状态。

因此，公安队伍建设和公安院校教育中应积极倡导预防为主的安全行为文化，使得公安民警在平时的训练和执行任务过程中规范其行为，有意识地加强安全防范，使安全防范意识成为一种工作习惯。

（三）坚持安全制度优先，建立合理有效警察安全制度文化

把警察安全制度以法律的形式固定下来，是确立警察安全制度立法，完善警察安全制度文化的重要体现。世界各国都非常重视警察职业安全问题，英国早在1996年就制定并颁发了《警察健康与安全法》，从而大大减少了警察伤亡的人员，保障了警察的健康权和生命权。

对于我国而言，警察安全制度文化建设，必须坚持安全制度优先的政策，建立警察职业安全的法制观念。第一，将各种分散的与警察职业安全和健康有关的法律法规及条例集中编纂，进行统一。第二，对于各类武器警械使用和各类警务活动安全操作规程等条文要明确，不能含糊不清，使公安民警在工作过程中有法可依，并规定不同警种的操作规范和流程。

（四）扩大安全文化宣传，创建良好氛围警察安全环境文化

环境对于公安民警安全文化意识的培养至关重要。各级公安机关要采用多种形式和途径积极宣传安全文化，多角度、多方面组织公安民警进行安全文化的学习和演练，努力创建一个良好的氛围的安全文化环境。如，定期开展安全文化知识学习，增强公安民警自身安全意识；不定期地进行安全演练，规范公安民警在工作过程中的流程，进而提升其自身安全防范意思。

此外，在公安队伍建设中还要注重社会舆论的重要作用。实行“走出去、迎进来”的战略。通过网络平台，进行警民互动，着力宣传警察安全文化，使公安民警在工作过程中关注对自身安全的保护和人民群众的保护，并创造良好的社会舆论氛围，进而提高人民警察在人民群众中的形象。

总之，在安全文化理论视野下，构建警察人身安全保障机制，对于稳定公安队伍，提高公安民警安全意识，形成良好的警察安全文化制度和氛围，减少公安民警伤亡，提高公安队伍的战斗力都具有重要的作用和深远的意义。

刍议"警察法治"范畴

张立刚[①]

自1959年国际法学家大会通过《德里宣言》以来，作为法治三大要素之一的政府法治一直备受世界各国关注，政府法治以限制行政权、防止行政权滥用和有效保障公民权利为目标从而成为法治国家建设的基础与必要条件。警察法治是政府法治体系的基本构件，也是法治国家建设的重点"工程"之一。作为最典型的行政权力，警察权对维护社会公共秩序、保障公民基本权利无疑具有不可或缺的作用，但其内在的主动性、强制性和外在的广泛性、与社会生活直接相关性等权力特征不仅意味着警察权极易失控从而危及行政相对人和其他公民的合法权益，而且还影响着一个国家的执法水平、执法素质和法治整体建设水平。因此，必须建设制度之笼以规范警察权的良性运行。因而，警察法治在政府法治乃至整个法治国家的建设进程中，具有十分独特的地位和非同寻常的重要性，从而也决定了"警察法治"命题研究的必要性和重要性。

中国警察法制建设自清末变法修律时既已开始，但警察法制理念、制度与社会现实相距甚远。[②] 新中国成立后，国家在政治、经济和社会等各方面发生了翻天覆地的变化，但唯有法制建设举步维艰，法律虚无主义盛行。改革开放后，法制建设才被加以重视并普遍地铺展开来，警察法治也正是在这种背景下才逐渐进入学者的研究视野。1999年修宪，法治原则入宪，在建设法治国家的大框架下，"警察法治"命题开始诞生。2004年修宪，人权原则入宪，"尊重和保障人权"引起了学者的高度重视，"警察法治"命题研究得以权利保障制度之维度进一步展开。总体而言，我国学界对"警察法治"命题的研究仍处于起步阶段。本文仅就警察法治范畴提出一点浅见，抛砖引玉，希冀为中国警察法治理论研究尽绵薄之力。

---

① 张立刚，男，山东警察学院法律教研部法理宪法教研室讲师。

② 孙卫华：《中国近代警察法律制度的移植及其启迪》，载《铁道警官高等专科学校学报》2012年第5期。

一、我国学界关于警察法治范畴的几种界定

就笔者所能搜集到的文献资料而言，关于中国警察法治的内涵主要有如下几种观点：

1. 警察法治就是以民主为前提和目标的依法办事的警政警务工作理念、运行机制、活动方式和秩序状态，包括整个警政警务活动中以民主作为前提和目标的依法办事的观念、原则、制度、组织和过程。① 之后，该观点主张者对警察法治的内涵作了修改，认为警察法治就是以民主为前提、基础和目标，以依法办事为核心和基本原则，以规范警察权力运行为关键的警务工作理念、运行机制、活动方式和秩序状态，警察法治是一个动态的、不断走向法治化的过程，也是警务活动以推进民主政治和人权保障，以实现警察法治文明为价值依归的进程。②

2. 警察法治无非是在法治的框架下，依法对警察权进行合理配置，以保障其能依法行使并使之能被依法控制的状态，这种状态要求警察法治在构成上应当包括形式法治和实质法治两方面内容，警察权必然是警察法治研究和实践的基础与核心。③

3. 警察法治的基本内涵是警察守法，同时，警察法治是一个内涵十分丰富的概念，具体包括法控型警察、有限与有为警察、公正型警察、服务型警察、人权型警察与责任型警察等内涵：警察权应以法律作为来源和依据；警察权应具有有限性和有效性；公正是警察法治建设的本质要求；服务是警察法治的重要内涵；警察权的运行应遵循人权理念；权责统一是警察法治的必然内涵。警察法治的基本理念包括公共理念、平衡理念、法治理念和程序理念，警察权和公民权的平衡是警察法治的核心。④

4. 警察法治的基本要义，是以民主为前提、以警察权制衡为红线、以权力义务一致为原则，建立健全警察法律体系；以事实为根据、以法律为准绳、以正当程序为原则，构建和落实警察权运行机制；以服务为宗旨、以公正为价值取向、以谦抑处罚为后盾，追求和实现人民安居乐业、社会长治久安，体现出人权

① 吕绍忠：《论警察法治》，载《山东警察学院学报》2007 年第 4 期。
② 吕绍忠：《法治文明视野下的警察法治研究》，载《河南警察学院学报》2012 年第 3 期。
③ 李元起：《警察法治研究：问题、契机和途径》，载《河南公安高等专科学校学报》2008 年第 6 期。
④ 李少慧：《法治政府视角下的警察法治》，山东大学 2007 年硕士学位论文。

保障的目标。①

5. 警察法治即“法律统治”在警务领域的体现，警察法治是社会法治的组成部分，是有关警察立法、执法及系统运作过程中所应遵循的基本原则、基本要求及所追求的目标价值，并体现出自身的理念与观念，由此影响着立法与执法。②

上述几种观点形异质同，基本都是把“警察法治”范畴先行拆解，在分别解读“警察”和“法治”的基础上，把法治的基本内涵和要求具体到警察执法领域进行阐述，包括警察法治的原则、目标和制度建设的基本内容等等，只是侧重点各有不同。这是解读警察法治的必由之路，上述学者的观点对处于起步阶段的警察法治理论研究无疑是十分宝贵的，对于警察法治建设也无疑具有积极的促进意义。但是，我们也应看到，如果对“警察”和“法治”概念的解读出了误差，就会直接影响到对“警察法治”范畴的界定，如脱离中国法治基础和社会实际实行“拿来主义”，移植西方警察理论，从西方法治理论角度界定警察法治，就会使理论研究与实际国情脱节，从而使警察法治理论研究呈现出“浪漫主义色彩”等。因此，有必要首先厘清影响警察法治范畴界定的几个概念。

二、“警察”“警察权”“法治”和“人权保障”

（一）“警察”

从词源上说，“警察”一词在我国历史上由来已久，但与近代“警察”含义大相径庭，作为近代警察制度产物的“警察”在我国是一个外来词。古代中国的“警察”二字最初分开使用，东汉许慎在《说文解字》里把“警”解释为“警，戒也。从言、从敬，敬亦声”，把“察”解释为“观乎天文，以察时变”，“察，覆也。从内、从祭”。可见，“警”是会意字，本义是戒救；“察”是形声字，本义是观察、仔细看。后来，许多史书上出现了关于“警察”的记载，但多以动词的形态出现，有侦察、监视之意，如唐初颜师古在注《汉书》的《武五子传》时，有注“密令警察，不欲宣露也。”可见，古代中国的“警察”是指古代国家职能机构通过“警察”手段来维护阶级统治和社会秩序，并不存在近代意义上的

① 张超：《对警察法治基本范畴概念的解读》，载《河南公安高等专科学校学报》2008 年第 3 期。
② 牛连水：《浅议警察法治建设》，载《河南公安高等专科学校学报》2008 年第 4 期。

警察组织和制度。

关于警察的起源，西方学者一般主张“自然起源论”，认为警察制度是社会、政治、经济、文化进步的自然结果，并且认为只要有人类社会就会有警察。如美国近代警察学专家黑伦在其著作《警察》中认为，居住在同一社会的人们互助而形成各个团体，互相约定有驱逐和逮捕罪犯的义务并采取相互呼应的制度，为不影响工作和生活，便雇佣专职人员在夜间担负守望之责；此后，这种雇佣专职卫士的组织日渐完备，并穿着特制的服装，以便于人们一旦有事容易寻找和报警；实践中，警察组织日益发展，并分为公开和秘密两种警察。① 马克思主义学者认为，作为私有制产物的国家的产物，警察是私有制的结果，与一定的生产水平、社会关系、一定犯罪现象的存在以及国家这种政治形式是紧密相联的，其中，生产力的发展和私有制的产生是警察产生的经济条件；阶级矛盾的不可调和是警察产生的阶级条件；维护社会秩序和惩罚犯罪是警察产生的社会条件；国家的形成是警察产生的政治条件。② 无论哪一种主张实际都表明，近代西方警察法律制度的产生有其特定的经济基础、社会文化背景和思想渊源。

关于近代警察的功能或意义，启蒙思想家霍尔巴赫作了深刻阐述，“人们把用来维护法律、保障国家内部治安的政治工具叫作警察，正是警察强使人民按照社会要求和人性法则过生活，正是警察有责任关心人民安全，防止人民失踪，保障人民生活安宁和方便……警察的存在不是为限制公民享受合理的自由，如果没有这种自由，社会生活对公民来说是不堪忍受的，警察应注意制止个别人胡作非为，防止他们破坏公共秩序。”③ 我国也有学者总结认为，“夫警察者，以直接维持社会之安宁秩序，防止或减少公共危害为目的，根据国家之一般统治权、命令或强制人民而拘束其自然的自由之手段行为也。”④ 现代警察的意义则被概括为管理和服务、限制和保护的辩证结合。

关于“警察”的概念，国内外都没有达成共识，主要有如下几种观点⑤：(1)“政务论”，认为“警察”属于国家职能，是国家的重要政务之一；(2)“行为论”，认为“警察”是指国家在统治和管理社会的过程中，为了维护社会

---

① 姚华：《公安学若干基本理论问题研究》，中国人民公安大学出版社2006年版，第35、35~39页。

② 姚华：《公安学若干基本理论问题研究》，中国人民公安大学出版社2006年版，第35、35~39页。

③ [法] 霍尔巴赫：《自然政治论》，陈太先、眭茂译，商务印书馆1994年版，第323页。

④ 王智军：《警察的现代性：双重面相的勾勒》，载《山东警察学院学报》2006年第6期。

⑤ 李少慧：《法治政府视角下的警察法治》，山东大学2007年硕士学位论文。

安全和秩序，而进行的执法或管理行为；（3）“主体论”，认为警察是国家职能的行使主体，这是目前在学界较流行的观点。也有学者把“警察”的含义归纳为以下3种：（1）负责维持社会治安与安全的政府职能部门，即警察机关；（2）维持社会治安秩序、防止公共危害的行政力量及参加这种力量的成员，即警察队伍、警察群体、警察成员；（3）警察机关、警察群体实施社会治安行政管理和刑事执法职能的行为过程，即警察行为、警察实践等。①

综上，笔者认为，由于“警察”理念存在中西方差异，现代中国的国情、民情、社情与西方警察制度产生的政治、经济、文化、思想背景也存在巨大差异，加之传统文化和社会主义国家理论对警察职能的定位等因素的影响，使得警察“专政工具论”无论是在执法机关还是在人民群众中都有相当大的影响力，与防止社会危害、促进人民福祉的警察基本宗旨相悖。这种思想认识制约着我国警察制度向现代化迈进。这是在界定警察法治范畴时需要特别注意的，不能只在工具或实践操作层面（如警务）对警察法治作狭隘理解。事实上，“警察”与“公安”两个术语并行的现实也表明在制度层面上我国已扬弃了对“警察”概念的传统错误认识。其次，中外学术界对“警察”概念存在多种观点，这些观点实际是从不同的角度揭示了“警察”的内涵。在界定警察法治范畴时不应仅从其中某一个角度出发，应当考虑“警察”的全面内涵，对警察法治范畴作完整理解。有的学者认为，“警察法治”的“警察”仅仅是指警察行为、警察实践，对此，笔者不敢苟同。

（二）“警察权”

多数学者都是围绕着警察权的合理配置、规范运行来界定警察法治的内涵，认为在现代民主法治体制下，无论是警察队伍和警察机关的组建和管理、权力拥有和职权分工、职权运行和关系协调还是对违法行使职权的行为的监督和补救无一不是围绕警察权而展开的，因而警察权当然是警察法治研究和实践的基础与核心。的确，警察权是警察法治命题的主要要素，因而这种学术脉络当然有其合理之处；并且，从世界历史的角度看，警察法治化的命题也最早滥觞于对警察权力的控制理论。美国最早对警察权问题加以关注并创立了警察权力理论，催生了警察法治化命题。该理论产生的基本背景是：美国的社会结构及社会关系随着历史

---

① 张兆端：《警察文化学》，中国人民公安大学出版社2002年版，第13页。

的发展都日趋复杂，因而国家越来越需要通过警察权的运用来促进公共利益、实现社会正义，警察权由此日益成为维护国家和社会安定的一种最为重要的力量；但是，由于国家和社会对警察权运用的依赖造成了警察权的过度膨胀和扩张，对公民的权利和自由造成了重大的威胁。为防止警察权滥用，规制警察权运作，美国试图通过法治化的途径来解决此种两难困境。①

虽然如此，笔者认为，只关注警察权而忽视警察法治中的其他要素于揭示警察法治范畴的全面准确内涵实欠妥当。比如，有的学者认为，警察权和公民权的平衡是警察法治的核心。但必须要注意的是，我国的警种远比其他国家复杂多样，存在公安警察、监狱警察、司法警察、国家安全警察，之下还存在更细致的种类划分，不同警种的警察权权限、性质有很大的不同，如监狱警察、司法警察的职权多属程序性权力，公安的职权则多属实体性权力，不同性质的警察权在运行的时候所要维护的价值目标也有很大差异。如果对监狱警察、司法警察来说“警察权和公民权的平衡是警察法治的核心”这个论点成立的话，而对于公安来说，这个论点则不成立，因为公安执法首要平衡的不是警察权和公民权之间的关系，而是公共利益维护和公民权之间的关系，至于公安执法是否侵蚀公民权则是由司法机关判断的事情。《人民警察法》第 1、2 条关于立法目的和人民警察任务的规定已明确了先“维护国家安全和社会治安秩序”后“保护公民的合法权益”的执法价值序列，当然，这个价值序列只是《人民警察法》的一般概括性规定，具体到不同警种则各有侧重点。显然，在监狱和法院的执法场合，公共利益是隐性存在，执法人员首要考量的当然是其执法行为与相对人合法权利之间的平衡问题。因此，只以警察权为核心要素界定警察法治范畴，就会由于警察权性质的不同，而出现公安警察法治、司法警察法治、监狱警察法治、国家安全警察法治，而不再会是统一的警察法治。其次，行政法治的首要内容就是执法主体的设立必须要有法律依据，具体到警察法治，就是要求警察机关和执法人员的设立要有法律依据，即主体要适格。在我国的公安执法实践中，大量存在着不具有执法资格的主体行使执法权的现象，引起了很多严重的社会问题，尤其是法律授权的社会组织和行政委托的社会组织的执法问题，亟需法律规范。在主体不适格的情形下，又何谈警察权的依法规范运行问题？显然，主体要素是在界定警察法治范畴时另一个必须关注的核心要素。

---

① 庞国权：《宪政视野下的中国警察法治建设》，载《政法学刊》2009 年第 3 期。

（三）“法治”和“人权保障”

法治一直是一个“最为重要的概念，至今尚未有确定的内容，也不易作出界定。”[①] 虽然对法治有不同理解，但法治一直是一个“西方论坛”，它以各种方式被解剖、研析，形成色彩斑斓的法治话语体系，中国对于法治的探究中，这种“西方论坛”的特征是显而易见的。[②] 在西方学者看来，法治意味着政府不但要维护和执行法律与秩序，而且政府本身要服从法律规则，它本身不能漠视法律或为自己的需要而重新制定法律，法治还意味着对个人的最高价值和尊严的尊重。[③] 由此可见，西方学者的“法治”主旨就是对国家权力的限制和对公民权利的保护。有学者概括了我国学者对“法治”的内涵、外延的分析及论证的三种路径，认为当代中国法学家对法治的界定虽各执一词，实质上却存有普遍的共识，即无论对“法治”作出何种理解，都不能抹去它在法律支配权力和保护公民权利自由这两方面的基本要义。[④]

笔者认为，“警察法治”里的“法治”应主要取“法律支配权力”一义。理由如下：

首先，人权原则虽然已进入宪法，但中国制度语境里的“人权”与西方制度语境里的“人权”理念有极大的差异。西方制度语境里的“人权”建立在几个假定的基础之上：[⑤] 其一是个人主义，权利被认为仅属于独立的而不是处于彼此关系中的个人；其二是先验主义，权利常常被说成是任何人所具有的却又先于而非依赖于社会而存在的；其三是对抗主义，这是说权利是公民的政治护身符，公民可据以对抗国家和社会，并有权向国家和社会提出要求。这种权利是用来保证个人对国家的独立性的，它在国家之先，作为国家的对立物出现，并且与责任、义务不相关。这样的人权由于“播撒了解构社会的种子”[⑥] 又被看作是“公民社会的火药桶”，是引起社会冲突和分裂的导火索。中国制度语境里的“人权”是

① ［英］戴维·M·沃克：《牛津法律大辞典》，李双元等译，法律出版社2003年版，第990页。

② 谢海定：《当代中国法治理论孕育生长的反思——读〈从法制到法治〉》，载《法学研究》2000年第6期。

③ ［英］戴维·M·沃克：《牛津法律大辞典》，李双元等译，法律出版社2003年版，第990页。

④ 张超：《对警察法治基本范畴概念的解读》，载《河南公安高等专科学校学报》2008年第3期。

⑤ ［美］贝思·J·辛格：《实用主义、权利和民主》，王守昌等译，上海译文出版社2001年版，第12页。

⑥ ［美］科斯塔斯·杜兹纳：《人权的终结》，郭春发译，江苏人民出版社2002年版，第146页。

在国家之内的，发生在人与人的关系中，也只有在人与人的关系中，权利概念才能得以解释。因此，权利的存在总是具有相关意义的，具有相互性。[①] 所以，中国制度语境里的“人权”完全可以替换为人民利益。这是我们在集体主义文化传统的中国讲具有个人主义文化“血统”的“人权保障”时需审慎甄别的。

其次，1959年国际法学家大会通过的《德里宣言》阐述了法治的三条原则：一是根据法治原则，立法机关的职能就在于创设和维护得以使每个人保持“人类尊严”的各种条件；二是法治原则不仅要对制止行政权的滥用提供法律保障，而且要使政府能有效地维护法律秩序，借以保证人们具有充分的社会和经济生活的条件；三是司法独立和律师业自由是实施法治原则必不可少的条件。可见，《德里宣言》“已经不单纯局限于西方近代法律的价值，而是体现了从个人本位的近代法治观念向社会本位的现代法治观念的转变。”[②]

再次，作为最典型的行政权力，警察执法活动具有主动性、强制性、效率性、较大的自由裁量权等特征，要求警察一面代表国家执行法律、主动管理，一面又要判定其行为是否合乎人权保障的价值要求，这合乎制度逻辑的要求吗？合乎“任何人都不得在自己为当事人的案件中担任裁判者”的法治理念吗？事实上，多数警察执法行为可能都不得不以侵蚀公民权利和自由为代价。《人民警察法》规定了“维护国家安全和社会治安秩序”和“保护公民的合法权益”的执法目标，“维护国家安全和社会治安秩序”与“保护公民的合法权益”都是在表明警察执法首要的出发点和侧重点是维护社会公共利益，而不是以多数公民合法权益为代价去保护某一个公民的权利。诚然，警察执法活动面临着人权保障思想和普遍人权观念传播的挑战，但这只是促使警察机关应及时转变执法观念，规范执法权，调整执法方式，强化执法的人性化，而并不意味着警察执法首要目标的改变。实际上，从各个国家机关的职权性质上看，司法机关才是公民权利更适合的保护者，判断警察执法是否侵蚀公民权利及其救济是司法机关的当然职责，这也是《德里宣言》把司法独立作为实施法治原则必不可少的条件的意蕴所在。

最后，在我国，社会主义法治即依法治国，是指广大人民群众在党的领导下，依照宪法和法律规定，通过各种途径和形式管理国家事务，管理经济文化事

---

① 张立刚：《论权利与资源的关系》，载《广西政法管理干部学院学报》2009年第4期。

② 蒋立山：《法律现代化——中国法治道路问题研究》，中国法制出版社2006年版，第39页。

业，管理社会事务，保证国家各项工作都依法进行，逐步实现社会主义民主的法制化，这种制度和法律不因领导人的改变而改变，不因领导人的看法和注意力的改变而改变。[①] 依法治国的基本内涵包括人民民主是依法治国的基础；法制完备是依法治国的重要标志；树立宪法法律权威是依法治国的必然要求；权力制约是依法治国的关键。[②] 可见，法律支配权力乃是社会主义法治理念的基本要义。

三、警察法治范畴的内涵及其基本构成

笔者认为，所谓“警察法治”是指在社会主义法治理念指导下，警察机关必须依据法定权限、法定程序和方式行使警察权、履行法定职能并受到法定监督的执法活动状态，其构成包括三个方面的内容：警察立法法治、警察执法法治和警察监督法治。

所谓警察立法法治是指警察机关及其执法人员的设立和警察权的设定必须由立法机关以法律形式加以规定，要求警察立法的指导思想、规范设置、制度建构、立法技术必须合乎法治精神。具体来说，主要包括：（1）警察职权法定。过去在警察立法上存在重政策轻法律的现象，表现为重视红头文件、政策和领导人指示，而轻视法律规范、法律制度。警察立法法治要求改变这种人治现象，警察要依法行使职权。（2）合理配置警察职权。我国警察职权配置不合理，过于宽泛，一方面导致警察权的不当扩张，增加了警察执法非法侵蚀公民合法权益的机会；另一方面，警察职能的泛化又导致警察个体合法权益被忽视、被侵犯，产生了双向负面效应，[③] 违背了法治原则的基本要求。警察职权的配置应当遵循比例原则，即法律赋予警察机关的执法权能应当同它所保护的利益成正比例关系。（3）权力和责任配置得当。过去警察立法多强调警察机关的管理权力，相关法律规定繁多且具体，但对警察机关应承担的责任和监督措施规定得少，造成警察职权和职责的失衡，给少数警察执法滥权、越权提供了立法借口。应通过立法增加警察职责和监督措施的规定，做到每一项职权规定都紧跟着责任规定。（4）实体

---

① 江泽民：《高举邓小平理论伟大旗帜，把建设有中国特色社会主义的事业全面推向二十一世纪》，人民出版社 1997 年版，第 35 页。

② 中共中央政法委：《社会主义法治理念读本》，中国长安出版社 2009 年版，第 62 ~ 69 页。

③ 邱春艳：《走出无所不管误区 合理配置警察权力》，载正义网，http：//www.jcrb.com/fxy/luntan/200806/t20080613_ 22196.html，最后访问时间：2014 年 4 月 10 日。

和程序立法并重。过去警察立法中较突出的一个问题就是偏重于实体法规的立法，忽视程序法规的建设，其后果就是导致在警务实践当中执法人员盲目追求效率，“刑讯逼供”现象屡禁不绝，因此而导致的错案、冤案和社会群体性事件也时常见诸报端。警察立法法治要求加重程序立法比重，以严格警察执法的程序限制。

所谓警察执法法治是指警察机关及其执法人员必须依照法定资格、法定程序和法定方式行使警察权，履行法定职能，警察权的运用应当符合并促进立法目的的实现。其内容主要包括：（1）执法主体必须适格。警察执法应当按照法定的资格在法定的职责范围内各司其职，不可超越法定的权限，杜绝无权执法、滥权执法、越权执法现象的发生。（2）执法内容必须合法。警察执法的内容必须是确定的、有法律依据的，不得与宪法、法律等规范性法律文件相抵触，也不得背离立法目的、法治精神和社会公共利益。没有法律的授权，警察执法不得限制、剥夺公民权利，不得增加公民的法律义务，也不得为特定人设立特定的权利或免除法定的义务。警察权运用的合法性和正当性来自于社会公共利益和人民福祉实现的需要，应当杜绝警察执法内容非法化和执法权力异化现象的滋生，防止警察执法权力为利益需要、地方需要、部门需要甚至是个人需要所绑架。（3）执法程序和方式必须合乎法律要求。警察执法内容不同，执法程序和方式也相应地不同，应当在警察执法活动中贯彻正当法律程序原则，要求在警察执法过程中，必须按照各自不同的执法内容来适用法定的程序和方式，并符合法定的时限要求，不能为了追求效率，滥用自由裁量权，而随心所欲地加以改变、省略或简化，应当杜绝草率执法、野蛮执法等现象。（4）平等保护相对人。平等保护相对人是法律面前人人平等的宪法原则在警察执法中的体现，要求警察执法在合法性的前提下，平等对待相对人，对于实施了同样或类似行为的相对人应予公平对待处理，做到同样案情同样处理同样结果，不能因相对人的社会地位不同、和执法人员感情、关系远近甚至是执法人员的某种个人偏好而区别对待，避免警察执法结果不公现象的出现。（5）合理运用自由裁量权。合理行政原则要求警察执法自由裁量权的运用必须符合立法的基本精神和目的，尽量顾及相对各方的合法权益，在多方利益间衡量时要合情、合理、公正、恰当，禁止偏袒和谋私行为，严格控制自由裁量权的行使。对于不适当、不合理等显失公平的警察执法行为应依法及时予以纠正，宣布无效并予以撤销。

所谓警察监督法治是指警察机关及其执法人员的执法资格、权限、程序、方式应依法受到监督，违法执法行为应依法受到责任追究并依法给予受害人以救济，要求建立完善的监督制度、有效的监督机制和明确的责任追究制度，使警察权依法受到控制。其内容主要包括：(1) 完善、有效的内部监督与外部监督相结合的监督体制。应充分发挥警察机关内部监督制度的作用，有效运作已有的纪检监督、执法监督、警务监督制度，提高警察机关及其执法人员自觉接受监督的法律意识。同时，必须形成有效的外部监督制约机制，避免警察监督流于形式。对此，有学者主张创建“司法制约型警察”,① 这是一个符合我国人大制度关于权力分工逻辑的选择。将司法审查引入警察权领域，在执法前后两个阶段分别情形由司法机关对警察执法行为的合法性进行审查，以权力制约权力，从而对警察权构成最有效的外部制约。(2) 事前、事中和事后监督相结合的监督机制。有效的警察执法监督制约机制，必须事前监督、事中监督、事后监督相结合，三者缺一不可，否则就可能导致警察执法权力的滥用。当前我国警察监督机制的基本特点是事后监督强、监督机构也多，事前、事中监督弱、监督机构少，缺乏有效的事前、事中监督机制。这正是导致警察机关及其执法人员滥用权力的一个重要原因，尤其是强制措施执法活动最缺乏事前、事中的监督控制，因而时常发生侵害公民人身、自由和财产权利的案件。因此，必须设计和构建事前、事中制约程序，完善事后监督程序，实现对警察执法活动的全方位、动态控制。(3) 警察责任追究制度。必须通过警察责任的设置和追究来制约警察权的滥用，否则，责任追究制度落实不到位，警察监督制度就会付诸阙如。警察执法责任应由法律明确设定，并依法律明确规定的责任种类、责任范围、责任划分、责任承担方式、责任追究程序等予以追究。(4) 司法救济制度。既包括事前救济制度，也包括事后救济制度。完善的司法救济制度不仅是对警察权力违法或不当行使受害者的权利救济，同时也对其后的警察执法行为构成制约。

① 向党：《论创建司法制约型警察——法治国家警察权力控制的思考》，载《中国人民公安大学学报》2006年第6期。

法治公安探析

殷炳华[①]

2013年9月，公安部在《公安机关深化执法规范化建设工作任务和阶段目标》中首次提出了“法治公安”建设目标，2014年2月，郭声琨同志在《深入学习贯彻习近平同志在中央政法工作会议上的重要讲话》中，明确要求各级公安机关“坚持以建设法治公安为目标，以深化执法规范化建设为载体，切实把法治原则贯穿到各项公安工作中，把严格公正文明执法的要求体现在每一项执法活动上，不断提升执法公信力。”[②] 同年10月，郭声琨同志又在公安部党委会上强调，全国公安机关和广大公安民警要认真学习领会、坚决贯彻落实党的十八届四中全会精神，不断加强和改进各项公安工作，全面推进法治公安建设，着力提升公安机关的执法能力和执法公信力。[③] 同年12月，中央审议通过《关于全面深化公安改革若干重大问题的框架意见》及相关改革方案，明确提出全面深化公安改革要聚焦三个方面，其中之一即是要“着力建设法治公安”[④]。当前，“法治公安”已然成为公安工作中的热词，然而，何谓法治公安？其本质要求是什么？为什么要建设法治公安？人们的认识并不十分清晰，说法也不尽一致，这势必在一定程度上导致各地法治公安建设的盲目性、影响各地推进法治公安建设的力度和质量，基于此种认识，本文拟对上述问题进行探讨，以期有所裨益与当前的法治公安建设。

---

① 殷炳华，男，山东冠县人，山东警察学院副教授，法学硕士，主要研究方向为公安学。

② 郭声琨：《切实肩负起新形势下党赋予的神圣使命》，载《人民日报》2014年2月13日。

③ 郭声琨：《认真学习贯彻党的十八届四中全会精神 坚定不移走中国特色社会主义法治道路》，载《法制日报》2014年10月25日。

④ 《〈关于全面深化公安改革若干重大问题的框架意见〉及相关改革方案已经中央审议通过》，载新华网，http：//news. xinhuanet. com/legal/2015 -02/15/c_ 1114379121. htm，最后访问时间：2015年4月16日。

一、法治公安的基本内涵

“法治”本身就是一个很难下定义的概念，两千多年来，国内外专家学者一直有不同的说法。[①] 再加上我国理论界和实务界对法治公安的探索起步较晚，因此，对法治公安内涵的认识，不仅有不同的观点，而且经历了一个由公安法治、警察法治到法治公安的多概念演化过程。

相比较而言，“公安法治”一词出现的较早，早在2002年，李锡海教授在其《全球化、WTO与公安法治》一文中，就使用了“公安法治”一词，并在《建设小康社会与加强公安法治》一文中，对公安法治的内涵进行了研究，他认为，“公安法治是法治原则在公安机关工作中的具体化。”“公安法治就是在公安工作中坚持法律主治，也即在公安工作中坚持法律至上，严格依法办事的基本原则和方式。”“公安法治是与人治根本对立的”，它“最终表现为一种法律秩序”，“是一个融汇多重意义的综合概念。”[②] 崔敏教授认为，“加强公安法治，必须严格、公正、文明执法”。[③] 陈金钊教授等人从管理意义上的法治精神的视角考察公安法治后认为，公安法治的基本要求应包括：“法控行政”“行政公开和依法监督”及“公共利益本位与个体权益保护的协调统一”[④]。黄伦成教授认为，“依法控权观念”“尊重和保障人权观念”“法律至上的观念”“公开透明观念”“正当法律程序观念”这五种观念相互有机地联系在一起，反映了公安法治的内在要求和基本规律。[⑤] 乔淑贞认为，“公安法治指公安工作必须遵循法治的精神和原则，是法治现代化在公安工作中的体现。”[⑥]

2007年3月，李少慧对法治政府视角下的“警察法治”进行了专门研究，李少慧认为，警察法治的基本内涵是警察守法，同时，警察法治是一个内涵十分丰富的概念，具体而言，包括法控型警察、有限与有为警察、公正型警察、服务

① 参见陈金钊、牛文军：《法治精神与公安法治》，载《山东公安专科学校学报》2003年第6期；李锡海：《建设小康社会与加强公安法治》，载《山东公安专科学校学报》2003年第4期，等等。尽管大家都继承了亚里士多德关于法治的两重涵义的观点，但是，随着时代的发展，学者们让法治承载了更多具有时代特征的价值内涵。

② 李锡海：《建设小康社会与加强公安法治》，载《山东公安专科学校学报》2003年第4期。

③ 崔敏：《加强公安法治，必须严格、公正、文明执法》，载《山东公安专科学校学报》2003年第4期。

④ 陈金钊、牛文军：《法治精神与公安法治》，载《山东公安专科学校学报》2003年第6期。

⑤ 黄伦成：《公安法治文化建设公安机关职能发挥的基石》，载《公安教育》2007年第9期。

⑥ 乔淑贞：《公安法治的本土化》，载《河北公安警察职业学院学报》2013年第4期。

型警察、人权型警察与责任型警察等内涵。警察法治的基本理念包括公共理念、平衡理念、法治理念和程序理念，其核心是警察权和公民权的平衡。① 吕绍忠教授在分析了“警察”与“法治”的涵义的基础上指出，警察法治就是以民主为前提和目标的依法办事的警政警务工作理念、运行机制、活动方式和秩序状态，包括整个警政警务活动中以民主作为前提和目标的依法办事的观念、原则、制度、组织和过程。“牢固树立执法为民的思想”和“坚持严格、公正、文明执法”是其基本要求。② 张超博士认为，“警察法治的基本要义，是以民主为前提、以警察权制衡为红线、以权力义务一致为原则，建立健全警察法律体系；以事实为根据、以法律为准绳、以正当程序为原则，构建和落实警察权运行机制；以服务为宗旨、以公正为价值取向、以谦抑处罚为后盾，追求和实现人民安居乐业、社会长治久安，体现出人权保障的目标。”③ 牛连水认为，“警察法治是社会法治的组成部分，是有关警察立法、执法及系统运作过程中所应遵循的基本原则、基本要求及所追求的目标价值，并体现出自身的理念与观念，由此影响着立法与执法。”④ 中国人民大学警察法治研究所的李元起教授基于其对“法治”本质的认识，指出，“警察法治无非是在法治的框架下，依法对警察权进行合理配置，以保障其能依法行使并使之能被依法控制的状态。”概括地说，这种状态要求警察法治在构成上应当包括“形式法治”和“实质法治”两方面的内容。⑤ 蔡武进认为，“警察法治是强调通过规范与控制警察权，将警察权关进法律制度的笼子，以实现人权保障的治理方式。”⑥ 张立刚认为，研究警察法治不能简单地实行“拿来主义”，应该立足中国的“实际国情”，他根据自己的研究对“警察法治”的内涵进行了概括：所谓“警察法治”是指在社会主义法治理念指导下，警察机关必须依据法定权限、法定程序和方式行使警察权、履行法定职能并受到法定监督的执法活动状态，其构成包括：警察立法法治、警察执法法治和警察监督法治。⑦

关于“法治公安”，曹力伟较早从公安实践角度对其内涵进行了揭示，2005

① 李少慧：《法治政府视角下的警察法治》，山东大学2007年硕士学位论文。
② 吕绍忠：《论警察法治》，载《山东警察学院学报》2007年第4期。
③ 张超：《对警察法治基本范畴概念的解读》，载《河南公安高等专科学校学报》2008年第3期。
④ 牛连水：《浅议警察法治建设》，载《河南公安高等专科学校学报》2008年第4期。
⑤ 李元起：《警察法治研究：问题、契机和途径》，载《河南公安高等专科学校学报》2008年第6期。
⑥ 蔡武进：《警察法治建设的意境、困境及路径》，载《江苏警官学院学报》2014年第5期。
⑦ 张立刚：《论“警察法治”范畴》，载《新疆警官高等专科学校学报》2014年第3期。

年，在《建设法治公安的几点思考》一文中，他认为，建设法治公安，要基于法治的基本要求，从“履行法定职能”“坚持依法办事”“完善决策机制”“提高民警素质”等方面做起。① 广东警官学院王鹰教授认为，“以社会主义法治来统领公安工作，就是法治公安，这是实施法治的重要方式和途径。法治公安理论的基本要求是：公安工作的运行体现法律的统治；以法治的精神理解和执行条文法；平等地对待所有人；把公平正义的理念贯彻在管理和执法的个案之中；在解决纠纷与冲突时最大限度地尊重公民的自主性；合理地减少强制力量的使用尤其禁止滥用强制；着力防范和打击严重犯罪和非法的地下强势力量对于民众和公共利益的伤害和侵犯；除明显会损害公民权利和公共利益外，公安工作应该以最方便和通畅的方式公开。以权利保障来理解并严格执行程序。”② 陆永等人立足于十八届三中全会后“法治中国”建设的大背景，明确指出，“法治公安建设的谋划与推进必须立足特定国情，与经济社会发展的实际需求相适应，努力追求政治效果、法律效果和社会效果的有机统一。”法治公安建设应当坚持“政治建设与法治建设相统一”“依法授权与有效控权相统一”“依法行政与公正司法相统一”的原则。③ 王海仁从深化执法规范化建设的角度提出，“法治公安就是要以群众满意为导向，以解决执法突出问题为切入点，以执法规范化建设为路径，通过提高执法主体素质、完善执法制度体系、加强执法监督管理、深化执法公开，实现公安机关执法队伍专业化、执法行为标准化、执法管理系统化、执法流程信息化。”突出了群众的主体地位以及执法规范化建设之于法治公安建设的重要意义。④ 徐明认为，“依法治国、执法为民、公平正义、服务大局、党的领导”，既构成了社会主义法治理念的完整理论体系，也为法治公安提供了精准的定性，指明了努力的方向。各级公安机关和广大民警，只有真正做到了“依法治警、执法为民、公平正义、服务大局、党的领导”这五个方面，法治公安才算建成，缺一不可。⑤ 四川省公安厅厅长侍俊在《坚定法治信仰 深入推进法治公安建设》一文中，立足建设法治中国、法治四川的生动实践，明确指出，建设法治公安，“必须坚定政治方向”“必须坚持民意导向”“必须突出问题导向”“必须强化改革意识”“必

---

① 曹力伟：《建设法治公安的几点思考》，载《大庆社会科学》2005 年第 6 期。

② 王鹰：《法治公安：社会主义法治原则在公安工作中的新发展》，载《政法学刊》2009 年第 6 期。

③ 陆永、杜永吉：《法治公安的理论诊释诠释与实践路径》，载《党政论坛》2014 年第 4 期。

④ 王海仁：《法治公安建设的几个重要问题》，载《公安学刊——浙江警察学院学报》2014 年第 3 期。

⑤ 徐明：《论法治公安的基本内涵》，载《北京警察学院学报》2014 年第 5 期。

须抓好系统谋划”。[①]

综上所述，学者们对“公安法治”“警察法治”“法治公安”的解读，基本上都是先行对上述范畴进行拆解，在分别解读“公安”“警察”“法治”等概念的基础上，综合分析“公安法治”“警察法治”“法治公安”等范畴的涵义，可以说，在研究思路上没有质的区别。但是，综合分析学者们的相关论述，他们对“公安”“警察”“法治”这些概念的解读还是有所区别的，这些区别往往影响着上述范畴的界定。

从“公安法治”到“警察法治”，学者们认识的区别主要表现在对“公安”和“警察”的解读上，一方面，在“警察法治”研究中，“警察”的外延要大于“公安”，正如《中华人民共和国人民警察法》中规定的“警察”包括但不限于公安机关的人民警察即“公安”一样；另一方面，在“警察法治”研究中，“警察”往往是一个“制度性概念”，[②] 被作为一种行政制度来研究，因此，“警察法治”多以法治框架下警察权的合理配置为实质性研究内容。而在“公安法治”研究中，“公安”往往是作为国家职能的行使主体，作为一种执法力量而存在的，“公安法治”实质上是以法治原则在公安执法工作中的具体化为核心内容的。

相较于“公安法治”和“警察法治”，近几年，尤其是十八大以后，学术界和实务界更加关注对“法治公安”的研究[③]，研究者们在解读“法治”“公安”“警察”这些概念时更加关注中国的实际国情，更加注意避免对西方法治理论采取简单的“拿来主义”，以防南橘北枳。究其原因，一方面，在《中华人民共和国人民警察法》中，警察职权部分共计 14 条规定，其中有 12 条是明确规定“公安机关的人民警察”即“公安”的职权的，只有 1 条提及了其他机关的人民警察，并且明确规定其他机关的人民警察“分别依照有关法律、行政法规的规定履行职权。”也就是说，在《中华人民共和国人民警察法》中，只明确具体规定了“公安机关的人民警察”即“公安”的职权，并没有明确具体规定“其他机关的人民警察”的职权。但是，毫无疑问的是，研究“警察法治”决不能回避“警察职权”，事实上，在“警察法治”研究中，“警察”也往往是“公安”的代名

---

① 侍俊：《坚定法治信仰 深入推进法治公安建设》，载《人民公安报》2014 年 12 月 25 日。

② 李少慧：《法治政府视角下的警察法治》，山东大学 2007 年硕士学位论文。

③ 至 2014 年底，中国知网上刊载的题名或篇名中含有“法治公安”的报纸、期刊、会议文章有 65 篇，其中 2013 年以前只有 5 篇，2013～2014 年年底有 60 篇；以同样的方法对“公安法治”进行搜索，共有 27 篇文章，其中 2013 年前的有 21 篇，2013 年后的有 6 篇；以同样的方法对“警察法治”进行搜索，共有 23 文章，其中 2013 年前有 17 篇，2013 年后有 6 篇。

词而已。加之在十八大召开以后，公安部明确提出了建设“法治公安”的目标，因此，由“警察”回归到“公安”更合乎时下学术研究和法律规定的现实情况。另一方面，十八大召开以后，尤其是十八届三中全会、四中全会召开以后，学术界和实务界都进一步明确了“法治是治国理政的基本方式”，建设“法治公安”，是坚持法治中国、法治政府、法治社会一体建设的题中应有之义，是全面推进依法治国的必然要求。而且，“党和法治的关系是法治建设的核心问题”，全面推进依法治国，必须“坚持党的领导，坚持中国特色社会主义制度，贯彻中国特色社会主义法治理论。”其中，党的领导是社会主义法治最根本的保证，中国特色社会主义制度是中国特色社会主义法治体系的根本制度基础，中国特色社会主义法治理论是中国特色社会主义法治体系的理论指导和学理支撑，是全面推进依法治国的行动指南。因此，学术界和实务界也更加注重从中国实际出发，用中国特色社会主义法治理论解读“法治”概念，借鉴而不是照搬西方法治理论来界定“法治公安”。

综合上述分析，由“公安法治”“警察法治”到“法治公安”，概念认识的分歧，说明对“法治公安”内涵的理解还不成熟，没有形成统一认识，尤其是对“法治公安”的研究，实务界人士居多，理论解析较少，更倾向于“法治公安”的实践研究。但是，学者们对“法治公安”的研究热情和对“法治公安”实践的强烈关注，恰恰反映了我们对“法治公安”内涵的认识在不断拓展、不断深入过程中，因为法律和法治在本质上是一种实践理性，仅靠理论理性无法真正把握其内在。① 这符合我们的实际国情，符合中国特色社会主义法治理论的形成规律。站在前人的肩膀上，借鉴学界和实务界对“法治公安”内涵的有益探索，我们认为，“法治公安”属于“法治政府”的范畴，所谓“法治公安”，就是在各项工作中切实贯彻中国特色社会主义法治原则的公安机关。这些原则至少包括，坚持中国共产党依法执政的领导、坚持人民主体地位、坚持宪法法律至上、坚持促进社会公平正义、坚持法律面前人人平等、坚持严格规范公正文明执法、坚持职权法定、坚持依法决策、坚持权责一致、坚持对执法权力的制约与监督、坚持权利保障、坚持警务公开等。简单地说，“法治公安”就是坚持中国共产党的领导、坚持人民主体地位、坚持宪法法律至上，坚持以促进社会公平正义为核心价值追求、以严格规范公正文明执法为生命线的公安机关。公安机关是法治中国建设的

---

① 夏利阳：《法治政府的实践理性与评价体系建构》，载《浙江学刊》2013 年第 6 期。

重要力量，建设法治公安是坚持“法治国家、法治政府、法治社会一体建设的题中应有之义”。

二、法治公安的本质要求

如前所述，法治公安属于法治政府的范畴，作为一种上层建筑，不同的经济基础、政治制度和历史文化传统，决定了其本质属性。我们所要建设的“法治公安”，是奠基于中国特色社会主义经济、政治、文化制度基础之上的。鲜明的制度属性要求我们，建设法治公安，必须从中国实际出发，走中国特色社会主义法治道路，借鉴国外有益的法治经验，但绝不能照搬外国法治理念和模式。因此，我们所要建设的法治公安，其本质要求必然是：将中国特色社会主义法治原则切实贯彻到各项公安工作之中。中国特色社会主义法治既具有法治的一般属性，又具有鲜明的中国特色，是法治一般和法治特殊的统一体。

法治公安的本质要求具体表现为如下基本特征：

一是坚持党的领导。党的领导是中国特色社会主义最本质的特征，是社会主义法治最根本的保证。把党的领导贯彻到依法治国全过程和各方面，是我国社会主义法治建设的一条基本经验。我国宪法确立了中国共产党的领导地位。坚持党的领导，是社会主义法治的根本要求，是党和国家的根本所在、命脉所在，是全国各族人民的利益所系、幸福所系，是我们建设法治公安必须坚守的一项核心要义。党的领导和社会主义法治是一致的，社会主义法治必须坚持党的领导，党的领导必须依靠社会主义法治。只有在党的领导下依法治国、厉行法治，人民当家作主才能充分实现，国家和社会生活法治化才能有序推进。依法执政，既要求党依据宪法法律治国理政，也要求党依据党内法规管党治党。必须坚持党领导立法、保证执法、支持司法、带头守法，把依法治国基本方略同依法执政基本方式统一起来，把党总揽全局、协调各方同人大、政府、政协、审判机关、检察机关依法依章程履行职能、开展工作统一起来，把党领导人民制定和实施宪法法律同党坚持在宪法法律范围内活动统一起来，善于使党的主张通过法定程序成为国家意志，善于使党组织推荐的人选通过法定程序成为国家政权机关的领导人员，善于通过国家政权机关实施党对国家和社会的领导，善于运用民主集中制原则维护中央权威、维护全党全国团结统一。党的十八届四中全会清楚地告诉人们，在全面推进依法治国、建设社会主义法治国家伟大进程中，党和法治的关系是核心问题。能不能达成法治公安建设目标，能不能把握正确的方向，关键在于能否始终坚持党的领导，只有坚持党的领导，才能真正将中国特色社会主义法治原则切实贯彻到在各项公安工作中去。

二是坚持人民主体地位。我国宪法规定，中华人民共和国的一切权力属于人民。人民是国家和社会的主人，是依法治国的主体和力量源泉。在我国，人民代表大会制度是保证人民当家作主的根本政治制度，是建设法治中国的民主政治基础，也是法律的“良法”属性和至上权威的重要保证。法治公安实质上是人民公安，其根本宗旨是为人民服务。建设法治公安，必须坚持为了人民、依靠人民、造福人民、保护人民，以保障人民根本权益为出发点和落脚点，保证人民依法享有广泛的权利和自由、承担应尽的义务；要坚持民意导向、问题导向，躬身践行执法为民思想，把人民群众高兴不高兴、答应不答应、满意不满意作为根本标准，使法治公安建设始终尊重人民主体地位，从人民群众不断发展的法治建设要求中获取动力，在各个环节、各个层面吸收人民群众广泛参与；法律授权，说到底是人民授权。要正确处理权力与权利、权力与责任的关系，自觉接受人民群众的监督，用人民权力规范和约束公安执法权力，切实维护公民、法人和其他组织的合法权益，维护社会公平正义，实现社会和谐稳定。

三是坚持宪法法律至上。所谓“宪法法律至上”，是指在一国的社会调整系统中，以宪法、法律为核心的法律系统，是最重要的、最权威的社会调整手段，它不仅具有至上性，而且具有排他性。[①] 在现代法治国家中，法治的核心就在于强调宪法法律的至上性，宪法法律至上，是法治的主要特征。一方面，宪法法律通过对国家权力的确认和维护以及合理建构的制度，有效维护国家权力的正常运行，充分发挥其积极作用；另一方面，法律监督和制约国家权力的行使，保证国家权力行使科学化、合理化、公正化、公开化，尽可能避免其消极作用。在正常的社会状态下，坚持宪法法律至上，才能实现既有效运用国家权力，又监督和防止国家权力的滥用。我国宪法正文第五条明确规定：“中华人民共和国实行依法治国，建设社会主义法治国家。国家维护社会主义法制的统一和尊严。一切法律、行政法规和地方性法规都不得同宪法相抵触。一切国家机关和武装力量、各政党和各社会团体、各企业事业组织都必须遵守宪法和法律。一切违反宪法和法律的行为，必须予以追究。任何组织或者个人都不得有超越宪法和法律的特权。”

---

① 孙国华、田聚英：《论宪法法律至上》，载《人民论坛》2011 年第 20 期。

这是对“宪法法律至上”原则的明确确认。在我国，宪法法律集中体现了党的意志、国家意志与人民意志，建设法治公安，必须严格坚持宪法法律至上，维护宪法法律权威，严格按照宪法法律行使权力、履行职责和义务，任何人都不得有超越宪法法律的特权，决不允许任何人以任何借口任何形式以言代法、以权压法、徇私枉法。要以严格规范和约束执法权力为重点，加大监督力度，做到职权法定、有权必有责、用权受监督、违法必追究，坚决纠正有法不依、执法不严、违法不究行为，切实把执法权力关进法律制度的笼子里。

四是坚持促进社会公平正义。社会主义社会是以公平为基本特征、以正义为最终价值的社会。依法治国，建设社会主义法治国家的目标就是在全社会实现公平正义。法治的精神不仅在于有完备的法律法规体系、复杂的执法工作机制，更在于公平正义精神与价值在法治各个环节中真实的体现和实现。[①] 实现社会公平义是我们党的一贯主张，是中国特色社会主义法治的价值追求。公安机关担负着行政执法和刑事司法双重职能，其执法水平如何，在很大程度上体现着国家法治文明程度，影响着法治中国建设进程。各级公安机关要牢牢把握促进社会公平正义这一核心价值追求，坚持以建设法治公安为目标，以深化执法规范化建设为载体，切实把法治原则贯穿到各项公安工作中，把严格公正文明执法的要求体现在每一项执法活动上，不断提升执法公信力。要按照深化司法体制改革的要求，进一步完善人权司法保障制度，健全行政执法与刑事司法衔接机制，加强实践急需的法律政策研究，积极构建科学完备的执法制度体系，努力让执法权在制度的笼子里运行。要全面加强执法管理，积极构建安全运行、运转高效、监督有力的执法管理体系，确保执法权始终在法治轨道内行使。要坚持不懈地开展社会主义法治理念教育、公正廉洁执法职业道德教育，切实加强执法教育培训，使广大民警不断强化执法良知，提升职业操守，增强法律素养，提高执法能力，让人民群众切实感受到公平正义就在身边。

五是坚持严格规范公正文明执法。坚持严格规范公正文明执法是一个有机统一的整体。其中，严格是执法基本要求，规范是执法行为准则，公正是执法价值取向，文明是执法职业素养。坚持严格规范公正文明执法，是全面推进依法治国、建设社会主义法治国家的基本要求，是维护社会公平正义、维护社会和谐稳

---

① 徐显明：《公平正义：社会主义法治的价值追求》，载人民网，http：//legal. people. com. cn/GB/42731/5153833. html，最后访问时间：2015 年 4 月 6 日。

定的重大举措，是维护国家法律权威、提升执法公信力的重要途径。当前，我国正处于社会主义初级阶段，全面建成小康社会进入决定性阶段，改革进入攻坚期和深水区，执法工作面临的形势和环境发生了复杂而深刻的变化。形势的发展、环境的变化、事业的开拓、人民的期待，都对执法工作提出了新的更高要求。作为国家重要的执法力量、建设法治中国的生力军，公安机关要以建设法治公安为目标，紧紧围绕坚持严格规范公正文明执法这一公安执法工作的生命线，牢固树立正确的执法理念，切实做好依法惩处各类违法行为、完善公安执法程序、建立健全公安执法裁量权基准制度、加强公安执法信息化建设和信息共享、全面落实公安执法责任制等重点工作。从创新执法理念、完善执法制度、改进执法方式、提高执法素养等方面入手，持续用力、久久为功，切实把严格规范公正文明的执法要求落实到执法实践的全过程。

三、建设法治公安的意义

公安机关是国家重要的行政执法和刑事司法力量，在全面推进依法治国、建设社会主义法治国家中担负着重大职责使命，[①] 建设法治公安，也是坚持法治国家、法治政府、法治社会一体建设的题中应有之义。

1. 建设法治公安是全面推进依法治国的重要内容。《中共中央关于全面推进依法治国若干重大问题的决定》中指出，全面推进依法治国，总目标是建设中国特色社会主义法治体系，建设社会主义法治国家。公安机关作为重要的政府组织机构和重要的国家执法力量，是法治建设、法律实施的重要主体。公安工作做得怎么样，关系着广大人民群众切身利益，关系着党和国家工作大局，关系着党和国家长治久安。因此，无论是建设中国特色社会主义法治体系这一工作总抓手，还是“坚持依法治国、依法执政、依法行政共同推进，坚持法治国家、法治政府、法治社会一体建设”的工作布局，以及“科学立法、严格执法、公正司法、全民守法”的法治工作新16字方针，都要求公安机关在深入推进执法体制改革，加快建设法治政府，全面推进依法治国中发挥生力军作用。在某种意义上可以说，公安机关法治建设水平如何，在很大程度上体现着国家法治文明程度，影响

① 郭声琨：《充分发挥公安机关生力军作用 为全面推进依法治国做出新贡献》，载《求是》2014年第24期。

着法治中国建设进程。各级公安机关要牢牢把握推进依法治国、建设法治中国对公安工作提出的新要求，积极适应人民群众对社会公平正义的新期待，进一步深化执法规范化建设，努力打造法治公安，为建设法治中国、促进公平正义作出新贡献。

2. 建设法治公安是全面深化公安改革的必然要求。全面深化改革和全面推进依法治国之间有着紧密的逻辑联系。当前，改革进入攻坚期和深水区，应对各种矛盾风险挑战，解决改革发展稳定面临的各种问题，迫切需要以法治思维和法治方式破解深层次矛盾。对于公安机关来说，全面深化公安改革与建设法治公安两者相辅相成、不可分割，建设法治公安是全面深化公安改革的必然要求，深化公安改革是建设法治公安的动力源泉。十八届四中全会提出的一系列重大举措，如完善主办侦查员办案责任制、建立人民警察专业职务序列及工资制度、完善立体化社会治安防控体系等，以及按照中央政法工作会议关于深化司法体制改革的要求，健全行政执法和刑事司法衔接机制、建构科学的执法制度体系和执法管理体系等，都是全面深化公安改革的重要任务。各级公安机关要主动适应全面深化公安改革的迫切要求，紧紧围绕群众期待、社会关注、基层关心的突出问题，紧紧围绕制约公安机关职能作用充分发挥、影响公安事业长远发展的难点问题，紧紧围绕影响公安机关战斗力的薄弱环节，牢牢把握法治这一治国理政基本方式，切实提高运用法治思维和法治方式的能力，把深化公安改革和建设法治公安有机结合起来，善于运用法治思维方式化解改革风险，依法有序、积极稳妥地推进公安改革。

3. 建设法治公安是提升公安机关履职能力的迫切需要。习近平总书记强调，法律是治国之重器，法治是国家治理体系和治理能力的重要依托。[①] 公安机关要切实履行行政执法和刑事司法职能，完成好维护社会大局稳定、促进社会公平正义、保障人民安居乐业的工作任务，必须着力建设法治公安，提高运用法治思维和法治方式解决问题、治理社会的能力和水平。围绕维护国家安全和社会稳定中遇到的新情况、新问题，公安机关要强化法治思维，坚持依法治理，不断提升公安工作的法治化水平。要善于运用法治思维处理敏感问题、确保国家政治安全，进一步健全完善法律政策，用足用好用活法律武器，努力占领法律制高点。要善

---

① 赵凡：《学习习近平讲话精神是重大政治任务》，载新华网，http：//www. xinhuanet. com//politics/2015 -02/02/c_ 127448589. htm，最后访问时间：2015 年 4 月 10 日。

于借助法治方式化解矛盾、促进社会和谐稳定，进一步健全完善依法维权和化解纠纷机制，深入推进涉法涉诉信访工作改革，严格落实重大决策风险评估和合法性审查制度，努力在法治框架内解决群众反映的问题。要善于依靠法律手段打击犯罪、维护公共安全，进一步加强法律政策研究，明确执法标准和行为细则。要树立法治理念、坚定法治信仰，严格权力制约、责任落实，不断深化执法规范化建设，不断提升公安机关的执法能力和执法公信力，坚定不移地做全面推进依法治国的践行者、推动者、保障者。

法治思维视阈下的虚拟社会警务工作

刘　鹤[①]

党的十八届三中全会《决定》提出，加强法治保障，运用法治思维和法治方式化解社会矛盾，“法治思维”首次写入党代会的报告。法治思维这一全新论述，从价值观和方法论的高度，为新时期公安机关如何科学有效地开展警务工作提出了新标准、新要求、新路径，公安机关要深刻理解法治思维的内涵，准确把握法治思维的精髓，将法治思维贯穿各项警务工作中，着力运用法治思维开展警务工作，提升公安机关的执法水平。

虚拟社会警务工作，亦称涉网警务工作，是指与互联网有关的由公安机关管辖的刑事、行政案件以及负责处理的所有涉警事务的总和。虚拟社会警务工作是公安机关警务工作重要的组成部分，伴随信息技术的高歌猛进和互联网的普及，虚拟社会警务工作的分量与重要性与日俱增，仅在 2012 年 3 ~ 8 月间，全国各地公安机关共侦破涉网违法犯罪案件 1.2 万余起，抓获犯罪嫌疑人 1.9 万余名，清理网上贩卖枪支弹药、爆炸物品、公民个人信息以及淫秽色情等违法有害信息 385 万余条，依法查处整治违法违规互联网服务单位 1 万余家。[②] 因此，公安机关在开展涉网警务工作中践行法治思维，是当前警务工作面临的一个新挑战。但就目前来看，无论是 2013 年甘肃少年发帖被刑拘事件[③]，还是 2014 年兖州网民骂交警被拘留事件[④]，都突出表明了公安机关涉网警务工作中“法治思维”的失衡和缺位，可见，强化虚拟社会警务工作中法治思维是亟待加强的课题。

---

① 刘鹤，男，山东警察学院法律教研部行政法教研室副主任、讲师。

② 刘军涛：《公安部部署深化打击整治网络违法犯罪专项行动》，载人民网，http：//society. people. com. cn/n/2012/0813/c223276 - 18734715. html，最后访问时间：2015 年 4 月 5 日。

③ 朱琪：《法律不能沦为打压舆论监督的工具》，载未来网，http：//news. k618. cn/wlgc/201309/t20130929_3959552. html，最后访问时间：2015 年 4 月 5 日。

④ 朱明钢：《山东兖州网友骂交警被拘留事件舆情分析》，载人民网，http：//yuqing. people. com. cn/n/2014/0605/c210114 - 25107667. html，最后访问时间：2015 年 4 月 5 日。

一、法治思维的概念及其基本内涵

1. 法治思维的概念

“法治思维”的概念在党的十八大报告提出后，引起了全社会特别是法学理论界的广泛关注。先后有多位学者对这一概念进行了独到的阐释。袁曙宏教授认为：“所谓法治思维，本质上区别于人治思维和权力思维，其实质是各级领导干部想问题、作决策、办事情，必须时刻牢记人民授权和职权法定，必须严格遵循法律规则和法律程序，必须切实保护人民和尊重保护人权，必须始终坚持法律面前人人平等，必须自觉接受法律的监督和承担法律责任。”① 莫纪宏教授在《法治方式的内涵就是“依宪治国”》一文中指出，所谓法治思维，就是指行为必须要有“合法性前提”，也就是必须考虑宪法和法律上的依据。② 董节英教授在《法治思维从哪里来》一文中在精确区分法治思维与政治思维、经济思维、道德思维的基础上进一步提出，法治思维不仅表现在根据法律来进行思维，而且与其他思维比较应当具有优先的位次。③ 杨小军教授在《领导干部需要什么样的法治思维》一文中认为，法治思维是与非法律思维、人治思维和法制思维相对应的一种思维，包括合法性思维、权利义务思维、公平正义思维、责任后果思维、治官治权思维等五个方面。④ 在其他的刊物中，关于“法治思维”的论述也很多⑤，此处不再一一赘述。这些学者的论述，从不同的角度揭示了法治思维的内涵，对于我们科学认识法治思维，准确把握法治思维与其他思维的关系，进而扎实践行法治思维具有十分重要的意义。

综上所述，我们认为法治思维，首先，是一种观念，是观察、思考、分析和解决问题的思维方式；其次，它表现为根据法律来进行思维，即依据法律来进行合法与非法的预判，把合法性当作思考问题的前提；再次，法治思维方式理应居于一切思维方式的优先位次；最后，它要求思维主体崇尚法治、尊重法律，自觉

① 袁曙宏：《全面推进执法治国》，载《十八大报告辅导读本》，人民出版社2012年版，第221页。

② 莫纪宏：《法治方式的内涵就是“依宪治国”》，载《学习时报》2012年12月10日。

③ 董节英：《法治思维从哪里来》，载《学习时报》2012年12月10日。

④ 杨小军：《领导干部需要什么样的法治思维》，载《学习时报》2013年1月7日。

⑤ 比如张恒山：《论法治思维的观念基础》，载《理论与改革》2013年第4期，黄春英：《提高领导干部法治思维能力》，载《党史文苑》2013年7月下半月刊，阎伟等：《领导干部应具备的法治思维及形成路径》，载《法制与社会》2013年7月下半月刊。

将法律付诸实践，善于运用法律手段来解决问题。简而言之，法治思维指国家权力的行使者应按照法治的逻辑来观察、分析和解决社会问题的思维方式。

2. 法治思维的基本内涵

具体来说，法治思维至少应包括以下内涵：

（1）坚持法律至上、树立法律权威是法治思维的逻辑起点

美国著名的启蒙思想家潘恩曾精辟地论述：“在专制政府中，国王便是法律，同样地，在自由的国家中法律便应该成为国王，而且不应该有其他的情况。”①践行法治思维，必须以树立宪法和法律权威为基本要素，必须使法律居于整个社会调整机制和全部社会规范体系中的主导地位，将法律作为评判每一个社会主体行为的逻辑判断起点，以法律为最高权威。

（2）维护公平正义是践行法治思维的价值判断

公平正义是社会主义法治的价值追求，因此治国理政、行使权力必须以追求、维护公平正义为评判尺度。每一个国家机关、每一个执法人员都应该意识到公平正义是协调社会各个阶层相互关系的基本准则，也是社会具有凝聚力、向心力和感召力的重要源泉。在调节各种利益关系、处理各种社会矛盾以及履行社会治理职能的过程中，只有遵循公平正义的原则，才能使绝大多数社会成员信任法律，才能有效地整合社会各种资源和力量，实现全社会的团结与合作，推动中华民族实现伟大复兴。

（3）公开、透明的程序是践行法治思维的根本保障

“正义不仅要实现，而且要以看得见的方式实现”。社会主义法治不仅要追求实质正义，同时也要追求形式正义。作为看得见的正义，程序正义不仅是实体正义的保障，而且还有其独立的价值。因此，法治思维要求国家权力行使必须严格按照公开、透明的程序进行，坚决摒弃那种重结果、轻过程，重实体、轻程序的旧有思维，树立程序正义的观念。尊重法定程序能够基本满足民众对正义实现的心理需求，引导民众对程序结果的认同和肯定，是践行法治思维的根本保障。

（4）彰显人民权利是践行法治思维的最终目的

我国宪法规定，国家的一切权力属于人民。人民通过制定宪法及法律对政府既授权又限权，因此各级执法机关及其工作人员必须严格约束权力，坚持依法执政和依法行政。彰显人民权利就是保障每个公民依法享有的各项权利，强调公民

① ［美］潘恩：《潘恩选集》，马情槐等译，商务印书馆1982年版，第35~36页。

的权利第一还是义务第一，是法治与人治的重要分野。只要法律没有禁止的行为，公民都可以做，这是公民自由的基础。而国家权力则不得在没有法律规定的情形下，作出损害公民合法权益或者增加公民义务的规定。

（5）用权必受监督是践行法治思维的根本要求

有权必有责，用权受监督，失职要问责，违法受追究，这是这是现代法治的一个基本原则，也是对各级政府、各级执法机关及其工作人员的基本要求。因此，各级政府及执法机关都要自觉接受来自各方面的监督，勇于承担行使权力和履行职责带来的法律后果，对违法行为要坚决纠正，对侵犯群众权利的行为，要主动赔礼道歉，造成伤害、损失的要依法给予赔偿和补偿。

二、虚拟社会警务工作法治思维缺位的若干表现

虚拟社会警务工作是警务工作的有机组成，公安机关在开展虚拟社会警务工作时同样需要培养“法治思维”和提升运用“法治思维”的能力。但是，在实际工作中，一些涉网的警务工作践行法治思维仍然存在薄弱的环节。

1. 法律至上的理念仍待加强

公安机关作为法治思维的先行者，理应模范地遵守法律，崇尚法律，确保“以法律为准绳”的准则贯穿于一切警务工作中，依法行政、有法司法，偶有需对法律弹性规定的解释与适用上，更须慎之又慎，不能背离法律的意图和立法的精神。近年来，随着网络普及，网络违法犯罪猖獗，网络谣言危害日甚，为打击此类犯罪，2013 年 9 月最高人民法院、最高人民检察院（以下简称“两高”）出台了《关于办理利用信息网络实施诽谤等刑事案件适用法律若干问题的解释》。北京市公安局在侦办秦火火案时表示，根据“两高”的司法解释第 5 条第二款“编造虚假信息，或者明知是编造的虚假信息，在信息网络上散布，或者组织、指使人员在信息网络上散布，起哄闹事，造成公共秩序严重混乱的，依照刑法第 293 条第 1 款第 4 项的规定，以寻衅滋事罪定罪处罚”的规定，认定“网络空间是公共场所”。这种理解是对“两高”解释的曲解，“两高”解释的原意应是上述行为造成现实社会公共秩序的混乱依照刑法第 293 条第 1 款第 4 项的规定，以寻衅滋事罪定罪处罚，解释根本没有将网络空间界定为公共场所的意思。2013 年 7 月 15 日“两高”《关于办理寻衅滋事刑事案件适用法律若干问题的解释》对寻衅滋事罪中公共场所进行了列举加概括的法律解释，司法解释第 5 条规定，

在车站、码头、机场、医院、商场、公园、影剧院、展览会、运动场或者其他公共场所起哄闹事，应当根据公共场所的性质、公共活动的重要程度、公共场所的人数、起哄闹事的时间、公共场所受影响的范围与程度等因素，综合判断是否“造成公共场所秩序严重混乱”。可见，司法解释对公共场所定义为人（自然人与法人）相互作用的现实的环境或背景。相隔如此之近的相关解释，不会也不应该发生剧烈的变化，将“人相互作用的现实的环境”改变为虚拟的环境。

客观上，虚拟网络空间与现实社会具有不可分的联系，网络空间以现实世界的资源、技术为支撑，以社会性为核心，网络行为系现实行为人的言行，造谣惑众不仅会扰乱网络秩序，而且也可能通过网络媒介影响现实社会秩序。但无论现行刑法的规定和有关司法解释来看，网络秩序并不等同于社会秩序，网络空间不能等同于公共场所。

法律是最严厉的社会强制手段，社会成员所实施的行为均依照既定且明确的法律指引而为，以此作为指引社会行为的标准，并倚靠最严苛的执行程序逐步促成公民对法律的信仰。互联网作为最新兴的公民表达自由的平台，有必要进行规范，但必须明确的是公民还是执法机关（尤其是执法机关），均应遵循法治思维和法治方式行事。正如《人民日报》评论文章《靠什么终结“网络大谣”的神话》所说的，“在网民接近6亿的信息化社会，我们需要激发从法治到道德、从理性到情感的一切正能量，这才是最有效的谣言粉碎机”。[①] 不论是对现行法律的依法解释，还是法律的执行，应当首先依法而为，惟此才能确保法治思维从虚拟网络到现实社会的真正贯彻，实现法对人的终极关怀，也树立公民对法律的信仰与敬畏。

2. 公平正义仍需加强

公平正义是法律的终极价值目标，法律是公正公平的代言词，如果法律失去了公正性，那么这样的法律只能沦为治世者的工具。习近平总书记强调，努力让人民群众在每一个司法案件中都感受到公平正义。因此，执法机关在办理每一个案件时，无论案件大小，不论当事人身份、地位，都应当让每一个当事人都感受到法律的公正。

然而，在某些涉网的警务工作中，个别执法机关展现的不是公平正义，凸显的只是权力的专横。2014年5月，山东一网友因在贴吧骂“兖州交警孬种”，被

① 江文：《靠什么终结“网络大谣”的神话》，载《人民日报》2013年8月23日。

行政拘留 5 日。据兖州公安 5 月 13 日微博："5 月 4 日，曹某某因违法停车被贴罚单，后曹某某为泄私愤，在兖州贴吧匿名发帖骂人，曹某某的行为很快被网警识别并捕捉。"

仅仅因为在网络中骂了一句"交警孬种"就被行政拘留 5 日，很多网友认为有小题大做甚至是打击报复之嫌。无论从法律法规的角度来说，还是从普通网友的直观感受上讲，警方的处罚都值得商榷。据兖州警方称处罚依据的是《治安管理处罚法》第 42 条规定，"公然侮辱他人或者捏造事实诽谤他人的，处 5 日以下拘留或者 500 元以下罚款；情节较重的，处 5 日以上 10 日以下拘留"。但警方适用这一规定有扩张权力之嫌。首先，《治安管理处罚法》规定的被侵害人是"他人"，即自然人，而当事人并没有指明辱骂哪一位交警，而是泛指，而兖州交警是一个群体，依法不是被侵害人。因此，所谓的"网络侮辱他人"是不成立的。其次，"兖州交警孬种"仅仅是一句模糊笼统的气话，其实质是对当地交警提出批评，只是言语有些过激。对于民众的批评，兖州警方应该反求诸己，而不应该动辄行使权力。再次，即使当事人确有辱骂交警的事实，但很难说达到"公然侮辱"的严重程度，兖州警方所谓的"造成了恶劣的社会影响"，明显是夸张。因此，兖州警方拘留曹某某，是对这一法律规定的滥用，是对公平正义的极大亵渎。

3. 程序公开不够

程序正义关注的是在作出决定的这个过程中的公正性和透明度，作出任何决定之前听取各方的言辞，这个进程才可能被认为是程序公正的。公开的程序，才能得到相对公平的结果。通过公开、透明程序，即使当事人并未得到自己想要的结果，也是能够接受的。

在虚拟社会警务工作中，一些执法机关往往忽视了对程序的重视，比如在甘肃张家川 16 岁少年发帖被刑拘一案中，张家川警方不论是开始的刑事拘留还是到后来的行政拘留，还是到最终放人，不论是最初的认定的"寻衅滋事"，还是后来的"编造虚假信息"，一切既没有明确的定性，又没有公开程序，如何认定发帖少年"寻衅滋事"，又如何认定"编造虚假信息"，刑事拘留、行政拘留怎样决定，最终放人理由如何？外界一头雾水，如此严肃的执法行为张家川警方随性而为，看不到程序正义的关注，对法律的丝毫敬畏。

4. 权利意识薄弱

对于普通公民来讲，法律没有明文禁止即权利，即自由，国家有机关除了法律明文规定的可以干预公民权利行使的领域以外，不得以任何方式干预公民自由行使其所应当享有的权利。然而公权力机关基于权力扩张的本性，将国家权力与公民权利之间的平等“制约”关系异化成了“限制”甚至“剥夺”，而“限制”一词则使得限制者高高在上俯视被限制者。当前的一些公安机关机关相对于公民即存在这种倾向。2012 年 6 月，吉林松原一网友因下载“黄片”到电脑上看，被公安局拘留 15 天并处罚款 3000 元。该网友表示不服，向有关部门申请了行政复议。① 下载“黄片”、仅供自己观看的行为，是否违法？有关此问题的讨论，已非第一次发生。早在 2008 年就发生网友下载“黄片”被处罚的事件。下载“黄片”是否违法，争议的焦点在于对《治安管理处罚法》第 68 条的理解。该条对“制作、运输、复制、出售、出租”或“利用计算机信息网络等工具传播”淫秽信息的行为，科以处罚。而下载行为是否可认定为法条的“复制”一词呢？仅对“下载”与“复制”进行语义分析，或可得出二者词义近似的结论。但将整个法条进行整体考量却不难发现，本条款的法条描述中，“或者利用计算机信息网络”的用语本身即表明了“或者”一词前后内容有所界分，前述的“复制”等系列违法行为的列举，均应指非虚拟环境下的实体淫秽物品，如书刊、图片等；后者乃“是否利用计算机网络”实施“传播”。可见，现行法律仅对利用互联网“传播”淫秽物品进行规制，并未对浏览互联网或者下载等行为做出禁止性规定。而公安机关在处理诸如“艳照门”事件时，也仅是对传播行为进行处罚，并未扩大到“下载”层面。

在家里看“黄片”也罢，下载“黄片”也罢，即使谈不上依法保护的个人权利，起码涉及了公民个人的隐私权，人不是天使，法律无权求全责备，否则会让普通人生活在对国家权力的恐惧之中。

5. 监督机制缺失

美国著名政治家、首任财长汉密尔顿认为，权力就像一条江河，当河水保持在河界之内时既美丽又有用。但是当河水溢出河岸而成为奔腾的激流无法遏制时，它就会摧毁一切，造成破坏与荒凉。因此，对于权力的监督和制约是必不可少的。而网络监督作为为我国社会主义民主政治的一种新形式，且越来越成为一种有效的舆论监督形式，因为主动权掌握在民众手中，而不是掌握在被监督者政府手中。但是我们也不得不承认网络监督还存在一些问题，需要法律的规范和引

---

① 邓清：《网友下载看黄片被拘又被罚　律师：处罚不具合法性》，载凤凰网，http：//news. ifeng. com/society/1/detail_ 2012_ 06/15/15336200_ 0. shtml？ – from – ralate，最后访问时间：2014 年 4 月 2 日。

导，而不是控制和封杀。2009年在上海工作的王帅因网上发帖，举报家乡河南省灵宝市政府违法征地，被灵宝警方跨省抓走拘留了8天[①]。家人与政府达成协议砍了自家的果树，警方才以“证据不足”的借口，将王帅作了取保候审。而在此案办理过程中，相关监督机制几乎全部失能，如果不是网络舆论的力量，王帅的命运还是未知数。

三、虚拟社会警务工作践行法治思维的必由之路

法治思维是一种观念，观念的改变必然是一场思想的革命。因而，切实在虚拟社会警务工作践行法治思维，首要培育执法人员的法治思维意识，在此基础上针对践行法治思维的薄弱环节，扎实开展有针对性的改进与加强，在法律框架内稳妥开展虚拟社会警务工作，运用法治思维谋划虚拟社会警务工作，运用法治方式破解虚拟社会治理中遇到的难题，真正将法治思维这一先进理念落实到涉网的具体执法行为中。

1. 培养执法人员的法治思维意识

对执法人员坚持社会主义法治理念和正确的执法理念的培养，是践行法治思维的思想基础。要加强注重对执法人员社会主义法治理念灌输和教育，要求执法人员牢固树立理性、平和、文明、规范的执法理念，把打击与保护、执法与服务、处罚与教育、公正与效率、依法办事与运用有关政策有机结合起来，努力做到宽严相济，宽严适度，把握好法律尺度与执法的策略，使执法活动既有利于震慑涉网的违法犯罪行为，维护虚拟社会的和谐稳定，也有利于促进现实社会和谐发展。

2. 牢固树立法律至上的理念

法治思维的首要内容是合法性思维，这就要求公安机关涉网警务工作不仅要符合形式的合法性，更要符合实质的合法性。能否将宪法和法律置于至高无上的地位，是衡量公安机关广大的执法队伍是否具有法治思维的标志。一方面，要以宪法和法律为最高行为准则，忠实于法律，坚守法律底线，对于任何的执法行为都要在法律规定的框架内进行，不能突破法律底线，在实现法律效果的前提下关

① 《灵宝事件》，载360百科，https://baike.so.com/doc/9198996-9532263.html，最后访问时间：2014年4月2日。

注政治效果和社会效果。另一方面，要正确适用法律，善于通过法律解释、法律论证、利益平衡等执法方法和技巧的运用，准确探求法律真意，妥善解决法律冲突，精心选择法律条文，为纠纷解决寻求相对最佳答案。

3. 坚持执法公正

公正是法律的生命，必须把实现公平正义作为涉网警务工作的最终价值追求。第一，要坚持法律面前人人平等。在社会主义法治之下，任何组织和个人都没有超越宪法和法律的特权，对所有网民的合法权益都平等地予以保护，对所有网民的违法或犯罪行为一律平等地依法追究责任，同种情形案件的处理结果必须保持前后的一致性。第二，要坚持正确行使自由裁量权。如果自由裁量权畸轻畸重，同案不同罚、同事不同办，就会影响法律的权威性和严肃性，损害社会公平正义。因此，公安机关要进一步严格控制自由裁量权的使用，确保自由裁量权的行使符合法律赋予该项权力的目的，确保案件与处理结果轻重幅度相当，经得起法律和历史的检验，让人民群众感受到公平正义。第三，要提高执法效率。迟到的正义非正义，效率也是公正应有之义。要站在当事人的立场考虑问题，充分理解当事人的迫切心情，提升执法效率，确保在法定的期限内案结事了。

4. 保障程序的正当

程序的正当性决定着执法行为的正当性。首先，要坚持涉网案件程序合法，权力的运行要依循有关程序法的授权有序推进。其次，要坚持程序独立。程序构成了一个封闭的独立空间，其目的在于维系公安机关执法的独立性，要避免权力、人情、利益等环境因素对程序系统的介入和影响。再次，要保障与当事人充分平等的对话，充分保障当事人各项法定权力，平等对待每一个当事人，通过与当事人完全充分的对话和商谈，最大限度地实现法律事实与客观事实的统一。最后，要坚持程序公开，充分保障当事人和公众的知情权，通过公开透明的诉讼程序规范权力运行，赢得人们对公安机关及其执法行为的信任与尊重。

5. 增强尊重权利的意识

法治要解决的核心问题是权力与权利的冲突，所以法治的精髓就在于限制权力、保护权利。对于权力而言，法无授权即禁止；对于权利而言，法无禁止即自由。第一，要全面保障网民的合法权利。立法是分配正义，执法是实现正义，司法是矫正正义，因此，广大网民的各项法定权利能否得以实现，执法的环节是关键，最具有实际意义，只有充分保障网民的各项权利自由，网民才能享有信息技术带来成果，现实和虚拟两个社会才能真正稳定。第二，要及时实现权利。权利能否得到及时实现取决于公安机关的履职。要尽可能地加大执行工作力度，及时保障网民合法权利的实现。第三，以预防和打击涉网违法犯罪为重点，还群众一个稳定虚拟社会秩序。公安机关不仅肩负着打击现实社会的违法犯罪、保护人民生命财产安全任重，同时还承担打击涉网的违法犯罪，以彰显国家法治在虚拟社会的威严和秩序，为此，公安机关必须将传统警务工作手法和现代科技手段充分结合，强化专业基础建设，建设一流的技术保障，促进战斗力生成模式的转变，着力提高打击涉网违法犯罪的精准化和高效化。

6. 强化虚拟警务建设

当前，公安机关在虚拟社会警务工作践行法治思维欠缺，与公安机关虚拟警务建设不足有一定的关系，许多公安机关还停留在传统警务工作层面，无法真正地融入虚拟社会，对虚拟社会所发生问题的反应也与实际脱节存的，因此，在目前和将来一段时间内，公安机关应当花大力气加强虚拟警务建设。

在所谓虚拟警务就是将警务工作与网络相结合，充分发挥网络具有实时性强、效率高、交流方便等优势，探索虚拟警务平台的机制、内容和管理模式。

第一，进一步强化警务网站建设，提高警务网站维持人员的水平。警务网站不能仅仅停留在开通上，还需要下大力气进行建设和完善以有效应对虚拟社会的发展与变化，同时要注重加强对有关工作人员的培训，提高维持人员网络互动沟通交流能力，掌握应对各种舆情问题的技巧和方法，就社会热点问题进行专门对策性培训等。

第二，培植警务网站在舆情中的“意见领袖”地位，引导网络舆论。“意见领袖”是美国社会学家拉扎斯菲尔德在 20 世纪 40 年代提出的。所谓“意见领袖”（Opinion Leader），又译为“舆论领袖”，是指群众中具有一定权威性与代表性的人物，他们首先接触大众传播媒介，再将从媒介上获得的信息加上自己的见解，传播给他们周围的人，从而对周围的人施加影响。因此，效果是伴随着信息的“两级传播”（即大众传播媒介—舆论领袖——般受众）过程而产生的。[①] 鉴于此，各类警务网站应努力打造警务工作的“意见领袖”的舆论地位，以警务网站为平台，积极设置议题，参与涉网警务工作热点问题的讨论，提高知名度，扩大影响力，形成强大的粉丝群，在吸引关注度和粉丝的同时，在网民中培养良好的公信力。

---

① 周庆山：《传播学概论》，北京大学出版社 2004 年版，第 198 页。

第三，警务网站对涉网案（事）件要及时进行真相报道和权威的法律释明，将警务网站建成为权威信息发布和法治宣传教育的强大高地。要及时准确在警务网站发布涉及群众切身利益、需要社会公众广泛知晓或者参与的警务信息；对公众关注的涉警事务的热点问题，要主动予以回应，发布权威信息，宣讲法律法规，讲清事实真相、有关政策措施以及处理结果等。

公安机关执法规范化建设探究

李光懿　张永晖[①]

公安机关是国家机器的重要组成部分，是维护社会治安及巩固政权的重要保障。近年来，随着公民法律意识的提升，国家特色社会主义法律体系的形成以及“依法治国”方略的提出，给公安执法工作提出了新的要求。作为执法主体的公安机关，其执法的标准直接关系着政府的公信力以及人民群众对新时期公安民警的态度问题。基于各方面的原因，公安工作执法规范化建设存在的问题亟待解决，以适应日益复杂的社会形势。本文中，笔者结合对云南公安机关执法情况的调研，针对公安机关执法规范化建设进行探讨。

一、公安机关执法规范化建设中存在的主要问题

目前，公安机关执法中尚未彻底消除一些痼疾、顽症，公安民警依然存在的违法犯罪和职务犯罪等问题，严重损害了公安机关形象，影响了和谐警民关系，造成了负面的社会影响。从公安信访、公安督察以及执法质量考评等渠道反映出公安执法中存在的主要问题依次是执法不规范、执法方式不妥当、执法效率不高、执法不公正和执法效果不统一等。

（一）执法不公正时有发生

1. 自由裁量权随意性大

使用自由裁量权违反合理性原则，错用、滥用强制措施，严重侵犯了犯罪嫌疑人的合法权益，未依照法定的从重、减轻、不予处罚的规定进行处罚等，量罚

---

① 李光懿，男，云南蒙自人，云南警官学院法学院副院长、教授，研究领域：行政法学、警察法学、教学管理等；张永晖，男，云南昆明人，云南警官学院法学院讲师，研究领域：国际法学、警察法学等。

幅度随意性较大，标准不统一，畸重畸轻，对犯罪嫌疑人同责不同罚；有的处罚“一刀切”，特别是治安拘留处罚，无论违法程度轻重，普遍顶格处理。

2. 实体不公正

不能准确适用法律，行政、民事、刑事案件随意作升格或降格处理。如，将民事纠纷、经济纠纷错误认定为治安管理处罚的违法行为甚至犯罪行为，将一般违法行为错误认定为犯罪行为，或者将此违法犯罪行为认定为彼行为等。

3. 对行政相对人以及违法犯罪嫌疑人及其代理人、律师的合法权益保护不够

对当事人基本权利告知不明确，该告知的事项没有告知，将处罚前知情权的告知程序与处罚后复议诉讼权的告知同时进行，变相剥夺了当事人的申辩陈述权；对当事人采取强制措施（羁押）后不及时按规定通知家属或单位；诱导或强迫犯罪嫌疑人自证其罪等。

4. 徇私舞弊，贪赃枉法

极少数民警办关系案、人情案、金钱案，搞权钱交易。有的民警胆大妄为，在执法办案中“以关系为依据，以金钱为准绳”，“吃拿卡要”、接礼受贿，搞权钱交易，甚至徇私舞弊，放纵犯罪。

（二）执法不规范屡有发生

1. 履行法定义务不规范

一是不履行法定职责，不依法立案、破案。有的基层所队和民警对群众报案推诿敷衍，甚至有警不接、有案不立；对发现的犯罪线索不告不理，对违法犯罪行为听之任之。个别部门和警种受经济利益驱动，超越案件管辖、地域管辖和审批权限办案等法定权限办案。

二是执法不严，随意性较大。一些办案单位和民警为了解决办案、办公经费不足的问题，在查处治安案件时，对当事人以高额罚款代替治安拘留或刑事处罚。特别是对经济犯罪案件，有的仅以追回赃款告终，犯罪嫌疑人没有受到应有的法律制裁。

2. 收集证据不规范

一是不重视获取、收集、固定证据。有的未能及时获取和固定血迹、毛发、体液、涉案文件、赃款赃物等重要物证；有的提取涉案的书证、材料的笔录不全；有的制作的扣押物品清单不规范；有的询问笔录中有指认环节但却缺乏记录；有的行政处罚案件未调取单位及其法定代表人的资质证明，对涉案财物的实

际价值评估鉴定或价格鉴证不详，当事人间相互有赔偿的收条却没有赔偿的协议等。

二是敷衍塞责，案件卷宗不规范。有的民警不按规定要求制作询（讯）问笔录，不认真计算法律规定的诉讼活动时效，对犯罪嫌疑人的告知义务不规范，不认真制作卷宗目录，卷宗内页无页码、装订不符合要求，引用法律法规条、款、项等内容书写不够准确，有的当事人提供的授权委托书内容不规范等。

3. 涉案财物处理不规范

有的办案民警随意扣押、动用当事人财物，赃款财物管理混乱，甚至发生赃款赃物被挪用、调换，甚至丢失、损坏的情况。有的基层单位违反财经纪律，坐收坐支罚没款。为了规避当地财政部门对罚没款的扣缴和财政审计监督，擅自增加办公、办案经费，采取案件“体外循环”的办法，使罚没收入不入账、不上缴。

4. 执法流程不规范

一是不按规定记录接处警、受案等过程，导致案件去向不明。二是不该立案的立案，应当转处的不转处，不应当转处的转处。三是应当及时审批事项事后才审批。四是缺乏案件审核审批的监督程序。

（三）执法方式不文明尚未彻底转变

1. 执法态度生硬

少数民警执法时没有树立“服务执法”、“民主执法”和“法治执法”的理念，说话办事态度蛮横，动辄训斥，执法态度在一定程度上还存在“冷、硬、横、推”的现象。

2. 执法方式粗暴

有的民警思想不端、作风不正，执法方式粗暴，行为恣意妄为。例如：在审讯中对违法犯罪嫌疑人采取长时间不让睡觉、罚站、罚跪等变相体罚，刑讯逼供。再如：动不动搞“零点行动”“地毯式清查”，深更半夜上门查验证件，执法扰民现象在一些地方还比较突出。又如：在调处治安纠纷中，不会也不愿做耐心的思想教育工作，动辄使用传唤手段，将双方当事人带到公安机关；在处置群体性事件中，不注重思想教育、引导，而采取强制驱散等方法等。

3. 执法手段单一

少数民警特权思想严重，以“管人者”自居，群众意识淡薄，执法手段简单，动辄训斥，缺乏亲和力。不仅降低了执法效果，而且严重损害和谐警民关系。

二、公安机关执法规范化建设中存在的主要问题原因

（一）主体原因

1. 部分公安民警执法理念有偏差

一是执法观念需更新。部分民警受传统执法思维模式影响，严重偏离“立警为公，执法为民”的正确执法理念，执法观念仍然停留在“有罪推定”“重管理轻服务”“重打击轻保护”“重权力轻监督”“重办案轻保护”“重实体轻程序”“重公权轻私权”和“执法为公（政府）”的阶段，执法观念不适应。

二是宗旨意识需强化。部分民警全心全意为人民服务的宗旨意识不强，定位不正，主仆颠倒，特权思想严重，惟我独尊，对群众缺乏感情，对群众的呼声无动于衷。

三是法治意识需巩固。部分民警法制观念不强，认为严格按照法律法规办事则会束缚执法的顺利开展，执法中特权思想严重、人权意识淡薄、程序意识不强，证据意识欠缺、诉讼意识薄弱，不能做到理性、平和、文明、规范、公正和严格执法。

四是责任意识需加强。部分民警缺乏职业责任心，在执法中，重维护自身和小团体利益，轻维护社会整体利益，不积极履行法定职责，甚至面对群众求救和突发事件麻木不仁，视而不见，充耳不闻。

2. 部分公安民警执法素质不高

法律、业务知识贫乏。有的领导不懂法，不会办案，起不到指导和监督把关作用。有的领导作风不实，忙于应酬，不关心执法工作，审核、审批案件只批不审，敷衍了事。一些老民警过多依靠老办法、老经验执法，不注重知识更新，不了解、不掌握新形势下执法的要求。部分新民警没有系统学习过法律和业务知识，对执法要求、程序知之甚少，不能适应执法工作。

3. 基层民警心理压力较大

工作任务重、要求高。处于社会转型的时代背景，面对社会冲突加剧、刑事犯罪高发的形势，公安基层警力不足的矛盾十分突出，多数一线警察长期处于精

神高度紧张、身体过度疲劳的工作状态，由此严重损害了民警的身心健康。可能使民警丧失工作的热情和责任心，产生职业倦怠，影响对公众的态度，产生执法问题，甚至导致违法违纪和职务犯罪。

（二）体制原因

1. 警察权力配置不合理

在我国，公安机关是唯一拥有行政执法权与刑事侦查权的职能部门。公安机关职能过多，警察权力过分集中，自由裁量权过大，且缺乏司法控制和有效监督，使得警察存在较大的权力寻租空间，警察实施有关职务犯罪的机会增加，犯罪得逞的概率增大，加之警察职务犯罪不易被及时发现，容易逃避法律制裁，从而助长了警察实施违法违纪行为和职务犯罪的侥幸心理。

2. 监督制约机制乏力

一是内部监督不到位。由于现行公安执法内部监督制度不够完善和细化，可操作性不强，缺乏程序与法律后果的规定；内部监督机构缺乏独立性和授权不足，人事权和财权受制于被监督客体，难以大胆有效行使监督职权，尤其是对单位“一把手”的监督工作处于失控状态；内部监督主体职责交叉、部门繁多、职责不清，没能形成强大的合以及监督方式表面化、事前监督缺位等因素，因而监督不力甚至流于形式。

二是外部监督薄弱。由于缺乏专门的监督法作依据，监督职责不明确，监督渠道不畅通，加之警务公开程度不够，警察权力运行缺乏透明度，因而使得外部监督不能发挥应有的作用。

3. 激励制度有偏差

目前公安机关对于岗位的难易、危险程度没有合理的划分与相应的待遇匹配，基层民警不满情绪大，直接影响工作积极性，导致执法问题发生。按现行管理制度，公安民警提高待遇最主要的途径是提升职级。由于公安机关目前尚未建立符合自身特点的非行政职级的晋升制度，与其他行政部门相比，人员多，行政领导岗位少，晋升几率小，民警发展的需要受到较大制约。这从一定程度上影响了民警职业自豪感、职业归属感、个人价值成就感以及民警执法公正性和敬业精神，有的民警可能用极端的方式来满足自己的需求，从而产生各种违法违纪行为和职务犯罪。

（三）社会原因

1. 警民关系紧张

警民关系紧张已成为近年制约公安机关顺畅执法的难题。在社会转型背景下，社会治安形势严峻，公安机关执法工作滞后于形势发展需要，人民群众对治安综合治理、公安行政服务与管理工作不满意。部分民警工作作风飘浮，缺乏深入群众中去的扎实工作态度，以执法者自夸，以管人者自居，在执法中伤害了群众的感情。另外，公安机关内部极少数民警违法乱纪，严重败坏了民警的整体形象，破坏了警民关系。

2. 承担社会矛盾激化风险增加

当前，我国处于社会转型期，多元化的意识形态、不同的利益诉求造成了诸多的人民内部矛盾，且社会矛盾的关联性、敏感性、突发性较强。地方党委、政府从经济建设维稳的角度出发，直接把公安机关推至社会矛盾的浪尖上。当涉及房屋拆迁，土地赔偿，施工进场等事件处置时，呈现“群众维权，警察维稳”，警民间矛盾激化风险增加，警察处于各种矛盾冲突的焦点位置，公安机关被卷入各种社会矛盾交织的漩涡中。

3. 公安机关执法瑕疵、工作失误容易成为网络舆情焦点

目前公安民警的执法瑕疵、工作失误或一些关联事件，极容易被社会舆论大肆炒作，造成负面影响，使公安机关处于被动地位。特别是在当今网络时代的背景下，网络传播信息传播速度前所未有，很多工作在几乎透明的环境下开展。一些别有用心的人故意制造事端来污蔑、诋毁公安工作，挑衅公安机关的权威性，以此大肆渲染，进行负面宣传，极力破坏警民的和谐关系。加之部分媒体为寻找新闻“看点”和“卖点”，抓住公众探窥心理、好奇心理，往往不负责任的对有关情况进行炒作，更是把事件炒作的热度引向了极致。

4. 袭警事件频发

目前社会冲突日益激烈，执法环境迅速恶化，单人袭警，多人共同抗法，甚至有组织的集体性抗法并袭警事件持续发生，警察已成为和平时期最具危险性的职业。据统计，2010 年至 2014 年，全国公安民警因公伤亡人数达 22870 人。

三、加强公安机关执法规范化建设的建议

（一）强化教育培训，提高执法素质能力

公安民警的执法素质和能力决定着公安机关执法水平的高低，影响着公安机关在人民群众心目中的地位、形象。加强执法教育培训，是提高公安民警执法素质能力的关键措施。

1. 完善执法教育培训的管理机制

一是完善领导干部定期培训机制。深入推进定期对各级新任公安局长、政委以及基层所队长开展的专题轮训。启动中青年领导干部国际化培训计划

二是完善“轮值轮训、战训合一”和“全警组训、全员轮训”机制。

三是完善培训激励约束机制。健全教育培训与任职管理衔接机制。全面落实“三个必训”制度，实行“逢进必训、晋升必训”，推动初任训练与民警录用制度相结合，专业训练与警种岗位资格认证制度相结合，晋升训练与领导干部任职资格和警衔晋级制度相结合，形成教育培训与晋升、育人与用人紧密衔接的工作机制。

四是完善教育培训保障机制。加强对培训工作的组织领导；加强民警训练基地建设，提升训练基地的硬件条件；加强教官队伍建设，提高教官培训能力；加强训练大纲、教材建设，研发民警训练大纲，把执法理念、执法规范、执法流程和执法依据作为重点教育培训的内容，编写警官培训，警务和实战训练的“三个必训”等统编实训教材；加强训练经费保障，形成教育训练保障长效机制。

五是完善执法资格考试制度。推行民警执法资格考试制度，确保执法主体合法。只有执法资格考试合格、取得执法资格的民警才能执法，考试不合格、未取得执法资格的民警不得执法，从源头上保证了执法质量，促进队伍正规化建设。

六是完善公安院校与公安局共建合作机制，推动实现教学培养与执法实战互动双赢。

2. 提高执法教育培训的实效

一是采取多种途径开展执法教育培训，把集中教育培训和日常教育培训、专业执法培训和法律普及培训、网络教学和课堂教学结合起来。

二是创新教育训练方式。注重执法流程和规范的模拟训练与实战训练，大力

提高民警的实战执法技能和灵活、准确运用法律的能力。

三是深入开展执法警示教育。要紧紧抓住发生在民警身边、引起舆论关注的执法典型案（事）件，进行有针对性的执法警示教育。

（二）加强监督制约，保障执法公正廉洁

1. 完善公安机关的内部监督

一是制定统一的公安机关内部监督办法，明确各监督部门的职责、监督的方式、监督的重点等，从根本上解决职责交叉问题。进一步细化监督的法律体系，加强对程序与法律后果的规定，尽可能地减少自由裁量权，避免人为因素的干扰。

二是改革内部监督体制。整合公安机关内部监督机构，成立统一的监督机构行使执法监督权，完成从对案件的投诉、受理、立案、调查、执法过错责任认定到民警过错责任的追究等职能，减少职能交叉重复，提高监督效能。提高监督机构的行政级别，树立监督机构的权威性，有效避免执法监督重复和执法监督空白。

三是完善自下而上的监督机制，广开监督渠道。通过设立互联网投诉信箱、设立公开的举报电话等途径，建立自下而上的监督渠道。充分利用民主测评、党内途径等方式加强对领导干部的监督。

2. 完善执法公开制度

执法公开是防止执法腐败、促进执法公正的一剂良药。建立“警务执法阳光平台”，将执法办案系统中行政、刑事案件的相关信息发送到公安门户网站；通过立案公开、执法公开，建立执法规范化建设倒逼机制。

将办案规定、案件程序流程、时限以及执法民警的警号、职务、监督电话等对外公布，实行办案过程的公开，增强案件办理的透明度，防止暗箱操作，便于群众监督、投诉。对一些重大事项、案件自觉接受新闻媒体的采访报道，以公开促公正，注重既要保障人民群众的有效监督，又要保障警察依法行使职权以及维护警察的正当权益。

3. 整治执法不公正突出问题

继续加强治理刑讯逼供、涉案财物管理、涉案人员非正常死亡、乱收费乱罚款、办人情案关系案等执法突出问题，坚决遏制执法不公、执法不严和执法不作为、乱作为等问题的发生。

4. 建立常态化的明察暗访机制

加大执法检查、现场督察、警务回访、责任倒查力度，强化对执法过程的刚性制约、过程控制和系统管理。加强对执法办案场所管理、使用的监督、检查；加强涉案财物管理场所日常监督管理，形成网下网上涉案财物互动流程监控体系。

5. 完善外部监督机制

一是自觉接受党委、政府、人大、政协、检察、法院和社会各界的全方位监督。高度重视舆论监督；建立健全人民群众和新闻媒体反映问题的处理机制，对人民群众举报投诉、新闻媒体反映的问题，认真调查核实，依法及时作出处理，并通报处理结果。

二是完善群众举报投诉制度，畅通群众监督渠道。充分利用互联网、电话、邮件等通讯方式，设立公开的方便人民群众投诉、举报的电话、邮箱和电子信箱。同时充分发挥信访的部门的职能作用，畅通群众监督的渠道。建立“开门大接访”等群众举报投诉长效机制，建立群众监督的反馈机制。

（三）狠抓制度建设，推进执法规范

1. 加强公安立法工作

一是按照社会主义法制建设的总体要求，以提高公安机关执法水平，实现各项公安工作和队伍建设的正规化、规范化、制度化、法制化为目标，形成与中国特色社会主义法律体系相协调、相配套的完善的公安法规体系，把各项公安工作和队伍建设全面纳入法制化轨道。二是着力改进立法方式，提高立法质量。要坚持以宪法为依据，严格执行《立法法》和法规规章备案制度，切实维护社会主义法制的统一和尊严。增强公安立法工作的预见性和前瞻性，完善立法程序，防止和克服地方和部门保护主义，切实尊重和保障人权特别是弱势群体的合法权益，加强对公安法律、法规、规章的清理、修改和废止工作。

2. 完善执法制度

公安执法制度是公安机关及其民警执法行为的准则和规范，是公安机关及其民警执法的依据，也是公安机关执法管理的依据。

一是在执法规范方面，要健全完善执法标准和程序规定，明确操作规范、固化执法流程；执法保障人权规定，执法证据与结果的法律审核制度，各类案件的审批环节与时限制度，群体性事件风险监测、评估与预警制度，基层岗位执法规范制度，行政案件公开审理制度、重大案件办理情况新闻发布制度、为民服务政

策咨询与公示制度以及群众意见处理公告制度等。制定出台常见刑事案件证据规范和执法执勤动作语言规范等相关制度。

二是在执法管理方面，要健全完善各类执法活动纪律制度，执法岗位责任制、执法过错倒查制度和执法过错责任追究制度，领导决策审批制度、领导执法检查监督制度、领导执法过错责任追究制度，执法案卷评析制度，民警执法教育培训制度以及执法奖励制度、警衔和职务晋升制度等。

三是在执法监督方面，要健全完善执法救济制度，畅通法律救济渠道。首先，要赋予当事人对公安机关不予立案决定和刑事强制措施的使用、变更和解除，向上一级公安机关申请复核的权利；将长时间限制公民人身自由且由公安机关自行决定适用的收容教育、收容教养、强制戒毒、强制医疗等纳入公开听证的范围。其次，要强化行政诉讼和国家赔偿制度的监督、救济作用，切实解决国家赔偿案件中公安机关拒不确认违法、“私了”、不赔偿及追偿不到位等突出问题。

（四）完善执法考评，提升执法质量

1. 拓宽执法质量考评的范围

要更加注重对重点执法环节和问题的考评，更加注重促进社会矛盾化解和群众满意度考评。

2. 创新执法质量考评的机制

一是深化个案考评。法制审核部门要坚持以个案考评为抓手，对上报审核的案件从事实、证据、程序、定性、量罚等各个环节严格把关，逐案考评，记载问题，即时打分，限期整改，并每月在网上通报情况。

二是定期执法检查。每季一次对各基层执法办案单位的执法基础台账、执法制度落实情况、执法档案建设、接处警、案件办理及个案考评反馈问题的整改等情况进行综合评估，对执法办案过程进行全方位的考评监督。

三是开展定期或不定期的执法考评通报制度。对执法中存在的普遍问题和突出问题及时通报，督促整改；对好的执法典型及时进行宣传、推广，起到警示和示范效果。

四是前移审核关口。特别是针对严重暴力性犯罪案件、重大群体性事件、新型违法犯罪案件、党委政府高度关注的案件，法制业务部门要提前介入，严把程序、证据关，为稳、准、狠地打击犯罪提供有力的法律保障。

（五）完善执法机制，改进执法方式

要改进执法方式，在执法办案中主动向当事人说明事理、说透法理、说通情理，做到以法为据、以理服人、以情感人，使人民群众通过办理的案件、处理的事情，既感受到法律的权威、尊严，又感受到公安机关的关爱、温暖，坚决防止因执法不当、处置不妥而激化矛盾、扩大事态。

1. 完善民警心理疏导机制

要重视民警心态的监测和评估，定期对民警进行心理测试，及时开展心理疏导和调适工作。要建立心理咨询室、开展丰富的文体娱乐活动、畅通情绪交流渠道、提供干警、警民交流活动平台以消除民警不良心态的积累与质变。

2. 完善执法责任追究机制

要坚持从严治警，通过严格追究民警的违法违纪行为，增强民警的责任感和严守法纪的自觉性，切实有效地将粗暴执法、软弱执法转化平和、文明执法。

3. 完善执法监督制约机制

要树立自觉接受监督的意识，减少对执法监督的阻碍，努力健全权责明确，相互配合、制约有效的执法监督制约机制，切实发挥执法监督的管理、激励和教育作用。

4. 完善执法绩效评价机制

要制定科学、全面的执法绩效考核标准体系，既要有破案数等定量考评内容，也要有群众评议等定性考评内容，结合日常考评与年度考核，营造良性的竞争氛围。

（六）改善执法环境，增强执法保障

1. 加强警民联动，和谐警民关系

公安机关在执法活动中要严格依法办事，尊重人权，保障人权，关注民生，保障民生、服务民生，提高公安机关公信力。加强矛盾纠纷的排查化解工作，解决涉及群众切身利益的热点问题，以创新社会管理模式为切入点，和谐警民关系。

2. 严把非警务用警关，合法、合理用警

当前诸多社会矛盾的凸显是由于我国行政诉讼体制不健全，民事救济渠道不畅，正当合理的利益诉求得不到解决所致，出动警力对问题的解决无济于事，往

往适得其反。为此，必须找到症结，严把非警务用警关，把警察的职责严格限定在一定的权限范围内，坚决避免因土地纠纷、房屋拆迁等矛盾和纠纷等非警务用警。坚持民事、行政的矛盾通过民事、行政诉讼程序解决。

3. 强化有关宣传工作力度，争取群众对公安工作的理解与支持

大力宣传报道公安机关参与抗旱救灾等实践活动，开门评警等相关活动，引导社会舆论宣传，努力营造良好的社会舆论环境。通过树立公安队伍的模范典型，展示民警的良好形象，使社会和群众正确认识和评价公安工作。

警察环保职能及其履行的法律保障

——以环保警察的设立为中心

才凤敏①

自2006年以来，全国各地先后出现环境保护派出所、公安局环保分局、环保局的公安办事处、环保警察大队、环境犯罪侦查大队等环保警察队伍②。这些公安部门虽然在机构设置、人员配备、领导机关乃至执法模式方面表现各异，但是其环保职能均得到确认并充分发挥。

一、警察肩负环保职能的立法依据

公安机关的职能，是指公安机关对于国家与社会所应起的效能与作用。公安机关的环保职能则是从不同专业分工的作用划分的。

自工业社会发展以来，人类社会生产力水平不断提高，人们不断征服及改造自然，对自然的索取及破坏也迅速扩大，人与自然关系紧张。“改造自然、战胜自然”的过程，日益显现严重的问题——人类社会赖以生存的生态环境受到严重的威胁。20世纪90年代后全球性生态危机凸显，如沙尘暴、雾霾问题、水污染、大气污染、温室效应、生物入侵等，经济全球化、森林锐减、各国之间潜在的环境威胁增加。生态环境问题也逐步上升到生态安全问题。生态安全是人类面临的共同问题，也是我国面临的重大非传统安全问题，政府以及其各职能部门都有责任保障生态安全。

一个国家的环境保护任务重要而艰巨。国民的生存、发展，乃至一个国家的

① 才凤敏，江西警察学院副教授，南京工业大学博士研究生。

② 例如全国首家“环保公安”——安平县环境保护派出所，全国首个公安环保分局——云南省昆明市公安局环保分局，玉溪市公安局环保分局，山东莒县环保局设立公安办事处，湖北大冶市环保警察大队等。

繁荣振兴都依赖环境，环境监督管理是一个系统工程。人们习惯地认为，环境保护问题应由环保部门解决。实际上，公安机关的主要任务是维护国家安全，其中当然包括维护非传统安全的生态安全，因此也承担了一部分国家的环境保护监督管理职责，享有对应的环境保护监督管理职权。其具体表现为：

（一）环保监管职责

1. 行政执法方面

《人民警察法》第2条规定了人民警察即公安机关的基本任务，主要是维护国家安全，维护社会治安秩序，保护公民的人身安全和人身自由，保护公共财产和公民合法财产，预防、制止和惩治违法犯罪活动。公安机关（的人民警察）的具体职责是：预防、制止和侦查违法犯罪活动；防范、打击恐怖活动；维护社会治安秩序，制止危害社会治安秩序的行为；管理交通、消防、危险物品；管理户口、居民身份证、国籍、出入境事务和外国人在中国境内居留、旅行的有关事务；维护国（边）境地区的治安秩序；警卫国家规定的特定人员、守卫重要场所和设施；管理集会、游行和示威活动；监督管理公共信息网络的安全监察工作；指导和监督国家机关、社会团体、企业事业组织和重点建设工程的治安保卫工作，指导治安保卫委员会等群众性治安保卫组织的治安防范工作。在《人民警察法》中，虽然没有明确的规定公安机关的环境保护的任务与职责，但是前文已谈及国家安全包括传统安全与非传统安全，生态安全即包含于国家安全任务中。另外，《人民警察法》第6条第14款“法律、法规规定的其他职责”的规定给明确规定公安机关的环保职责预留了空间。公安机关是维护国家安全、维护社会稳定的重要力量，那么于法有据的有利于国家安全、维护社会稳定的范畴即可纳入警察职责。

《环境保护法》第63条规定了公安机关对建设项目未依法进行环境影响评价、未取得排污许可证排放污染物，被责令停止排污，拒不执行的；通过暗管、渗井、渗坑、灌注或者篡改、伪造监测数据，或者不正常运行防治污染设施等逃避监管的方式违法排放污染物的；生产、使用国家明令禁止生产、使用的农药，被责令改正，拒不改正的其直接负责的主管人员和其他直接责任人员的拘留。

《环境噪声污染防治法》第6条规定各级公安主管部门根据各自的职责，对交通运输和社会生活噪声污染防治实施监督管理。《治安管理处罚法》第58条的规定，公安机关对制造噪声，干扰他人正常生活的行为予以制止或处罚。

《森林法》第20条规定了森林公安机关对盗伐、滥伐森林或者其他林木，非法采伐、毁坏珍贵树木的违法行为予以行政处罚。

《大气污染防治法》第35条规定省、自治区、直辖市人民政府环境保护行政主管部门可以委托已取得公安机关资质认定的承担机动车年检的单位，按照规范对机动车排气污染进行年度检测。第46条规定，对于拒绝环境保护行政主管部门或者其他监督管理部门现场检查或者在被检查时弄虚作假的，根据不同情节，责令停止违法行为，限期改正，给予警告或者处以五万元以下罚款。

根据《放射性污染防治法》的规定，公安部门、卫生行政部门和环境保护行政主管部门对生产、销售 、使用、存放射源的单位的安全保卫工作进行监管，接到放射源丢失、被盗和放射性污染事故报告后，应立即组织采取有效措施，防止放射性污染蔓延，减少事故损失，并做好事故的调查、处理工作。

《野生动物保护法》第33条第2款规定未取得持枪证持枪猎捕野生动物的，由公安机关比照治安管理处罚条例的规定处罚。

以上法律均体现公安机关的环境保护监督或者管理职责，总的来说，公安机关的环保职责可以概况为：预防、制止破坏生态环境与资源的违法犯罪；侦办、查处破坏生态环境与资源的违法与犯罪行为；协助环境保护部门及其工作人员的环保监督、管理权的行使等。

2. 刑事司法方面

公安机关根据《刑法》及《刑事诉讼法》的规定，侦查破坏环境的犯罪行为，即公安机关环境保护的刑事司法职责。《刑法》中的重大环境污染事故罪、非法处置进口固体废物罪、擅自进口固体废物罪、非法捕榜水产品罪、非法猎捕、杀害珍贵、濒危野生动物罪、非法收购、运输、出售珍贵、濒危野生动物、珍贵、濒危野生动物制品罪、非法占用耕地罪、非法采矿罪、破坏性采矿罪、非法采伐、毁坏珍贵树木罪、盗伐林木罪、滥伐林木罪、非法收购盗伐、滥伐的林木罪等均需公安机关侦查。

（二）环保监管职权

根据《人民警察法》的规定，公安机关的职权主要体现在行政强制权、行政处罚权、强行带离现场、盘查权、使用武器与警械权、刑事强制措施权、行政优益权、交通管制权、现场管制权、采用技术侦查措施权等。从上述法律规定的公安机关的环境保护监督管理职责来看，公安机关享有行政处罚权、行政强制权与刑事强制措施权。基于权责统一性，为了履行职责，其他相应的职权诸如并配备警用基本装备和环保检测仪器权、盘查权、行政优益权等公安机关也依法享有。这些行政职权是法律法规授予给公安机关的。

二、环保警察的机构设置与执法权行使状况①

目前，我国有 5 省试点设立“环保警察”，其机构设置与执法模式有所不同。机构设置上，大体可分为三类：其一是作为公安局的内设机构，与环保部门联合执法，比如安徽铜陵县公安局成立“环保治安办公室”。但该办公室于 2014 年 10 月被撤销，原环保警察的执法方式由“联合执法”改变成协助环保部门执法。其二是公安局派警察入驻环保部门，比如 2006 年 3 月全国首家“环保公安”在河北省安平县成立了安平县环境保护派出所，其设在县环保局。这种模式被很多地区采用，比如湖北省大冶市环保警察大队、河南省滑县环境警察大队、江苏省兴化市公安局驻环保局治安办公室、重庆市忠县公安局环保警务室等。其三是作为公安部门的单独警种，独立办理环保案件。2008 年全国首个公安环保分局——云南省昆明市公安局环保分局即为此种典型代表（2010 年 9 月该分局与水务治安分局合并更名为水上治安分局），而后陆续成立的山东省公安厅组建食品药品与环境犯罪侦查总队、湖北省黄石市公安局环境保护警察支队、河北省石家庄市公安局环境安全保卫支队、浙江省宁波市公安局环境犯罪侦查支队、贵州省公安厅生态环境安全保卫总队、辽宁省公安厅成立环境安全保卫总队、广东省佛山市公安局经侦支队环境犯罪侦查大队、肇庆市环境犯罪侦查大队等。在此种设置中，执法由公安机关主导，虽然有的机构也称联合执法，比如肇庆市环境犯罪侦查大队，但是在“联合执法中，公安主要负责刑事案件的办理，日常巡查和行政案件归环保部门。”② 可以看出公安机关与环保部门的分工明确，各司其职。

针对近年来环保警察的试点情况，我们可以看出，环保警察的执法模式（即公安机关履行环保职能的模式）主要有三种：一是独立（主导）执法，二是联合执法，三是协助执法。前两种执法模式针对履行公安机关的环保职能，而后一种执法模式不限于公安机关的环保职能。

---

① 王开广：《“环保警察”的两种执法模式》，载《法制日报》2015 年 1 月 2 日。

② 薛冰妮：《肇庆新设环保警察 警察称主要是震慑》，载《南方都市报》2015 年 1 月 9 日。

1. 独立履行

一般情况下，公安机关可以独立履行自身的法定环保职责，公安机关享有法定环保职权，以自己的名义行使职权并承担由此产生的法律后果。例如，一公安机关接到报警电话，报警人称邻居音响声音过大，干扰其正常生活。这时公安机关即可根据《治安管理处罚法》第 58 条的规定（违反关于社会生活噪声污染防治的法律规定，制造噪声干扰他人正常生活的，处警告；警告后不改正的，处 200 元以上 500 元以下罚款）对报警市民的邻居进行处罚。再如，公安机关追究未取得排污许可证排放污染物，被责令停止排污，拒不执行的企业相关负责人的法律责任，对其予以行政拘留或者施以刑事强制措施的行为，亦是公安机关履行其自身的法定职责。

2. 行政协助

行政协助是指行政机关之间相互提供协助，共同完成行政管理任务。公安机关通过行政协助方式履行环保职能的情形主要有两种：一是公安机关协助环保部门履行职责，另一种是环保部门协助公安机关履行环保职责。

在当前的环境执法中，环保部门缺乏必要的行政强制权，不能采取限制公民人身自由的强制措施，因此，遇到公民暴力抗法等情况就会请求公安机关予以协助完成其任务。此时，公安机关制止环境违法相对人的暴力行为（采用行政强制措施等），这是对环保部门的协助，不是履行自身的环保监管职责。另外，环保部门也可以通过向公安机关提供必要的监测数据和其他证据材料等协助公安机关。如前例提及的一居民报警投诉邻居的音响噪音。如果民警前去查证，邻居坚持说音响声音很小，不足以扰民，这时公安机关是无法根据表象断定噪声是否达到处罚标准的，应该依据环保部门对噪声的分贝监测结果来判断，这里，环保部门对噪音的分贝监测就是协助公安机关完成环保监管职责。

3. 联合执法

理论界与实践中有不少人认为联合执法等于行政协助，实质上两者不同，目的、地位、启动方式均有不同。首先，联合执法目标一致而行政协助主要体现被协助主体的目的；联合执法的各机关法律地位平等，而行政协助的协助机关与被协助机关的法律地位不同；最后，联合执法的参加者皆是主动执法，而行政协助的协助机关的执法活动是由被协助机关“启动”的。

联合执法，是指行政机关之间或行政机关与其他主体采取联合行动，对某些行政事务进行综合性整治的执法活动。联合执法一般只是适用于行政检查和调查阶段，行政决定是由各行政执法机关（主体）分部依据只本机关的执法程序单独作出，而不能以参与联合执法的各机关以共同名义对外作出。

在环境管理领域，联合执法是一种常见的执法方式。环保部、公安部于2013年11月联合下发《关于加强环境保护与公安部门执法衔接配合工作的意见》指出建立联动执法的各项制度。因为环保部门的部分行政制权缺失，而公安机关执法手段丰富，公安机关会同环保部门联合执法，解决环境问题成效良好。

三、环保警察履行环保职能之困境

环保警察加大打击资源环境犯罪的力度，确保环境保护实效，但是其“存”“废”之争一直存在，一些地区的环保警察设立，而有的环保警察比如铜陵县环保警察却被撤销。具体而言，环保警察履行环保职能存在以下困境：

1. 设立“环保警察”无法律依据，环保警察身份不明

目前我国各省市设立“环保警察”并未有明确的法律（指狭义上的法律，专指全国人大和全国人大常委会制定的法律文件）依据。其依据的法律规范性文件层次不高。比如昆明市公安局环境保护分局正式成立是依据云南省昆明市公安局、昆明市中级人民法院、昆明市人民检察院和昆明市环境保护局于2008年11月6日联合出台《关于建立环境保护执法协调机制的实施意见》，成都市委的《中共成都市委关于贯彻落实党的十八届三中全会精神全面深化改革的决定》提出：“建立独立高效的环境监察执法体制，探索设立环保警察。”正因为没有法律依据，全国不统一，环保警察“地位不明”，身份尴尬。

2. 机构设置的随意且不稳定

正如前文所述，不同地区的环保警察机构设置、职责职权形态各异，有不定时联合执法的，有常态联合执法的，有民警入驻环保部门的，有新成立专门的环保警察机关（机构）的，还有参照森林公安模式实行双重管理的。没有明确的法律依据，各地仅从本地实际，未整体考量、论证环保警察队伍的性质定位、职权范围等。在机构设置和人员编制上随意构建，这一来环保警察职业风险加剧，专业环保警察职业保障缺失，例如被撤销的铜陵县环保警察，仅存几个月的时间，实乃资源、人力的极大浪费。

3. 环保职责、权限不统一

我国政府职能部门往往存在职能交叉的现象，公安机关与环保部门在不甚明

确“权”“责”的情况下会严重阻碍双方环保职能的实现。如目前我国各省市试点的环保警察制度，有的地区是公安环保联合执法机制，有的地方是行政协助执法机制，全国环保警察无统一的职责、职权，既影响公安机关环保职能统一完整履行的实现，也会增加环保警察的职业风险。

4. 执法依据不足，现有执法依据操作性不强

环保警察执法亦需遵循法理，符合合法性原则、合理性原则等并遵守法定程序，但正如环保警察设立、职责职权没有明确的法律规定一样，环保警察在执法中也没有一部可以完全依据的法律。前文所概况的公安机关的环保职能分散于各不同法律法规中，对于执法机关来说，法律支撑不足，另外，我国环保方面的法律法规，普遍存在原则性强、操作性弱的特点，有的法律法规仅有原则性规定，并无具体程序上具可操作性的规定。相关环境质量标准没有制定或者没有修订，不利于实践执法。

5. 环保警察的“环保”职业技能方面存在不足

环保警察兼具警察与环保职责，目前我国各省市的环保警察都是从公安机关中挑选的，之前并未专门从事环保执法事务。对于环保警察的培训并未形成有效机制，影响环境执法效果。

四、环保警察履行环保职能之法律保障

（一）组织保障——环保警察机构设置设想

公安机关履行环保职能首先需要专业的强力执法机构，传统的公安机关人民警察职责众多，不能“专职”环保监管职能。从生态安全角度看，设立环保警察十分必要，其无疑是公安机关全面履行环保职能的良好契机。从环保部门执法现状来看，环保警察能弥补环保部门执法手段不足，切实保障公民的生态环境权。国际上，俄罗斯、澳大利亚、德国、法国、美国等都通过各种形式建立自己的环保警察队伍。设立环保警察是公安机关环保职能履行的重要保障。

至于环保警察的机构设置，目前我国并无统一模式。结合实践状况，环保警察的机构设置有四种选择：一是确立公安与环保执法的联动机制；二是在环保部门中设立环保警察；三是在公安系统确立“环保警察”新警种，四是将森林公安整建制转为环保警察。公安与环保执法的联动机制，优点在于简便、节约成本，

问题在于部门之间难于协调与协作，可能存在利益冲突或责任推诿等现象。第二种“环保部门中设立环保警察”的途径虽然便于调度与培养警察环保技能，但是容易忽视环保警察的“警察”身份。第三种设立环保警察新警种，优点在于解决了环保警察身份尴尬的问题，但也会对现行招警制度、培训与考核制度等造成挑战。最后将森林公安整建制转为环保警察，因现有森林公安局主要分布在我国林区、山区，但环保警察明显应该分布的更广，另外，其中涉及现有法律法规的修改完善等问题。因此涉及环保警察的设立机构问题，我们建议重点考察不同模式的试点环保警察的执法成效与困境，然后决定是确立公安与环保执法的联动机制、在环保部门中设立环保警察，还是在公安系统确立“环保警察”新警种，抑或将森林公安整建制转为环保警察，并确立环保警察的管理机关。

（二）立法保障——明确环保警察的地位与任务

1. 立法明确环保警察的地位

相对上述环保警察有法律保障的国家，我国现有的生态环境保护和环境管理的立法则较为薄弱，配套的法律法规也不完善。若要公安机关（警察）较好的履行环保职能，生态环境的法律体系构建显得十分必要。

2. 构建环保警察制度，也需要修改完善一些现行法律法规。

首先，明确环保警察的身份、地位，职责与权限，用法律制度保障环保警察机构的存在和职能是国际普遍做法，也符合现代法理。我们建议修改《人民警察法》，保障环保警察的设立。作为从宏观上规范人民警察的基本法，其应明确规定环保警察的身份、地位、职责与职权并保障其的具体措施等，该法的修改对于环保警察的构建制定应有指导意义。

第二，制定与完善环保警察制度的配套法规。进一步明确和细分保障环保警察执法的一些专门法。

第三，制度和修订相关技术标准。注意立法的可操作性。

第四，法律法规中明确规定环保警察的责任、义务、利益保护和保障，完善监督机制，防止环保警察滥用职权和越权执法。

第五，将公众参与制度、生态安全教育制度等制度用法律的形式确定下来，并予以明晰的界定和具体的操作程序。

（三）执法保障

在立法上赋予环保警察的执法权能促进环保警察的环保职能的履行，但执法中还需考量该执法主体的执法能力、执法人员素质以及执法方式手段等因素，保障环保警察的机构与人员设置、保障环保警察的经费来源、提高执法人员素质等尤为重要。

参考文献：

[1] 刘超：《昆明环保警察制度的借鉴与思考》，载《环境保护》2011 年第 21 期。

[2] 吕中诚、罗志军：《我国环境警察执法模式初探》，载《求索》2011 年第 10 期。

[3] 孙磊：《我国环境警察制度构建研究》，黑龙江大学 2010 年硕士论文。

[4] 曾文革、陈娟丽：《关于设立三峡库区流域环保警察的构想》，载《西南大学学报（社会科学版）》2012 年第 1 期。

[5] 邢捷：《论我国环境警察制度的构建》，载《中国人民公安大学学报（社会科学版）》2012 年第 2 期。

[6] 李文青、王成、刘海滨：《国内外环保警察制度现状及启示》，载《环境保护》2014 年第 10 期。

[7] 王树义、冯汝：《我国环境刑事司法的困境及其对策》，载《法学评论》2014 年第 3 期。

警察使用武器个人防卫探讨

项金发[1]

警察使用武器防卫可分为职务防卫和个人防卫。警察在执行职务中对危及其生命安全的暴力袭警事件，法律明确规定可以使用武器防卫。警察在非职务活动中，遭遇危及其生命安全的暴力袭警，可根据刑法的规定进行正当防卫，但能否使用武器防卫目前没有法律规定和司法解释，存在较大争议，对警察在非职务活动中能否使用武器防卫问题进行探讨十分必要。

一、警察使用武器个人防卫法律规制现状

警察使用武器个人防卫是与警察使用武器进行职务防卫对称的概念。本文所探讨的警察使用武器个人防卫是特指警察在非工作时间，遭遇暴力袭警，危及警察生命安全的紧急情形为保护自身的生命权免受正在进行的不法侵害，采取使用武器方式制止不法侵害并对不法侵害人造成损害的行为。如果警察在非工作时间，遇到职责范围的紧急情况，为保护国家、公共利益、他人的人身、财产和其他权利免受正在进行的不法侵害，采取使用武器方式制止不法侵害并对不法侵害人造成损害的行为，属于依法使用武器行使职权的范畴。

大家对于警察使用武器进行职务防卫已达成共识，认为警察使用武器进行职务防卫，不仅具有正当防卫性质，而且也是执行职务行使警察权（使用武器权）的行为。1983 年《关于人民警察执行职务中实行正当防卫的具体规定》（以下简称《具体规定》）中对警察执行职务中使用武器防卫进行了具体明确的规定。《人民警察使用警械和武器条例》（以下简称《条例》）对此也作了肯定的规定。

---

① 项金发，男，江西靖安人，江西警察学院侦查系副主任，法学教授，中国警察法研究会理事，西南政法大学法律系毕业，法学学士，研究方向：警察法学，刑法学。

《条例》明确规定，警察判明以暴力方法抗拒或者阻碍警察依法履行职责或者暴力袭警，危及警察生命安全的紧急情形的，经警告无效的，可以使用武器。这既是对警察依法使用武器权的法律规定，也是对危及警察生命安全的不法侵害警察有权使用武器进行有效防卫的规定。这一规定，为警察更好地履行职责，保障自身合法权益特别是生命权提供了有力的保障。

对警察使用武器进行个人防卫，目前没有任何法律或司法解释的明确规定。对警察使用武器进行个人防卫，是适用刑法还是适用规制警察使用武器的法律、法规抑或两种法律、法规都要适用存在不同的看法。产生不同的看法，主要是对《条例》第9条第10项关于"以暴力方法抗拒或者阻碍人民警察依法履行职责或者暴力袭击人民警察，危及人民警察生命安全的;"可以使用武器的规定有不同理解所致。笔者认为，本条第10项的规定的内容实际包括两方面：一是以暴力方法抗拒或者阻碍人民警察依法履行职责的，危及人民警察生命安全的；判明情况紧急，警告无效可以使用武器；二是暴力袭击人民警察，危及人民警察生命安全的；判明情况紧急，警告无效可以使用武器；以上两种情形第一种情形警察使用武器制止显然属于职务防卫行为，第二种情形属于职务防卫还是个人防卫有不同理解。笔者认为，《条例》第9条第10项的规定是《人民警察法》在第二章职权中规定公安机关人民警察职责和权力的一项具体规定，不能离开这个前提来理解第9条第10项的规定。这项规定的前提是人民警察在行使职权时，遭遇暴力袭击人民警察，危及人民警察生命安全的情形赋予人民警察可以使用武器制止保护警察生命权，属于职务行为和警察职务防卫的范畴，不是对警察使用武器进行个人防卫的规定。1983年《关于人民警察执行职务中实行正当防卫的具体规定》是对警察"执行职务中"使用武器实行正当防卫的具体规定，对警察使用武器进行个人防卫目前没有任何法律规定。对警察使用武器进行个人防卫，目前只能适用刑法关于正当防卫的规定。警察使用武器进行个人防卫是否属于正当防卫及防卫是否过当及责任的追究都只能适用刑法关于正当防卫的规定。

二、警察使用武器个人防卫的争议

《具体规定》已明确，人民警察执行职务中实行正当防卫，如果不是执行职务，不列入警察职务防卫。警察具有双重身份，同时具有警察和普通公民的身份，除了职务行为外，警察作为普通公民，有自己个人的活动和行为，警察个人遇到不法侵害就只能实行普通公民的正当防卫，即警察个人防卫不适用职务防卫，否则，职务防卫将可能被警察个人滥用。

警察的个人行为可分为合法行为、违法犯罪行为和排除社会危害性行为（如正当防卫）。暴力袭警已成为高发事件，严重危及警察的生命安全，警察个人非职务活动中，遭遇暴力袭警，危及人民警察生命安全能否使用武器进行防卫，存在截然不同观点。持可以使用武器进行防卫的观点认为，警察在个人（非职务）活动中，遭遇暴力袭击人民警察，危及人民警察生命安全的可以使用武器进行防卫，理由是刑法关于正当防卫的规定，该规定只对正当防卫行使的条件作了严格限制，对防卫的手段没有限制规定，警察为保护自身的生命权完全可以使用武器进行正当防卫。《条例》第 9 条第 10 项的规定的人民警察判明是暴力袭警，危及警察生命安全经警告无效的，可以使用武器的规定，并没有明确要求执行警务活动时遭遇暴力袭警可以使用武器，只要暴力袭警危及警察生命安全，就可以使用武器防卫。在非职务活动中，遭遇暴力袭击人民警察，危及人民警察生命安全的属于刑法规定的无限度（无过当）防卫，采取防卫行为，造成不法侵害人伤亡的，不属于防卫过当，不负刑事责任

反对的学者认为，警察在个人（非职务）活动中，遭遇暴力袭击人民警察，危及人民警察生命安全不能使用武器进行防卫。理由是警察使用武器进行防卫，仅限于警务活动中，《公安机关公务用枪管理规定》中明确禁止非警务活动严禁携带、使用枪支。非警务活动携带、使用枪支违反了《公安机关公务用枪管理规定》的禁止规定，本身就属于违法事项，对违法携带、使用枪支进行防卫，很难成立正当防卫。

对于警察个人（非职务）活动能否使用武器，不能简单认为是可以还是不可以，要作具体分析。从权益保护的角度分析，警察非工作时间（非职务活动）如遇到其职责范围内的紧急情形，人民警察法明确要求警察要立即履行职责，符合使用武器条件的，可以使用武器制止不法侵害，保护国家、公共利益、他人的人身、财产和其他权利免受正在进行的不法侵害。但对警察非工作时间（非职务活动）遭遇暴力袭警危及警察自身生命安全时却不允许使用武器进行防卫，这显然于法于理不符，是十分不公平的。

笔者认为，对《人民警察法》第 19 条规定的人民警察在非工作时间，遇有其职责范围内的紧急情况，应当履行职责中的“紧急情况”要准确理解。《人民警察法》规定的“职责范围内的紧急情况”应该包括以下几种：1. 紧急制止违

法、犯罪行为；2. 紧急抓捕逃离违法犯罪现场的嫌疑人或者通缉在逃的人犯；3. 紧急抢救公民的生命；4. 紧急抢救国有、集体所有或者公民合法私有的财产；5. 紧急维护治安案件或者刑事案件现场的秩序；6. 紧急处置突发性事件和群体性事件等紧急情况。警察非工作时间遇到暴力袭警危及警察生命安全显然属于紧急制止违法、犯罪行为而且是严重的暴力犯罪的情形，警察使用武器进行制止，其行为已不是个人行为，而是根据《人民警察法》第19条规定的非工作时间遇到其职责范围内的紧急情况使用武器履行职责的行为，同时也是警察使用武器进行职务防卫的行为。此时，警察使用武器同样要严格遵守武器使用的原则、条件、程序及要求，否则就是违法使用武器。

对《公安机关公务用枪管理规定》的非警务活动严禁携带、使用枪支的规定，以及与他人发生个人纠纷时不得使用枪支的禁止规定，不能简单机械理解。《公安机关公务用枪管理规定》明确要求，公务用枪以集中保管为原则，个人保管为例外，警务活动途中或警务活动事后以及警察非警务活动时完全存在枪支仍在民警手中的情况。虽然此种情形下警察处于非职务活动，但对遭遇的暴力袭警危及警察生命安全的，是存在警察使用武器进行防卫可能的。

警察非警务活动与他人发生个人纠纷，如没有遭遇暴力袭警危及警察生命安全的，作为警察是不能使用武器防卫的，但如果事态发展到遭遇暴力袭警危及警察生命安全的，已不单纯属于警察因故与他人纠纷的范围，而是警察非工作时间遇到了紧急制止暴力犯罪，需要立即履行职责制止暴力犯罪的法定情形，如经判明符合使用武器法定条件的，完全可以使用武器进行制止，保护警察自身的生命权。2013年广西靖西街头，发生的“12.2”枪击事件是民警覃某某的车辆与邓某的车辆发生剐蹭事故的个人纠纷。属于《公安机关公务用枪管理规定》第22条规定的与他人发生个人纠纷的性质，不得使用枪支的法定情形。但紧接着事态发生了本质的变化，邓某下车后，迅速从车内抽出一根钢管，狠命砸向民警覃某某的头部（严重暴力袭警）。此时的性质已不是单纯的民警与他人发生个人纠纷，而是属于民警在非工作时间遇到职责范围的紧急情形（紧急制止严重暴力袭警保护生命权）应当立即履行职责的范畴，这完全符合《条例》第9条第10项规定的暴力袭击人民警察，危及人民警察生命安全的紧急情形的，经警告无效的，可以使用武器法定的情形。但本案存在的疑点是民警覃某某是直接开枪的，没有经警告无效的环节①，是否属于《条例》规定的来不及警告可以直接使用武器的法定情形有待探讨。

警察使用武器保护自身“免遭死亡或身体严重损害”，对此我国香港特别行政区和新西兰均有法律明文规定。香港特别行政区法律规定，警察使用枪械射击的行为，其目的在于“保护任何人，包括自己免遭死亡或身体严重损伤”。新西兰《警察行动规则》规定，“为保护自己或他人免遭死亡或严重身体伤害，而且使用力度较小的手段将不足以保护自己或他人的”警察可以使用枪支进行保护。面对日益严重的暴力袭警事件，笔者认为迫切需要对人民警察法进行修改，增加警察有权使用武器保护自身“免遭死亡或身体严重损害”的规定。

三、警察由于被迫执行违法指令并使用武器防卫性质认定

《人民警察法》第33条明确规定：人民警察对超越法律、法规规定的人民警察职责范围的指令，有权拒绝执行。本条的规定是保证警察依法执行职务，不受非法干扰的保障规定。警察在依法执行职务时，常常受到一些违法指令干扰。如有的要求警察插手经济纠纷和债务纠纷，要求采用强制措施抓人逼债；有的要求警察超越职权范围去征款、收费、创收和征地、拆迁；有的领导要求人民警察徇私枉法，“大事化小、小事化了”、以罚代拘、以罚代刑等等，这些非法动用警力的行为，往往以违反人民警察法规定的“指令”的形式出现，把人民警察推到了“执法犯法”的境地。人民警察因被迫执行违法指令，遭遇暴力袭警危及警察生命安全能否使用武器防卫？是警察个人防卫性质还是职务防卫性质？根据我国国家赔偿法的规定，国家机关工作人员只有行使与职权无关的个人行为时，国家才可以免除赔偿责任，否则国家要承担赔偿责任。国家赔偿法的规定表明，行使与职权有关联的行为仍属于代表国家行使职权的行为，造成损害的国家要承担赔偿责任。笔者认为，警察由于被迫执行违法指令并使用武器防卫是与行使职权有关联的行为，如使用武器进行防卫，是警察职务防卫，不属于个人防卫。如果造成损害符合国家赔偿法规定的情形，国家承担赔偿责任，赔偿义务机关代表国家履行赔偿义务后，对有执法有过错的警察依照国家赔偿法的规定追究个人责任。

---

① 《枪击疑云——还原谣言真相》，载中国文明网，http：//www.wenming.cn/syjj/sp_syjj/201312/t20131209_1628480.shtml，最后访问时间：2014年3月29日。

警务实战中，除被迫执行违法指令并使用武器防卫外情况外，还存在公安机关根据相应的法律、法规的规定配合其他机关实施的活动中的情形。这种情形属于非主体型的警务活动。对非主体型的警务活动。根据《人民警察法》第6条第14项规定属于法律、法规规定的公安机关的其他职责。非主体型的警务活动仍属于警务活动。在这种活动中，如工作需要可以携带和使用武器，符合武器使用条件的，可以依法使用武器防卫，是职务防卫的范畴，适用规制武器使用的法律、法规，不能按警察使用武器个人防卫对待。

参考文献：

[1] 吴利华：《试论警务防卫》，载《四川警官高等专科学校学报》2007年第3期。

[2] 侯成林、倪斌：《非警务活动初探》，载《江苏警官学院学报》2007年第3期。

[3] 邓国良、舒和润、李群：《英公安实用法学概论》，中国人民公安大学出版社2013年版。

警察执法理念新探

——从恢复性司法的视角

何 磊 蒋连舟[①]

我国现阶段正处于社会转型期，即由权力社会向市民社会、由权力时代向权利时代、由官本位向民本位的转变。社会成员之间，各个利益群体之间，不同行业和区域之间，出现了不同的利益诉求，利益关系呈现出错综复杂的局面。社会矛盾呈现出多样化和复杂化趋势，影响社会稳定的因素急骤增多，暴力犯罪、团伙犯罪、黑社会犯罪、异地犯罪、群体犯罪和多样化犯罪等愈来愈突出，犯罪手段也更加隐蔽化和智能化，其复杂程度与日俱增，社会危害性也越来越大，社会治安形势日趋复杂，公安工作的任务日益繁重，公安队伍正面临着一场前所未有的考验。

近年来公安机关民警在维护社会治安，为经济社会发展保驾护航方面做了大量的工作，也为之付出了巨大的代价。民警经常放弃休息时间，加班加点，有的积劳成疾，有的因公负伤，有的甚至付出了年轻的生命。但是我们也要清醒地看到，在市场经济大潮的各种不良思想的冲击下，在超负荷的工作压力下，在艰苦的工作环境下，我们这支队伍也暴露出了不少问题，公安机关尤其是警察队伍中执法不公、违法办案的问题时有发生。这些问题与党和人民群众的要求有一定的差距，同法律法规的规定格格不入，严重影响整个公安工作、公安队伍建设以及警民鱼水关系。如何进一步提高执法能力，保证执法公正是摆在各级公安机关和广大警察面前一项十分重要而紧迫的任务。

在这样的时代背景下，我们应当如何看待和应对犯罪的问题，一种新的思路于近些年出现，并已经开始深刻地影响刑事司法政策和实践。作为在一线与各种

---

① 何磊，男，汉族，山西运城人，河北公安警察职业学院基础教学训练部讲师，研究方向：刑事诉讼法学；蒋连舟，男，汉族，河南安阳人，河北公安警察职业学院基础教学训练部副教授，研究方向：公安法学。

各样犯罪作斗争的警察，也应当更新执法方式，及时理解和掌握这一新的执法理念——恢复性司法。

一、恢复性制度的产生及在国外发展状况

恢复性司法制度一开始并没有以完整的制度形式出现，它最早的表现形式是在1974年加拿大安大略省的基切纳市（Kitchener）出现的一个被害人与加害者和解计划（Victim－Offender Reconciliation Program，简称VORP），这一和解计划在当时初步反映出恢复性司法制度的基本理念，即通过对被害人与加害人进行调解，试图弥补被害人所受到损害，以恢复犯罪人与被害人之间的和睦关系并在一定程度上恢复被加害人所破坏的社会关系，最终使犯罪人改过自新、复归社会。于是恢复性司法的理念在这将近一个多世纪的时间里迅速渗透到世界的许多国家中，并借助于各种各样的形式继续彰显其魅力。

1. 美国的被害人—加害人和解计划（Victim－Offender Mediation）。1978年，在美国印第安那州的厄克哈特（Elkhart）建立了被害人与加害人和解计划（Victim－Offender Mediation），这一计划旨在给被害人和加害者提供一个可靠的交流机会，让加害者明白其犯罪行为对被害人和加害者提供一个可靠的交流机会，让加害者明白其犯罪行为对被害人造成的影响，并能达成一个相互承认的协议，使加害者对自己的行为负责。美国的被害人与加害者和解计划有四种组织形式：一是与教会相关的调解组织，如美国第一个被害人与加害者和解计划就是由“门诺派教徒中心委员会”和“囚犯与社区联合会”共同组建的，现在一些被害人与加害人调解计划还是由各种教会赞助。二是以社区共同体为核心的私人非盈利机构，“囚犯与社区联合会”就是一个这样的机构。在最初的时间，“囚犯与社区联合会”只为犯罪人服务，后来扩展到为被害人服务。三是一些以缓刑为主的机构，这些机构通常在执行缓刑工作的基础上聘请工作人员专司调解。四是纠纷和解中心，它是在原来的社区纠纷和解中心（主要处理邻里纠纷）的基础上发展起来的。[①] 上述四种组织各有利弊，在恢复性司法的发展中起着举足轻重的作用。

2. 英国的少年矫正制度。英国的恢复性司法发端于少年矫正制度，最早在

① 吴丹红：《实现正义的另一种范式——恢复性司法初探》，载北大法律信息网。http：//www.pkulaw.cn/fulltext_ form.aspx? Db = art&Gid = d0ca58b5c57a7cea8e6d1c88d56da905bdfb，最后访问时间：2015年4月1日。

刑事司法中实施恢复性司法的是英格兰和威尔士的牛津郡警察局。他们认为，犯罪活动不仅是对国家刑法所保护的社会关系的一种侵犯，更重要的是造成了对被害人安全的威胁。犯罪行为人应该对自己所造成的损害承担责任，同时社会各方面力量也应当通过感化、教育和治理犯罪行为人来挽救他们。警察发现犯罪人实施犯罪后，并不直接送交法庭，而是先进行面谈，然后带少年犯去作案现场，与受害人面谈，认识到行为的危害性，以之得到受害人谅解，最后形成协商补偿方案，从而使犯罪人免于起诉。在英美法系，恢复性司法并不限于轻罪案件，一些重罪案也逐步尝试恢复性司法模式。目前恢复性司法已经成为英国刑事司法的主流。

3. 新西兰家庭会议（Family Group Conference）模式。新西兰是以毛利人为主的土著居民的国家，因此，毛利人的许多传统影响着这个国家对于许多事物包括纠纷解决方式的选择，在毛利人传统中，纠纷与冲突不是个人与个人之间的事情，而是家庭与家庭之间的争议；一旦出现冲突与纠纷就由都部族的权威人士召集当事人及其家庭成员共同解决。被害人与加害人的家庭成员都需要参与其中并对冲突与纠纷的性质有正确的认识，并最终共同解决他们之间的纠纷，这一点是至为关键的。遵循这样的价值理念，新西兰在 1989 年正式确立了家庭会议模式作为对青少年犯罪的处理方式。家庭会议由加害人及其家庭成员，以及他们所邀请的任何人、被害人及其代理人，一名被害人的支持者，一名警方代表和调停员（少年司法的协助人员或者社会福利部门的雇员）。多数时候，也有一名社区工作者或律师到场。家庭会议的最主要的目标是制定一个关于最佳地处理青少年犯罪的计划。对此有三个基本构成：第一，查明并确定加害人是否承认罪行；第二，所有与会人员了解侵害行为的性质、侵害行为对被害人的影响、犯罪的原因、以及加害人所尝试的任何预先侵害行为等等；第三，决定相应的和解结果或提出建议。①

4. 加拿大的团体判决（Circle Sentencing）模式。在加拿大，团体判决方式也是恢复性司法制度的一种渊源，它旨在认识到被害人的实际需要，在社区的参与下，尽力恢复被害人与加害人之间的关系并治愈社区因犯罪所受到的伤害。团体判决模式明显地沿自当地土著人的习惯，其所体现的社区介入和控制的程度更

① Restorative Justice in New Zealand: Family Group Conferences as Case Study 1998, Western Criminology Review. Allison Morris and Gabrielle Maxwell.

高。这种制度最初只是适用于刑事诉讼中对于土著加害人的犯罪问题的解决，现在它也适用于非土著犯罪者，并且其从一开始对于特殊情形的适用，到现在适用于许多其他情形。如今这一模式已经成为加拿大的一种纠纷解决的替代方式。①

我们通过对恢复性司法的历史进行追溯，可以发现它从开始发展到现在并没有以一个统一的制度体系，却总是以各种各样富有特色的形式出现在各个国家中，并且它无论是在西方文化背景还是非西方文化背景的国家都能得到很好地适用。在这些分散的制度深层中体现的都是一样的理念，即恢复性司法的理念：犯罪不只是对国家的侵犯，更重要的是对被害人的损害，对社区和平与安全的威胁及对社会公共秩序的挑战。我们所需要做的就是如何更好恢复被害人被侵犯的权利、恢复公众的社会和道德意识、恢复被犯罪行为所破坏的社会关系。

二、恢复性司法制度的理论基础

1. 刑罚观念的变迁：从报应主义到恢复主义的转变

“刑罚是对犯罪者造成危害的报答”，这种根深蒂固的报应观念，一直存在于过去人们对刑罚制度的理解当中，报应主义构成了传统刑罚制度的价值基础，它关注的核心是犯罪与刑罚的因果关系。报应主义的刑罚价值观认为，刑罚的价值在于其能满足社会主体实现正义需要的积极意义，这种实现正义的需要就是“恶有恶报”。康德、黑格尔是报应主义刑罚价值理论的代表人物。德国思想家康德主张报应刑论，他认为人在任何时候都只应当作目的，而不能主要作为实现其他目的的手段。基于此，他认为刑罚只能是对犯罪行为所造成的危害进行报复的方法，此外不能有任何其他的目的要求。德国学者黑格尔认为，刑罚是一种正义的惩罚。这种正义性来源于两方面：一是惩罚体现的是犯罪者本人的法，即他知道自己的犯罪行为具有不法的性质，必然会遭到法律的否定，他仍然执意实施这样的行为，这就表明他的自由意志是在寻求这样的惩罚，处罚体现了对犯罪者自由意志的尊重。二是因为犯罪的本质是对法的侵害，因而是不法的、无价值的。这种无价值在于它侵害了作为法的法，正是这种不法性质决定了犯罪是一种必须予以铲除的祸害，而刑罚正是对这种不法祸害的否定，因而其自身体现的是正义的

---

① Cricle Sentencing: Part of the Restorative Justice Continuum Heino Lilles, Whitehorse, Canada From “Dreaming of a New Reality,” the Third International Conference on Conferencing, Circles and other Restorative Practices, August 8 – 10, 2002, Minneapolis, Minnesota.

报应。

刑事人类学派的鼻祖龙勃罗梭在否定报应犯罪的刑罚正义性价值的基础上，从犯罪人出发，从预防再犯之可能，剥夺再犯能力的角度论证刑罚的功利性价值，认为刑罚存在的根据不应到已然犯罪中去寻找，相反，应立足于未然的犯罪，即刑罚存在的功利意义在于遏制未然的犯罪。意大利刑事社会学派学者菲利主张刑罚的目的在于对犯罪人进行改造，使其人身危险性逐渐消失，从而不至于危害社会。总之这些近代学派的大师们，在深刻反思刑事古典学派理论的缺陷基础上，深入到犯罪行为背后去研究犯罪人及其犯罪原因。他们主张刑罚的目的不应是对犯罪能力的剥夺和对犯罪人的矫正以防卫社会。这些论点都是对刑罚报应主义的否定，在此基础上，恢复性司法的主张者们又更进一步地提出：恢复正义理论强调犯罪不仅是对法律的违反、对权威的侵犯，更是对被害人、社会甚至犯罪人自己的伤害。其次，恢复性正义理论还强调刑事司法程序应有助于对这些伤害的弥补。恢复正义理论反对政府对犯罪行为的社会回应方面的权力独占，提倡被害人和社会对司法权的参与。① 与犯罪学国家理论将犯罪视为对国家利益的损害不同，恢复正义理论将犯罪视为对社会关系的一种侵犯。恢复正义体现了“由个人解决冲突”的价值理论；正义的实现途径不再是刑罚与服从，而是社会关系的良性互动；正义的评价标准不是有罪必罚，而是被加害人所破坏的社会关系是否得到修复。报应主义经历过等量到等价的历史发展，犯罪人应当受到何种国家处置也有了理性的结论。这是刑罚正义的当代主流。与报应正义所追求的有限平衡不同，恢复正义所追求的是全面的平稳；对被害人而言，修复物质的损害、治疗受到创伤的心理，使财产利益的精神利益恢复旧有的平衡；对加害人而言，向被害人、社会承认过错并承担责任，在确保社会安全价值的前提下交出不当利益从而恢复过去的平衡；对社会而言，受到破坏的社会关系得到了被害人与加害人的共同修复，从而修复了社会关系的稳定与平衡。在兼顾个人价值与公共价值的刑事司法背景下，报应正义与恢复正义都是不可缺少的价值范畴，它们构成刑事正义的正反两面。② 随着这种刑罚观念的变迁，人们认识到报应主义再也不是一统天下的局面，恢复正义在刑罚制度的理论基础中占据了一定的地位，在这种理论的支持下恢复性司法制度得以产生与发展。

---

① Gehm, John R: “Victim – offender Mediation Programs: An Exploration of Practice and Theoretical Frameworks”. Western Criminology Review1 (1998).

② 马静华:《刑事和解的理论基础及其在我国的制度构想》，载《法律科学》2003 年第 4 期。

2. 对被害人的权益保障观念认识的不断深入

对于被害人保护的思想，人类社会早已有之。纵观世界各国对被害人保护思想和制度的发展史，大体上可以分为三个阶段，原始社会对被害人权益的极为重视的阶段，近代社会以保障被告人权益为中心的刑事诉讼制度忽视对被害人权益的保障，现代社会在保障被告人权益的基础上恢复对犯罪被害人权益的再次重视阶段。

（1）原始社会对被害人权益保护阶段。原始社会的血仇制度即是最早处理被害的方式，产生了血亲复仇与血族复仇。血亲复仇是被害人的家庭对加害人及其家庭进行复仇，血族复仇是被害人所在的氏族集体向加害人所在的氏族进行复仇。随着氏族社会的发展，为避免“冤冤相报无休止”的状况，亦在积极寻求一种新的替代解决方式。随着生产的进一步发展，劳动力的价值越来越受到重视，人们之间以血缘为基础产生的关系越来越疏远，复仇的范围进一步缩小，血亲复仇被同态复仇所代替，后来，随着社会分工与交换的进一步发展，特别是货币的出现，同态复仇又被赎罪所代替。[①] 显然，在原始社会，血亲复仇和血族复仇，同态复仇和赎罪，这些解决犯罪问题的方法，都是由被害人、被害人的近亲属亲自实施或者由被害人所属氏族实施，对被害人的也就是通过私力救助而完成的。

（2）近代社会对被害人权益保护的忽视阶段。这一阶段又称为“公诉裁判时期”，其特点为国家已经开始对私人之间的复仇予以越来越多的限制，对复仇进行实质和形式的严格审查，意在最终取消犯罪人与被害人之间的这种“无政府的私了方式”，国家逐步将追诉权掌握在自己手中，对犯罪人的制裁也进一步加以条文化、明确化，并将对社会的补偿作为制裁的目的之一，被害人退居到了从属的地位。私人追诉制度由此演变成为国家追诉制度。从这个时期开始，对于绝大多数案件来说，被害人由于不承担追诉职能而在全世界范围内丧失了当事人的地位，在诉讼中扮演类似证人的角色。这一阶段对被害人的权益保障则是通过国家即公力得以救助的。

（3）现代社会对被告人及被害人权益保障的并重阶段。随着西方先哲们的思想启蒙及刑事古典学派、实证学派、社会学派和当代刑事法理论的不断发展，人类对犯罪及被害的认识也在向前不断迈进。20 世纪以后，犯罪率的持续上涨使

① 周振想：《刑罚适用论》，法律出版社 1990 年版，第 14～17 页。

刑事法理论得到空前的发展，各种学说和流派层出不穷。随着犯罪率日趋上升和公正观念逐渐完善，20 世纪下半期人们开始再度重视犯罪被害人的权益，刑事诉讼的价值基础出现非一元化现象。恢复性司法制度的理念也就导源于此，即犯罪行为不仅是对法律、对国家的一种侵犯，更重要的是对被害人、社会甚至犯罪人自己的伤害，因此，应该反对政府对犯罪行为的社会回应方面的权力独占，提倡被害人和社会对司法权的参与，以达到保护各方面利益的目的。这一点就充分体现出现代刑事司法的价值在于对被告人、被害人及社会利益的全面保护。这些对被害人权益保护的认识的转变是建立在漫长历史发展基础之上的质的飞跃和升华，是人类社会认识世界、认识自我过程中的一大进步。

三、恢复性司法对改善我国警察执法理念的作用

1. 恢复性司法视角是我国传统诉讼文化背景的要求

中国传统诉讼文化的价值取向一言以蔽之，即“无讼”。这一语汇直接来源于儒家创始人孔子的教诲：“听讼，吾犹人也。必也使无讼乎!”所谓“无讼”，即没有或者说不需要争讼。简言之，诉讼的终极目标或根本出发点在于消灭争诉，其隐含的观念基础在于，争诉是社会的一种恶和不道德行为，理应越少越好。注重调解、调处，强调息讼、和息纷争。

“和谐”是中国社会的悠久而珍贵的思想传统和价值追求，包含了我们祖先关于社会和人生的高超智慧，对传统社会司法诉讼、解决纷争产生了深刻的影响。孔子强调“己所不欲，勿施于人”，并直接提出“无讼”的理想，就是主张每个人都应该尽量克制自己的欲望，大家相互忍让、体谅，按照自己的身份地位去过自己应该过的生活，就不会发生争讼；即使有了争讼，也可以相互妥协，和睦相处。在漫长的传统社会里，“无讼”被士大夫阶层视为一种终极的理想和目标，逐渐设计和形成了一套关于“贱讼”“息讼”、调解和调处的特殊制度。这些制度对缓和社会矛盾、降低社会成本、消除滥讼现象、达成社会的整体和谐无疑是非常重要的。绝大多数的中国人向往平安和稳定的生活，不愿让自己处在矛盾中，而恢复性司法让犯罪者和受害人交流沟通，通过犯罪者的悔罪和受害方的谅解化解或修复旧的矛盾，借以重新建立一种和谐的关系，这种恢复性司法的模式为不少中国人接受。所以，在这样的诉讼文化背景下，恢复性司法制度的实施有了浓厚的文化基础。

2. 恢复性司法视角符合我国警察执法的价值目标

从警察执法的价值目标看，现代执法的根本目的已不是单纯惩罚犯罪和因果报应，而是通过法律手段挽救、帮助、教育、感化当事人和犯罪嫌疑人改过自新。在这个层面上，纯粹的简单处罚不仅很难取得令人满意的执法效果，而且还可能加剧他们与公安机关的紧张和对立，而恢复性执法的微妙之处就是借助对当事人和犯罪嫌疑人内心世界的启迪，使他们认识到犯罪行为的危害性，以此来唤醒他们的法律意识和社会责任感。

要做到恢复性司法，必须注意：第一，保证被害人、加害人和社区的自愿性，即被害人是自愿接受以恢复性司法制度的形式对案件进行调解，放弃对加害人追究。加害人的悔罪和赔偿也必须是出于自愿，而不是一种虚伪的认罪和投机心理。第二，在恢复性司法的各种形式中要保证被害人与加害人及社区是处于一个平等对话的局面。更需要明确一点的就是传统刑事司法体制仍然是处理犯罪的最主要的方式，而恢复性司法制度只是一种辅助制度，它不能取代传统刑事司法体制而独立存在。

将警察的执法工作与恢复性司法的理念有机地结合起来，使广大警察在日常执法过程中吸收恢复性司法理念，将其旨在寻求平衡加害者、被害者和社区之间的关系，使犯罪者重新回归社会的理念运用于我国的刑事司法过程中，以最终达到恢复司法之功效。

在进行恢复性司法制度建构的同时还要注意解决以下问题：调解会议形式主持人的资格认定问题、如何对恢复性司法制度进行必要的司法监控、对恢复性司法程序所达成的协议的效力及其失效之后的补救措施等等问题。

众所周知，任何一项新的制度的产生，包括恢复性司法制度从产生起，都是利弊共生、潜力与危险共存，于是最主要的问题是比较利弊的分量，以及如何趋利避害。另外，在构建恢复性司法制度的同时也应考虑到相关配套措施的建立，以最大程度弥补恢复性司法制度本身不完善的地方，凸显恢复性司法制度的优越性和强大的生命力。

参考文献：

［1］张文显：《法学基本范畴研究》，中国政法大学出版社 1993 年版。
［2］陈瑞华：《刑事审判原理论》，中国人民大学出版社 1997 年版。

[3]［美］博登海默：《法理学——法哲学及其方法》，邓正来、姬敬武译，华夏出版社1987年版。

[4] 肖建国：《发展中的少年司法制度》，上海社会科学出版社1997年版。

[5]《国际矫正与监狱协会（ICPA）第四届年会综述》，载《刑事法学》2003年第6期。

[6] 张小虎：《报应主义与目的主义之对峙及调和》，载《刑事法学》2003年第6期。

[7] 田宏杰：《我国内地与港、台地区未成年人犯罪非刑罚处理方法之比较研究》，载《刑事法学》2003年第5期。

[8] 孙国祥：《论非刑罚化的理论基础及其途径》，载《刑事法学》2003年第10期。

[9] 胡嘉金：《恢复性司法：以和谐社会为语境》，吉林大学出版社2009年版。

控制权力与维护权威：谈法治公安背景下的警察权

黄　琪[①]

一、法治状态下的警察权定位

（一）警察权的属性

警察权是人民警察代表公安机关执行公务的权力。公安机关担负着打击犯罪、保护国家安全、社会安定和人民利益的神圣使命，因此，法律赋予公安机关相应的职权，以便于其履行好维护社会治安的重任。公安机关将自己的权力委托给人民警察来行使，执法民警代表公安机关行使职权，在履行公务过程中运用警察权的结果归公安机关承担。因此，警察权是纯粹的公权力。按照美国学者亨廷顿的理解，权力是指影响或控制他人行为的力量。权力是实行控制的能力或官方的权力、权威。[②] 而“对他人的控制权很容易被视为实现各种各样目的的手段。权力是最通用的手段，甚至比金钱还要通用，因为权力可以支配金钱。”[③] 权力不具有私属性，权力不能分配给每一个社会成员，只能由特定的主体，主要是国家机关及其工作人员来行使。

（二）法治要求控制警察权

现代法治的要求是权利本位，法治的理念是让社会中所有群体的合理利益以及每一个个体的权利受到严格的保护，衡量一个国家法治发展程度的标尺之一也是该国家社会成员的权利受保护程度。

除了保护权利之外，现代法治还要求控制权力。二百多年前孟德斯鸠就曾指

---

① 黄琪，云南警官学院法学院副教授。

② ［美］塞缪尔·亨廷顿：《变革中的政治秩序》，李盛平等译，华夏出版社1998年版，第107页。

③ ［美］丹尼斯·朗：《权力论》，陆震纶、郑明哲译，中国社会科学出版社2001年版，第262页。

出："从事物的性质来说，要防止滥用权力，就必须以权力约束权力。"① 哈耶克认为，"要保障个人的自由或人身的自由，就必须用公众意见所赞同的长期原则来约束一切权力。"② 丹尼斯·朗也分析了限制权力的必要性："如果权力关系是必需的，也许会被描述为必需的邪恶。这种邪恶在于权力容易滥用，在于权力容易从合法领域扩大到其他领域，这主要是因为作为潜在通用手段的权力地位，可以为任何集团、任何个人的目的服务。与权威地位相关联的声望越大，通常得到的物质报酬越高，从而加强了权力溢出特定领域界限的倾向。"③ 权力一般与政府、国家相联系，其实现往往靠国家的强制力作为保障，权力的实现直接伴随着国家强制力的实施。一个国家权力的无限扩张会直接导致公民权利受到侵犯和损害，而公民权利获得良好保障的国家，其政府权力则一定得到了有效的监督和控制。

党的十八届四中全会《关于全面推进依法治国的若干问题的决议》指出，全面推进依法治国要强调对行政权力的制约与监督，"必须以规范和约束公权力为重点，加大监督力度，做到有权必有责、用权受监督、违法必追究，坚决纠正有法不依、执法不严、违法不究行为。"警察权作为公权力，直接作用于公民的人身、财产等私权利，警察权的违法或不当行使容易造成公民的私权利受损，在法治社会应当受到严格约束和控制，才能使直接受其影响的私权利得到有效保障。

（三）法治要求确立警察执法权威

法治社会一方面要求控制和约束公权力，防止公权力滥用导致私权利受损，而另一方面，在任何一个实行法治的国家，公权力又都是必不可少的，且国家和社会事务管理的正常进行需要公权力的行使具备相应的权威性。公安机关的人民警察受委托行使执法权，该执法权的行使也应当具有权威性，但其执法权威体现的不是警察个人的权威，而是法律的权威。按照古希腊哲学家亚里士多德给法治所下的定义，法治包含两项基本内容，一是已经出台的法律获得普遍的遵从；二是大家所服从的法律本身是制定得良好的法律。即法治社会要求法律具有至高无上的权威，要求立法机关制定出来的良法得到全体社会成员的一致遵从。法律的

---

① ［法］查理·路易·孟德斯鸠：《论法的精神》，许明龙译，商务印书馆2009年版，第154页。

② ［英］弗里德里希·冯·哈耶克：《法律、立法与自由》，邓正来等译，中国大百科出版社2000年版，第421页。

③ ［美］丹尼斯·朗《权力论》，陆震纶、郑明哲译，中国社会科学出版社2001年版，第292～293页。

权威正是在执法活动中得到淋漓尽致的体现。在治安管理法律关系中，行政相对人对公安机关依法作出的行政决定的服从，就是警察执法权威的确立，也就是法律权威性的体现。因此，一个社会中警察执法权威能否得以顺利确立，直接关系到法律在社会成员心中的地位以及法治的实现程度。

二、目前我国警察权行使情况

（一）警察权的行使遭遇危机

近年来发生在各地的一系列事件表明公安机关警察权的行使正在遭遇前所未有的危机。从2009年发生在云南晋宁县看守所的“躲猫猫”事件开始，各地纷纷曝出“喝水死”“睡觉死”“洗脸死”“呕吐死”“激动死”“盖被死”等离奇的被执法对象死亡事件。媒体和公众一致将矛头指向作为执法主体的公安机关，公安机关办案过程的非公开性赋予了公众对事件真相无尽的想象空间，而公安机关面对质疑所采取的沉默和回避态度则更是激起了公众的不满情绪。

2014年5月15日，云南镇雄县民警将一名持砍刀与民警对峙，且警方认定其有驾车冲撞赶集群众企图的男子击毙，当地警方对民警果断开枪行为予以通令表彰。但警方的出警处置及表彰举动引发了争议。2014年12月13日发生在山西太原的农民工周某在阻挠民警执法并与民警王某纠缠过程中非正常死亡一案，经媒体曝光后在全国引起轩然大波。2015年4月发生在湖南长沙的广州区某嫖娼案更是在网络上被炒得沸沸扬扬，网友根据公安机关处理该类事件的惯常做法以及事件具体细节得出区某是“被嫖娼”的结论，而陷害区某的正是处理该案件的公安机关。2015年5月2日发生在黑龙江绥化安庆车站的民警击毙具有袭警行为的徐某事件也迅速在网络中发酵，众多网民不认可央视公布的视频及警方的结论，对事件真相提出质疑。接连发生的几起事件将公安机关推到舆论的风口浪尖，使公安机关多年来树立人民警察在公众心中良好形象的努力在很大程度上被化解。

（二）执法危机的具体表现是警察执法权威降低

公安机关作为人民民主专政工具，其手中的权力直接关系到普通公民的人身、财产等各项权利，能直接影响和控制公民的行为，而该执法权的违法或不当行使容易导致执法中处于被动和弱势地位的公民私权利受损，公安机关的执法也达不到维护社会治安的最初目的，反而因执法权受到公众质疑而令结果走向反面，从而导致法律权威和执法权威受损。

民众表达不满的方式简单而又直接，除了最为常见的小范围执法对象及其亲属公然对抗执法，直接与执法民警对峙甚至发生肢体冲突之外，还有采取煽动围观群众损毁警车，伤害出警民警，甚至制造群体性事件的极端方式。2008 年发生在贵州瓮安、云南孟连，2009 年发生在湖北石首的群体性事件，均因民众对公安机关的执法质疑而引发，最终造成不同程度的人员伤亡和财产损失。

公安机关作为代表国家行使行政管理权和刑事司法权的主体，其职权具有绝对的权威性，要求执法对象予以配合和服从。而近期一系列事件的发生表明警察权的权威性正遭到冲击，一旦民警的执法活动涉及执法对象的利益问题，通常会招致抵制和阻挠。公众情绪容易被利益相关主体调动而对执法行为产生疑问。

三、法治公安状态下警察权的正确行使

“法治公安”一词来自于党的十八届三中全会和十八届四中全会提出的“法治中国”和“法治国家”。法治公安的前提首先是法治，要求公安工作必须完全符合法治的精神和要求。法治的核心是控制公权力以保障私权利，而公安机关所行使的公权力又直接面对和接触公民的私权利，因而对公安机关的权力进行监督和制约，防止和纠正其在行使权力时发生错误，避免其恣意、随意执法，侵犯公民合法权利，就显得重要而且必要。

（一）公安机关的执法符合法治精神

警察权面临的危机源于执法对象和公众对公权力的不信任，而法治的核心要素是控制公权力并保障私权利，因此，提升民警执法权威首先得从警察权自身入手，依赖于作为公权力的警察权本身合法性问题的解决，即要求公安机关依法行使职权。依据法治的精神，公安机关的执法至少应当符合四方面的要求。

1. 正确的执法理念

首先，公安机关执法观念的确立需以其对法律的正确认识和理解为前提和基础，即在其头脑中必须对法律的至高无上性有着清醒的认识。一旦法律制定生效了，就必须严格按照法律的规定执行，法律不是执法者手中可有可无、随心所欲

的工具，任何人都必须毫无例外地服从法律，尤其是执法者本人。公安机关行政执法中自由裁量权的使用，也必须完全符合法律的精神和立法的目的，不能随意裁量。例如执法民警在现场处置违法犯罪行为时可以使用武器和警械，但我国法律对警察使用武器警械的情形作出了明确规定，《人民警察使用武器和警械条例》规定了可以使用武器、不得使用武器和应立即停止使用武器的情形，执法民警必须严格遵守。

其次，公安机关在执法过程中需有正当的动机和目的。权力是一种公职行为，不具有私属性。因此公安机关的行政执法必须以维护公共利益为最终目的，不能在执法中掺杂人情因素，不能进行报复性执法，防止权力的私有化。太原"12·13"案件中执法民警的行为之所以受到舆论谴责，原因就在于无论是民警王某将周某放倒在地并用脚踩住周的头发，使其躺在冰冷的地上20多分钟无法动弹，以致最后死亡，还是随后民警对已经被带回派出所的农民工进行的殴打，都很难让公众相信民警的执法不具有报复性。

再次，公安机关在执法中还应正确树立接受监督的意识。凡是不受制约的权力必然导致滥用，不受监督和制约的权力必然是危险的权力，这已成为人们所熟知的公理。对公权力进行监督和制约是法治的当然要求，法律监督也是法律运行过程中的重要环节。在法治国家，对权力进行监督和制约的主体应该是广泛的，在现阶段，公安机关除了应主动接受作为法律监督机关的检察机关的监督之外，尤其需要正确对待新闻媒体和广大网民的监督。言论自由是宪法赋予公民的基本权利，即使针对警方的新闻报道和网民言论是负面的，公安机关也无权粗暴干涉。正如英国哲学家密尔所说，"我们永远不能确信我们所竭力抑制的那个意见就是一个谬误；即使我们确信，要抑制它也仍然会是一种恶。"① 只要监督主体的动机是正当的，就不能随意以妨碍执法为由进行阻挠和回避，而且需要正确看待和妥善处理执法工作中存在的问题并及时向监督主体反馈处理结果。接受民众对权力行使的监督是法治公安的要求，而民众对公安机关执法合法性的监督又肯定能起到推动和加快法治公安建设的作用。

2. 正当的执法程序

"正义不仅应当得到实现，而且应当以人们能够看得见的方式得到实现。"程序正当性是近年来在司法和行政执法领域越来越多地被提及的关键词，这在我国

① ［英］约翰·斯图亚特·密尔：《论自由》，顾肃译，译林出版社2010年版，第19页。

这样一个具有长期人治传统，重实体而轻程序的国家，具有重要的意义。不公开、不透明的执法程序，即使最终执法部门认为得出的结果是公正的，也容易给公众造成误解和猜疑，以致严重影响公安机关的公信力。警察权作为公权力，直接对公民的私权利产生影响，因此其使用过程必须向公众公开。一段时间以来各地爆出的“躲猫猫”“洗脸死”“喝水死”等五花八门离奇的嫌疑人死亡方式之所以引起公众的质疑，就是由于执法部门执法程序的不透明所导致。而问题曝光之后，执法部门越是遮遮掩掩，公众越是要求公布真相，往往使前者陷入异常尴尬的境地。按照一些地方处理问题的方式，执法在遭到公众质疑后，相关部门均习惯于不厌其烦地对公众进行解释和说明，但事实证明这种事后的解释难以起到很好的释疑作用，很多时候还被公众视为执法部门在为自己的错误进行开脱。与其事后进行效果不佳的弥补，还不如一开始就严格按照执法程序进行操作，在执法过程中保持程序的正当与透明。

3. 文明的执法方式

人民警察在行使职权时，直接面对公民的人身和财产利益，一旦民警的执法行为不文明、不恰当，必然会造成执法对象权益受损。近年来警察权饱受公众诟病的一大原因就在于少部分民警法治观念淡漠，在执法中缺乏基本的人权意识，缺乏对生命的尊重和敬畏感，自恃手握公权力而高高在上，漠视执法对象的基本权利，野蛮执法，一方面侵害了执法对象的合法权益，另一方面也使整个公安机关和人民警察队伍的形象受损。在太原“12·13”案件中，当媒体以“太原警察打死讨薪女”为题，刊登了执法民警王某脚踩周某头发的照片后，立即引起轩然大波，网民对王某不尊重生命的行为表示愤慨，对人民警察队伍的整体评价也随之降低。王某案件的教训在于，执法民警在面对突发情况时，头脑的冷静和行为的适度是至关重要的。公安机关的执法规范化建设不能只停留在书面文件的学习上，文明的执法行为还是要依靠执法警察法治意识的养成。对于公安机关来说，人民警察队伍整体素质的提高是获得公众认可和提高执法公信力的必要前提。

4. 严格的违法责任

警察权的行使是为公共利益服务的，必须与责任紧密联系在一起，法律责任是权力运行的必然结果，不能只握有和运用权力而不为此承担责任。在这里，违法的责任既包括作为的违法责任，也包括不作为的违法责任。公安机关在执法过程中滥用职权、恣意执法，造成相对人、当事人合法权利受损的，需要承担法律责任；而面对需要处置的案件却不作为的，也属违法行为，同样需要受到法律的制裁。严格追究手握公权力的违法者的责任，既是对公权力的强有力监督与控制，又能有效提升公众对公安机关的信任与评价。警察权的使用所导致的法律责任关键在于认定和归结，公安机关是实行行政首长负责制、上下级之间属领导与被领导关系的行政机关，因此民警在使用警察权过程中导致的违法责任由本单位行政首长认定和决定承担责任的方式，下级公安机关的违法责任则由上级公安机关认定和决定承担责任的方式。“不护短”成为公众对公安机关处理违法事件及人员的基本期望，因此法律责任的认定和承担责任的方式应当向社会公开，接受公众的监督。

（二）营造良好执法环境，确立警察执法权威

1. 非警务活动的杜绝或减少

公安机关职责之外的非警务活动目前占用了大量的警力资源，除了造成正常的警务活动受影响外，也使公众对警察评价的下降，继而导致民警执法权威受损。事实上，公安机关非警务活动的减少依赖于地方政府行政理念的转变，尽量减少一些强制性的行政命令，增强一些服务意识，必然会大大降低行政相对人与行政机关之间发生冲突的可能性，也减少了政府调用警力的必要性。对于地方政府来说，严格按照宪法对公安机关的定位来安排其工作才是依法行政的真正体现。

2. 媒体的责任

媒体报道和社会舆论对公安机关警察权进行监督过程中产生的冲突，体现的是新闻自由与言论自由代表的权利和警察权代表的权力之间的冲突，按照现代法治的要求，权利保障是第一位的。公安机关既然行使了公权力，就理应接受来自媒体和公众的监督。但这并不意味着媒体的新闻报道与公众的言论没有任何底线和约束。密尔在论证和强调个人自由时，也同时指出“个人自由必须限制在一个界限内；他绝不能使自己成为他人的妨碍”。[①] 传统媒体和自媒体在对事件进行阐述和报道时，首先应严格自律，遵守客观性要求，尽量不参杂对公安机关和警察的成见和不良情绪，在事件真相未调查清楚之前不进行先入为主式判断，不进行跟风式报道或转发，这是媒体人应具备的基本职业操守和道德底线。在自媒体

---

① ［英］约翰·斯图亚特·密尔：《论自由》，顾肃译，译林出版社2010年版，第59页。

时代，当一个普通公民将自己置于新闻发布者的位置时，同样应当遵守针对新闻发布者的道德要求和法律规定。如果新闻发布者主观上存在诽谤和侮辱公安机关及其执法民警故意，客观上也因其发布虚假信息行为给公安机关及其执法民警造成了损害，应当承担相应法律责任。

3. 公民守法意识的提升

在规范了执法主体的执法行为之后，公民的守法意识如何也是影响警察执法权威的一个重要因素。高层次的守法状态——基于对法律的信仰而主动遵守法律规定——是构建良好警民关系的重要环节，也是建设法治国家和法治社会的必要条件。党的十八届四中全会决议明确指出，“必须使人民认识到法律既是保障自身权利的有力武器，也是必须遵守的行为规范，增强全社会学法尊法守法用法意识，使法律为人民所掌握、所遵守、所运用。”而使全民具备良好的守法意识又是一项复杂的系统工程，既需要立法者制定出体现公平正义的良法，又需要国民文化素质的整体提高，这需要包括教育部门、文化部门等多部门的共同努力。一段时间以来，教育部门推行的在中小学开设法律课程，文化部门推行的文化下乡等活动能够对提升公民法律素养起到潜移默化的作用，不过在课程具体内容、文化具体形式等方面还要在总结经验教训的基础上进行不断调整。

结　语

社会转型期，各种社会矛盾凸显，公安机关作为代表国家行使公权力的机关，执法中不可避免地会遭遇各种困难。在面对不同声音的时候，公安机关不可一味采取高压的态势予以打击和震慑，实践证明，基于震慑和打击所形成的秩序由于不是执法对象发自内心的服从，因此实质上是一种表面坚固、内心脆弱的稳定假象，潜藏着更为激烈的矛盾与冲突。党的十八届四中全会指出，法律的权威源自人民的内心拥护和真诚信仰，警察权威自然也要靠公安机关首先规范自身行为来树立。法治公安的提出要求从公安机关自身入手，解决当前突出的警民关系紧张问题。对警察权力的控制与约束目的不是为了消减警察权威，而是通过依法行政，在保障社会秩序稳定和维护公民私权利的同时，赢得社会公众的理解和信任，从而真正提升执法的公信力，维护警察执法的权威。

论警察权的划分及其法律规制

杜鸣晓　王琳琦[①]

一、引言

根据《中华人民共和国人民警察法》（以下简称《人民警察法》）第六条和第十二条的规定，警察具有刑事和行政两项基本职能，因此，警察权可以分为刑事侦查权和公安行政管理权。[②] 而根据警察职权所起的作用又可以将警察权分为原生警察权和救济警察权，原生警察权包括刑事警察权和行政警察权，例如刑事警察权包括预防制止和侦查犯罪活动权、刑罚执行权，行政警察权包括道路交通管理权、危险物品管理权、特种行业管理权、户政国籍管理权、计算机信息系统监督管理权等，而救济警察权只有在原生警察权遇到障碍或者为保证原生警察权顺利行使时才能行使，包括交通与现场管制权、技术侦查权、实施刑事强制措施权等。[③]

由于同时具有行政执法权和行使侦查权，公安机关需要履行行政管理的职责，同时又要履行刑事侦查的职责。虽然在履行行政职责和刑事职责的个案上，公安机关内部分工明确，但是从宏观上公安机关作为一个整体，行使这两种权力时仍然存在交叉。这会导致人民警察的权力在运行与控制上，以及管理上出现混乱、分责不清。

二、侦查权的性质

公安行政管理权是警察权之一，其性质是“三权”之一的行政权，这是由警察职能决定的。警察是国家的暴力机器，其职能是维护国家统治，警察权本身就

① 杜鸣晓，中国政法大学证据科学研究院博士研究生；王琳琦，北京警察学院讲师。

② 参见吕雪梅、吴纪奎：《论我国警察权权能结构整合及运行优化》，载《中国人民公安大学学报》2005年第3期。

③ 梁晶蕊、卢建军：《论法治社会中的警察权》，载《甘肃政法学院学报》2003年第1期。

是国家行政权的一个分支。[①] 但是，对于侦查权的性质，学界主要有行政权说、司法权说、行政兼司法权说三种观点。一是行政权说，认为公安机关是典型的行政机关，而侦查主体是公安机关，因而侦查权属于行政权，且侦查权有自身的倾向性，与司法权消极中立的特征存在根本区别；侦查权是积极的执行、管理权，而司法权是消极的判断权。[②] 二是司法权说，主张侦查权是国家公权力对法律责任的追究行为，调查活动本身也是一个消极的判断过程。公安机关具有双重性质，即具有行政职能又具有司法职能，就行政职能而言，主要是社会的治安管理，就司法职能而言，主要是刑事案件的侦查。[③] 同时，侦查权的行使也具有司法权的被动性特征，只有通过报案、举报、其他部门移送等途径发现可疑情况，通过一定的前期调查、确定有犯罪事实发生，才对该案件进行立案，进而展开侦查活动。三是行政权兼司法权说，认为侦查是起诉和审判的基础，属于诉讼活动，具有相对独立性，并在行使侦查权时要求其程序上的合法性。[④]

笔者的观点认为，侦查权兼有司法权和行政权的属性，这是因为具体到每一项侦查行为而言，可能具有司法权的属性，也可能具有行政权的属性，宏观上看侦查权兼有司法权和行政权的性质。

（一）侦查权具有司法权的性质

1. 侦查行为由刑事法律授权

在我国现行的刑事诉讼体制下，立案程序是刑事诉讼程序的开端，立案不仅标志着侦查活动的启动，还标志着刑事诉讼程序的启动。以公安机关行使侦查管辖权的刑事案件为例，公安机关接到报案并不意味着一定会展开侦查活动，只有在发现有犯罪事实或者犯罪嫌疑人的情况下，才可以启动立案程序。因此，立案是界分公安机关所作行为性质的标志，启动立案程序之后进行的侦查行为由刑事诉讼法约束，属于司法权范畴。

《中华人民共和国行政诉讼法》第十二条、第十三条明确规定，对属于刑诉讼诉法授权的侦查行为，不受行政法律的约束。由此可以得出，侦查行为是公安

---

① 参见孙卫华：《警察执法行为体系的审视与重构》，载《中国人民公安大学学报（社会科学版）》2013年第3期。

② 参见陈瑞华：《司法权的性质——以刑事司法为范例的分析》，载《法学研究》2000年第5期；但伟、姜涛：《论侦查权的性质》，载《国家检察官学院学报》2003年第5期。

③ 参见瞿丰、吴秋玫：《侦查权若干问题研究》，载《中国人民公安大学学报》2002年第5期。

④ 参见张军：《论侦查权的概念及性质》，载《吉林公安高等专科学校学报》2006年第5期。

机关经刑事诉讼法授权行使的一类特殊的调查、取证行为，尽管也是公安机关依职权作出的、对相对当事人产生一定影响的行为，但不是行政法意义上的具体行政行为，不受行政法的约束。这一点从立案的救济措施中也能得到相应的印证。根据《中华人民共和国刑事诉讼法》（以下简称《刑事诉讼法》）第一百一十条规定，"……认为没有犯罪事实，或者犯罪事实显著轻微，不需要追究刑事责任的时候，不予立案，并且将不立案的原因通知控告人。控告人如果不服，可以申请复议"，第一百一十一条规定，"……被害人认为公安机关对应当立案侦查的案件而不立案侦查，向人民检察院提出的，人民检察院应当要求公安机关说明不立案的理由"，第二百零四条规定，"自诉案件包括下列案件：……（三）被害人有证据证明对被告人侵犯自己人身、财产权利的行为应当依法追究刑事责任，而公安机关或者人民检察院不予追究被告人刑事责任的案件"。从上述规定可以看出，控告人或者被害人对不立案决定不服的，其救济途径有三种：申请复议、请求人民检察院监督立案或者直接向人民法院提起自诉。复议是一种典型的行政救济措施，这可以说明，对于不立案这个不作为行为，相对人是有权采取复议这种途径进行救济的。因为不立案，意味着案件尚未进入刑事诉讼程序，此时公安机关不予立案的行为属于行政行为，因此当事人可以通过复议的途径救济权利。

对比控告人或被害人对不起诉决定的异议，我国《刑事诉讼法》第一百七十六条规定，"被害人如果不服，可以自收到决定书后七日以内向上一级人民检察院申诉，请求提起公诉。人民检察院应当将复查决定告知被害人。对人民检察院维持不起诉决定的，被害人可以向人民法院起诉。被害人也可以不经申诉，直接向人民法院起诉"。两者相对比不难看出，被害人对于不起诉的救济途径中已经没有复议这一种，这可以说明，在进入刑事诉讼程序以后，不能再采取行政程序中典型的救济途径——复议，从当事人对各级审判结果不服所采取的上诉、申诉等"救济"措施中也没有申请复议中也可以证明。

2. 公安机关负责人审批制度不是首长负责制的体现

有学者主张《刑事诉讼法》（1997 年）第一百零八条的规定："经公安局长批准，可以进行侦查实验"①，证明公安机关在行使侦查权时采用的是行政性的

① 参见徐美君：《侦查权的运行与控制》，法律出版社 2009 年版，第 39～43 页。因为引用文献出版于 2004 年，故原作者引述的是 1997 年《刑事诉讼法》，为尊重原作，此处仍保留其原文。相关内容在现行《刑事诉讼法》中为第一百三十三条，"为了查明案情，在必要的时候，经公安机关负责人批准，可以进行侦查实验"。

首长负责制，从而证明侦查权属于行政权的观点。

但是，笔者认为，上述对侦查权属于行政权对论述存在偏颇。笔者认为“进行侦查实验必须经公安局长批准”这一规定，不能证明公安机关在行使侦查权时采用的是行政性的首长负责制。在整个刑事诉讼程序中，需要由公安局长、法院院长、检察院检察长批准的程序非常多，如在采取取保候审这一强制措施时，最终由县级以上公安局局长、人民检察院检察长、人民法院院长审批。又如在回避制度中，除了县级以上公安机关负责人有权决定侦查人员、参与侦查活动的记录人、翻译人员和鉴定人的回避，检察长同样也有权决定检察人员、参与检察活动的书记员、司法警察和人民检察院聘请或指派的翻译人员、鉴定人的回避。通过取保候审和回避的这两个例子可以看出，进入刑事诉讼程序后，公、检、法三机关的“一把手”均有权决定本机关的一些程序性事务，不能以公安机关在采取某些侦查措施时需要由公安局长批准这一现象来证明公安机关的侦查权符合行政性的首长负责制，进而认为公安机关侦查权属于行政权。

3. 强制措施不是行政权强制性的体现

有学者提出侦查权是刑侦权的第三个例证是，公安机关通过对逮捕的执行权说明在刑事诉讼中享有强制权，而享有强制权是行政权的特点之一，司法权不享有强制权。[①] 逮捕等强制措施是侦查措施的重要组成部分，而侦查措施又是公安机关侦查权的体现，因此侦查权是行政权。

笔者认为，虽然逮捕的执行权只在公安机关，但是逮捕只是强制措施中的一种，公安、检察、法院三机关均有权采取一定的强制措施。逮捕是最为严厉的一种强制措施、可能会较长时间剥夺嫌疑人的人身自由，因而在采取逮捕时比较慎重，只有在采取取保候审、监视居住等方法不足以防止发生社会危险性时，才会采取逮捕措施。由于逮捕的特殊性，法律将逮捕的批准权和执行权分权，只将执行权赋予公安机关，但不能就此认为“只有公安机关具有逮捕执行权，因而公安机关享有执行权，所以公安机关在是行使其行政权”。检察院和法院同公安机关一样对取保候审、监视居住拥有平等的执行权，公安机关在逮捕上的特殊执行权是由逮捕的特殊性决定的，而不是由公安机关侦查权性质特殊性决定的。

---

① 参见徐美君：《侦查权的运行与控制》，法律出版社2009年版，第39~43页。

（二）侦查权具有行政权的性质

即便如此，侦查权仍然具有行政权的属性，这不是因为公安机关行使侦查权是为了实现其维护公共秩序的行政目的而采取的手段。而是因为，在侦查工作中，仍然存在一部分不受《刑事诉讼法》制约的侦查行为，警察在行使这部分侦查权力时，只能受到行政权的保护和约束，例如通过对特种场所的监控获取犯罪信息。

监控特种场所是《人民警察法》赋予人民警察的职责之一，这一职责属于警察的公安行政管理权范畴。所以，侦查人员通过这种特殊侦查措施获取线索的行为，是由警察权中的行政权授权的。这种侦查行为，或者说是调查行为，是公安行政管理行为的延伸。同样，通过对宾馆入住登记信息等的人口信息排查获取犯罪嫌疑人行踪信息，也是属于行政管理权延伸到侦查活动中。

因此，笔者认为，侦查权兼有行政权的属性。特别是当调查这些信息只是用于侦查线索，而不是定案的证据随卷移送审查起诉、最终移交法官审理时，行使这类侦查行为的权力属于行政权而非司法权。这些侦查行为不受刑事诉讼法和证据规则的规范，而是通过公安机关内部的管理制度来规范。而公安机关制定的管理制度，其性质是行政法规，同时，制定这类规范性文件的行为本身，又体现了公安机关作为行政机关规定警察规范性文件的权力。[①]

（三）小结

综上，笔者认为侦查行为兼有司法性和行政性，侦查权兼有司法权和行政权的性质，但由于只为收集线索的侦查行为少于收集证据的侦查行为，侦查权应当更偏重于司法权。

二、警察权的规制

警察权分为公安行政管理权和刑事侦查权，与其相对应的警察职能可以分为公安行政管理职能和刑事侦查职能，警察行为则可以分为履行公安行政管理职能的行为和履行刑事侦查职能的行为。根据上文的分析，履行刑事侦查职能的行

---

① 参见高文英：《警察行政法探究》，群众出版社2004年版，第13～14页。

为，根据是否受到《刑事诉讼法》的约束，这些行为可以进一步分为具有行政权性质的侦查行为和具有司法权性质的侦查行为。因此，警察权规制的对象，可以分为公安行政管理行为、行政性侦查行为和司法性侦查行为。

（一）对公安行政管理行为的规制

公安机关基于行政管理权的工作，主要包括《警察法》第六条规定的“预防、制止违法犯罪活动或危害社会治安秩序的行为”“处理交通事故”“组织、实施消防工作”“管理枪支弹药、管制刀具和易燃易爆、剧毒、放射性等危险物品管理枪支弹药、管制刀具和易燃易爆、剧毒、放射性等危险物品”“管理特种行业”“管理集会、游行、示威活动”“管理户政、国籍、入境出境事务和外国人在中国境内居留、旅行的有关事务”“监督管理计算机信息系统的安全保护工作”和“指导和监督国家机关、社会团体、企业事业组织和重点建设工程的治安保卫工作，指导治安保卫委员会等群众性组织的治安防范工作”。上述职能是《人民警察法》赋予警察的公安行政管理工作，这些工作均具体体现了法律授权人民警察进行管理国家的行政权职能，对上述行为的法律规制，集中体现在对公安行政管理权的授权与限权上。

人民警察在履行行政管理职务时，应当严格按照法律的授权范围、操作程序、时限等具体要求，这是由行政行为的法律从属性决定的。因此，对于公安行政管理权，应当采取法律授权的方式进行规范。法律在授权的同时，还应该对这些行为予以限制。也就是说，对公安行政管理行为的规制，还体现在法律对这些行为的限权上。法律对公安行政管理工作的限权，其原因是警察权源于公民权力的让渡，同时，由于警察权其具有强制性，如果过度使用，则有可能侵犯公民的其他权力。因此，法律在授予警察公安行政管理职权时，还需要对其进行严格限制，限制的内容可以包括该职权行使的条件、具体行使方式，以及权力行使完毕和移交权力的条件等。

（二）对行政性侦查行为的规制

行政性侦查行为，是指警察为履行行政管理职责时，承担的调查事件的行为，例如在立案程序之前进行初查、在处理交通事故时对交通事故现场的现场勘验、在履行管理枪支、特种行业、户政等职责时进行收集信息的工作。这些行为的共同特点是有可能为侦查工作提供信息，成为查找犯罪嫌疑人、分析案情的线索，有可能成为刑事案件的证据，但是也有可能只是作为提供侦查方向的线索。

如果这些工作收集的信息最终成为案件的证据，进入刑事诉讼程序，这样的行为就转变成司法性侦查行为，将受到刑事诉讼法律的制约。但是，如果这些行为没有成为案件证据，而是仅仅作为案件线索，或者只是为公安机关进行刑嫌调控、社会监管提供信息，此时这些工作就不具有司法权的性质，仍然是具有行政权性质的警察行为，则应当与上述公安行政管理行为一样通过法律的授权与限权进行规制。

但是，与公安行政管理行为不同的是，由于行政性侦查行为具有进入刑事诉讼程序的可能性，对于这类行为的规制，还应该注意与刑事程序的衔接。例如，随着《中华人民共和国刑法修正案（八）》第二十二条将“醉酒驾驶机动车”纳入刑事犯罪范畴，交通管理部门对于酒驾者的酒精测试则不再仅仅是行政执法行为，而是兼有为后续刑事诉讼收集、固定证据的职能。此时，该行为应该严格按照刑事证据的规范进行收集、固定，而不是按照行政标准进行收集和固定。

而对于即使进入刑事案件也仅仅作为侦查工作提供线索的行政性侦查行为，例如，通过对特种行业的监控发现可疑人员或者可疑物品，进而开展确定侦查方向、查找犯罪嫌疑人等进一步的侦查行为，随后再通过讯问犯罪嫌疑人等方式获取证据，在这种情况下，监控特种行业仅仅是刑嫌调控的手段、为侦查提供线索，监控特种行业的工作并不记录在刑事案卷中，因此该行为不受刑事诉讼法律的规制。我认为，这种仅仅提供侦查线索的行政性侦查行为，需要行业道德的规范和公安机关内部的行业规范。

警察履行行政性侦查行为，为侦查工作提供线索，而侦查工作的最终目的是为了维护社会秩序，因此警察的行政性侦查行为除了具有行政性，还具有公益性和公信性。公众认为，一个职业有着合理的职业道德守则，并有着合理的程序来保证起成员遵守其要求，对于该职业的可信性而言至关重要。[①] 警察通过职业道德的自我规制，提高公安行政性行为的公信性和提供侦查线索的准确性，是公安机关内部对警察权进行规制的途径之一。

（三）对司法性侦查行为的规制

司法性侦查行为，是指在立案程序之后，从事侦查工作的警察进行的收集证

① ［美］彼得·巴尼特：《法庭科学职业道德：刑事技术职业标准》，王进喜译，中国法制出版社2013年版，第7页。

据、讯问犯罪嫌疑人、制作笔录等行为。司法性侦查行为的特点是，这些行为的工作过程或者结果将会被固定在刑事案卷中，成为案件在侦查、审查起诉、审判程序中流转的“纽带”。

对司法性侦查行为的规制，主要体现在刑事诉讼法律对侦查行为的程序性要求和证据性要求。司法性侦查行为受到刑事诉讼法律的要求，在具体操作规则、履行职责的事件地点人数、如何固定行为等方面都有要求。警察履行司法性侦查行为需要严格遵守刑事诉讼法律的要求，否则将面临程序倒流的风险。以讯问犯罪嫌疑人为例，《刑事诉讼法》第一百一十六至一百二十一条规定，讯问人员必须是人民检察院或者公安机关的侦查人员且不得少于二人，询问地点仅限于看守所，或者犯罪嫌疑人所在市、县内的指定地点或者到他的住处，具体讯问程序为询问时应当首先讯问犯罪嫌疑人是否有犯罪行为，让他陈述有罪的情节或者无罪的辩解，然后向他提出问题。又如，对公安机关执行逮捕的行为，法律通过赋予检察机关批准逮捕权来予以监督。这都说明，刑事诉讼法律在程序上对司法性侦查行为进行规则。另一方面，法律还对司法性侦查行为进行了证据性规制。例如，《关于办理刑事案件排除非法证据若干问题的规定》第二条规定，经依法确认的非法言词证据，应当予以排除，不能作为定案的根据，这就是通过立法规定证据的证据能力从而对警察的刑事侦查权进行限权。如果警察在侦查过程中违反《刑事诉讼法》的规定进行刑讯逼供，不但通过非法手段获取的证据需要予以排除、不能作为定案的依据，实施了刑讯逼供行为的警察还会受到法律的制裁。

因此，法律通过对司法性侦查行为在程序上和证据上的限制，约束警察规范行使侦查权，使得司法性侦查行为符合法律的程序要求和国家授予警察侦查权的分权目的。

四、结语

警察权分为公安行政管理权和刑事侦查权，其中刑事侦查权又分为行政性侦查权和司法性侦查权。其中，公安行政管理权和行政性侦查权属于行政权，对二者的规制主要通过法律的授权与限权。对于司法性侦查权，则主要通过刑事法律在程序上和证据上实现规制。由于刑事侦查权兼有司法性和行政性，对刑事侦查行为在两种权力下的衔接，尤其是为司法性侦查行为提供线索的行政性侦查行为，还需要通过职业道德进行规制。

论以法治理念推进公安机关社会管理机制创新

汪海霞①

当前，我国既处于发展的重要战略机遇期，又处于社会矛盾凸显期，社会矛盾冲突频发，现代化建设陷入“中等收入”陷阱的社会风险明显增大，这就需要社会管理在方式上实现从消极管制到积极权利保障的方向转变。其中，社会管理最关键、最根本的是构建保障民权、公平正义、和谐发展的法治型社会治理模式，实现社会治理的民主化和法治化。在社会管理领域，公安机关的社会管理机制创新是管理方式和管理模式的创新，是将社会管理纳入法治范畴，明确其社会管理的法律定位，并通过社会管理的理论、机制和方法创新及制度建设，从而促进公安机关社会管理机制法治化的过程。因此，公安机关必须在强化尊重和保障人权理念、依法办事法治理念、公平正义法治理念和民主参与法治理念的基础上，逐步强化其规则意识和法治思维、健全其社会管理创新的法律制度、强化其化解社会矛盾机制的法治化取向，从而不断提升自身社会管理效率和质量。

一、公安机关社会管理机制创新的法治性

2004 年召开的党的十六届四中全会明确提出构建社会主义和谐社会的目标，并正式提出了“建立健全党委领导、政府负责、社会协同、公众参与的社会管理格局”；党的十七大正式将社会建设与经济建设、政治建设和文化建设并列，社会体制改革正式提上党和政府的工作日程。2011 年 7 月，中共中央、国务院出台的《关于加强和创新社会管理的意见》，是当前和今后一个时期加强和创新社会管理的纲领性文件。目前，学界把社会管理创新内涵界定为对社会管理理念、知识、技术、方法和机制等方面的创新，对传统管理模式及相应的管理方式和方法

---

① 汪海霞，女，江苏淮安人，江苏警官学院思政部副教授，法学硕士，主要从事社会管理理论研究。

的改造、改进和改革，从而建构新的社会管理机制和制度，以实现社会管理新目标的活动或者这些活动的过程。① 因此，公安机关社会管理创新，是指公安机关在现有的社会管理条件下，运用现有的资源和经验，根据政治、经济、社会的发展态势和自身运行规律，运用新的理念、知识、技术、方法和机制进行社会管理，构建新的社会管理制度机制的活动和过程，其最终目标是实现“善治”，以期达到兼顾各方利益基础上的公共利益最大化。

社会管理是一项社会系统工程，需要采取政治的、经济的、行政的、道德的、纪律和行业规范的以及思想教育等各种方式方法，并且在法律规范和政策的范围内进行。这其中，法治是加强社会管理的重要手段和方式。也就是说，社会管理创新要在法治的目标和框架下进行，防止社会管理的非法治化现象。为此，公安机关首先必须正确地理解社会管理创新与法治的辩证关系。的确，在法治状态下，法律具有至高的地位，所有社会主体都依据法律行事，公民享有法律保障的广泛权利，公安机关按照法律所确定的规则运行，受法律约束，对法律负责；其次，正因为“制度好可以使坏人无法任意横行，制度不好可以使好人无法充分做好事，甚至走向反面”②，法治还要求社会管理创新方面的法律本身是良好的法律。当然，公安机关社会管理要进行创新，就势必面临如何维护法律的尊严及其稳定性问题；公安机关社会管理要实施法治，则又面临如何保证创新的及时进行以适应新的形势需要问题。正因为“法治既保护自由又保护平等”③，因此，公安机关社会管理创新必然存在着如何在创新的变动性与法律的至上性和稳定性之间保持平衡问题。

面对转型期中国的社会管理难题，如何构建并细化社会管理法治模式，已经成为中国理论界和实务界共同关注的课题。法律制度作为现代社会管理最重要的规则体系，是社会管理的基本依据和重要基础，法律制度创新指引着社会管理创新的方向，能够实现社会管理创新的实效性和持续性。因此，公安机关社会管理机制创新的法治性能够有效地实现政治国家与公民社会及权力与权利的有机统一、社会依法管理与民众参与治理的有机统一、民生法治导向性与管理主体多元化的有机统一、利益诉求渠道畅通与各种社会矛盾化解的有机统一、社会维稳和公民维权的有机统一。因此，构建法治型公安机关社会管理模式，必须将法律当

---

① 杨建顺：《社会管理创新的内容、路径与价值分析》，载《检察日报》2010 年 2 月 2 日。
② 中宣部：《邓小平论民主法制建设》，法律出版社 1994 年版，第 73 页。
③ ［英］艾伦：《法律、自由与正义》，成协中译，法律出版社 2006 年版，第 58 页。

作解决新时期社会矛盾的基本手段，将社会矛盾的解决和民众正当利益的保护都纳入法治轨道，“搞好社会管理创新综合试点，更加注重观念的转变、制度的创新、机制的整合、要素的集成、方法的改进，努力实现社会管理的科学化、系统化、信息化、法制化。”①

社会管理机制的法治性是公安机关运用法律对各个领域具体事务进行安排和规定，详细设计社会管理的对象、方式、主体和程序，从而使得公安机关的社会管理活动有了依据，便于操作执行。“法律是摒绝了激情的理性，所以它比任何个人更可取”。② 因此，加强和创新公安机关社会管理必须以法治理念为指导，以法制体系为基础，以法治保障为支撑，进一步强化法治在公安机关社会管理创新中的保障功能。为此，公安机关必须充分发挥法治导向功能，全面推进社会管理新型理念的创新；必须充分发挥法治保障功能，着力推进社会管理法治平台的创新；必须充分发挥法治调控功能，有序推进社会管理源头机制的创新；必须充分发挥法治规范功能，依法推进社会管理重点项目的创新。并在此基础上实现法治体制的创新、法治观念的创新、法律制度的创新、法律规则的创新，从而实现公安机关社会管理创新与法治的协调。

二、公安机关社会管理机制创新的法治理念

理念是行动的先导，公安机关进行社会管理创新必须有正确的社会管理理念作指导。而法治视角下的公安机关社会管理理念应以社会公共利益为核心，进一步强化尊重各方利益诉求及依法执法的意识。因此，为了保持社会管理创新的法治本质，公安机关必须强化尊重和保障人权的理念、依法办事的法治理念、公平正义的法治理念和民主参与的法治理念。

首先，公安机关必须强化尊重和保障人权的法治理念。人权“作为人在物质以及精神上满足自身需要的那些最基本的权利，当然有助于实现人类在各种文明历史中所追求的目的，同时它也可能构成人类为那些目的而必须寻求或具备的手段”。③ 人权是“指人们主张应当有或者有时明文规定的权利。这些权利在法律上得到确认并受到保护，以此确保个体在人格和精神、道德以及其他方面的独立

① 付子堂：《论构建法治型社会管理模式》，载《法学论坛》2011 年第 2 期。
② ［古希腊］亚里士多德：《政治学》，吴寿彭译，商务印书馆 1965 年版，第 167 页。
③ 邹平学：《基于人权视角的政治文明解读》，载《江西社会科学》2004 年第 6 期。

得到最全面、最自由发展。他们被认为是人作为有理性、意志自由的动物固有的权利，而非某个实在法授予的，也不是实在法所能剥夺或削减的。”① 人权是相对于公权力而言的，是“不受公权力侵害”② 的私权利。人权不仅仅是对于权利的简单需求，而且意味着一个人对拥有法律权利的要求。“人人生而平等，他们都从他们的‘造物主’那边被赋予了某些不可转让的权利……为了保障这些权利，人们才建立了政府。”③ 因此，国家建立的初衷是为了维护人的权利——人权，那么作为国家存在方式的公权力公安机关必然不能侵害人权。为此，我国在1992年发布了中国第一个人权白皮书《中国的人权状况》；2004年修改宪法，写入“人权条款”；2008年发布了第一份《国家人权行动计划》。具体到公安机关，在社会管理创新中落实尊重和保障人权的理念说到底是对人的管理和服务，把实现好、维护好、发展好最广大人民的根本利益作为出发点和落脚点，寓管理于服务之中，实现依法管理、科学管理、人性化管理，使人民群众在社会生活中切实感受到权益得到保障、秩序安全有序、心情更加舒畅。因此，公安机关必须把尊重和保障人权作为创新和完善社会管理的指导原则，在日常的行政服务中把“人民满意不满意、人民答应不答应、人民高兴不高兴”作为衡量工作的唯一标准，在办案中始终强化罪刑法定、无罪推定、疑罪从无等理念，从而更好地维护公民权利。

其次，公安机关必须强化严格依法办事的法治理念。严格依法办事实际上就是最大的也是最好的社会管理机制创新，一切体制、机制和方法上的创新都必须在宪法和法律的框架内进行。公安机关能否践行加强和创新社会管理这一任务，关键是其能否严格依法行政，能否善于运用法律手段推动社会管理机制的创新。改革开放以来，社会管理领域也发生了五个方面的转变：社会从“单位管理”向“社会管理”转变、政府角色由“权力本位型”向“权利本位型”转变、公共管理方式从“行政管制”向“社会服务”转变、社会治安从“单一治理”向“综合治理”转变、化解社会矛盾从“单一机制”向“多元机制”发展。这些变化必然要求公安机关牢固树立宪法和法律至上理念，不断提高依法决策、依法管理、依法办事的能力和水平。为此，公安机关必须强化其职能的法制化，进一步细化其职权空间，始终坚持在制度范围内行使职权；必须正确贯彻公安机关行政

① ［英］戴维.M. 沃克：《牛津法律大词典》，李双元等译，法律出版社2003年版，第538页。
② ［日］芦部信喜：《宪法》，李鸿禧译，月旦出版社1995年版，第98~99页。
③ 姜士林：《世界宪法大全》，青岛出版社1997年版，第1612页。

程序的法制化。实践证明，如果没有对权力的制约程序和社会资源公平分配的程序，“法治”也不成其为真正的法治。[①] 因此，为了实现公安机关行政程序法制化，必须建立公众参与制度，为公民参与提供制度保障；必须通过制定政务公开制度，以保障公安执法过程的透明性。

再次，公安机关必须强化公平正义的法治理念。公平正义的法治理念是社会主义法治的价值追求，是公安机关进行社会管理创新的主题。亚里士多德认为：公平就是公正、平等，强调公正是一切德性的总汇；“政治学上的善就是正义，正义以公共利益为依归。按照一般的认识，正义是某种事物的‘平等’（均等）观念”。[②] 社会需要创新管理机制，需要良好的社会秩序，而公平正义是实现社会管理创新的保障，也为社会管理创新提供了重要的指针和发展方向。在法治条件下的公安机关社会管理，必须贯彻公开、公平、公正原则，这是法治的基本要求，也是法治条件下创新社会管理的基本要求。因此，公安机关在社会管理创新中所追求的公平正义是使社会成员能够按照规定的行为模式公平地实现权利和义务，并受到法律保护，实现社会成员之间的权利公平、机会公平、过程（规则）公开和结果（分配）公平。为此，公安机关在维护社会公平正义的社会管理创新中，必须时刻关注经济、社会、区域、城乡不平衡的问题，社会资源配置和收入分配不公的问题，基本公共服务和社会保障不到位、不均衡的问题，并通过协调社会关系、规范社会行为、解决社会问题、化解社会矛盾、应对社会风险、保持社会稳定实现社会的公平正义。

最后，公安机关必须强化民主参与的法治理念。为化解社会管理领域存在的问题和矛盾，中央提出了“党委领导、政府负责、社会协调、公众参与”的十六字方针。在公安机关社会管理创新领域，这四方面是否会得到有效的落实，关键还是要看公安机关如何行使权力。因此，随着公安执法价值观念的转换，从前那种完全由公安机关单方实施的政策制定和执法方式，已越来越无法满足对于公安机关服务不断增长的社会需求，这必然要求公安机关进行社会管理机制的创新，而参与式公安执法理论与实践在这样的时代背景下应运而生。[③] 参与式公安执法是指公安机关在行使国家权力，从事国家事务和社会公共事务管理的过程中，广泛吸收公众参与执法过程，“充分尊重公众的自主性、自立性和创造性，承认公

---

① 范莉：《浅论中国行政程序法制化进程》，载《知识经济》2009 年第 9 页。

② ［古希腊］亚里士多德：《政治学》，吴寿彭译，商务印书馆 1965 年版，第 148 页。

③ 缪文升：《参与式公安执法探讨》，载《公安研究》2011 年第 11 期。

众在行政管理过程中的主体性，明确公众参与行政的权利和行政机关的责任和义务，共同创造互动、协调、协商、对话、合作的新型行政法律制度”。[①] 因此，参与式公安执法改变了非此即彼的单向思维方式，将管理对象置于平等地位，充分尊重人民群众的主体地位，形成公安机关与相对人之间的交流与互动，实现“互补”“双赢”“共同发展”，充分发挥各种社会力量在社会管理中的协同、自治、自律、他律、互律作用，调动社会力量参与公安机关社会管理的积极性、主动性、创造性，从而形成推动社会管理良性发展的合力。

三、公安机关社会管理机制创新的法治路径

社会管理就是要协调社会关系、规范社会行为，而要完成这一任务的根本出路必须是民主与法治。因此，公安机关的社会管理机制创新也必须围绕这一根本任务，着力发挥法治在公安机关社会管理机制创新中的基础和主导作用，并积极探索构建法治主导型的社会管理模式。[②] 为此，必须进一步强化公安机关及民警的规则意识和法治思维，养成依法办事的法治观念；必须进一步健全公安机关社会管理创新的法律制度；必须进一步强化公安机关化解社会矛盾机制的法治化取向。

首先是进一步强化公安机关及民警的规则意识和法治思维，养成依法办事的法治习惯。2010 年国务院发布《国务院关于加强法治政府建设的意见》，明确提出：“行政机关工作人员特别是领导干部……自觉养成依法办事的习惯，切实提高运用法治思维和法律手段解决经济社会发展中突出矛盾和问题的能力。”公安机关除依法承担刑事司法任务外，还承担了大量的治安、交通、消防、户籍、边防、出入境、计算机安全保护等国家行政管理职能。因此，公安机关及民警能否在思想上和行动上养成法治习惯，直接关系到社会管理机制创新的法治化进程。所谓规则意识是指“对规则的执行和遵守，它是一个涵盖很广泛的概念，对规则的执行和遵守贯通法律实施的所有领域。”[③] 正因为“法治”特别重视制度的作用、重视规则的稳定性和可预期性、重视程序正义甚于实体正义，因此，规则意识更应是公安机关及民警的基本要求。因此，作为公安机关及民警如何切实遵循

---

① 莫于川：《参与式行政模式的法治价值》，载《人民日报》2011 年 7 月 27 日。

② 应勇：《积极探索构建法治主导型的社会管理模式》，载《法制日报》2012 年 3 月 29 日。

③ 刘作翔：《强化和提高规则意识是法律实施的关键》，载《人民法院报》2012 年 3 月 30 日。

和运用法治思维，需要做到以下五个方面合法："目的合法""权限合法""内容合法""手段合法""程序合法"。① 具体而言，公安机关及民警作出某一决策，实施某一行为，应符合法律、法规明示或暗含的目的；应符合法律、法规为之确定的权限；决策与行为的过程、步骤、方式、时限等应符合法律、法规的规定（即法定程序）和正当程序的要求。当然，公安机关及民警要做到这五个合法，首先就是加强法治教育，在家庭、学校和社会中进行法治理念的灌输，始终坚持法律在整个社会规范体系中有至高无上的地位，进一步强化其他任何社会规范都不能否定法律的效力或与法律相冲突的执法理念。为此，公安机关及民警要进一步树立这样一些意识：人民自己才是法治的主体，而非政府；在法治状态下，人是法律之下的法律化的人，人与人是平等的；在法治状态下，每个人都能充分发挥自己的潜能，实现自己的价值，因为法律为他创造了一个正常的社会生活条件，等等。②

其次是进一步健全公安机关社会管理创新的法律制度。我国社会管理涉及面广，关系复杂，而公安机关应对社会管理的制度基础薄弱。因此，加强和创新公安机关社会管理机制必须健全和完善相关法制。亚里士多德指出："法治应该包含两重意义：已成立的法律获得普遍的服从，而大家所服从的法律又应该是本身制订得良好的法律。"③ 这基本上就是我们今天所说的"良法之治"。然而，我国的立法工作存在重经济轻社会的倾向，导致公安机关社会管理方面的立法相对滞后，即使有涉及社会管理方面的法律，也都存在着不适应、不完善、不明确等方面的问题。马克思指出："只有当法律是人民意志的自觉表现，因而是同人民的意志一起产生并由人民的意志所创立的时候，才会有确实的把握，正确而毫无成见地确定某种伦理关系的存在已不再符合其本质的那些条件，做到既符合科学所达到的水平，又符合社会上已形成的观点"。④ 因此，有关部门必须以"良法之治"作为价值标准，尽快完善公安机关社会管理方面的法律法规。而所谓的以"良法之治"，就是以正义、公平、民主、人权、秩序、安全、幸福、尊严等共同价值为重要尺度所创制的法律制度，以及公安机关通过法治实现有效的社会管理，从而建立起的良好秩序。为此，相关部门在制定有关公安机关社会管理机制

---

① 姜明安：《政府官员应具备法治思维》，载《人民日报》2012 年 3 月 21 日。
② 杨春福：《善治视野下的社会管理创新》，载《法学》2011 年第 10 期。
③ ［古希腊］亚里士多德：《政治学》，吴寿彭译，商务印书馆 1965 年版，第 199 页。
④ 《马克思恩格斯全集（第 2 卷）》，人民出版社 1995 年版，第 346 ~ 350 页。

创新方面的法律法规时，必须以博弈各方机会均等、程序设计尽可能合理为原则，重点强调公安执法行为的合法性，尤其是程序合法，在做到有法可依的同时，督促公安机关依法行政。当然，在已经制定的社会管理法律法规中，有相当一部分可称得上“良法”的制度被束之高阁得不到有效执行。因此，如何构建有效的监督制约机制，从而确保公安机关社会管理法律法规得到有效执行，其意义和价值并不亚于制定新的法律制度。

再次是进一步强化公安机关预防化解社会矛盾机制的法治化取向。公安机关在社会矛盾纠纷解决机制上，寄希望于构建起以政法综治牵头协调、职能部门共同参与，集人民调解、行政调解、司法调解和专业调解于一体的“大调解”工作机制。具体而言，公安机关正在致力于建立健全社会利益的沟通渠道和协调机制，综合运用政策、法律、经济和行政等多种手段，采取教育、协商、调解等多种方法，构建以协商和解为先导，以“大调解”为前沿，以仲裁裁决为分流，以行政解纷（行政调解、行政裁决、行政复议）为中心，以司法终局为后盾的多元化纠纷解决机制。在此基础上，强调多种纠纷解决方式相互补充、相互协调且动态的调整系统。但预防和化解社会矛盾的“大调解”机制必须建立在法治主导的理念、原则、体制、规则下，“既需要全社会多主体参与、全方位多渠道化解，又必须以树立和维护法治的权威为前提”[①]；既要坚持依法进行社会管理机制创新的主导方向，让法律问题通过法治途径解决，又要强化“社会管理社会管”的理念，促进公安机关“保持自身的权威和主导能力，从而有机会获取更多的‘合法性’支持”,[②] 积极推进在法治平台上的社会协同和公众参与，从而充分发挥社会组织的桥梁纽带和协同共治的作用。

---

① 应勇：《积极探索构建法治主导型的社会管理模式》，载《法制日报》2012 年 3 月 29 日。

② 马西恒：《转型中的社会治理》，上海交通大学出版社 2006 年版，第 5 页。

论以法治思维提升警察执法权威[①]

缪文升[②]

当前，我国的改革进入攻坚期和深水区，为了有效应对各种矛盾风险挑战，迫切需要警察以法治思维破解这些深层次矛盾，必须依靠法治来平衡社会利益、调节社会关系、规范社会行为。而解决这一问题的前提是警察必须在法治理念的基础上，运用法律规范、法律原则、法律精神和法律逻辑对所遇到或所要处理的问题进行分析、综合、判断、推理和形成结论，从而养成法治思维的习惯。党的十八届四中全会提出了全面推进依法治国的指导思想、总目标、基本原则和主要任务，要求党员干部切实提高运用法治思维和法治方式推进改革的能力和水平。为此，我们在分析警察执法权威现状与原因的基础上，提出了提升警察执法权威的法治思维路径，并从警察规则思维、程序思维、权利义务思维和责任思维等方面进行了较为详实的阐释。

一、警察执法权威的语义及其构成

近年来，我国警察在正常的警务活动经常遭遇围攻、谩骂、殴打、诬陷等，更有甚者采取恶意投诉、“告黑状”等方式报复警察。这不仅严重威胁和侵犯了警察的基本权利，威胁到警察的正常执法权威，更使得警察作为公共权力的“国家机器的强制力”受到严重挑战，从而加速了警察执法权威的弱化。据对某市136名巡警和交警执法活动调查显示，仅2012年上半年，在87起违法案件的现场处罚中，执法民警受到起哄、侮辱、威胁等不法侵害的就有179人次，其中多数因没有产生实质性危害，法律上难以认定而被忽视，问题相当严重。[③] 究其原

① 基金项目：江苏高校品牌专业建设工程资助项目（TAPP）。

② 缪文升，男，江苏南通人，法学博士，江苏警官学院法律系教授，从事警察法学理论研究。

③ 程琳：《民警执法权威受损问题探究》，载《公安研究》2013年第6期。

因，从外部分析，个别人不服从、不配合、对抗、暴力对抗执法，甚至出现聚众暴力对抗警察执法的状况；而从警察机构内部分析，一些地方政府滥用警力，导致警民关系紧张；个别警察执法不公，违规执法，影响了警察的整体形象；权力时空配置失范，警察的现场处置权力过小，非现场处置权力太大；警察使用强制方式条件严苛，警察面临紧急情况可以采取哪些强制手段，无明确授权，对于即将发生的妨碍警察执行公务或者侵害警察权益的行为，法律并未授权警察可以先发制人。在执法过程中，当事人不予配合或以各种方法阻碍警察执法已经成为常态，学者曾对某公安局基层民警进行过调查，绝大多数民警在处警过程中都遭遇过当事人的辱骂、威胁或厮打，警察执法环境正在不断恶化。[①]

概言之，公众对警察执法的需求以及警察自身的期望都存在一定差距，警察抱怨公众不配合、不支持，公众评价认为警察素质差，两者成反向演进，最终的结果是严重影响公众对警察的认同和支持，损及警察权威。[②] 恩格斯认为，问题是靠权威来解决。[③] 而权威表现为一种精神力量，它主要借助主体威信在公众情感、信仰等方面的影响来产生作用，以自觉自愿服从为前提。韦伯认为，权威可以分为传统型、法理型及个人魅力型权威。传统型权威是建立在传统风俗和习惯的基础上、法理型权威是建立在清晰而明确的规则和制度的基础上、个人魅力型权威是建立在个人的非凡个性和超凡感召力的基础上。[④] 德国学者阿．辛科认为，权威（authority）是指得到普遍承认的组织、集团或者个人对一定的社会生活领域所起的影响。[⑤] 因此，“权威”一词至少可作以下三种理解：权威是权力和威望的合称词，权力是强制服从的，威望是使人信服而自愿接受的；权威体现了一种社会关系，是公众心理感受的社会积累，表现为比较稳定的社会认可；权威有其特殊的社会作用。[⑥] 警察的执法权威应以合法的权力为基础，以武力威慑和地位强势为标志，以尊严、威望为表现形式，以信服为保障。它是警察权力发展、延伸、行使和发挥作用的最高境界要求。[⑦] 因此，警察执法权威是指警察在执行

---

① 冯勇、王继常：《浅谈警察执法权威的缺失与重塑》，载《公安教育》2014 年第 5 期。

② 王占军：《社会和谐语境下警察执法权威重构的路径选择》，载《中国人民公安大学学报（社会科学版）》2010 年第 4 期。

③ 《马克思恩格斯选集（第 2 卷）》，人民出版社 1972 年版，第 551 ~ 552 页。

④ ［德］马克斯．韦伯：《学术与政治》，冯克利、舒炜译，三联书店 1998 年版，第 56 页。

⑤ ［德］阿．辛科：《马克思列宁主义哲学词典》，东方出版社 1991 年版，第 285 页。

⑥ 陈晋胜：《论警察执法权威》，载《公安研究》2001 年第 2 期。

⑦ 王占军：《论警察个体权威》，载《江西公安专科学校学报》2008 年第 3 期。

法律、法规时所表现出来的一种权力和威望，当相对人拒绝或者蔑视、干扰警察的执法活动时，所针对的其实是警察所代表的国家尊严与法律权威。

涉及影响警察执法权威的因素是多元的，其中既有制度、体制等硬性要素，但同样包括警察及相对人法治思维等软性要素。在传统的警察执法权威的理论中，“警察执法权威的树立是以警察权力的暴力性作为后盾，并认为这是警察执法权威的最终保障。然而，从这种观点出发，势必会导致警察权力的异化，难以形成真正的执法权威。”① 党的十八大报告明确指出：“提高领导干部运用法治思维和法治方式深化改革、推动发展、化解矛盾、维护稳定能力。”“法治思维”是一种运用法治价值来认识世界的思维方法，是法治价值在人们头脑的思维形态中形成思维定式，并由此产生指导人们行为的思想、观念和理论。在凸显法治价值指引功能的过程中，特别重视作为人们行为规范的法律在构建社会秩序中的重要作用，代表了人类整体的一种思维习惯，是一种经过实践，特别是制度化的实践证明了的有效的思维形式。质言之，法治思维要求坚持法律规则至上、要求坚持程序公正优先、要求确保法律实施的确定性、其核心是约束公权力与保障私权利、是一种内心认同与普遍信任。② “法治思维”是受规范和程序约束、指引的思维，在现阶段主要是指限制、约束权力任意行使的思维；在价值追求上是一种趋于实现公平、正义，保护权利、自由的思维；是理性思维，是讲究逻辑推理、修辞论辩和解释技术的思维方式。③ 法治思维是一种理性思维；不是“人治思维”“权力思维”；强调以权利义务为中心，切实做到以人为本。④ 正因为法治思维包括认知判断层次、逻辑推理层次、综合决策层次及建构制度层次等方面。因此，警察执法权威的形成更应该关注软性指标，从规则思维、程序思维、权利义务思维、责任思维等方面进一步强化警察执法的法治思维，从而树立起真正的执法权威。

---

① 刘燕玲、刘亚妮：《论警察权与警察执法权威——以暴力袭警为背景》，载《中国人民公安大学学报（社会科学版）》2010 年第 3 期。

② 王聪：《法治思维与法治方式的价值、内涵及养成》，载《上海政法学院学报（法治论丛）》2013 年第 6 期。

③ 陈金钊：《对‘法治思维与法治方式’的诠释》，载《国家检察官学院学报》2013 年第 2 期。

④ 陈垚：《法治思维：化解社会矛盾的基本思维模式》，载《学习月刊》2013 年第 14 期。

二、警察执法的规则思维

"法是人的行为的一种秩序（order）。一种'秩序'是许多规则的一个体系（system）。法并不是像有时所说的一个规则，它是具有那种我们理解为体系的统一性的一系列规则。""每个法律规则使人们在一定情况下负有遵从一定行为的义务。"[①] 恩格斯说："他们（警察）作为日益同社会脱离的权力的代表，一定要用特别的法律来取得尊重，由于这种法律，他们就享有特殊神圣和不可侵犯的地位。"这一论述充分说明了增强警察执法权威法律规定性，树立警察执法权威的重要性和必要性。当前，我国涉及警察执法保障的法律主要为《人民警察法》《治安管理处罚法》和《刑法》等。但这些法律规范总的来看都过于原则化、难于明确化和保障，规定的缺失化使得其难以具体转化为警察权益保护的制度保障。[②] 而警察执法的法治思维说到底是要求警察将法律作为判断其行为是非的准绳，要求执法警察必须崇尚法治、尊重法律，善于运用法律手段解决问题和推进执法工作。诚如习近平指出的，"各级领导干部要提高运用法治思维和法治方式深化改革、推动发展、化解矛盾、维护稳定能力，努力推动形成办事依法、遇事找法、解决问题用法、化解矛盾靠法的良好法治环境，在法治轨道上推动各项工作。"

"人们需要的与其说是好的人，还不如说是好的制度。……我们可以设计多种制度，以使这些权力被滥用的危险减少到最低限度。"[③] "公权力机关要在法律规定的范围内活动，各层级的法律法规就是公权力活动的行为规则。"[④] 警察执法的规则具有确定性、可预期、可执行力，是相对人对警察执法理性期待的体现，其逻辑起点是：既定的规则告诉人们哪些可为、哪些不可为，以及如何行为；人们的行为后果是可预期的。警察执法的规则性思维要求警察凡事都要有规则、凡事都要先有规则、凡事都要遵守规则，"对法律怀有敬畏之心，牢记法律红线不可逾越、法律底线不可触碰，带头遵守法律，带头依法办事，不得违法行

---

① ［奥］凯尔森：《法与国家的一般理论》，沈宗灵译，中国大百科全书出版社1996年版，第3页。

② 宫志刚、王占军：《警察执法权威的法律保障探微》，载《中国人民公安大学学报（社会科学版）》2012年第4期。

③ ［英］卡尔．波普：《猜想与反驳》，上海译文出版社1988年版，第54页。

④ 于浩、陈肇新：《以法治的名义—评〈罪刑法定本土化的法治叙事〉》，载《北京科技大学学报（社会科学版）》2013年第4期。

使权力，更不能以言代法、以权压法、徇私枉法”。为此，警察行为必须坚持“权力清单”依法行政，即警务行为的决策、执行，化解社会矛盾，都要不断审视其行为的目的、权限、内容、手段、程序是否合法，做到“有法可依、有法必依、执法必严、违法必究”，将警察权力关进制度的笼子里，保证警察权力在阳光下运行。因此，为了强化警察执法的规则思维，应当从规则意识的培养、规则思维的提升入手，树立警察对法律规则的信仰，促进警察养成自觉遵守法律规则的习惯，并形成一种基本的思维方式；在具体的执法中，警察应当严格遵守既定的法律规则，依照既有法律规则行使权力，既不能缺位，也不能越位，用“正面清单”和“负面清单”监督警察权力，对警察权力实行“法无明文不可为，法无授权不得为”。

三、警察执法的程序性思维

从20世纪80年代早期人治与法治的讨论到90年代关于权利和人权问题的研究，都侧重于强调令行禁止、正名定分的实体合法性方面，而忽视在现代政治和法律系统中理应占据枢纽位置的程序问题的倾向。党的十八届四中全会《决定》的一大亮点就是把依法决策作为决策的程序固定化、制度化、法治化，规定了政府依法决策的五大机制，通过程序约束和监督公权力的行使。“健全依法决策机制。把公众参与、专家论证、风险评估、合法性审查、集体讨论决定，确定为重大行政决策法定程序，确保决策制度科学、程序正当、过程公开、责任明确。建立行政机关内部重大决策合法性审查机制，未经合法性审查或经审查不合法的，不得提交讨论。”判断一名警察是否具备法治思维的一个重要标准是看其是否将追求程序公正摆在首位。因此，要提高警察运用法治思维的能力，首先要提高其运用程序思维的能力。“程序的完备程度可以视为法制现代化的一个根本性的标准。法治的程度，可以主要用国家和人民共同服从程序的状态作为标尺来衡量”①。“借助程序这个形式性操作杠杆，把利益的博弈以及特殊的价值取向都转化为合乎公平正义的、以法律语言表达的权利诉求，进而通过程序的过滤装置取得关于公共选择的实质性共识”，② 从而增强警察执法的正当性与权威性，有

① 季卫东：《法律程序的意义——对中国法制建设的另一种思考》，载《中国社会科学》1993年第1期。
② 季卫东：《法律程序的形式性与实质性——以对程序理论的批判和批判理论的程序化为线索》，载《北京大学学报》（哲学社会科学版）2006年第1期。

效减少社会矛盾以及社会各界的不满情绪。概言之，警察依法行政就是要“依照法定权限和程序行使权力，履行职责”，法治公安就是程序之治。

在具体的警察执法场景中，程序正当思维的要求就是要做到事前公开、事中参与、事后告知。即警察权力要按照法律预设的程序行使；要保障程序参与者平等的发言和对话；要保障民众的知情权，政府行为要保证阳光透明，不仅要告知行政相对人和其他利害关系人，还要满足公众对政府信息公开的要求，接受公众的监督和质询。[①] 警察执法程序思维是一系列思维的聚合体，是由程序协商思维、程序正义思维、程序控权思维等要素组成。其中，警察执法程序协商的思维，就是把执法中的对话和协商纳入必要决策程序，坚进一步规范执法的协商内容，增强不同主体之间协商的代表性和包容性，提高不同主体的协商能力，在充分考虑协商过程中多数人诉求的同时，注重倾听少数人的利益诉求。而程序正义又包括程序中立思维及程序参与思维和程序时限思维。“在现代国家，国家机关做成与人民本身权益有关之决策，应给予人民参与之机会”。[②] 公安机关通过优化工作流程，从而提高办事效率，使实际办案的期限尽可能少于法定的期限。警察执法的程序控权思维，就是通过建立和激活警察科学完善的执法程序以达到治权的思维，其中首要的就是行政程序法的制定与运行。虽然我国还没有《行政程序法》，但《湖南省行政程序规定》已经体现出典型的程序控权思维。[③]

四、警察执法的权利义务思维

法治思维要求领导干部学法、尊法、守法、用法，自觉在法律授权范围内活动，保障人民享有更广泛的权利和自由。警察执法法治思维的实质就是从相对人权利和义务角度观察、分析、处理问题，通过法律意义上权利和义务的确认与运作，实现法律对社会行为的指引、评价、预测、教育、惩罚功能。党的十八届四中全会《决定》提出要“牢固树立有权力就有责任、有权利就有义务观念……使遵法守法成为全体人民共同追求和自觉行动。”法治是贯彻于人类数千年往往

---

① 赵新华:《法治思维养成的几个关键要素》，载《人民法院报》2013 年 1 月 30 日。

② 吴庚:《行政法之理论与实用》，中国人民大学出版社 2005 年版，第 336 页。

③ 吴兢:《我国推进“程序控权”》，载《人民日报》2008 年 4 月 23 日。

被磨细但从未彻底间断的线索，即主权者、国家及其官员应受法律的限制。[①] 因此，警察执法法治思维作为一种权利思维，其基本要求就是在警察行使权力的过程中，应当明确其终极目标是维护公民的合法权利而不是损害甚至是侵犯公民的合法权利。具体而言，就警察执法法治思维的内容而言，这种权利思维是警察执法行为不得侵犯公民的合法权利。警察履行职能的终极目标就是保证宪法和法律规定的公民的各项权利和自由得到充分的实现，公安机关及其民警应当将人民利益放在首位，努力推动形成办事依法、遇事找法、解决问题用法、化解矛盾靠法的良好法治习惯和法治环境，在法治轨道上推动警察执法工作，解决老百姓关心的实际问题，维护和实现广大人民群众的根本利益。

警察执法必须坚持“为了人民、依靠人民、造福人民、保护人民，以保障人民根本权益为出发点和落脚点，保证人民依法享有广泛的权利和自由、承担应尽的义务”。因此，警察执法的权利义务思维，其关键是在警察权与公民权之间找到两者动态平衡的“关节点”。换言之，我们在研究两者之间动态平衡问题时，要找出警察权与公民权的平衡原则，以此为理念来指导规制警察权的立法、营造警察权与公民权动态平衡的社会环境；同时，正因为警察权的范围相对来说具有可变性，研究两者之间动态平衡的关节点的前提是找出控制警察权的合理依据及度量警察权力大小的标准等。就度量警察权与公民权动态平衡关节点的原则而言，其一是法治原则。法律制度对于警察权的制约是为了保障公民权，而为了制约警察权，就必须实现法治。在警察权与公民权动态平衡语义下的法治原则，虽然强调有限权力，但其逻辑前提在于限制警察权的运行抑或保障公民权都是建立在法律规范的框架下，以理性的法律来规范警察权的运行，从而更有效的保护公民权。其二是平等原则。主要体现为在涉及警察权与公民权的相关立法时，警察与公民均有平等的参与立法权，双方均应该具有平等的意见表达权，相关法律对双方合理的意见和建议平等的吸收；在已经生效的法律制度执行过程中，警察与公民必须平等的对话，警察必须对相关执法行为作出说明和解释，对相关法律和理由具有告知的义务，公民有权进行陈述和申辩。实践证明，警察权的行使是以维护公民权利为核心。如果设置警察的目的不能实现有效维护公民权利的宗旨，那么，警察权的扩张就存在一定的正当性；反之，如果公民的正当权利受到来自

① ［美］塔玛纳哈：《论法治——历史、政治和理论》，李桂林译，武汉大学出版社2010年版，第147页。

警察权的威胁，那么警察权必然须要收缩。因此，警察权的本质和宗旨决定了警察权存在目的是维护公共安全，而不得干涉属于公民的私权，这既是警察权力配置的底线，也是警察行为伦理的基本要求。①

五、警察执法的责任思维

国务院制定的《全面推进依法行政实施纲要》所强调的“有权必有责、用权受监督、违法受追究、侵权须赔偿”。警察执法的法治思维要求权责一致，即有权必有责、用权受监督、失职要问责、违法受追究。从法治角度来看，警察权力与警察责任是相联系和相统一的，有权必有责，行使多少权力就要承担多少责任，并且警察职权本身就是一种职责、一种义务，警察的职权必须依法积极行使而不能放弃，否则就是失职，就必须承担相应法律责任。警察执法责任原则强调所有警务行为主体必须对行使的警察行为承担负责。根据警察权的性质、种类确定相应的责任，将警察权的行使置于责任状态；明确责任主体，促进责任真正得到落实；完善救济机制，确保公民权受到警察侵害造成的损失能够得到及时的赔偿。就衡量警察权的合理依据及大小标准而言，根据“法无授权即禁止”的理论，我国刑事法律及行政法律均对警察权作出明确的规制，这些法律授权的范围即为警察权运行的最基本边界，也是衡量警察权力是否正当的首要外在标准。

党的十八届四中全会明确指出：“全面落实行政执法责任制，严格确定不同部门及机构、岗位执法人员执法责任和责任追究机制”。我国对公安执法责任的规定散见于《人民警察法》《治安管理处罚法》《公安机关人民警察执法过错责任追究规定》和《公安机关实施停止执行职务和禁闭措施的规定》等法律法规中。因此，我们必须进一步明确责任主体、强化刚性制约，确保执法权力严格规范行使，全面提升执法制度的权威性和执行力。针对受立案、现场处罚、变更强制措施、涉案财物管理、执法安全管理等执法办案的重要环节，尽快制定出台执法办案若干个严禁规定，以底线思维、刚性要求确保民警规范执法、安全执法、廉洁执法。抓领导追责，在进一步认真落实执法责任过错追究办法和实施细则。抓终身问责，积极推行主办民警办案负责制度，借鉴检察院、法院的主任检察官、主审法官制度，在推行主办侦查员制度的同时，将民警主办负责的案件从刑事案件

① 陈晓济：《警察权与公民权的平衡》，载《天府新论》2008 年第 1 期。

拓展到治安行政案件，不论职务岗位如何变动，主办民警必须对其主办的案件终身负责。公安机关现有的纪检、监察、信访、法制等部门需要相互协调，加强合作，切实履行工作职责；法制部门更要加强对各类案件的审核把关制度，进一步完善错案责任追究制度。总之，“法律的权威源自人民的内心拥护和真诚信仰”，通过对执法警察的规则思维、程序思维、权利义务思维及责任思维的培育，进一步提升其法治思维能力，必将为警察执法的公信力提供主体性意识保障。

略论法治公安的内涵及路径选择

鞠旭远　刘　鹤　张立刚①

自1959年国际法学家大会通过《德里宣言》以来，作为法治三大要素之一的政府法治一直备受世界各国关注，政府法治以限制行政权、防止行政权滥用和有效保障公民权利为目标从而成为法治国家建设的基础与必要条件。法治公安是政府法治体系的基本构件，是全面推进依法治国方略、建设法治国家的重点工程之一。作为最典型的行政权力，公安执法权对维护社会公共秩序、保障公民基本权利无疑具有不可或缺的作用，但其内在的主动性、强制性和外在的广泛性、与社会生活直接相关性等权力特征不仅意味着其极易失控从而危及行政相对人和其他公民的合法权益，而且还影响着国家治理体系与治理能力现代化的推进。因而，法治公安在法治政府乃至整个法治国家的建设进程中，具有十分独特的地位和非同寻常的重要性，从而也决定了“法治公安”命题研究的必要性和重要性。

一、理解法治公安内涵必须考量的两个因素

2013年公安部出台《公安机关深化执法规范化建设工作任务和阶段目标》提出了建设法治公安的总目标，不过，无论是理论界还是实务界对于何谓法治公安尚存在不同的认识，有待明晰。我们认为，理解法治公安的内涵，以下两个因素是必须考量的。

1. 必须以社会主义法治理念为指导理解法治公安的内涵

法治一直是一个“最为重要的概念，至今尚未有确定的内容，也不易作出界定。”② 虽然对法治有不同理解，但法治一直是一个“西方论坛”，它以各种方式

---

① 鞠旭远，山东警察学院法律教研部主任，教授；刘鹤，山东警察学院法律教研部行政法律教研室副主任，讲师；张立刚，山东警察学院法律教研部教师。

② ［英］戴维·M·沃克：《牛津法律大辞典》，李双元等译，法律出版社2003年版，第990页。

被解剖、研析，形成色彩斑斓的法治话语体系，中国对于法治的探究中，这种“西方论坛”的特征是显而易见的。① 在西方学者看来，法治意味着政府不但要维护和执行法律与秩序，而且政府本身要服从法律规则，它本身不能漠视法律或为自己的需要而重新制定法律，法治还意味着对个人的最高价值和尊严的尊重。② 由此可见，西方学者的“法治”主旨就是法律对国家权力的限制和对公民权利的保护。

在我国，社会主义法治是指广大人民群众在党的领导下，依照宪法和法律规定，通过各种途径和形式管理国家事务，管理经济文化事业，管理社会事务，保证国家各项工作都依法进行，逐步实现社会主义民主的法制化，这种制度和法律不因领导人的改变而改变，不因领导人的看法和注意力的改变而改变。③ 社会主义法治理念的基本内容包括依法治国、执法为民、公平正义、服务大局、党的领导，其中依法治国的基本内涵包括人民民主是依法治国的基础，法制完备是依法治国的重要标志，树立宪法法律权威是依法治国的必然要求，权力制约是依法治国的关键。

可见，社会主义法治理念包含了西方学者所阐述的“法治”主旨，但显然，社会主义法治理念有着比西方“法治”更为丰富的内涵，其中，最为突出的一点就是坚持党的领导。党的领导，这是《中共中央关于全面推进依法治国若干重大问题的决定》中所确立的实现全面推进依法治国总目标所必须坚持的首要原则，同时也是正确认识社会主义法治理念和西方法治观念界分的焦点所在。只有以社会主义法治理念为指导构建法治公安，才能系统地解决“什么是法治公安”和“如何建设法治公安”这一重大历史命题。

2. 应当结合公安机关的职权性质理解法治公安的内涵

我们认为，“法治公安”里的“法治”应主要取“法律支配权力”一意，这是由公安机关的职权性质所决定的。

有的学者主张，公安人员执法时要在执法权力与公民权利之间动态把握恰当的界限，并以之为法治公安起点。④ 还有的学者主张把人权保障作为公安执法的

---

① 参见谢海定：《当代中国法治理论孕育生长的反思——读〈从法制到法治〉》，载《法学研究》2000 年第 6 期。

② 参见［英］戴维·M·沃克：《牛津法律大辞典》，李双元等译，法律出版社 2003 年版，第 990 页。

③ 参见江泽民：《高举邓小平理论伟大旗帜，把建设有中国特色社会主义的事业全面推向二十一世纪》，人民出版社 1997 年版，第 35 页。

④ 参见王鹰：《法治公安：社会主义法治原则在公安工作中的新发展》，载《政法学刊》2009 年第 6 期。

首要目标。对此，我们不敢苟同。公安机关的性质具有双重性，它是国家的行政机关，同时又担负着刑事案件的侦查任务，因而既有行政性又有一定的司法性；但是，行政性显然是其主要属性。作为最典型的行政权力，公安执法活动具有主动性、强制性、效率性、较大的自由裁量权等特征，要求公安执法人员一面代表国家执行法律、主动管理，一面又要判定其行为是否合乎人权保障的价值要求，这合乎制度逻辑的要求吗？合乎“任何人都不得在自己为当事人的案件中担任裁判者”的法治理念吗？事实上，多数公安执法行为可能都不得不以侵蚀公民权利和自由为代价。《人民警察法》规定了“维护国家安全和社会治安秩序”和“保护公民的合法权益”的执法目标，不但“维护国家安全和社会治安秩序”而且“保护公民的合法权益”都是在表明公安执法首要的出发点和侧重点是维护社会公共利益，而不会是以多数公民合法权益为代价去保护某一个公民的权利。诚然，公安执法活动面临着人权保障思想和普遍人权观念传播的挑战，但这只是促使公安机关应及时转变执法观念，规范执法权，调整执法方式，强化执法的人性化，而并不意味着公安执法首要目标的改变。实际上，从各个国家机关的职权性质上看，法院才是公民权利更适合的保护者，判断公安执法是否侵蚀公民权利及其救济是法院的当然职责，这也是《德里宣言》把司法独立作为实施法治原则必不可少条件的意蕴所在。

二、法治公安的内涵及其基本构成

我们认为，所谓“法治公安”是指在社会主义法治理念指导下，公安机关必须依据法定权限、法定程序和方式行使执法权、履行法定职能并受到法定监督的执法活动状态，其构成应包括公安立法法治、公安执法法治、公安监督法治和公安保障法治。

所谓公安立法法治是指公安机关及其执法人员的设立和执法权的设定必须由立法机关以法律形式加以规定，要求公安立法的指导思想、规范设置、制度建构、立法技术必须合乎法治精神。具体来说，主要包括：（1）公安职权法定。过去在公安立法上存在重政策轻法律的现象，表现为重视红头文件、政策和领导人指示，而轻视法律规范、法律制度。公安立法法治要求改变这种人治现象，公安应依法行使职权。（2）合理配置公安职权。我国公安职权配置不合理，过于宽泛，一方面导致公安执法权的不当扩张，增加了公安执法非法侵蚀公民合法权益的机会；另一方面，公安职能的泛化又导致执法者个体合法权益被忽视、被侵犯，产生了双向负面效应，[①] 违背了法治原则的基本要求。公安职权的配置应当遵循比例原则，即法律赋予公安机关的执法权能应当同它所保护的利益成正比例关系。(3) 权力和责任配置得当。过去公安立法多强调公安机关的管理权力，相关法律规定繁多且具体，但对公安机关应承担的责任和监督措施规定得较少，造成公安职权和职责的失衡，给少数执法者滥权、越权提供了借口。应通过立法增加公安职责和监督措施的规定，做到每一项职权规定都紧跟着责任规定。(4) 实体和程序立法并重。过去公安立法中较突出的一个问题就是偏重于实体法规的立法，忽视程序法规的建设，其后果就是导致在警务实践当中执法人员盲目追求效率，"刑讯逼供"现象屡禁不绝，因此导致的错案、冤案和社会群体性事件也时常见诸报端。公安立法法治要求加重程序立法比重，以严格公安执法的程序限制。

所谓公安执法法治是指公安机关及其执法人员必须依照法定资格、法定程序和法定方式行使执法权，履行法定职能，执法权的运用应当符合并促进立法目的的实现。其内容主要包括：(1) 执法主体必须适格。公安执法应当按照法定的资格在法定的职责范围内各司其职，不可超越法定的权限，杜绝无权执法、滥权执法、越权执法现象的发生。(2) 执法内容必须合法。公安执法的内容必须是确定的、有法律依据的，不得与宪法、法律等规范性法律文件相抵触，也不得背离立法目的、法治精神和社会公共利益。没有法律的授权，公安执法不得限制、剥夺公民权利，不得增加公民的法律义务，也不得为特定人设立特定的权利或免除法定的义务。执法权运用的合法性和正当性来自于社会公共利益和人民福祉实现的需要，应当杜绝公安执法内容非法化和执法权力异化现象的滋生，防止公安执法权力为利益需要、地方需要、部门需要甚至是个人需要所绑架。(3) 执法程序和方式必须合乎法律要求。公安执法内容不同，执法程序和方式也相应地不同，应当在公安执法活动中贯彻正当法律程序原则，要求在公安执法过程中，必须按照各自不同的执法内容来适用法定的程序和方式，并符合法定的时限要求，不能为了追求效率，滥用自由裁量权，而随心所欲地加以改变、省略或简化，应当杜绝草率执法、野蛮执法等现象。(4) 平等保护相对人。平等保护相对人是法律面前人人平等的宪法原则在公安执法中的体现，要求公安执法在合法性的前提下，平

① 参见邱春艳：《走出无所不管误区 合理配置警察权力》，载正义网，http://www.jcrb.com/fxy/luntan/200806/t20080613_22196.html，最后访问时间：2015年6月8日。

等对待相对人，对于实施了同样或类似行为的相对人应予公平对待处理，做到同样案情同样处理同样结果，不能因相对人的社会地位不同，和执法人员感情、关系远近甚至是执法人员的某种个人偏好而区别对待，避免公安执法结果不公现象的出现。(5) 合理运用自由裁量权。合理行政原则要求公安执法自由裁量权的运用必须符合立法的基本精神和目的，尽量顾及相对各方的合法权益，在多方利益间衡量时要合情、合理、公正、恰当，禁止偏袒和谋私行为，严格控制自由裁量权的行使。对于不适当、不合理等显失公平的公安执法行为应依法及时予以纠正，宣布无效并予以撤销。

所谓公安监督法治是指公安机关及其执法人员的执法资格、权限、程序、方式应依法受到监督，违法执法行为应依法受到责任追究并依法给予受害人以救济，要求建立完善的监督制度、有效的监督机制和明确的责任追究制度，使公安执法权依法受到控制。其内容主要包括：(1) 完善、有效的内部监督与外部监督相结合的监督体制。应充分发挥公安机关内部监督制度的作用，有效运作已有的纪检监督、执法监督、警务监督制度，提高公安机关及其执法人员自觉接受监督的法律意识。同时，必须形成有效的外部监督制约机制，避免监督流于形式。对此，有学者主张创建“司法制约型警察”，[①] 这是一个符合我国人大制度关于权力分工逻辑的构想。将司法审查引入公安执法权领域，在执法前后两个阶段分别由司法机关对公安执法行为的合法性进行审查，以权力制约权力，从而对公安执法权构成最有效的外部制约。(2) 事前、事中和事后监督相结合的监督机制。有效的公安执法监督制约机制，必须要把事前监督、事中监督、事后监督相结合，三者缺一不可，否则就可能导致公安执法权力的滥用。当前我国公安监督机制的基本特点是事后监督强、监督机构也多，事前、事中监督弱、监督机构少，缺乏有效的事前、事中监督机制。这正是导致公安机关及其执法人员滥用权力的一个重要原因，尤其是强制措施执法活动最缺乏事前、事中的监督控制，因而时常发生侵害公民人身、自由和财产权利的案件。因此，必须设计和构建事前、事中制约程序，完善事后监督程序，实现对警察执法活动的全方位、动态控制。(3) 公安责任追究制度。必须通过执法责任的设置和追究来制约公安执法权的滥用，否则，责任追究制度落实不到位，公安监督制度就会付诸阙如。公安执法责任应由

① 参见向党：《论创建司法制约型警察——法治国家警察权力控制的思考》，载《中国人民公安大学学报》2006 年第 6 期。

法律明确设定，并依法律明确规定的责任种类、责任范围、责任划分、责任承担方式、责任追究程序等予以追究。(4) 司法救济制度。既包括事前救济制度，也包括事后救济制度。完善的司法救济制度不仅是对公安权力违法或不当行使受害者的权利救济，同时也对其后的公安执法行为构成制约。

所谓公安保障法治是指公安机关及其执法人员的执法活动和执法权威应依法受到保障，要求建立完善的人员、物质、技术、设施、经费、装备保障制度，要求公安执法权威必须受到一般公众的尊重，以便为公安执法活动营造良好的法治环境。其主要内容包括：(1) 法制队伍建设。《中共中央关于全面推进依法治国若干重大问题的决定》指出，严格规范公正文明执法必须严格执行重大执法决定法制审核制度，这就需要进一步强化公安法制部门队伍建设，完善相关制度设置，如公安法制部门建制改革，进一步提高法制部门的工作能力和水平。《决定》还要求积极推行政府法律顾问制度，具体到法治公安建设上，需要建立以公安法制部门人员为主体、吸收专家和律师参加的法律顾问队伍，保证法律顾问在制定重大决策、舆论宣传和社会评估中发挥积极作用。(2) 完备的物质、技术、设施、装备保障制度。当前，我国正处于社会转型时期，公民的维权意识不断高涨，人们的利益诉求也日趋多样化，并且我国社会犯罪形势仍非常严峻，犯罪率呈上升趋势。在这样的社会执法环境下，如果没有较为完善的物质、技术、设施、装备、充足的经费作为保障，法治公安建设就会流于空话。应当通过立法对各种公安执法场所、执法设施、信息化技术配置和应用、警械枪械配置和使用等进一步标准化、规范化、细化。(3) 公安民警权益保障制度。公安民警的个体权益在一片公民人权保障呼声中却往往遭到忽视。譬如，公安民警薪金待遇高于地方低于军队的标准喊了几十年却一直未得到真正落实；执法实践中，执法者的人身权益被执法相对人肆意侵犯的现象也屡见不鲜。公安民警个体权益得不到应有的保障，法治公安建设必将大打折扣。应当进一步提高公安民警薪金待遇、设立袭警罪等以完善公安民警权益保障制度。(4) 优化执法舆论环境，维护公安执法权威。在自媒体发达的今天，公安执法的舆论环境正面临挑战，尤其是在网络社会中经常出现针对公安执法中的敏感案件颠倒黑白式的炒作，业已对公安执法权威严重侵蚀和挑战，使得一般公众对公安执法权的认识出现严重偏差，[1] 对法治

---

① 如2005年5月19日，河南两农民工给平顶山市公安局送“荣获最不作为奖”锦旗，参见张东锋、黄妙妙：《河南两农民工给公安局送“不作为”锦旗被行拘》，载凤凰网，http：//news. ifeng. com/a/20150615/43979443_ 0. shtml，最后访问时间：2015年6月15日。

公安建设极其不利。应当通过修法或法律解释进一步细化有关法律规定，对所谓“意见领袖”“公知”“精英”恶意炒作敏感案件的行为予以法律制裁，以净化执法舆论环境，维护公安执法权威。

三、法治公安建设的路径选择

根据上述对法治公安内涵的认识，结合公安执法实际，我们认为，法治公安建设的路径选择应至少包括以下几点。

1. 建立权力清单制度以科学界定公安机关法定权限。（1）遵循职权法定原则，严格依法界定公安机关行政执法、行政管理、刑事执法各项权力，确保公安机关所有权力都有明确的法律授权，并以清单形式向社会公开。（2）遵循比例原则，细化完善有关法律规定，科学界定公安机关各项权力的范围、限度、条件、程序等，合理配置公安机关职权。（3）适度推进警务社会化。[①] 走出无所不管警务认识误区，通过立法将公安机关不该管、也管不好的部分行政管理服务事项剥离给有关社会组织，以提高社会动员和社会治理能力。（4）公安机关法定权限的厘定应注意吸收公众参与。公安执法活动与公众切身利益联系非常紧密、直接，公众对于利益相关的公共事务决策过程的参与本身是立法合法化的一种途径，也是执法为民社会主义法治理念的必然逻辑要求。应当通过切实可行的制度设置让公众参与公安机关法定权限的厘定过程，有助于缓解公安执法活动与公众之间的紧张关系，降低社会秩序维护成本。

2. 适时立法以提升公安机关依法执法能力。（1）提高公安立法快速回应公安执法实际需求水平，以使公安执法有法可依。美国在“9·11”发生后迅即颁行《爱国者法》和《国土安全法》，赋予警察机构应对恐怖袭击的必要权力。借鉴发达国家的经验，我国应根据快速变化的公安执法环境，将实践证明行之有效的制度规范及时推动升格为法律规范。同时，要强化规范化文件合法性审查和清理评估机制，加快推进涉及公安机关职权法律规范的立改废工作。（2）推动重点领域立法及法律解释工作，提升公安机关运用法律武器进行行政管理和打击违法犯罪的效能。针对维护国家安全、社会稳定和加强社会管理工作面临的新情况、新问题，适应保障公民权利和社会主义市场经济健康发展的新形势、新要求，积

① 参见陆永、杜永吉：《法治公安的理论诠释与实践路径》，载《党政论坛》2014年4月。

极推动惩治危害国家安全犯罪、恐怖活动犯罪、电信诈骗犯罪、网络犯罪、金融犯罪、毒品犯罪、食品安全犯罪、个体极端暴力犯罪以及医患纠纷、非正常死亡事件等领域的立法和司法解释，及时出台制度规范。

3. 持续推进执法规范化建设。（1）进一步细化完善执法制度体系，明确执法活动标准，丰富公安机关办理刑事、行政案件程序规定的内容，指导执法实际操作。（2）加强执法监督管理。建立健全执法活动的系统管理机制，加强日常执法管理，健全执法责任制和追究体系，常态化治理执法突出问题，深化执法质量考评工作，加大执法监督力度，完善内部层级监督和专门监督制度建设。（3）深化执法信息化建设。进一步完善网上执法办案信息系统功能和监督管理系统，努力实现各类信息系统之间互联互通、数据共享，实现案件全流程信息化监督管理。同时，推广信息应用技术手段，为公安机关及执法人员全面配备执法科技装备。

4. 全面推进执法公开以增加公安执法的可接受性。公安执法权的公共性决定了公安执法活动关乎公共利益，应当接受来自社会公众的外部监督，以避免产生“暗箱操作”、权力寻租等执法腐败现象。程序公正作为现代社会的一项法治原则，不仅指程序本身应当合法，而且还意味着程序应当公开。因此，公安机关应通过生效行政处罚、行政复议决定文书上网和公开查询制度，群众意见建议收集、办理、反馈制度，互联网执法公开平台的健全和运行，最大限度地公开其执法依据、执法程序、执法进度、执法结果。但是，“在公安工作中，仅仅公开程序是不够的，仅仅公开结果也是不够的。最重要的是公开理由”，[①] 即所谓“无理由即无规则”。理由既包含着执法者对法律事实的理解和判断，也包含着执法者对与事实相对应的法条的理解和判断，完全将执法者曝光在事实、法条和相对人面前，限制了执法者的任意解释和自由裁量，只有合法、合理、合情、说理充分、逻辑严密的执法理由，才可使相对人服气地接受执法结果。说明理由的文件将受到大众的审查和批评，使得执法者滥用权力受到公众严厉监督，从而杜绝此行为。因此，执法公开的全面推进应当包括执法理由的公开。并且，从执法公开的范围来看，不仅应增强公安机关办理治安行政案件过程的透明度和处理结果的说理性，而且，随着我国法治事业建设的不断推进，公安机关刑事案件的办理过程亦应逐步公开。

---

① 王鹰：《法治公安：社会主义法治原则在公安工作中的新发展》，载《政法学刊》2009年第6期。

5. 法治精神和法治观念的培育是法治公安建设的精神支撑。徒法不足以自行，法治公安建设需要用法治思维来认识公安工作，离不开法治精神、法治观念的培育和熏陶。(1) 培养公安执法人员的法治信仰。只有当法治成为一种信仰，法治才会从应然变为实然。基于此，必须深入开展社会主义法治理念教育，筑牢公安民警立警为公、执法为民理念和忠于宪法法律的思想基础，着重培养民警的法治思维和法治人格，使民警牢固树立程序、证据、程序、人权保障和自觉接受监督意识，自觉维护社会公平正义。(2) 加强公安法治文化建设。努力培育公安法治文化，引导公安民警尊法、崇法、尚法、敬法、畏法，将法治公安建设要求内化于心、外化于行，坚守执法良知、讲求职业操守。采取各种有效形式主动宣传公安执法规范化建设成效，提升公安执法法治形象，加深公众对法治公安建设的理解、认识、支持和配合，提升公安机关的执法公信力。要有的放矢地开展公安法治警示教育，让广大公安民警切实感受到因执法不规范造成的严重危害，促进公安民警亲民、爱民、公平正义执法理念和动机的自觉养成。(3) 大力开展公安民警法律培训。加大对公安机关领导干部法律培训力度，加强全员轮训，把学法、用法、守法作为各级领导干部和全体公安民警的一项基本功，不断提高法治素养，适应保护人权、规范执法、出庭应诉等方面的新要求。

最后，依法加强公安工作保障也是法治公安建设的必然选择，对此，前文已有阐述，不再赘述。

隐匿身份实施侦查的法律规制

——以诱惑侦查为切入点

梁晶蕊①

2012年《刑事诉讼法》使用了“隐匿其身份实施侦查”来界定各类以人力为载体的欺骗式秘密侦查，包括特情侦查、卧底侦查与诱惑侦查三大类主要表现形式。② 隐匿身份实施侦查的过程中，乔装侦查人员经常使用引诱手段诱使犯罪嫌疑人实施相应的犯罪行为并当场将其抓获并取证，此类侦查手段在理论上界被称之为诱惑侦查、警察圈套，实务界也称之为“预备案件侦查”。然而，《刑事诉讼法》对此类手段的规范内容显得过于简单，对于其适用对象、适用程序、合法界限等立法应当涉及的重大问题都予以了回避。只是强调“不得诱使他人犯罪，不得采用可能危害公共安全或者发生重大人身危险的方法”。从这一意义上讲，目前我国仅仅实现了隐匿身份实施侦查措施合法化过程，距离法治化的目标还依然遥远。我们有必要对与一直困扰实务界与理论界的引诱犯罪的界限问题、引诱后的法律后果如何处罚的问题进行深入讨论。

一、诱惑侦查的合法性界定

诱惑侦查，分为广义的诱惑侦查和狭义的诱惑侦查。广义的诱惑侦查，是指侦查人员设置一种圈套或者诱饵等诱惑方式，诱使他人实施犯罪行为或促使他人犯罪行为暴露的一种侦查手段。广义的诱惑侦查包括了合法的诱惑侦查与非法的诱惑侦查。所谓合法的诱惑侦查，即狭义的诱惑侦查，是指侦查机关针对走私犯

---

① 梁晶蕊，女，河南洛阳人，甘肃警察职业学院法律系教授，从事刑事法学教学及研究。

② 程雷：《刑事诉讼法〈修正案〉中的隐藏身份实施侦查与控制下交付》，载《司法实务》2012年第4期。

罪、毒品犯罪、假币犯罪等特定犯罪的具有犯罪嫌疑的侦查对象，出于正当目的而在迫不得已的情况下，依照特定程序设置一种圈套，以极其轻微而被动的方式导致侦查对象暴露其犯罪意图、实施犯罪，及时将侦查对象拘捕并获取犯罪证据的一种侦查行为。因此，合法的诱惑侦查必须具备以下条件：

第一，诱惑侦查只能是公安机关的行为。除此之外的其他任何机关和个人，都不具备侦查主体资格。实践中，检察机关在查办自侦案件中已经开始在部分案件中使用“线人”、诱惑侦查等秘密侦查手段，但是此次立法中并未肯定实践中的这一做法，没有赋予自侦部门实施隐匿身份侦查与控制下交付的权利。[①] 应当指出的是，诱惑侦查中，侦查人员派出的“特情”人员不是侦查主体，向他们发出指令的侦查人员才是侦查的主体。

第二，诱惑侦查只能是侦查主体的有组织行为。即诱惑侦查必须是经过一定法律程序并经过合法批准的行为，任何人不能随意对某个案件实施诱惑侦查（即使是侦查机关的侦查人员）。

第三，诱惑侦查只能是侦查主体出于正当动机所进行的合侦查目的的行为。即诱惑侦查必须是基于保护重大法益、在更大程度上维护法律秩序的动机，其目的是揭露犯罪、证实犯罪并获取对侦控对象提起刑事诉讼的有罪证据。

第四，诱惑侦查只能适用于特定性质的严重犯罪，具有“侦查权紧急避险”的性质和“不得已性”。可以进行诱惑侦查的犯罪在性质上应具有以下特点：其一，一般情况下它必须是“隐蔽性的无被害人的犯罪”，但在少数情况下它也可以是强奸、抢劫等有被害人的犯罪；其二，它必须是极少数危害特别严重的犯罪；其三，它必须是特别难以用普通方法进行侦查的犯罪。

第五，侦查诱惑只能针对确有犯罪嫌疑的行为人实施，或者只能在确有犯罪事实发生并且能够相对确定行为人的活动范围时实施。例如，针对系列强奸案件的侦破，就可以采取谨慎的诱惑侦查方法。

第六，诱惑侦查只能使用“诱惑强度”极其轻微、“诱惑方式”极其被动的诱惑侦查行为。在承认“机会提供型诱惑侦查”的合法性，并否定“犯意诱发型诱惑侦查”合法性的同时，应当同时对诱惑侦查的“诱惑强度”与“诱惑方式”进行限制。

第七，诱惑侦查只能是依照特定程序经过合法批准的特别侦查行为。根据

---

① 张军、陈卫东：《刑事诉讼法新制度讲义》，人民法院出版社2012年版，第191页。

2012 年《刑事诉讼法》的规定，诱惑侦查手段的使用采取内部审批的机制，需要经过“公安机关负责人”决定方可适用。在目前的侦查实践中，特情、卧底的使用通常情况下需要县级公安机关负责人批准，在例外情况下需要地市级公安机关负责人批准。

以上七个条件，是诱惑侦查具有合法性的基本条件，必须同时具备，缺一不可。如果缺少上述七个条件中的任何一个，则该诱惑侦查就不具有合法性，即为违法的诱惑侦查。

二、违法的诱惑侦查的法律后果

诱惑侦查一旦实施，就有两种可能，一是合法，二是违法。对诱惑侦查执行者来说，在合法的情况下，他的行为是国家所允许的，没有责任要其个人承担；在违法的情况下，他的行为是国家所禁止的，应承担相应法律责任。因此，对违法的诱惑侦查所带来的法律后果，大致可以分析三个层次的问题：第一，对于违法诱惑侦查而获得的证据，是否适用非法证据排除规则；第二，被诱惑对象应不应该定罪；第三，实施诱惑侦查的人员应不应该承担相应的责任。

（一）证据的可采性问题

这主要涉及如何对待“毒树之果”的问题。在我国诉讼法学界，在如何对待“毒树”与“毒果”的问题上，有两种不同的观点，一种是“砍树弃果”论，另一种是“砍树食果论”[①]。但笔者认为，在对待违法诱惑侦查所取得的证据方面，不能对上述两种观点生搬硬套，而是要对具体问题进行具体分析，本着兼顾法理上的合理性与我国司法实践的现实情况与需要的原则进行区别对待。

1. 对于违法诱惑侦查所获得的言词证据如被告人供述等应绝对排除。我国已明确对非法言词证据设立了排除规则。非法的诱惑侦查属于具有欺骗、引诱性质的违法侦查方法，采纳这种非法方法所获得的言词证据显然不当，应严格依法排除。只有这样才能促使执法人员严格遵循程序法，保障被告人及其他公民的合法权益不受侵害，以实现惩罚犯罪与保护人权的目的。

2. 对于违法诱惑侦查所获取的其他证据则由法官根据具体情况进行自由裁

---

① 周国均：《严禁刑讯逼供若干问题探讨》，载《政法论坛》1999 年第 1 期。

量。由非法诱惑侦查所取得的实物证据与言词证据不同，一般不存在因程序违法而产生虚假的可能，这是因为非法获得证据与构成指控证据之间存在的是一种非直接性的关系，并不是所有的不适当调查行为都会由于证据是不适当调查行为的直接产物而影响其在法庭上的证据价值。[①] 根据我国目前的治安形势及司法部门打击刑事犯罪的需要，原则上不能简单地因取证形式、程序违法而予以排除。[②] 如果对它们都加以绝对的排除，就有可能导致某些具有可靠性的证据因为获得它们的获得途径违法而被排除，这样往往会影响刑事诉讼的效率，造成司法资源的浪费，从而进一步影响对严重犯罪的打击。所以非法诱惑侦查所获得的实物证据，不强制要求其被排除，而应由法官依案件性质、取证行为违法的严重程度和该证据在确认案件事实方面具有的意义进行综合判断，经权衡后决定是否予以取舍，并在判决书中对这种取舍作出说明。如果非法的诱惑侦查严重背离侦查的目的、原则，其违法程度相当严重，足以威胁到刑事诉讼的根基、损害国家机关的形象、严重侵害公民的基本权利，那么，由此而得的实物证据应当不予采用。

（二）被诱惑者的法律责任

对被诱惑责任问题的研究，应依据两个原则，即罪责自负和罪行相当原则。

1. 罪责自负原则的适用——外因即诱惑者的行为对被诱惑者罪责的影响

罪责自负原则适用到诱惑侦查的案件中来，是指被诱惑者只对自己犯罪行为导致的危害后果承担罪责，不对诱惑者的违法行为导致或者加重的危害后果承担罪责。以下笔者从诱惑侦查对被诱惑者的罪责不同方面的影响来分析。

（1）对犯意产生的影响。在诱惑侦查中，如果被诱惑者本来没有犯罪意图或倾向，由于诱惑者的行为（如劝说、怂恿）形成了犯罪意图并且付诸实施；或者如果没有证据证明诱惑者本来就有犯罪意图或倾向，也不能排除诱惑侦查产生犯意的可能，那么根据罪责自负的原则，被诱惑者不能对由于诱惑者的行为使自己产生犯意并造成危害社会的结果承担刑事责任。如果在这样的情形下，对被诱惑者定罪，实际上是赋予了侦查主体随意考验公民抵制犯罪诱惑能力权，将会使更多的本身没有犯罪意图但意志薄弱者跌进犯罪的陷阱。这对公民是不公正的，因为法律只惩罚犯罪者，而不能惩罚在国家的故意诱惑面前的意志薄弱者。

---

① ［美］乔因．R. 华尔兹：《刑事证据大全》，何家弘等译，中国人民公安大学出版社 1993 年版，第 252 页。

② 戴中详：《陷阱取证探析》，载《行政与法》2002 年第 8 期。

（2）对犯罪形态的影响。如果公安机关的人民警察没有履行预防和制止犯罪的职责，在发现犯罪后诱导被诱惑者继续犯罪，使本来能够停止下来的各种犯罪形态继续发展，如犯罪预备、犯罪未遂和犯罪中止的形态发展为犯罪未遂和犯罪既遂的形态；可能只发生一罪的形态发展成为数罪的形态；可能只会一人单独实施犯罪或者只会形成一般共同犯罪的形态在诱惑下发展成为共同犯罪的主犯或者犯罪集团的首犯和主犯。如果发生这种情况，被诱惑者只能承担其犯罪本来形态的刑事责任。因为在这种情况下，没有诱惑者的作用，被诱惑者可能不至于将犯罪进行到如此形态。如果对被诱惑者仍以最终的犯罪形态来定罪处罚，是不公正的。应当以诱惑侦查介入前的犯罪程度对被诱惑者进行处罚。

（3）对犯罪情节的影响。在诱惑侦查过程中，主动权掌握在侦查机关手中，它可以决定案件的发展方向和程度，可以决定被诱惑者犯罪情节的轻重。在追究被诱惑者的刑事责任时，如果不考虑排除诱惑者对被诱惑者犯罪所起的作用，要求被诱惑者承担全部罪责，违背公平原则。例如，有的毒贩平时交易毒品数量很少，只有几克，但在侦查人员或其派遣的特情人员劝说或催要下，向其他毒贩收购上百克甚至上千克的毒品来与侦查人员“交易”。因此，对因诱惑侦查而加重的被诱惑者的犯罪情节是应当予以排除的。[①]

2. 罪刑相当原则的适用——内因即被诱惑者行为的危害性对被诱惑者罪责的影响

罪刑相当原则的基本要求是：对犯罪人适用的刑罚的轻重与其罪行的大小相适应。罪行的大小表现在两个方面，即犯罪行为的社会危害性的大小和犯罪人的人身危险性的大小。

（1）犯罪行为的社会危害性。犯罪的社会危害性的大小包括实际造成的损害或者可能造成的危害。[②] 被诱惑者的行为始终在侦查机关的监控之下，一般说来不会直接造成实际危害，而是一种潜在、间接的危害。如果不考虑这一因素，完全以被诱惑者的行为来定罪量刑，一方面诱惑者可以决定被诱惑者的刑罚轻重甚至命运，另一方面也会失之过重。正是鉴于此，许多国家的刑法对被诱惑而犯罪规定予以减轻处罚。例如：奥地利刑法典第 34 条规定的特别减轻事由第 9 项：

---

① 杭正亚：《论诱惑侦查中被诱惑者之罪责》，载《福建公安高等专科学校学报——社会公共安全研究》2002 年第 1 期。

② 马克昌：《犯罪通论》，武汉大学出版社 1997 年版，第 28 页。

"于并非预谋，而系于被诱惑之机会所为者。"① 再如，格陵兰刑法典第88条规定的酌情减轻情节第4项："受他人支配、引诱或在巨大伤害威胁下实施犯罪者"。② 因此，笔者认为，应当从社会危害性的角度来考虑被诱惑者应承担的刑事责任问题，对犯意诱发型的诱惑侦查与机会提供型的诱惑侦查中的被诱惑者应区别对待。对犯意诱发型的诱惑侦查，由于被诱惑者是在诱惑者的不断引诱、欺骗下产生了犯罪倾向并实施了犯罪，从主观罪过上讲其地位与胁从犯较为相似，因此对于犯意诱发型的诱惑侦查，被诱惑者所承担的法律责任可以比照有关胁从犯的责任规定来确定，即可以根据其在被诱惑时的情节、在犯罪中的作用及犯罪所造成的后果来综合考虑对其减轻或免除处罚。而对与机会提供型的诱惑侦查中的被诱惑者，由于诱惑者的行为仅仅是给他实施犯罪提供了一个机会或便利，只是他被诱惑而实施的犯罪行为并未产生它所期待的后果，其主观恶性的存在是无可置疑的，因此，可以比照未遂犯来追究其刑事责任。

（2）被诱惑者的人身危险性。被诱惑的程度对于被诱惑者的罪责具有重大意义。因为被诱惑的程度与其人身危险性的大小是成反比例的。被诱惑的程度轻，说明行为人犯罪的积极性高，其人身危险性大，社会危害性也要严重一些；反之，被诱惑的程度重，说明行为人的积极性低，其人身危险性小，社会危害性也相应要小一些。而诱惑的程度又是由诱惑的强度决定的，诱惑的强度又是通过诱惑的手段、次数等因素表现出来的。诱惑的强度可以分为三级：一是重度诱惑，即诱惑的"利益"大，取得"容易"，刺激性强，具有一般认识能力和意志能力的人可能难以抵御的诱惑。二是中度诱惑，即诱惑的"利益"中等，刺激性一般，具有一般认识能力和意志能力的人可能抵御的诱惑。三是轻度诱惑，即诱惑的"利益"小，刺激性弱，具有一般认识能力和意志能力的人完全可以抵御的诱惑。因此，为了体现公平、公正，应规定对于重度诱惑下的犯罪，可以予以免除处罚；对于中度诱惑侦查下的犯罪，可以减轻处罚；对于轻度诱惑侦查下的犯罪，可以从轻处罚。

（三）诱惑者的法律责任

在非法的诱惑侦查中，诱惑者应承担什么样的责任，不同的国家有不同的规

① 方蕾等编译：《外国刑法分解汇编（总则部分）》，国际文化出版公司1988年版，第310页。

② 杭正亚：《论诱惑侦查中被诱惑者之罪责》，载《福建公安高等专科学校学报——社会公共安全研究》2002年第1期。

定。在美国，警察不承担刑事责任；而在英国则采取严格限制的原则，如果同时具备下列三个条件，警察不负刑事责任，否则警察要承担相应的“教唆”责任：（1）犯罪行为实行者没有造成不可挽回的显著损害；（2）警察并没有实际参与犯罪活动；（3）这个行动事先得到警察局长的同意。[①] 根据目前我国严峻的治安形势，如果对警察责任追究过甚，就无法查明一些严重的刑事犯罪，不利于打击犯罪；而如果对相关的责任人员不加以追究，则不利于保护人权。所以追究诱惑者的责任应当本着适当的原则进行。从打击犯罪与保护人权并重的原则出发，笔者提出以下看法：

1. 诱惑主体失当

（1）机关失当。即实施诱惑侦查的机关不具有实施诱惑侦查的权力。对于机关失当的，应由决定者承担滥用职权的法律责任。

（2）人员失当。即实施诱惑侦查的人员不是公安机关的工作人员，或没有实施诱惑侦查的资格，或是没有经过合法批准。对于人员失当且是国家机关工作人员的，应由实施者承担滥用职权的法律责任。对于人员失当且不是国家机关工作人员的，应由实施者承担教唆犯罪的法律责任。[②]

（3）派遣失当。通常有两种情况：一是侦查人员派遣特情人员是否适当的问题，如果因滥用职权或玩忽职守，派遣失当造成危害，致使国家和人民利益遭受重大损失的，对派遣失当且是出于故意的侦查人员应由其承担滥用职权的法律责任；对于派遣失当且是出于过失的侦查人员应由其承担玩忽职守的法律责任。二是侦查人员所派遣的特情人员的行为是否在指令之内的问题，如果在侦查人员的指令之内，特情人员不应承担责任；如果在指令之外，特情人员就丧失了诱惑侦查中诱惑者的地位，与普通公民一样承担相应法律责任。

2. 诱惑者主观方面的问题

诱惑者不是出于查明犯罪事实的主观目的，就是引诱他人犯罪，这种侦查不具备合法性，对这种情况，可根据诱惑者不同动机作不同的处理：

（1）陷害教唆。即侦查人员出于陷害他人的动机，诱惑特定的人犯罪，乘他人实施犯罪之际将其抓获的行为。对陷害教唆的，可根据不同情况作出不同的处理：

---

① 储槐植：《美国刑法》，北京大学出版社 1996 年版，第 132 页。

② 杭正亚：《试论诱惑侦查的合法性及其法律责任》，载《四川高等专科学校学报》2002 年第 1 期。

第一，诱惑者出于陷害控告人、申诉人、批评人、举报人的动机，滥用职权，假公济私，诱惑他人犯罪（且所诱惑之罪轻于报复陷害罪的），并乘他人实施犯罪之际将其抓获，实施报复陷害的行为的，应依刑法中的报复陷害罪定罪处罚；第二，对于侦查人员出于陷害他人的动机，徇私舞弊，滥用职权，诱惑他人犯罪（且所诱惑之罪轻于滥用职权罪的），并乘他人实施犯罪之际将其抓获的，应当依刑法中的滥用职权罪定罪处罚；第三，如果侦查人员实施上述两种情况以外的陷害教唆行为，或诱惑他人所犯之罪重于上述两罪的，应当追究其教唆罪的法律责任。

（2）偶合教唆。侦查人员出于陷害特定人的动机，准备对其实施陷害教唆，而恰巧侦查对象正是犯罪嫌疑人，行为人尽管出于陷害教唆的故意，但由于对事实判断的失误，事实上并未完成陷害的目的。对这类情况，应当按教唆（未遂）来追究责任。

（3）侦查人员出于谋取某种利益的动机，引诱不特定的人违法或犯罪，乘他人违法或犯罪之际将其抓获并予以处罚。对于此类问题可按以下两种情况处理：如果被诱惑者的行为构成犯罪，可对侦查人员追究教唆犯罪的法律责任；如果被诱惑者的行为不构成犯罪，应追究其滥用职权罪的法律责任。

3. 诱惑者客观方面的问题

鉴于当前的治安形势，对实施诱惑侦查的人员要求不能过于苛刻。只要诱惑侦查是经合法批准的，引诱者没有引诱他人犯罪的故意，如果诱惑者的行为失当造成社会危害的，在一般情况下可不负刑事责任，可由其承担行政责任或民事责任；如果诱惑者的行为严重失当造成严重后果的，应追究其滥用职权或玩忽职守罪的法律责任。

（1）假想侦查：如果事实上没有犯罪事实发生，侦查人员误认为存在犯罪事实；或者没有发生重大犯罪的危险，侦查人员误认为发生重大犯罪的危险；或者使用常规侦查手段能够奏效，侦查人员误认为使用常规侦查手段不能奏效；这时对侦查对象进行诱惑侦查的，则属于假想侦查，不具备合法性。对假想侦查的法律责任问题，应当依照事实错误的一般规则处理。如果侦查人员没有意识到，而且根据当时的情形不应当、也不可能意识到自己对侦查对象身份和侦查手段根据的认识错误，则由于没有罪过而排除刑事责任，按意外事件去处理。如果侦查人员对当时的情形采取更注意的态度，根据具体情况也应当能够避免错误，则应承担玩忽职守的法律责任。

（2）诱惑不适时。如果侦查对象没有犯罪或犯罪后已经暴露，证实或归案，或者犯罪意图或倾向尚未产生或已经放弃，侦查人员对侦查对象实施的诱惑侦查的，属于诱惑不适时，就不具备合法性。由于诱惑不适时，有可能诱使侦查对象犯罪或重新犯罪，不仅侵害侦查对象的合法权益，而且可能对社会造成不必要的危害。如果侦查人员是故意不适时实施诱惑侦查的，应该对危害结果承担滥用职权的法律责任；如果侦查人员由于过于自信或疏忽大意作出了错误判断，过失不适时实施了诱惑侦查的，应承担玩忽职守的法律责任。

（3）诱惑超限。如果诱惑行为超过了必要的限度，而手段上超过了必要强度，地位上超出了次要的作用，法益上造成了不应有的损害，就属于诱惑超限。由于诱惑超限有可能造成危害社会的结果，侦查人员应当承担相应的法律责任。如果侦查人员是故意超限诱惑，应当承担滥用职权的法律责任；如果侦查人员是过失诱惑超限，应当承担玩忽职守的法律责任。

后　记

本论文集在出版过程中得到山东警察学院鞠旭远教授、浙江警察学院阮国平教授的大力支持，同时由于主题栏目以及篇幅所限，还有一些优秀论文未能录入，有遗珠之憾。

伴随着中国法学会警察法学研究会警察法学教育专业委员会的成立与运作，我们期待涌现更多更深入全面的研究成果！

编者

2018 年 12 月 3 日

图书在版编目（CIP）数据

警察法学教育研究 / 周寅主编 . —北京：中国法制出版社，2018. 12
ISBN 978 - 7 - 5093 - 9159 - 4

Ⅰ. ①警… Ⅱ. ①周… Ⅲ. ①警察 - 法学教育 - 中国 - 文集 Ⅳ. ①D631. 15 - 53

中国版本图书馆 CIP 数据核字（2018）第 265738 号

策划编辑 李小草 王 熹
责任编辑 王 熹
封面设计 蒋 怡 杨泽江

警察法学教育研究
JINGCHA FAXUE JIAOYU YANJIU

主编/周寅
经销/新华书店
印刷/三河市紫恒印装有限公司
开本/710 毫米 × 1000 毫米 16 开
印张/ 26. 25 字数/ 356 千
版次/2018 年 12 月第 1 版
2018 年 12 月第 1 次印刷

中国法制出版社出版
书号 ISBN 978 - 7 - 5093 - 9159 - 4
定价：89. 00 元

北京西单横二条 2 号
邮政编码 100031
传真：010 - 66031119
网址：http：//www. zgfzs. com
编辑部电话：010 - 66010493
市场营销部电话：010 - 66033393
邮购部电话：010 - 66033288

（如有印装质量问题，请与本社印务部联系调换。电话：010 - 66032926）